Relatos astecas da conquista

Relatos astecas da conquista

Textos selecionados e apresentados por
Georges Baudot e Tzvetan Todorov

Traduzidos do nauatle por Georges Baudot
e do espanhol por Pierre Cordoba

Anotados por Georges Baudot

Tradução
Luiz Antonio Oliveira de Araújo

editora
unesp

Título original: *La Conquête: récits aztèques*

Direitos de publicação reservados à:
Fundação Editora da Unesp (FEU)
Praça da Sé, 108
01001-900 – São Paulo – SP
Tel.: (0xx11) 3242-7171
Fax: (0xx11) 3242-7172
www.editoraunesp.com.br
www.livrariaunesp.com.br
atendimento.editora@unesp.br

Dados Internacionais de Catalogação na Publicação (CIP)
de acordo com ISBD
Elaborado por Vagner Rodolfo da Silva – CRB-8/9410

R382

Relatos astecas da conquista / organizado por Georges Baudot, Tzvetan Todorov; tradução de Luiz Antonio Oliveira de Araújo. – São Paulo: Editora Unesp, 2019.

Tradução de: *La Conquête: récits aztèques*
Inclui anexo.
ISBN: 978-85-393-0783-8

1. História. 2. História da América. 3. México. 4. Conquista da América. 5. Hernán Cortés. 6. Astecas. I. Baudot, Georges. II. Todorov, Tzvetan. III. Araújo, Luiz Antonio Oliveira de. IV. Título.

2019-342 CDD 972
CDU 972

Editora afiliada:

Asociación de Editoriales Universitarias de América Latina y el Caribe

Associação Brasileira de Editoras Universitárias

Sumário

Anexos

Apresentação

O descobrimento da América foi um acontecimento único na história da humanidade: duas grandes massas populacionais viviam na ignorância mútua e, por assim dizer, da noite para o dia, elas descobriram a existência uma da outra. Nunca houve nada comparável na história anterior de ambas as metades do universo: os descobrimentos eram progressivos e graduais; tampouco na história posterior: a partir daquele dia, o mundo se tornou fechado e limitado (ainda que suas dimensões tenham dobrado de tamanho). Esse encontro perturbou a existência dos americanos, mas também, de maneira não menos profunda, ainda que menos visível, a da Europa, a parte do "velho mundo" cujos habitantes fizeram a viagem decisiva. A nossa história moderna também começou naquele dia.

Na Europa e particularmente na Espanha, esse acontecimento excepcional originou descrições e análises de interesse inesgotável, à altura do próprio acontecimento: desde os relatos dos viajantes até as tentativas dos missionários de compreender a cultura dos outros. *Não se perdeu a oportunidade única de descrever uma civilização extremamente complexa e inteiramente independente de nós; temos aí algumas das páginas mais interessantes da história espiritual da Europa. Esses textos são acessíveis e conhecidos (mas não tanto quanto merecem). O que não se sabe, porém, é que do outro lado houve um fenômeno parecido: a invasão da América pelos europeus originou uma rica literatura cujos autores são os índios vencidos. Esses textos têm um valor excepcional não só para a história das Américas como para nós, os europeus de hoje: tanto pelos seus méritos literários intrínsecos quanto pela representação única dos nossos antepassados* vistos de fora. *A presente coletânea consiste numa seleção de tais escritos.*

Podemos ficar surpresos (e um tanto confusos) ao descobrir que textos comparáveis em qualidade e importância às epopeias homéricas ou à história de Heródoto não estejam acessíveis aos leitores atuais; no entanto, é o que acontece, e não só para os que desejam lê-los em francês, mas também para o leitor inglês e, se bem que de outro modo, até para o leitor espanhol (sem falar dos outros).[1] *As razões dessa ignorância residem sem dúvida no desejo mais ou menos consciente dos europeus de imaginar o continente americano, na época da conquista, quase desabitado ou povoado unicamente por selvagens, cujo extermínio não poderia ser considerado um crime tão grave. Inicialmente, esses escritos estabelecidos no século XVI foram proibidos, escondidos, censurados ou até destruídos. Sua publicação começou no século XIX, na esteira dos movimentos de independência das antigas colônias americanas; mas não tardou a ser encaminhada por dois caminhos igualmente pouco preocupantes: as edições eruditas, cuidadosas, mas escondidas*

---

1 A publicação no México, em 1959, da excelente antologia de Miguel León-Portilla, *Visión de los vencidos*, a qual teve várias reedições, observa critérios muito diferentes dos nossos para invalidar aqui o nosso propósito. Com originalidade, o livro de León-Portilla propõe um relato autônomo da conquista, justapondo fragmentos de diversas fontes indígenas. O conjunto compõe uma visão indígena sintética, evidentemente bastante heterogênea, mas cujo valor pedagógico convém salientar.

em publicações confidenciais, ignoradas pelo grande público; e as transposições poéticas, eventualmente populares, mas que condenam o leitor a admirar um exotismo incompreensível.

Assim, nenhum dos textos que compõem a presente coletânea era realmente acessível ao leitor francês. Alguns (o Códice Ramírez, a História de Tlaxcala) foram traduzidos no século XIX; mas não somente essas traduções estão indisponíveis hoje, como, em seu caso, é mais exato falar de adaptações livres. De outros (o relato do Códice florentino, os Anais históricos) foram publicados fragmentos transpostos de uma tradução espanhola. Os demais simplesmente nunca foram publicados.

Compusemos este livro tentando evitar o duplo inconveniente da erudição rebarbativa e da facilidade a qualquer preço. As traduções inéditas e integrais que se seguem, feitas a partir do original nauatle (pela primeira vez na França) ou de versões espanholas do século XVI, obedecem às exigências do rigor filológico; mas quisemos que o leitor não especializado também se sentisse à vontade, já que é a ele que nos dirigimos em primeiro lugar. Esse parti pris determinou várias de nossas escolhas. Primeiramente, a ordem de sucessão dos textos não é cronológica, mas obedece a imperativos didáticos e estéticos: os textos existentes em nauatle vêm primeiro, seguidos daqueles dos quais só contamos com versões espanholas do século XVI; a coletânea se inicia com um relato completo da conquista, a do Códice florentino, e termina com outro relato completo, de autoria de Diego Durán; entre os dois acham-se versões mais fragmentárias ou parciais. Em seguida, os textos são comentados de modo a dissipar, sempre que possível, eventuais pontos obscuros; e unificamos a ortografia dos nomes próprios (de pessoas e lugares) de acordo com as transcrições atualmente aceitas. Enfim, para facilitar o acesso do leitor, os textos são acompanhados de dois comentários: o primeiro apresenta o contexto histórico, o segundo analisa os próprios textos. Dois mapas e um quadro cronológico completam esse conjunto de textos de apoio.

Como decidimos publicar somente textos completos, fomos obrigados, em contrapartida, a limitar o número de relatos escolhidos. Escolhemos em primeiro lugar os relatos dedicados a um acontecimento em especial, de importância verdadeiramente capital: a conquista do México Central por Cortés. Entre eles, optamos por seis textos, preferindo sistematicamente as versões mais completas e, ao mesmo tempo, as mais representativas de diversos gêneros, pontos de vista etc. Por exemplo, preferimos o relato transcrito por Durán ao de Tezozómoc porque o primeiro, diferentemente do segundo, abrange a totalidade da conquista; ou a segunda parte do Códice Ramírez *à primeira, porque esta resume Durán, ao passo que aquela é inteiramente original. Mas existem outros relatos da conquista que podem fazer parte de publicações futuras.*

Leremos mais adiante a descrição pormenorizada de cada um desses textos. Limitemo-nos aqui a apresentá-los muito rapidamente para dar uma primeira orientação ao leitor.

1. Códice florentino *é uma enciclopédia do mundo asteca, realizada sob a direção do franciscano Bernardino de Sahagún; contém um texto nauatle, um texto espanhol e ilustrações. O relato da conquista ocupa o livro XII, cuja parte nauatle é integralmente traduzida aqui.*

2. *Os* Anais históricos de Tlatelolco *são a parte final de uma história da nação asteca desde a origem até a conquista. Um autor anônimo os redigiu em nauatle, com a ajuda do alfabeto latino, somente sete anos após a queda de México-Tenochtitlan.*

3. O Códice Aubin *também é um texto anônimo que abrange o conjunto da história mexicana, desde a sua origem até pouco depois da conquista; a parte apresentada aqui corresponde ao período do conflito entre astecas e espanhóis. O original se apresenta como um manuscrito pictográfico, no qual o texto vem como comentário e complemento das imagens e símbolos.*

4. O Códice Ramírez *é um conjunto de textos sobre a história e os costumes dos índios, reunidos pelo jesuíta Juan de Tovar e inteiramente*

escrito em espanhol. A parte traduzida aqui aparece como anexo do texto principal (o qual foi várias vezes traduzido para o francês).

5. A História de Tlaxcala *foi escrita diretamente em espanhol pelo mestiço Diego Muñoz Camargo, filho de um conquistador e de uma índia. O autor teve acesso a fontes indígenas, mas coloca-se inteiramente do ponto de vista espanhol e, de resto, da sua pátria, Tlaxcala, que lutou ao lado de Cortés contra o império mexicano. Aqui se encontram os sete primeiros capítulos dessa obra, que tratam do período da conquista.*

6. A História das Índias da Nova Espanha, *do dominicano Diego Durán, é uma obra em três volumes, cujos dois primeiros descrevem a religião dos mexicanos e o terceiro conta a sua história, desde a origem até a vitória final dos espanhóis; aqui se lerão os dezoito últimos capítulos desse livro. Em princípio, Durán segue uma história redigida em nauatle, mas ele a completa e corrige com fontes dos mais diversos tipos.*

Se quisemos que os relatos indígenas sobre a conquista fossem ilustrados, não foi por preocupação estética. Essas ilustrações constam dos próprios manuscritos dos textos (mas, por motivos técnicos, tivemos de fazer uma escolha). Não por acaso, antes da chegada dos europeus, a história era escrita com a ajuda de desenhos estilizados e pictogramas; depois da conquista, manteve-se a lembrança dessa forma de notação. Os desenhos tinham uma função paralela ao texto, não eram subordinados a ele.

Desse modo, o leitor poderá captar a forma original dos relatos e seu sentido atual, podendo apreciar os traços excepcionais de um passado ao mesmo tempo remoto e próximo.

Prefácio
O contexto etno-histórico

POR GEORGES BAUDOT

Em 13 de agosto de 1521, ou seja, em Um-Serpente, segundo dia do mês de *Xocotl Uetzi*, num ano Três-Casa segundo os calendários de México Tenochtitlan, provavelmente no início da noite e entre dois violentos aguaceiros, em meio aos mortos e às ruínas, o último imperador asteca, Cuauhtémoc, num ato de desespero entregou a sua capital aos conquistadores espanhóis, que terminavam de eviscerar a cidade. A América maciça dos altiplanos densamente povoados ingressava brutalmente na nossa história. Irrompia ao mesmo tempo nos nossos relatos e no cortejo de imagens que compõem a nossa representação do passado. Os textos dos conquistadores foram os primeiros a ser conhecidos, e com uma celeridade impressionante. Lembramos que a relação escrita por Hernán Cortés, chefe dos conquistadores, cinco cartas endereçadas a Carlos V, assim como os relatórios que vão de 1519 a 1526, as *Cartas de Relación*, tiveram uma difusão excepcionalmente precoce. A segunda dessas cartas, que narra o deslumbrante descobrimento de México-Tenochtitlan, foi assinada em Segura de la Frontera (Tepeaca) no dia 30 de outubro de 1520 e apareceu em Sevilha, impressa por Jacobo Cromberger, em 8 de novembro de 1522. A terceira, que expõe a agonia da cidade, foi concluída em Coyoacan em 15 de maio de 1522 e impressa menos de um ano depois em Sevilha, uma vez mais por Cromberger, em 30 de março de 1523. Enfim, a quarta, escrita em México-Tenochtitlan no dia 15 de outubro de 1524, foi publicada em Toledo em 1525. É verdade que esses relatos foram proibidos com igual rapidez, já que em 1527 a Coroa da Espanha suspendeu a sua venda e impressão porque o autor se tornara suspeito de ambições descabidas. Pouco importa, pois a carreira europeia desses textos foi igualmente rápida (três relatos da conquista do México foram impressos na Alemanha entre 1520 e 1522) e tiveram um sucesso enorme.[1]

Mas o que não se sabe, mesmo hoje em dia, é que os textos em que os índios vencidos relatavam o acontecimento e suas trágicas dimensões (textos que começamos a conhecer apenas no fim do século XIX e principalmente ao longo do nosso século XX) foram publicados quase imediatamente. De fato, o primeiro de todos os que chegaram a nós, concebidos e redigidos pelos mexicanos, os *Anais históricos da nação mexicana*, foram escritos em Tlatelolco em nauatle e com a ajuda do alfabeto latino em 1528, ou seja, somente sete anos depois da derrota. Aliás, é provável que os redatores tenham começado a reunir os

---

1 Cf. "Three Accounts of the Expedition of Fernando Cortés Printed in Germany Between 1520 and 1522", introd. H. B. Wagner, trad. ingl. Ruth Freye Axe, *Hispan-American Historical Review IX*, maio 1929, p.176-212.

elementos do relato a partir de 1523, seguindo a tradição pré-colombiana da *itoloca*, muito antes de dominarem a transcrição alfabética de sua língua, fruto mais tardio do ensino dos religiosos franciscanos. Posteriormente, ao longo de todo o século XVI, em 1550-1555 para os informantes indígenas do *Códice florentino*, em 1576 para os do *Códice Aubin*, em 1581 para o relato de frei Diego Durán, que reúne algumas das melhores relações ameríndias, em 1576-1585 para o texto do mestiço tlaxcalteca Muñoz Camargo, em 1598 para a *Crônica Mexicana* em língua espanhola, e por último em 1609 para a *Crônica Mexicáyotl* em língua nauatle do mesmo autor Fernando Alvarado Tezozómoc, bisneto do imperador asteca Axayácatl etc., pontuando o século da conquista com suas queixas, serão elaboradas essas relações indígenas, únicas na história e na literatura da América, porque relatam a epopeia castelhana descrita e vivida por aqueles que foram as suas vítimas destroçadas. Uma boa dúzia desses relatos dizem respeito à conquista do México Central.

A origem dessa dúzia de textos merece a nossa atenção. A diversidade das circunstâncias precisas que nortearam o seu nascimento não pode ocultar os inegáveis traços comuns. E se a sua inspiração se mostra com frequência muito complexa à luz dos conhecimentos atuais, ela provém amiúde das mesmas fontes e das mesmas atitudes. Mais adiante salientaremos os casos de flagrante intertextualidade que se podem notar. Isso mostra que a história desse *corpus* extraordinário exige ser retraçada com cuidado, levando-se em conta as tradições indígenas que podem ter inspirado esses relatos, bem como os projetos políticos e as nostalgias que os suscitaram.

Primeiramente, convém distinguir esses relatos segundo a língua em que foram escritos. É óbvio que um texto em língua nauatle não tem a mesma percepção da guerra, da morte ou do mundo que um texto em língua espanhola, seja qual for a origem étnica do autor, porque são irremediavelmente separadas por profundas diferenças semânticas. Na realidade, são duas famílias de textos bem distintas que, apesar dos incontestáveis elementos comuns, se oferecem quando fazemos o inventário dos relatos indígenas da conquista do México Central.

A. OS TEXTOS EM LÍNGUA NAUATLE

Evidentemente, tratando-se de relatos ameríndios sobre a conquista, os que foram elaborados em língua nauatle parecem ser os mais "naturais" e, portanto, os mais autênticos. Pelo menos o seu discurso é exatamente aquele que o índio derrotado deve ter usado durante a própria conquista para lutar, deliberar... e amaldiçoar o conquistador. Aqueles dos quais nos ocupamos chegaram até nós sob a forma de escritos redigidos através do alfabeto latino, o que significa que a sua redação é pelo menos alguns anos posterior à chegada dos primeiros catequistas espanhóis, os franciscanos. De fato, desde que se fixaram em México-Tenochtitlan em julho de 1524, eles tentaram estabelecer uma representação fonética do nauatle com o auxílio do alfabeto latino e organizar os primeiros trabalhos de gramática e lexicografia que a escrita fonética exigia. Os resultados foram rápidos e concludentes, como comprova amplamente a redação dos *Anais históricos da nação mexicana*, de 1528, ou seja, de quatro anos após o início da atividade dos franciscanos. Recordamos ainda que a gramática do nauatle de frei Andrés de Olmos foi concluída em 1547 e a primeira edição do dicionário da língua nauatle de frei Alonso de Molina data de 1555. O trabalho dos franciscanos nesse campo foi extraordinário, já que, das cem novas obras dedicadas às línguas indígenas ou redigidas em línguas indígenas do México no século XVI, oitenta foram obra dos franciscanos: além do nauatle, falavam do tarasco, do otomi, do pirinda, do huasteca e do totonaca.

Claro está que existiram outros relatos indígenas sobre a conquista escritos de acordo com o sistema de escrita pré-colombiano dos *tlacuiloque*, ou escribas mexicas, que, a meio caminho entre a simples figuração pictográfica, o ideograma e o símbolo fonético, permitiram conservar um catálogo de pontos de referência, uma espécie de resumo dos fatos e das ideias que faziam o papel de pró-memória. O famoso *Lienzo de Tlaxcala*, manuscrito mexicano de meados do século XVI que faz um relato tlaxcalteca da conquista em oitenta quadros, é um bom exemplo.

Redigidos, pois, a partir de 1528, os relatos em língua nauatle que nos interessam apareceram ao longo de todo o século XVI (ou mesmo do XVII), em datas geralmente mais precoces que as dos mesmos relatos indígenas ou mestiços em língua espanhola. Isso é bastante evidente no caso de dois dos textos selecionados, os *Anais históricos* e o livro XII do *Códice florentino*, já que na prática pertencem à primeira metade do século, ao passo que quase todos os nossos textos em língua espanhola são do último terço do século. Essa precocidade relativa explica, pelo menos em parte, a escolha da língua veicular, o nauatle, então instrumento privilegiado da comunicação indígena, em detrimento do uso do espanhol, que ainda não se havia imposto como meio de expressão mais prestigiado ou mais rentável. Mas se a precocidade parece ser uma característica marcante dos relatos da conquista em nauatle, sua inspiração e composição o são ainda mais. De fato, quem os lê com atenção não tarda a perceber que eles são, de certo modo, herdeiros de várias tradições pré-colombianas de notação e conservação de fatos históricos e compõem-se realmente de fragmentos remanejados, amalgamados, mesclados numa espécie de intertextualidade fundamental, de diversos gêneros literários pré-colombianos identificáveis.

Sabe-se, de fato, que a civilização pré-colombiana do México Central, pelo menos desde a época dos toltecas nos séculos X-XII, registrava cuidadosamente a memória dos acontecimentos históricos. E que uma vontade inquestionável de preservar a história da cidade, como ensinamento, mas também como crisol de certa consciência étnico-identitária ou mesmo protonacional, emergia claramente no século XV, pelo menos a partir de 1428 e da vitória asteca sobre Azcapotzalco. Assim, a redação do "livro dos anos", o *xiuhamatl*, espécie de anais bastante desenvolvidos, era objeto de cuidados muito particulares, já que os escribas registravam ali as genealogias, os acontecimentos de certa relevância (e mesmo a ausência de fatos importantes durante determinado período sob a forma ritual: "nada aconteceu"), as façanhas da migração asteca, as proezas militares, as fomes e as inundações. A origem mítica do *xiuhamatl* se situaria na lendária Tamoanchan, em tempos remotíssimos, se dermos crédito ao relato dos informantes indígenas de Sahagún:

> Então eles inventaram a conta dos destinos,
> os anais, e a conta dos anos,
> o livro dos sonhos;
> ordenaram como ela seria guardada,

e como a manteve
todo o tempo que durou
o reino dos toltecas,
o reino dos tepanecas,
o reino dos mexicas
e todos os reinos dos chichimecas [...]

Também se sabe que o gênero dos anais ou *xiuhamatl* sobreviveu à conquista espanhola e é possível encontrar até o século XVII escritos indígenas que descrevem os acontecimentos ao estilo e conforme as normas do *xiuhamatl* pré-colombiano. Comprovam-no os *Anales de San Gregorio Acapulco*, publicados há cerca de trinta anos (*Tlalocan*, 1952, III, 2), que de 1520 a 1606 continuam colhendo a história local e nacional conforme as normas pré-hispânicas.

No entanto, além das compilações secas de datas e acontecimentos, dos catálogos genealógicos, dos inventários de guerras e catástrofes, os mexicas pré-colombianos concebiam a preservação da memória do passado e a sua difusão como uma verdadeira disciplina literária e lhes davam qualidades que correspondem perfeitamente ao que nós entendemos por História. O termo *itoloca* – "o que se diz de alguém" – designava a antiga maneira nauatle de preservar a lembrança dos que viveram outrora no mundo, representando um papel importante para a comunidade. Ao mesmo tempo, significava a lembrança engrandecida pelo mito, a sabedoria que os *tlamatinime* ("os sábios") extraíam dos ensinamentos do passado e a preocupação de dar um caráter de lição exemplar a essa preservação. Miguel Léon-Portilla assinalou magistralmente há alguns anos ("Herencia del México antiguo", *Meyibó*, 1, 1977) que a *itoloca* estava intimamente ligada, na sua concepção e prática, a diversos conceitos fundamentais. Tezozómoc explicita o primeiro na *Crônica Mexicáyotl*. Trata-se da *topializtli* – "o que nos compete preservar", a consciência de uma herança – que Tezozómoc exprimiu assim (*Crônica Mexicáyotl*, 1975, p.6):

> este antigo relato, este velho escrito de México-Tenochtitlan que nos foi legado, está a nosso encargo; e nós, por nossa vez, pelos nossos filhos, pelos nossos netos, pelo nosso sangue e pela nossa cor, pelos que virão de nós, para que, por sua vez, eles possam guardá-lo, quando morrermos, nós lhes deixaremos [...].

Evidentemente, essa consciência clara de que a herança histórica, a *topializtli*, devia ser transmitida também supunha que se soubesse que ela era original, única, e que fosse amada como tal. A ideia é evocada sem rodeios pelos informantes de Sahagún quando tentam definir um segundo conceito, o da *yuhcatiliztli* – "a ação que conduz a existir de certa maneira" –, e mais ainda talvez quando se mistura à nostalgia da *toltecáyotl* – a "toltequidade", a vida civilizada, requintada, elegante, transmitida pelos toltecas, e a lição mais preciosa que eles deixaram, fundamento de identidade cultural insubstituível para o México pré-colombiano do século XV. A consciência de um dado histórico necessariamente efêmero comporta, portanto, deveres inelutáveis de continuidade, *in tolteca topializ* – "aquilo que devemos preservar dos toltecas" – e essa consciência não exclui uma lucidez com inflexões às vezes pungentes no poeta nauatle, que interroga a história com frequência. Comprova-o este *icnocuicatl*, este "canto de órfão" do século XV (Ms. *Cantares mexicanos*, Biblioteca Nacional do México, f. 26r°):

Os toltecas escreviam nos seus livros pintados,
mas o livro teve fim.

Todo o teu coração se avizinha
das artes e das criações dos toltecas,
da *Toltecáyotl*.
Também eu não viverei aqui para sempre.
Quem me levará então?
Para onde terei de ir?

Não surpreende ver o poeta interrogar a história. Entre os mexicanos antigos, a *itoloca* estava ligada à elaboração poética ou desembocava nela. E o poeta podia interferir no relato dos acontecimentos para fazer perguntas. Veremos que os relatos da conquista aqui mencionados apresentam traços evidentes de intervenção. Por ora recordemos simplesmente que a *itoloca* admitia uma forma cantada, recitada, salmodiada, a *icacocacuicatl*, espécie de saga de formas muito simples que parece ter partido da própria matéria dos anais, que era, por assim dizer, "versificada", a fim de ser ritualmente proferida durante certas liturgias. Na realidade, a forma poética essencial da história, a *itoloca* transformada em saga ou canção de gesta, deve ser procurada num gênero poético bem definido, o *melahuacuicatl* – "canto franco" ou "cantochão". Boa parte dos relatos da conquista em língua nauatle é visivelmente aparentada com ela, como um estágio preparatório ou uma etapa intermediária.

Dois dos textos que propomos, os *Anais históricos* e o Livro XII do *Códice florentino*, são de certo modo as matrizes de um futuro *melahuacuicatl* da resistência tlatelolca, que as circunstâncias não deixaram chegar à maturidade. De fato, na época pré-colombiana, o *melahuacuicatl* era como uma espécie de ode nacional reservada aos temas que interessavam à vida de um povo em busca de uma primeira forma de consciência histórica. Por esse motivo, o *melahuacuicatl* pode ser considerado a parte constitutiva fundamental de uma primeira consciência de identidade cultural. Consequentemente, a maior parte das produções desse gênero se aparentava com uma espécie de epopeia mitológica cujas implicações religiosas permaneceram primordiais, coisa que às vezes explica certas obscuridades. Mas, em sua maioria, as lendas, os mitos e as transposições históricas que esse gênero poético exprimia começam a ser bem conhecidos. São principalmente essas as grandes etapas do passado lendário da Mesoamérica que os povos de cultura nauatle construíram para enraizar suas origens numa explicação harmoniosa e coerente do mundo. A criação do universo em Teotihuacan, a gesta tolteca do homem-deus Quetzalcoatl, a "longa marcha" dos astecas conduzidos por Uitzilopochtli, o guia místico da tribo de Aztlan, são partes muito representativas desse passado.

Esses textos, seja no *Códice de Cuauhtitlan* redigido no México em 1558, seja na *História tolteca-chichimeca*, seja no nosso *Códice Aubin* de 1576 ou ainda na *Crônica Mexicáyotl* de Tezozómoc, são parentes muito próximos, portanto, dos relatos da conquista, que, por seu turno e utilizando pela última vez um pouco dos modelos antigos, narram o cataclismo decisivo da história ameríndia que foi provocado pela chegada dos espanhóis.

Por outro lado, não surpreende ver as mais variadas formas poéticas irromperem na relação histórica, seja para embelezá-la, seja para dramatizá-la ou valorizar uma ou outra dimensão dos fatos narrados. A irrupção do *yaocuicatl* ("canto de guerra") podia ser frequente e conter, como uma espécie de contraponto, uma reflexão sobre o sentido de determinada ação ou determinado desastre. Tomemos, por exemplo, este *yaocuicatl* registrado por Tezozómoc. Trata-se de um canto fúnebre à memória dos nobres mexicas que tombaram na guerra contra Chalco, mas é também uma lição de moral histórica sobre a busca de identidade:

> A morte
> que os nossos pais, irmãos e filhos receberam
> não lhes chegou porque eles deviam alguma coisa,
> nem porque roubaram ou mentiram,
> nem por qualquer vilania,
> mas pelo valor e honra
> do nosso país e nação,
> pelo valor do nosso império mexicano
> e pela honra e glória
> do nosso deus e senhor Uitzilopochtli [...]

Em outras ocasiões, cabia ao *icnocuicatl* ("canto de órfão" ou "canto de angústia") interferir no tecido do relato histórico. De inspiração elegíaca e filosófica, tendo por temas prediletos o irremediável decorrer do tempo, a morte como desenlace implacável, a noção de uma vida humana emprestada por pouquíssimo tempo num mundo de instabilidade, era muito natural que o *icnocuicatl* achasse o seu lugar no relato forçosamente trágico da *itoloca*, que relatava guerras, calamidades e conquistas. É compreensível, portanto, que, no momento do trauma extraordinário que foi a conquista espanhola, os poetas mexicanos tivessem lançado mão da fórmula do *icnocuicatl* para cantar o sofrimento e a angústia diante do seu universo fulminado e tivessem incorporado aos seus relatos muitos desses poemas de desgraça. Na verdade, parece que desde 1523, dois anos depois da ruína de México-Tenochtitlan, os primeiros textos que os homens de língua nauatle criaram para chorar o horror do que sentiram e penaram durante a conquista foram justamente os *icnocuica*, os que podem ser encontrados em parte, por exemplo, no manuscrito de *Cantares mexicanos* na Biblioteca Nacional do México. Desse modo, o texto mais precoce cuja leitura propomos aqui, os *Anais históricos* de 1528, oferece um *icnocuicatl* particularmente significativo (cf. p.233-4) que ilustra bem esse aspecto original e eclético do relato histórico tradicional dos mexicas.

Herdeiros, sem dúvida alguma, da *itoloca* e do *melahuacuicatl*, como os *Anais históricos* e o Livro XII do *Códice florentino*, em alguns casos ligados à forma precisa do *xiuhamatl*, como o *Códice Aubin* e, em certa medida, os *Anais históricos*, e em outros compreendendo um *icnocuicatl* claramente reconhecível, como os *Anais históricos*, os nossos textos em língua nauatle fazem parte de uma tradição pré-colombiana ainda viva quando da sua elaboração. Mas em virtude das datas e da escrita, bem como de uma parte não negligenciável da inspiração e das intervenções flagrantes daqueles que às vezes contribuíram para realizá-los e não eram índios, nossos textos também são produto das circunstâncias e, portanto, da influência e do ensinamento dos homens vindos da Espanha. Não obstante, esse outro aspecto das coisas implica tantas características particulares para os textos (cada qual uma espécie de aventura autônoma) que, neste estágio, é preferível apresentá-los separadamente para melhor perceber a originalidade da sua formação e melhor situar o lugar e a importância de cada um no *corpus* literário dos relatos da conquista da América.

O Livro XII do Códice florentino

Mesmo que não seja o mais precoce, já que o essencial do relato foi colhido e redigido em 1550-1555, o Livro XII do *Códice florentino* merece ser apresentado em primeiro lugar tanto pelas dimensões quanto pela qualidade do texto. Trata-se incontestavelmente do mais importante relato da conquista em língua nauatle do qual dispomos. Além disso, sua história é exemplar pela complexidade e originalidade. O texto pertence a uma obra – a *História geral das coisas da Nova Espanha*, de frei Bernardino de Sahagún – cuja inspiração (pelo menos no início) foi muito particular, pois se tratava de uma obra que fazia parte de um vastíssimo projeto literário, político e espiritual de repercussões inauditas. Em outra parte (*Utopie et histoire au Mexique*, Toulouse, Privat, 1977), retracei minuciosamente a história daqueles religiosos franciscanos do século XVI que descobriram os valores aborígenes do México e, impelidos por suas esperanças escatológicas e por uma leitura visionária do Apocalipse, mergulharam na exploração da sociedade, da religião e do passado ameríndios na primeira metade do século. Assim, desde 1533 (doze anos após a conquista), um religioso, frei Andrés de Olmos, empreendeu por ordem das autoridades seráficas e do presidente da Real Audiência do México, uma grande pesquisa pioneira acerca da civilização, da sociedade e da religião dos povos nauas do México Central: "publicar em livro as antiguidades desses índios aborígenes, sobretudo os de México-Tenochtitlan, Texcoco e Tlaxcala, para que delas seja guardada alguma memória [...]". Assim, Olmos começou a coletar os textos que os escribas ou os sábios astecas lhe transmitiam, fosse transcrevendo com ele os códices pictográficos que puderam ser salvos das destruições ordenadas nos primeiros tempos, fosse ditando-lhe os relatos ou as descrições guardadas em sua memória educada, formada pelos ensinamentos específicos do *calmecac* e pelas técnicas de transmissão oral. Em 1536, o capítulo franciscano confiou a outro religioso seráfico, frei Toribio Motolinia, uma pesquisa parecida sobre os costumes, crenças e organização dos índios antes da conquista, a fim de prosseguir e prolongar a obra de preservação cultural iniciada por seu confrade. Mais tarde, por volta de 1539-1541, em Michoacan, outro religioso franciscano, frei Martín de la Coruña, foi encarregado de um empreendimento da mesma envergadura a respeito da sociedade dos tarascos do oeste do México. Do mesmo modo, em 1554-1560, outro frade menor, frei Francisco de Las Navas, estudou cuidadosamente as engrenagens fiscais e, posteriormente, os calendários pré-hispânicos do México Central.

Enfim, a partir de 1547, o mais ilustre dos religiosos etnógrafos empenhados em conhecer o mundo pré-colombiano e preservar a sua memória, frei Bernardino de Sahagún, dedicou-se a um trabalho gigantesco de recuperação sistemática da cultura nauatle. Efetivamente, por volta de 1547, por iniciativa própria (ou talvez a conselho de Olmos, que naquela data precisa estava estabelecendo o texto reformulado e corrigido de um *huehuetlatolli* para ilustrar o manuscrito da sua gramática nauatle), frei Bernardino começou a coletar dos *tlamatinime* sobreviventes um conjunto fundamental de textos que provinham diretamente do *calmecac* pré-colombiano e constituíam o código moral dos mexicanos: os *huehuetlatolli* ou "dizeres dos antigos", uma espécie de literatura didática que consistia em uma longa série de conselhos e invocações, uma espécie de arenga moral, cuja requintada beleza da linguagem e elevada dignidade dos preceitos o deslumbraram. Também é possível que ele simplesmente estivesse procurando obter, para o uso corrente da sua própria pregação evangélica, um conjunto de fórmulas características claramente inteligíveis para os mexicanos, que lhes tocasse diretamente o coração e o entendimento. Posteriormente, de 1550 a 1555, em Tlatelolco, Sahagún começou a coletar relatos dos combatentes índios que sobreviveram à conquista e, mais de vinte anos depois, desenvolveram para uso pessoal uma versão própria dos acontecimentos, recorrendo aos antigos modelos literários pré-hispânicos (*xiuhamatl, itoloca* ou *melahuacuicatl*). Esses textos escritos e ordenados (por exemplo, os *Anais históricos da nação mexicana*), ou simplesmente transmitidos oralmente pelos *tlamatinime* sobreviventes, faziam parte da mais preciosa bagagem literária da nobreza tlatelolca, que ajudou e apoiou o estabelecimento franciscano do Colégio da Santa Cruz de Tlatelolco. Depois de algumas peripécias, e depois de ter sofrido alguns infortúnios (suficientemente desimportantes para o conteúdo e a forma do texto, é verdade), o conjunto desses relatos reunidos em 1550-1555 formou o Livro XII do *Códice florentino* que chegou a nós. No entanto, as peripécias posteriores da obra merecem ser resumidas rapidamente para uma melhor compreensão do contexto no qual evoluiu o nosso relato.

De fato, esses textos – os *huehuetlatolli* colhidos em 1547 e o relato da conquista registrado em 1550-1555 – não tardariam a se juntar à obra a que Sahagún dedicaria a maior parte de sua vida: a *História geral das coisas da Nova Espanha*. Em 1558, o provincial seráfico frei Francisco de Toral o incumbiu de escrever em língua nauatle a história da cultura mexicana para ajudar "a catequização, a cultura e a manutenção da cristandade de seus naturais". Como em 1533 para Olmos, como em 1536 para Motolinia, os frades menores puseram em marcha o grande empreendimento, colocando por um segundo período, na mesma trilha de uma investigação etnográfica precisa sobre o universo dos mexicas, um dos seus melhores especialistas da língua do país. Frei Bernardino se pôs a trabalhar imediatamente. Começou redigindo um questionário pormenorizado, uma espécie de plano prévio que organizava os temas da investigação. Depois, em Tepepulco, de 1558 a 1560, tratou de reunir sistematicamente os primeiros materiais da obra encomendada. Isso redundou no texto que conhecemos como *Primeros Memoriales*, cujo tema era dividido em quatro partes: *Teteo*, "Os deuses"; *Ilhuicayotl ihuan Mictlancayotl*, "Céu e inferno"; *Tlatocayotl*, "A nobreza"; e, por fim, *Tlacayotl*, "As coisas do homem". Em seguida, transferido para Tlatelolco de 1560 a 1565, Sahagún, com o auxílio dos alunos índios do Colégio da Santa Cruz, que de certo modo funcionava como uma escola de pesquisas mexicanistas, concluiu e refez sua obra, acrescentando-lhe uma quinta parte, *Tlalticpaccayotl* ("Coisas da terra e da natureza"). Ela nos chegou na forma dos *Códices de Madri*.

Em 1565, Sahagún se mudou para o mosteiro de São Francisco de México-Tenochtitlan, como ele mesmo declarou: "com todos os meus escritos, onde durante três anos eu os vi e revi sozinho, e voltei a corrigi-los e dividi-os em livros [...]". Isso significa que, de 1565 a 1569, frei Bernardino procurou dar uma forma definitiva ao seu *opus magnum*, dividindo-o primeiro em nove e, por fim, em doze livros. Foi nesse momento que lhe acrescentou os *huehuetlatolli* coletados em 1547, primeiro como Livro VII, depois como Livro VI. Também foi nesse momento que lhe adicionou o relato da conquista espanhola vista e narrada pelos próprios índios, que ele havia reunido em 1550-1555, primeiro como Livro IX e depois, no plano final, como Livro XII, o último da obra. Em 1569, todas as disposições novas e os textos foram revisados e, ao que parece, isso gerou despesas que a Ordem considerou excessivas. De fato, o novo provincial de México-Tenochtitlan, frei Alonso de Escalona, não via com bons olhos o trabalho de Sahagún, alegando que contrariava o voto de pobreza, por isso o autor foi instado a, dali por diante, ter a bondade de arcar sozinho com as suas investigações, sem contar com o mínimo auxílio material. Pior ainda, o provincial Escalona confiscou e espalhou os livros de Sahagún por todos os mosteiros da província, pretextando a necessidade de submetê-los a numerosos leitores para lhes julgar melhor o valor. Assim, durante três anos a obra ficou paralisada. Em 1573, graças ao apoio do comissário-geral, frei Miguel Navarro, Sahagún recuperou todos os seus papéis e pôde planejar a retomada do trabalho, mas nada foi feito para ajudá-lo do ponto de vista material.

Em setembro de 1575, chegou ao México um novo comissário-geral seráfico, frei Rodrigo de Sequera, que daria um apoio notável a Sahagún e possibilitaria a publicação da obra. Seu papel foi tão crucial que frei Bernardino lhe dedicou a *História geral* em sinal de gratidão. Redigida conforme as novas normas permitidas pelos recursos colocados à disposição do autor, a obra foi considerada concluída no começo de 1577 e sua versão definitiva foi confiada ao protetor, ou seja, a Sequera. Esse é o texto que se encontra hoje na Biblioteca Laurenciana de Florença. Aliás, Sequera o salvou uma segunda vez, mantendo-o para si, sem nunca dar notícias dele ao autor. Ocorre que as desventuras de Sahagún não terminaram com a redação definitiva da obra e, no dia 22 de abril de 1577, isto é, no mesmo ano da sua conclusão, Filipe II ordenou a sua apreensão e proibiu que se empreendessem trabalhos semelhantes no futuro. A história é lamentável, mas as intenções que haviam movido esse tipo de obras talvez a expliquem.

De fato, os religiosos franciscanos que se aventuraram no conhecimento meticuloso da civilização pré-colombiana fizeram-no (pelo menos no começo) unicamente para implantar um programa de grandes ambições, uma utopia político-espiritual que o descobrimento e a conquista da América fizeram florescer. Todos esses religiosos pertenciam a uma corrente reformada da família franciscana que, na tradição dos "espirituais" seráficos, reliam os textos do Apocalipse de acordo com as lições visionárias propostas no século XII pelo abade cisterciense Joaquim de Fiore. Assim, um reino de mil anos, o *Millenium*, reino de caridade pura, igualitária e espiritual, deveria se iniciar na Terra com a conversão dos derradeiros gentios, precedendo a Parúsia e o Juízo Final. Os missionários franciscanos estavam convencidos de que haviam descoberto no México os sinais anunciadores da construção desse reino (a conquista "milagrosa" por um punhado de espanhóis de um poderoso império de multidões imensas, a pobreza e a humildade providenciais do índio, as conversões aparentemente espontâneas e maciças etc.). Por isso só empreenderam a investigação metódica da civilização pré-colombiana para construir com os índios, a partir de sua originalidade fundamental, suas línguas, instituições e organização (depois que as referências idólatras fossem extirpadas, é claro), esse reino de mil anos que seria o prelúdio profetizado do fim dos tempos. Não há dúvida de que, à medida que as pesquisas avançavam, eles se tomaram de uma simpatia mais racional, verossimilmente forte, por aqueles universos indígenas arrasados e por suas conquistas e qualidades humanas.

Em 1577, Filipe II finalmente se deu conta de todos os contornos desse programa utópico cujos corolários políticos (a autonomia do México) tinham tudo para contrariá-lo. E o que é pior, em 1577, o mundo indígena ainda dava sinais inquietantes de rebelião, e algumas revoltas foram mal controladas, mal reprimidas. O confisco e a proibição dos textos reunidos e usados pelos religiosos franciscanos pareciam uma medida governamental indispensável. Eles não foram revogados enquanto durou a soberania espanhola na América, e as obras dos religiosos ficaram perdidas por um longo tempo. As partes que foram encontradas, como os textos de Sahagún ou de Motolinia, por exemplo, tiveram de esperar até o século XIX para começar a ser publicadas. O estabelecimento científico e a publicação do essencial dessa documentação tão importante são obra contemporânea que ainda não está totalmente concluída.

Avaliamos bem as dificuldades do nosso primeiro texto para chegar até nós. Recordamos, para terminar, que o manuscrito guardado por Sequera foi descrito pela primeira vez por Bandini em 1793, quando preparava o catálogo dos códices transferidos para a Biblioteca Laurenciana de Florença, mas o percurso da obra desde a papelada de Sequera até Florença é desconhecido.

Se o relato indígena contido no Livro XII do *Códice florentino* seguiu um caminho perigoso para chegar até nós, a própria elaboração do livro foi também bastante complexa. Pode-se supor com toda a verossimilhança que o texto em língua nauatle coligido em 1550-1555 sofreu algumas transformações devidas ao próprio Sahagún ou aos seus discípulos de Tlatelolco por volta de 1560-1565, ou na redação definitiva do manuscrito guardado por Sequera, entre 1575 e 1577. Isso é facilmente confirmado por um detalhe revelado na leitura integral do *Códice florentino*, posteriormente confirmado pelo exame dos *Códices de Madri*. O texto do primeiro capítulo do nosso Livro XII, dedicado aos presságios de desgraça, aos *portenta* anunciadores da chegada dos espanhóis, encontra-se integralmente, com ligeiras variações ortográficas, no sexto capítulo do livro VIII do mesmo *Códice florentino*, capítulo dedicado aos reis e aos senhores mexicanos e ao seu modo de governar. É incontestável que o texto provém do relato da conquista e não do tema abordado no livro VIII. Mas esse mesmo capítulo dedicado aos presságios pode ser encontrado no *Códice de Madri*, manuscrito do Palácio Real (i.e., texto de Tlatelolco de 1564-1565), no Livro II, sobre as festas pré-colombianas, e no meio do livro (f. 74v°-75v°), entre a festa de *Toxcatl* e a de *Etzalcualiztli*. Quer dizer, onde não tem nada que fazer. Melhor ainda: os presságios são numerados na margem esquerda e, na parte inferior do fólio 75v°, do punho de Sahagún, lê-se "fim dos presságios". Enfim, última precisão, na margem direita do fólio 74v°, também do punho de Sahagún, esta anotação: "O que se segue encontra-se no primeiro capítulo do livro que trata da guerra que houve entre os índios e os espanhóis". A leitura desses três fólios revela um texto nauatle sensivelmente diferente do que figura no *Códice florentino*, mais repetitivo, mais pesado, mais cadenciado, como se traduzisse a lenta melopeia que foi o estado primitivo do texto e a sua origem. Apresento uma amostra desse texto em nota quando da tradução desse capítulo (cf. *Códice florentino*, p.69, n.2) para apreciação.

Duas coisas resultam dessas observações. Em primeiro lugar, que Sahagún pensou desde o início em incluir o relato da conquista em sua obra, pelo menos desde a etapa de Tlatelolco, em 1564-1565, pois já fala "no livro que trata da guerra". Em segundo lugar, que a versão do *Códice de Madri*, mais precoce, mais próxima do texto colhido em 1550-1555, sofreu reformulações ao passar para o Livro XII do *Códice florentino*, o que pode valer para o conjunto do livro, que seria uma versão revista, corrigida e aprimorada do relato primitivo de meados do século. Evidentemente, não se pode tirar uma conclusão geral, mas essas diversas transformações do capítulo dos presságios talvez indiquem certa elaboração do relato. No entanto, e com exceção dos *Anais históricos*, naturalmente, temos aqui o mais antigo, o mais próximo das modalidades pré-colombianas de todos os que contaram em língua nauatle o cataclismo da conquista.

A origem geográfica do relato não constitui nenhum problema. O texto do Livro XII do *Códice florentino* é claramente de inspiração tlatelolca e apresenta a versão tlatelolca da conquista, às vezes hostil a Tenochtitlan. Ao longo dos capítulos, a importância de Tlatelolco se afirma e a sua explicação dos fatos predomina. Assim, no capítulo XVI, por exemplo, há uma insistência muito particular em denunciar a traição dos grandes nomes da nobreza de Tenochtitlan e, no capítulo XVII, o relato sublinha que o senhor de Tlatelolco, Itzcuauhtzin, foi capturado pelos espanhóis ao mesmo tempo que Montezuma e, portanto, sofreu aqueles mesmos tormentos lendários e espetaculares que sofreu o rei de México-Tenochtitlan. Do mesmo modo, o capítulo XXIII mostra o sofrimento do povo de Tlatelolco nas honras fúnebres de Itzcuauhtzin, em oposição à cólera manifestada no tumultuado enterro de Montezuma. O capítulo XXXII dá destaque à fuga dos tenochcas, que se refugiam em Tlatelolco, e apenas os guerreiros tlatelolcas enfrentam Pedro de Alvarado. No capítulo XXXV, a bandeira dos espanhóis é tomada pelos tlatelolcas e, no capítulo XXXVI, os espanhóis não conseguem romper a violenta resistência dos últimos combatentes de Tlatelolco. Enfim, no capítulo XLI, uma última manifestação de hostilidade dos tlatelolcas contra Tenochtitlan vem à tona quando o *cihuacoatl* Tlacotzin tenta culpar os tlatelolcas pelo ouro perdido no canal dos toltecas, demonstrando falta de solidariedade e dignidade na hora mais amarga da derrota. Como o texto do relato foi colhido em Tlatelolco por volta de 1550-1555 e reelaborado na mesma Tlatelolco em 1564-1565, não admira essa visão tendenciosa dos acontecimentos, tanto mais que esse relato primitivo devia ser um vasto *melahuacuicatl* em glória dos guerreiros de Tlatelolco. Em compensação, é surpreendente que Sahagún, tão zeloso com a exatidão, não tenha tentado equilibrar o texto num sentido menos desfavorável a México-Tenochtitlan. Mas, no que se refere aos relatos da conquista em língua nauatle, Tlatelolco teve o estranho privilégio de conservar os dois mais belos que nos chegaram.

Anais históricos da nação mexicana

Foi justamente em Tlatelolco que se redigiu, em 1528, o segundo dos nossos relatos em língua nauatle. Trata-se de um documento excepcional, não só pela sua data, que é notável, mas também pelo seu teor e forma. Primeiramente, estamos na presença de um conjunto de escritos redigidos em língua nauatle que foram reunidos sob o título de *Anais históricos da nação mexicana* e hoje estão na Biblioteca Nacional de Paris, na famosa coleção Goupil. Na realidade, o conjunto batizado de *Anais históricos* é constituído de cinco partes diferentes. Nele encontram-se na seguinte ordem: 1) uma *Lista dos reis de Tlatelolco* que tem a importante particularidade de apresentar ao final cerca de trinta parágrafos sobre Cuauhtémoc, a expedição de Cortés a Hibueras, a morte do último soberano asteca martirizado pelo conquistador espanhol no país de Acallan e o destino de dois grandes senhores astecas, Ecatzin e Temilotzin, após a conquista; 2) uma *Lista dos reis de Tenochtitlan*; 3) a *Genealogia dos reis de Azcapotzalco*; 4) um *Suplemento à genealogia dos reis de Azcapotzalco*; e 5) a *História de Tlatelolco desde os tempos mais remotos*, que abrange o período da tradicional migração asteca desde Aztlan, o período tepaneca, o período da Tríplice Aliança Asteca, e, para terminar, o período da conquista espanhola, ou seja, a primeira versão indígena que se conhece da conquista que é precisamente o texto que aqui propomos. A *História de Tlatelolco* começa com um parágrafo que data sem ambiguidades e sem hesitações a conquista: "Este livro foi escrito assim: foi feito há muito tempo aqui, em Tlatelolco, no ano 1528. Os castelhanos haviam acabado de chegar ao país, ainda não tinham nenhum assentamento aqui". Essa data (nós a assinalamos algumas páginas antes) é extraordinariamente precoce, pois situa a redação do escrito somente sete anos depois da conquista e exatamente quatro anos depois da chegada dos primeiros franciscanos, que fariam a transcrição fonética da língua nauatle com a ajuda do alfabeto latino. O texto é anônimo.

A essas poucas características essenciais: a precocidade, o anonimato e o uso da escrita europeia para transcrever (pela primeira vez) a língua nauatle, convém acrescentar outras peculiaridades fundamentais. Por exemplo, as que revelam tanto uma forma, uma estrutura de relato, como também uma inspiração e fazem do texto um claríssimo herdeiro dos gêneros literários pré-colombianos mais bem reconhecidos atualmente. Mas vamos por ordem.

O anonimato do relato está ligado em parte à sua precocidade. Afinal, em 1528, quem podia empreender a redação desse texto na forma em que nos chegou? Dessa vez, os religiosos franciscanos devem ser prontamente descartados, etnógrafos ou não. Como é possível que, só quatro anos depois de sua chegada, os religiosos seráficos pudessem dominar não só a transcrição, mas também a própria prática da língua, com tal grau de eficácia, para em seguida se dedicar a pesquisas aprofundadas e infinitamente delicadas da historiografia indígena, como exigem o teor e sobretudo a qualidade dos *Anais históricos*? Além disso, os religiosos que mais tarde se dedicariam à etnografia ou à historiografia e se apresentariam como os especialistas da Ordem nessa matéria não estavam disponíveis para a tarefa nessa época. Alguns, e não os menos importantes, como Sahagún e Las Navas, nem sequer haviam chegado ao México, e Olmos desembarcara naquele mesmo ano. De modo que só resta uma possibilidade. O autor seria um *tlacuilo* ("escriba") ou um *tlamatini* ("sábio") mexicano que, em íntimo contato com os primeiros catequistas, acompanhou e assimilou perfeitamente o trabalho de transcrição do nauatle e aproveitou esse aprendizado (transcrevendo a língua com uma economia da qual ele nem suspeitava) para registrar os dados dos códices pictográficos que estavam ao seu alcance, aqueles que o ensinamento do *calmecac* lhe inculcou antes da chegada dos espanhóis e, por fim, as primeiras formas (pictográficas ou orais) do relato da conquista espanhola que a tradição da *itoloca*, do *xiuhamatl* ou mesmo do *melahuacuicatl* começou a organizar e formular desde 1522-1523. A conjunção muito precoce desses dois dados primordiais, as formas literárias tradicionais da época pré-colombiana (aplicadas com muita naturalidade ao relato do cataclismo histórico representado pela conquista) e o irresistível aparecimento da transcrição alfabética, foi decisiva. Lembremos que em 1523, um ano antes da chegada da primeira missão franciscana oficial, um certo frei Pedro de Gante fundou uma escola em Texcoco para alfabetizar e ensinar aos índios os rudimentos do catecismo, e que essa primeira experiência deve ter atraído mais de um *tlacuilo* movido pela curiosidade. Indiretamente, portanto, e de certo modo, os religiosos seriam a origem daqueles escritos, pelo menos da forma material que tomaram. Ademais, a presença de certo número de vocábulos espanhóis no texto – *capitán*, *espada*, *hora*, *cavallo*, *perro etc.* –, para designar objetos e conceitos estranhos ao mundo indígena, sem tentar traduzi-los por analogia, mostra com muita clareza a formação que o autor recebeu dos recém-chegados.

Por outro lado, esse autor índio anônimo era quase forçosamente um ex-combatente da conquista, talvez até um sobrevivente do massacre do Templo Maior ordenado por Alvarado por ocasião da festa de *Toxcatl*. Além de o próprio autor indicar no texto (na margem do manuscrito n.22, p.33) que foi testemunha ocular – "Foi aqui que a guerra chegou ao fim. Quem a viu escreveu isto" –, a precisão das descrições, a multiplicidade dos pormenores e a própria alma do relato são de uma experiência vivida, uma experiência muito diretamente e muito dolorosamente sofrida. Certas ênfases (que causariam calafrios e indignação num religioso etnógrafo), como as que tratam do sacrifício dos prisioneiros espanhóis, imolados pelas próprias mãos de Cuauhtémoc (p.235, n.36), vêm de uma reminiscência pessoal muito marcante.

À parte isso, o autor é, sem dúvida alguma, tlatelolca e até mesmo adepto de certo chauvinismo tlatelolca, expresso com paixão e, às vezes, com rancor. Nota-se em particular que ele teve o cuidado ressaltar em várias partes do relato que as diversas ações, oferendas, guardas, proezas, negociações etc. dos mexicanos foram feitas separadamente – tlatelolcas de um lado e tenochcas de outro – como numa espécie de competição permanente, quer se tratasse de presentes oferecidos aos espanhóis, quer de guardas montadas na Porta da Águia etc. Do mesmo modo, a leitura desse relato dá a impressão de que as mortes corajosas em combate, as proezas táticas e os atos audaciosos eram exclusivamente tlatelolcas. Os tenochcas passavam o dia discutindo e matando uns aos outros, quando não fugiam ignominiosamente. Destaca-se em especial a passagem que narra a retirada vergonhosa dos tenochcas, correndo para se refugiar em Tlatelolco e entregando todas as suas riquezas aos corajosos guerreiros da cidade. Enfim, a abundância e a virulência das imprecações que acusam os tenochcas de não fazer nada e se mostrar sempre covardes ou incompetentes, assim como a insistência do próprio conquistador, Cortés, em separar uns dos outros e convencer os tlatelolcas a abandonar os habitantes de Tenochtitlan à sua própria sorte, são exemplares. Tem-se a impressão (e é o cúmulo) de que o heroísmo tlatelolca, superando suas mágoas , fez um esforço desesperado e meritório justamente para evitar "deixar sozinhos os tenochcas para que morressem sozinhos", segundo os termos do relato. Enfim, o texto dá a entender que o último imperador asteca, Cuauhtémoc, considerado um rei puramente tenochca, não cumpriu todo o seu dever, pelo menos não tanto quanto os guerreiros de Tlatelolco desejavam. O leitor terá razão em se admirar deste último detalhe, sobretudo porque, no mesmo conjunto documental, os *Anais históricos*, a primeira peça, ou seja, a *Lista dos reis de Tlatelolco*, apresenta Cuauhtémoc como rei de Tlatelolco desde antes da chegada dos espanhóis e o designa especificamente como tal, insistindo na sua filiação e representando-o como um herói tlatelolca cujos infortúnios a caminho de Hibueras foram uma calamidade suplementar para os guerreiros sobreviventes de Tlatelolco. O fato de dois relatos históricos se contradizerem não surpreende ninguém, mas essa particularidade do texto de 1528 não deixa de ser desconcertante.

No entanto, o fato é que o nosso relato, o da conquista espanhola narrada pela *História de Tlatelolco desde os tempos mais remotos*, é o mais antigo de todos e o mais próximo de uma versão "pré-colombiana" dos acontecimentos, poderíamos dizer, se não temêssemos o anacronismo. Efetivamente, forjado pelas tradições pré-hispânicas, inspirado nas formas literárias e nas estruturas de relato anteriores à chegada dos espanhóis, o texto é indubitavelmente "pré-colombiano". A leitura global do conjunto proposto pela *História de Tlatelolco*, do início da migração de Aztlan até a queda de México-Tenochtitlan nas mãos de Cortés, fornece múltiplas indicações que não deixam nenhuma dúvida. Assim, um exame rápido do texto, mas exaustivo, revela, por exemplo, a presença de três *yaocuica* ("cantos de guerra") imbricados na trama do relato histórico propriamente dito, a saber, o *yaocuicatl* triste do *nonoualcatl* Timal após a conquista de Cuauhnahuac, o que sucede à entronização de Cuacuauhtzin e à vitória sobre os chimalhuacas, e, por fim, o curiosíssimo *yaocuicatl* irônico e burlesco que comemora a vitória dos mexicas e do seu soberano Motecuhzoma Ueue Ilhuicamina sobre os guerreiros de Cuetlaxtlan. Ainda se distingue um *teocuicatl* ("canto divino" ou hino) recitado para celebrar a fabricação ritual da estátua de Uitzilopochtli em grão de amaranto e, sobretudo, um belíssimo fragmento de *melahuacuicatl* triste para celebrar a lembrança do massacre de Chapultepec, onde os mexicas foram aniquilados antes de sua instalação definitiva na ilhota de Tenochtitlan. Se acrescentarmos que o texto toma com muita frequência (e talvez de modo espetacular) a forma do *xiuhamatl*, com sua concisão, sua secura e até mesmo com sua vontade de registrar a não história, como mostra, por exemplo, esta passagem:

> No ano Onze-Casa, nada aconteceu.
> No ano Doze-Coelho, nada aconteceu.
> No ano Treze-Cana, nada aconteceu.
>
> No ano Um-Pederneira, os mizquicas pereceram.
> No ano Dois-Casa, os chimalhuaques pereceram.
> No ano Três-Coelho, pereceram os xochimilcas e os
> cuauhtinchantlacas. Com eles inaugurou-se
> o templo de Tlatelolco erguido por Cuacuauhtzin [...]

compreendemos até que ponto a elaboração desse relato é próxima das fórmulas tradicionais do *calmecac* pré-colombiano.

Naturalmente, o relato da conquista espanhola, que constitui a terceira parte do texto, segue os mesmos moldes formais e é construído conforme os mesmos critérios. A construção a partir do modelo proposto pelo *xiuhamatl* é evidente desde a abertura do nosso relato:

> Ano Treze-Coelho. Viram espanhóis sobre a água [...]
> Ano Um-Cana. Foi quando os espanhóis surgiram [...]

A intercalação de textos poéticos adequados ao momento mais pertinente do relato, a inserção de peças literárias complementares, consideradas uma forma de participação total no desenvolvimento da *itoloca*, são representadas aqui pelo belíssimo *icnocuicatl* ("canto de órfão") que fala da desesperança e da miséria dos astecas vencidos após a queda de México-Tenochtitlan. Talvez seja um dos testemunhos mais autênticos da forma pré-colombiana do relato, mas também do impacto extraordinário que a chegada catastrófica dos europeus representou para os astecas. Nesse sentido, o relato de 1528 incluído nos *Anais históricos* também é a prova, elegante e até requintada, da continuidade e da vitalidade das formulações literárias e das tradições historiográficas criadas pela época pré-colombiana para apreender o passado, uma vez que excedem a irrupção frenética das línguas do Velho Mundo, às vezes muito amplamente.

Códice Aubin

O terceiro relato em língua nauatle que propomos é, na realidade, o mais tardio do século da conquista, já que pertence pelo menos ao último quartel (1576) ou mais, se dermos crédito a certas minúcias do texto. O subtítulo – *História da nação mexicana desde a partida de Aztlan até a chegada dos conquistado-*

res espanhóis – o aparenta sem ambages com o texto anterior, isto é, com os *Anais históricos* de 1528, cujos temas são idênticos e englobam o conjunto da gesta mexica desde o início da migração até queda de México-Tenochtitlan. Além disso, nesse caso também, o texto é herdeiro direto de um gênero pré-colombiano claramente definido: o *xiuhamatl*, e talvez até mesmo um dos seus produtos mais comprovados, haja vista a sua formulação característica, por vezes lacônica ou elementar. De fato, o códice se apresenta como um conjunto hieroglífico em que cada signo figurativo ou ideográfico é seguido de um comentário em língua nauatle, escrito com a ajuda do alfabeto latino, que sustenta, explica ou comenta o signo. Na realidade, esse comentário em escrita alfabética apresenta um desenvolvimento, um grande complemento textual transmitido pela tradição oral sobre o acontecimento evocado ou descrito. A disposição dos signos é a disposição comum, diríamos até "clássica", do *xiuhamatl*, o que significa que a cada data do calendário mexicano representada pelo seu hieróglifo simbólico (cuja correspondência no cômputo cristão é indicada na maioria das vezes) refere-se uma evocação dos fatos ocorridos durante o ano. Também notamos que a narrativa da conquista começa de forma tradicional: "Um-Cana. Foi aqui que Motecuhzomatzin veio morrer e foi então que chegou o Marquês. Foi quando os cristãos fizeram a conquista dos mexicanos". Na realidade, mesmo o relato da conquista começa um pouco antes, com a notação de um presságio de desgraça no ano 1509 (p.78 do manuscrito): "1509 – Ano Quatro-Casa. Foi aqui que brotou um presságio de desgraça. Foi então que desceu uma coluna redonda de pedra. Foi então que os cristãos partiram, porque Nosso Senhor lhes revelou que eles viriam para cá.

E que então eles se apoderariam do templo". Nós a omitimos no estabelecimento do nosso texto para não sobrecarregá-lo, pois a sequência cronológica do relato até 1519 – Um-Cana – não tem nada a ver com a conquista espanhola.

Apresentação tradicional, pois, segundo o molde formal da historiografia pré-colombiana e que parece veicular um relato tirado de códices, anais, e sobretudo de textos fundados em transmissões orais. Nesse sentido, a leitura integral do *Códice Aubin* e a análise de certas características alteram um pouco a data declarada pelo próprio manuscrito. Este contém a seguinte frase na folha de rosto (p.2): "Escrito aqui, em México-Tenochtitlan, aos XXVII dias do mês de setembro do ano 1576". Mas a parte principal dos textos que nos interessam parece ter sido coligida por volta de 1562, com material recolhido depois de 1540. No tocante ao relato da conquista espanhola, o *tlacuilo* ou escriba, talvez natural de San Juan, provavelmente registrou testemunhos orais tlaxcaltecas, pois detectamos (cf. p.253, n.20) indícios bastante claros dessa origem.

A história do códice é desconhecida até o século XVIII, quando ele apareceu na coleção de Lorenzo Boturini Benaducci, que fez um resumo sucinto dele. Posteriormente, o erudito mexicano Antonio de León y Gama fez uma cópia parcial (até a data de 1523), que atualmente se encontra na Biblioteca Nacional de Paris. O manuscrito original e a cópia de León y Gama foram adquiridos por Joseph Aubin, no México, na segunda metade do século XIX, e ingressaram na famosa coleção Goupil-Aubin. Infelizmente, em 1891, constatou-se o desaparecimento do original, que foi encontrado em 1908 no British Museum, onde se acha atualmente.

O relato da conquista que dele extraímos, além de representar uma versão indígena muito característica das formulações tradicionais, contém uma relação importante do massacre da elite asteca cometido na festa de *Toxcatl*, em 22 de maio de 1520. Também apresenta uma narrativa única, particularmente esclarecedora, das circunstâncias difíceis em que ocorreram as exéquias de Montezuma, cujos restos carregados por Apanecatl não encontravam refúgio em parte alguma. Pode-se ver nele uma ilustração exemplar das controvérsias suscitadas pela conduta do imperador asteca diante do primeiro choque da invasão espanhola.

Enfim, e para encerrar a apresentação dos textos em língua nauatle, talvez convenha confessar ao leitor algumas das dificuldades que acompanharam a tradução para o francês. Além de já ser delicado transpor para uma língua de flexões como a nossa as formulações expressas numa língua aglutinante e polissintética como o nauatle, as especificidades próprias desse idioma, que utiliza grupos de imagens ou significados ligados por um sentido tradicional ou ritual, e recorre a um imenso campo de subentendidos ou noções ligadas por afinidades engenhosas, às vezes misteriosas, tornam o empreendimento ainda mais perigoso. Procedendo por associação de ideias ou imagens, organizando a significação segundo analogias sutis, baseadas no costume ou na implicação religiosa, a frase nauatle pode se revelar inextricável, e o tradutor tem todos os problemas do mundo para reproduzir o sentido idiomático. No entanto, eu queria que a tradução francesa fosse compreensível sem esforços frustrantes, sem deixar de ser a mais literal possível. Isso me levou, por exemplo, a acrescentar alguns antecedentes para esclarecer melhor os atores ou os assuntos, posto que o nauatle se abstém. Enfim, não se deve estranhar a presença de palavras em espanhol no texto nauatle, *capitán*, *marqués*, *perro*, *cavallo*, *espada*, *hora*, *diablo* etc., pois muitas coisas desconhecidas para os astecas passaram rapidamente a ser designadas pelo seu nome espanhol, para facilitar o enunciado. Evidentemente, os cavalos foram designados algum tempo como "cervos", mas, ao longo do texto, passaram bastante prontamente a "*cavallos*". Em compensação, as armas de fogo continuaram sendo "trombetas de fogo" por muito tempo. Enfim, as divindades pré-colombianas não tardaram a se transformar em "demônios", "*diablos*", porque os catequistas espanhóis eram particularmente vigilantes no domínio das notações religiosas.

B. OS TEXTOS EM LÍNGUA ESPANHOLA

Os relatos da conquista em língua espanhola que propomos têm em comum com os redigidos em língua nauatle o fato de utilizar fontes parecidas, tradições comparáveis e documentos análogos. Pela tradução ou reescrita na língua dos conquistadores, e segundo organizações textuais próprias de cada um, esses textos comprovam – também e sobretudo – a vitalidade do testemunho indígena e o tamanho da dor.

Naturalmente, no interesse do equilíbrio no tocante à importância das fontes mexicanas, teríamos preferido que a língua veicular, no caso o espanhol, contivesse ao menos em parte a feição das tradições literárias hispânicas próprias da crônica anterior à conquista da América. Que tivesse sido possível detectar com certa garantia em Muñoz de Camargo ou em Diego Durán o eco formal de leituras como a *Historia del gran Tamorlán*, de Ruy González de Clavijo (relato de uma viagem pela

Pérsia de 1403 a 1406), ou as *Andanzas e viajes*, de Pedro Tafur (lembranças da África e do Oriente Médio em 1439-1484), ou ainda alguma ressonância com a *Grán conquista de ultramar* (que conta a história das Cruzadas até 1271). Em suma, ecos de modelos que teriam sido possíveis. A fusão das duas tradições formais – *itoloca* ou *xiuhamatl* pré-colombianas com a crônica medieval hispânica – poderia se articular aqui numa escrita comum, nova, que teria contado de maneira inédita o drama da irrupção europeia no México. O estudo dos nossos textos não permite que tais vestígios sejam recuperados com a clareza necessária. E, no entanto, os nossos autores eram leitores ávidos. Tanto Muñoz Camargo quanto Diego Durán conheciam bem o essencial da produção historiográfica disponível na época e sua curiosidade pode ser pega muitas vezes folheando obras anteriores à imprensa. Infelizmente, eles foram lacônicos no explicitar das fontes que nos interessam. Muñoz Camargo mal se dignou a citar o soldado-cronista Bernal Díaz del Castillo e o religioso milenarista frei Jerónimo de Mendieta no seu relato da conquista. Frei Diego mencionou apenas testemunhos hispânicos orais, mesmo que às vezes se tratasse dos de outro soldado-cronista, frei Francisco de Aguilar. E o que se pode descobrir neles do que advém de outros horizontes europeus é ainda mais confuso. Convenhamos por ora que o essencial do seu material histórico provém da voz e dos escritos dos índios vencidos.

A originalidade desses textos, em comparação com os textos nauatles anteriores, nasce principalmente da personalidade dos autores e do fenômeno que eles representam: a mestiçagem. Mestiço de sangue e de cultura era o tlaxcalteca Muñoz Camargo, nascido de mãe índia, mas educado à espanhola. Mestiço cultural era o dominicano Durán, que chegou ainda menino ao México e se tornou texcocano de coração.

Mas a novidade vem também, e talvez principalmente, da presença de relatos de índios que colaboraram ativamente com os conquistadores para derrotar México-Tenochtitlan – contrariando a epopeia escrita pela resistência dos tlatelolcas. Assim, o *Códice Ramírez*, furiosamente texcocano, escreve à glória de um dos aliados mais fiéis de Cortés, o príncipe Ixtlilxóchitl, que assim agiu para resolver uma querela dinástica. Do mesmo modo, Muñoz Camargo, cujo chauvinismo tlaxcalteca e identificação violenta com os interesses dos conquistadores às vezes o levava a imaginar versões estranhíssimas dos acontecimentos mais atrozes. Curiosamente, o menos partidário, o mais desconfiado quanto ao conquistador espanhol (quando não lhe é francamente hostil) foi o dominicano nascido em Sevilha, que abomina a idolatria dos vencidos, mas cuja mexicanidade nascente faz que seja mais propenso que os outros a escutar suas fontes indígenas, a examinar atentamente os documentos e os testemunhos, e isso em todos os horizontes do México.

Códice Ramírez

O primeiro dos nossos textos em língua espanhola é também um dos mais próximos das fontes mexicanas, das quais extraem a sua substância. É também um dos mais representativos de certa desordem no arranjo definitivo da redação, bem como das complicadas filiações que, no século XVI, caracterizavam as crônicas americanas dedicadas ao mundo dos índios.

Na realidade, o nosso relato da conquista é formado de uma sucessão de anotações de trabalho provisórias, rascunhos cujo título dos capítulos nem sequer foi numerado, e cujos parágrafos mal foram concluídos e muitas vezes terminam com um "etc.", continuando em aberto. Nosso texto se articula como "fragmentos" aditivos, no anexo n.2, ao *Códice Ramírez* propriamente dito, quer dizer, à *Relação da origem dos índios que habitam esta Nova Espanha segundo suas histórias*. O *Códice Ramírez*, tal como nos chegou e tal como foi reconhecido pela primeira vez na biblioteca do mosteiro de São Francisco, na Cidade do México, em 1856, pelo grande erudito mexicano José Fernando Ramírez (que lhe deu o nome), é a cópia de uma história do México pré-colombiano escrita por volta de 1586 pelo jesuíta Juan de Tovar. O manuscrito escrito de próprio punho por Tovar foi identificado, há alguns anos, por Kubler e Gibson num escrito da coleção inglesa de *sir* Thomas Phillips e já não há mais dúvidas sobre a paternidade real do *Códice Ramírez*.

A história do padre Tovar já é em si mesma bastante peculiar. De fato, foram as circunstâncias que levaram o jesuíta a redigir a história original do *Códice Ramírez*, e elas parecem ter sido fruto da conjunção da desdita e da censura real. Assim, Juan de Tovar redigiu pela segunda vez a sua história do México pré-colombiano. Uma primeira história dedicada às antiguidades mexicanas foi empreendida por Tovar por volta de 1568-1573, por ordem do vice-rei Martín Enríquez, e usando fontes mexicanas diretas. Essa primeira história acabada foi levada para a Espanha em 1579 pelo dr. Portillo, provisor do arcebispo da cidade do México, que prometera cópias dela, mas não as fez. Aliás, Tovar nunca mais teve notícias da sua obra. De fato, levando-se em conta a data (1579), pode-se atribuir esse "desaparecimento" aos confiscos ordenados por Filipe II em 1577, que visavam diretamente a obra de Sahagún, mas também se estendiam explicitamente a todas as obras similares. Nós vimos anteriormente, a propósito do *Códice florentino*, e veremos uma vez mais em relação ao texto de frei Diego Durán, que esse gênero de proibição causou danos em toda parte, tanto para franciscanos quanto para jesuítas ou dominicanos. Portanto, em 1585-1586, Juan de Tovar refez pela segunda vez a sua história, apoiando-se nas recordações que conseguira guardar de memória, nas anotações de trabalho e nos rascunhos que lhe restavam, mas também usando muito amplamente a obra de frei Diego Durán, que ele tinha sob os olhos, como confessou com toda a franqueza numa carta a um dos seus confrades, o padre Acosta: "além disso, eu vi um livro feito por um religioso dominicano, um dos meus parentes, que acabou sendo o mais conforme de todos os que vi em matéria de antiguidades [...]". Em suma, o *Códice Ramírez*, ou seja, boa parte dessa segunda história de Tovar, poderia ser considerado uma espécie de resumo da obra de Durán, temperado com lembranças e rascunhos mais pessoais oriundos do primeiro trabalho perdido ou "desaparecido".

Ainda que o relato da conquista que nos interessa dependa naturalmente dessa filiação textual, ele possui características próprias que o situam um pouco à margem do conjunto do processo descrito. Já apontamos o seu aspecto provisório e inacabado. Mas o seu conteúdo difere muito sensivelmente da versão da conquista oferecida pelo próprio Diego Durán na sua *História das Índias*. O leitor não deixará de percebê-lo. O relato da conquista proposto pelo *Códice de Ramírez* é, na verdade, ferozmente texcocano, sem nuanças, inteiramente escrito para a glória exclusiva e exaltada de Hernando Ixtlilxóchitl, que ocupa constantemente o proscênio e realiza os feitos de armas mais heroicos e mais decisivos ao lado de um Cortés muito frequentemente evocado como uma espécie de figurante. Evidentemente, o texto de Durán (como veremos muito claramente mais adiante) não contém esses exageros e dá a Ixtlilxóchitl um papel modesto, em conformidade com uma visão mais realista da sua importância. Assim, o nosso relato do *Códice Ramírez* assume todo o seu valor. É evidente que Tovar não se inspirou em Durán ou a ele recorreu muito pouco. O jesuíta preferiu lançar mão diretamente de uma fonte texcocana original, muito provavelmente redigida em nauatle e pertencente ao fundo documental reunido pela família real de Texcoco ou por seus aliados. Quiçá se tratasse de anotações de trabalho compiladas com base em testemunhos de índios, escritos ou orais, em Texcoco, quando da composição e da redação da sua primeira história, antes de 1579. E, quanto a isso, não esqueçamos que o próprio Juan de Tovar era natural de Texcoco, ao passo que Diego Durán não passava de um texcocano adotivo. Portanto, dispomos de elementos de um relato texcocano (traduzidos e revistos pelo padre Tovar) que, originalmente, deve ter sido moldado na forma tradicional da *itoloca* pré-colombiana, ou até mesmo na de um *melahuacuicatl* dedicado à glória de Ixtlilxóchitl e da colaboração ativa com os espanhóis. Um texto nauatle original, além do mais, que devia ter parentesco com a famosa *História mexicana*, a *Crônica X* da qual Durán se serviu e a qual, preocupado com uma mexicanidade equilibrada, recriminou pelo texcocanismo excessivo.

Essas disparidades entre os diversos relatos da conquista escritos pelos índios do México não surpreendem. Ao relato que os tlatelolcas compuseram para celebrar sua resistência ao invasor, os texcocanos responderam aqui com um hino em honra àquele dentre os seus príncipes que optou por ajudar com o máximo desvelo o empreendimento estrangeiro. Veremos que os tlaxcaltecas também seguiram esse caminho, pelo menos com a mesma convicção.

Diego Muñoz Camargo, História de Tlaxcala

O relato do mestiço tlaxcalteca Diego Muñoz Camargo propõe uma versão dos acontecimentos da conquista que repousa sobre duas originalidades principais. De um lado, um recurso direto e incontestável às fontes indígenas, tlaxcaltecas ou outras (o primeiro capítulo, dedicado aos presságios anunciadores da chegada dos espanhóis, por exemplo, é muito claramente tlatelolca e foi inteiramente tirado do primeiro capítulo do *Códice florentino* ou dos documentos que o embasaram). De outro, uma visão tlaxcalteca dos fatos tão chauvinista e tão parcial que não exclui nem a má-fé nem a fabulação (nesse aspecto, a passagem que tenta justificar o massacre de Cholula é esclarecedor). Mas aqui a biografia do autor evita qualquer ambiguidade em sua atitude.

Diego Muñoz Camargo nasceu de pai espanhol, Diego Muñoz, um estremenho natural de Plasencia, filho legítimo de Diego García Navarro e Isabel Muñoz, que chegou ao México em 1524, com os funcionários das finanças reais. Diego Muñoz pai se aproveitou muito rapidamente da benevolência de Cortés e participou da expedição das Hibueras, que veria a morte de Cuauhtémoc (1524-1526), e em seguida da expedição de Jalisco, no oeste mexicano (1523). Seu filho, Diego Muñoz

Camargo, o nosso historiador, nasceu em Tlaxcala em 1529, entre essas duas campanhas militares, de uma índia tlaxcalteca de origem muito humilde, cuja identidade é desconhecida. Ela deve ter sido abandonada três anos depois do nascimento do filho, em 1532, quando Diego Muñoz pai, regressando de Jalisco, casou-se com uma mulher de Castela e encarregou-se definitivamente da educação do filho Diego Muñoz Camargo, assumindo-o inteiramente. Por essa razão, o nosso historiador foi educado à espanhola, numa família espanhola que, a partir de 1532, parece ter se dedicado exclusivamente à criação de carneiros. Na verdade, o nosso Muñoz Camargo foi criado na cidade do México, não em Tlaxcala, e ele mesmo descreveu a sua meninice na capital em 1538, declarando-se e querendo ser exclusivamente espanhol. No entanto, em 1545, retornou a Tlaxcala, sua cidade natal, e, por volta de 1560, casou-se com Leonor Vázquez, senhora tlaxcalteca de sangue nobre, com quem teve dois filhos. Nosso historiador exerceu as mais diversas profissões: hoteleiro, pecuarista, atacadista de carne, intérprete em processos etc. Em setembro de 1579, participou da recepção do bispo de Tlaxcala, para o qual compôs uma peça de retórica floreada, conforme os usos da época.

Por fim, em 1580, Muñoz Camargo recebeu uma missão que desencadearia o essencial da sua obra literária, ou seja, a ordem de responder minuciosamente ao questionário composto pelo Conselho das Índias em 1577, a famosa *Instrucción y memoria* que orientaria as *Relaciones geográficas*, as descrições regionais da América que a Coroa concebera como uma necessidade imperiosa para reconhecer seus territórios ultramarinos. Muñoz Camargo arregaçou as mangas e, de 1580 a 1585, redigiu a maior parte da sua *História de Tlaxcala*, cujo título verdadeiro, aliás, era *Descrição da cidade e da província de Tlaxcala na Nova Espanha e nas Índias do mar oceano*.... É provável que o nosso historiador tenha começado a compilar os dados do relato bem antes de ser incumbido dessa providencial missão descritiva em 1580. E, mais particularmente, o relato da conquista de México-Tenochtitlan, que faria parte da *Descrição da cidade*, começou muito antes. O próprio Muñoz Camargo disse ter redigido o capítulo IV do relato da conquista em 1576, e temos todos os motivos para pensar que ele coligiu o material histórico bem antes disso. Em todo caso, a obra estava pronta em 1585, pois Muñoz Camargo, desde abril de 1584 em viagem à Espanha para servir de intérprete a um grupo de nobres tlaxcaltecas, pôs o ponto final nessa obra em Madri, entre novembro de 1584 e junho de 1585, data em que ofereceu uma cópia do manuscrito ao próprio rei Filipe II, que a recebeu para a Biblioteca Real. Nosso autor retornou a Tlaxcala no outono de 1585. Mas a redação da obra não havia terminado. De fato, Muñoz Camargo guardou o manuscrito original da sua história, redigido de próprio punho, de certo modo o seu rascunho, e, uma vez em Tlaxcala, ainda continuou a revisá-lo e retocá-lo durante quase dez anos. Ele deve ter falecido no fim de 1599, pois, em janeiro de 1600, a viúva dispôs legalmente de seus bens.

Vê-se, pois, pelo itinerário da obra, que há na realidade duas versões dela. Em primeiro lugar, a cópia entregue a Filipe II, completa e acompanhada de dois calendários e 157 quadros pintados a tinta. Ela foi identificada num manuscrito da Universidade de Glasgow e, mais recentemente (1981), editada em fac-símile pela Universidade do México. Em segundo lugar, o manuscrito original do punho de Muñoz Camargo, revisto e aumentado pelo autor até aproximadamente 1595. Desde o século XVIII, perderam-se cerca de vinte cadernos do início da obra. Atualmente, esse manuscrito original se acha na Biblioteca Nacional de Paris, na coleção Goupil-Aubin, como manuscrito mexicano n.210. O texto que propomos é derivado deste último, a partir da edição de Chavero de 1892, batizada *História de Tlaxcala*.

Se a *Descrição da cidade e da província de Tlaxcala* é, na realidade, uma das *Relaciones geográficas* resultantes do questionário de 1577 e se refere às quatro principais capitais de Tlaxcala, i.e., Ocotelulco, Quiahuixtlan, Tepeticpac e Tizatlan, o relato da conquista acrescentado pelo autor como segunda parte é mais original. Primeiramente, pela qualidade das fontes tlaxcaltecas e mexicanas, mas também pela extensão dos conhecimentos que constituem o conjunto do texto. De fato, Muñoz Camargo se revela um homem instruído, de vastíssimas leituras. Suas referências aos autores antigos são frequentes e é evidente que conhecia os textos históricos e científicos da sua época. Ademais, e isso é essencial para nós, conhecia as obras manuscritas dos cronistas e etnógrafos milenaristas: Olmos, Motolinia, Sahagún e Mendieta, cuja grande importância salientamos algumas páginas atrás. Ele mesmo confessou tê-los consultado (Ms. Glasgow, f. 18r°-v°) para compreender melhor a religião pré-colombiana: "as superstições que escreveram muito elegantemente frei Andrés de Olmos e frei Bernardino de Sahagún [...], frei Gerónimo de Mendieta e o padre frei Toribio Motolinia, que conheci e conheço, e vi uma parte de suas obras escritas de próprio punho". Sabe-se, além disso, do proveito que tirou do primeiro capítulo do Livro XII do *Códice florentino*. Mas a originalidade de Muñoz Camargo também reside no fato primordial de ele oferecer, sem rodeios, a primeira e a mais segura das versões da conquista compostas pelos tlaxcaltecas, os principais aliados dos espanhóis. Aqui, o inimigo é tenochca e tudo é feito para dar a imagem a mais desfavorável dele. Até mesmo o massacre dos cholultelcas parece justificável, pois é apresentado como consequência das torturas atrozes que supostamente foram infligidas a um embaixador de Tlaxcala e, portanto, como um castigo merecido, que só a generosidade dos próprios tlaxcaltecas não tornou ainda mais horrendo. Claro está que essa maneira de narrar o acontecimento é própria de Muñoz Camargo. Além disso, o leitor não deixa de notar omissões e esquecimentos significativos, bem como insistências às vezes bem marcadas, para engrandecer o papel dos tlaxcaltecas. Mas é evidente que esse relato da conquista, parcial e partidário, de um autor que, embora tenha concebido o seu texto para transmitir a interpretação histórica muito particular dos índios que foram os maiores aliados de Cortés, nunca deixou de se considerar espanhol e tratar os conquistadores ao longo de toda a sua exposição como os seus verdadeiros compatriotas, ou como "os nossos", para retomar as suas próprias palavras.

Frei Diego Durán, História das Índias da Nova Espanha

Os dezoito capítulos dedicados à conquista na *História das Índias da Nova Espanha*, do dominicano Diego Durán, nos convidam a um relato muito mais equilibrado, muito próximo das narrações em língua nauatle que propõem aquela que foi designada como a "visão dos vencidos". Em primeiro lugar, em razão da personalidade do autor e das intenções do seu trabalho. Afinal, o próprio frei Diego chegou a afirmar que, na verdade, o relato das proezas militares da conquista não lhe interessava e, pelo contrário, era uma biografia de Montezuma que ele tentava oferecer ao leitor: "são a sua vida e a sua história que eu escrevo [...]" (cap. LXXIV). Isso talvez explique por que, dos dezoito capítulos dedicados à conquista, os oito primeiros tratem exclusivamente dos presságios que anunciaram o cataclismo e das reações de Montezuma. Em segundo lugar, ocorre que frei Diego representou, pela juventude e, ao mesmo tempo, pela tomada de consciência traduzida na sua obra, uma primeira reivindicação e uma primeira explicação do mundo nauatle pré-colombiano. Não há dúvida, pois, de que o seu relato da conquista reflete essa visão nova dos acontecimentos, como uma primeira assimilação do trauma produzido pela irrupção europeia naquilo que já poderia começar a se parecer com os fundamentos de uma história nacional do México.

Frei Diego Durán nasceu em Sevilha, em 1537, mas chegou muito criança, com 6 ou 7 anos, ao México, mais precisamente a Texcoco, onde tinha família. A infância e a adolescência passadas em Texcoco, em contato íntimo com o mundo nauatle, vão marcá-lo para sempre, tanto que ele reconhecia que passava facilmente por texcocano: "e alguns pensarão que elogio a minha própria origem quando falo bem de Texcoco, porque pode ser que os meus dentes não tenham despontado lá, mas foi lá que os troquei [...]" (*História*, cap. II). Seus pais seguramente não eram nem conquistadores, nem colonos, nem *encomenderos*, visto o desprezo que sempre teve de todos. O fato é que, aos 19 anos, em 8 de maio de 1556, Diego Durán pronunciou seus votos no mosteiro de São Domingos, no México, e três anos depois, em setembro de 1559, já era diácono do mosteiro. Ordenado padre, foi enviado primeiro ao mosteiro de Oaxaca (1561), depois à região da cidade do México e, por fim, ao mosteiro de Hueyapan (1581), onde foi vigário. Em 1586, atuou como intérprete do nauatle num processo da Inquisição, na cidade do México. Posteriormente, os *Atos dos dominicanos* mencionam uma doença grave que o acometeu em maio de 1587 e, enfim, seu falecimento em 1588.

A obra de frei Diego, a *História das Índias da Nova Espanha e das ilhas de Terra Firme*, deve ter sido organizada e redigida entre 1570 e 1581, em três etapas principais. Inicialmente, entre 1570 e 1579, ele compôs a parte etnográfica da obra, o *Livro dos ritos, festas e cerimônias*, no qual inventariou as manifestações da religião pré-hispânica. Depois, em dezembro de 1579, concluiu um *Calendário antigo*, em que apresentou o cômputo do tempo usado na época pré-colombiana. Por fim, em 1581, concluiu a história política e social dos astecas, derradeira parte de sua grande obra, cujos últimos dezoito capítulos eram dedicados à conquista espanhola. O conjunto da obra, cujo manuscrito original está atualmente na Biblioteca Nacional de Madri, ficou inédito até 1867, data em que foi publicado pelo erudito mexicano José Fernando Ramírez, que, previamente, mandara fazer uma cópia em Madri em 1854.

O valor extraordinário da obra de frei Diego se deve, em primeiro lugar, à qualidade das suas fontes. De fato, o dominicano recorreu quase exclusivamente aos códices e manuscritos dos índios, bem como aos seus testemunhos orais. Notemos que ele próprio declarou ter recorrido aos códices e testemunhos de Tlatelolco (*História*, cap. III), Coyoacan (ibid., cap. XLVIII), México (ibid., cap. L e LIII; *Livro dos ritos*, cap. I e *passim*), Texcoco (*História*, cap. L), Ocuituco (*Livro dos ritos*, cap. I), Coatepec (ibid., cap. I), Chiauhtla (id.), Cholula (*História*, cap. I),

Chimalhuacan Atenco (*Livro dos ritos*, cap. VIII) etc. Lamentou muitas vezes a ausência de fontes pré-colombianas em razão de sua destruição pelos primeiros catequistas (*História*, cap. III, *Livro dos ritos*, Prólogo, e *Calendário antigo*, cap. II) e deu provas abundantes de um excelente conhecimento dos diversos gêneros literários da historiografia pré-colombiana:

> E eles sempre usaram pinturas e letras para escrever por pinturas e efígies as suas histórias e antiguidades, os seus feitos memoráveis, as suas guerras e vitórias, as suas fomes e pestes, a sua prosperidade e adversidades. Guardavam tudo escrito e pintado em livros e em longos papéis, com a contagem dos anos, dos meses e dos dias em que aquilo tinha acontecido [...]. E, de tudo isso, havia excelentes historiadores que, por meio dessas pinturas, compunham histórias vastíssimas de seus ancestrais [...]. (*Calendário antigo*, cap. III)

Pode-se reconhecer aqui, sem dificuldade, o *xiuhamatl* usado como matriz da *itoloca* e do *melahuacuicatl*. Mas de todas as fontes usadas por Durán, em particular no seu relato da conquista, há uma de importância especial, à qual ele se referiu várias vezes como o próprio fundamento do seu texto. Trata-se de uma *História mexicana* que ele dizia ter seguido passo a passo e da qual se considerava apenas um humilde tradutor: "minha intenção foi apenas traduzir a língua mexicana para a nossa língua castelhana" (*História da Índias*, cap. XVIII). Em diversas ocasiões, ele a cita como "História mexicana" (*História das Índias*, cap. XLVIII e L), "escrita de punho indígena" (ibid., cap. LXXV), e cujas lições eram para ele a referência principal: "coisas que, se essa história não me tivesse contado e se eu não tivesse visto a pintura que a certificava, enorme seria a minha dificuldade em acreditar [...]" (ibid., cap. LXXVI). Decidiu-se designar como *Crônica X* essa história desconhecida em língua nauatle que serviu de inspiração primordial ao dominicano, tanto mais que parece ter sido também a fonte principal do escritor mestiço Alvarado Tezozómoc, que redigiu a sua *Crônica mexicana* no fim do século.

A origem dessa *Crônica X*, que nós, como o próprio Durán, preferimos denominar *História mexicana*, parece situar-se unicamente em dois gêneros de documentos. E, muito provavelmente também, numa forma única, num manuscrito redigido em língua nauatle com o auxílio do alfabeto latino, de punho indígena, como ele mesmo diz, do qual obteve o único exemplar para ajudar na redação da sua obra. Durán nunca fez referência a outra coisa, sob uma outra forma. De onde provinha esse escrito então? Há duas hipóteses possíveis. No caso dos escritos historiográficos ou etnográficos em nauatle, redigidos precocemente (na primeira metade do século XVI) para dar testemunho do universo dos índios vencidos, os trabalhos dos franciscanos milenaristas se impõem como os mais naturais e os mais lógicos. Vimos que Muñoz Camargo conhecia praticamente todos. Por que Durán não poderia tê-los usado por sua vez, e de modo mais sistemático? Supomos que seja um rascunho, anotações de trabalho ou mesmo um fragmento de obra de frei Andrés Olmos, que desde 1533 foi o iniciador desse esforço de recuperação e análise da civilização e da história dos índios do México Central com o seu *Tratado das antiguidades mexicanas*. Seu colega Mendieta não hesitou em defini-lo como "a fonte da qual jorram todos os regatos que tratam dessas matérias", e praticamente todas as obras que lhe sucederam nesse domínio recorreram a ele, de um ou de outro modo. Mas também podemos imaginar que essa "história mexicana" tenha sido um documento no gênero dos *Anais históricos* de 1528, ou uma espécie de escrito baseado nas tradições orais mexicanas que surgiram desde 1522 para contar a história do México pré-hispânico e relatar a conquista espanhola, utilizando o *xiuhamatl* e a *italoca* que, como vimos, foram preservados para esse fim. Parece duvidoso que essa fonte também tenha sido usada (pelo menos nessa forma) por Tezozómoc, que dava uma visão demasiado "tenochca" dos acontecimentos. De fato, e este é um ponto importante, a fonte de Durán, a sua "história mexicana", era certamente de origem texcocana, e ele mesmo se surpreendeu com o seu "texcocanismo" excessivo, com a importância exagerada que dava a Texcoco e ao seu grande rei Nezahualpilli (*História das Índias*, cap. LXIV, n.10), como se buscasse mais equidade e equilíbrio, apesar do apego profundo que tinha pela sua Texcoco adotiva. O papel heroico atribuído episodicamente a Ixtlilxóchitl no capítulo LXXVII (cf. nossa n.45) vai nesse mesmo sentido, embora se possa observar aqui, nesse domínio específico, que ele também faz elogios muito particulares aos guerreiros tlatelolcas nos capítulos LXII e LXXVII.

Em todo caso, para Diego Durán, essa fonte primordial, bem como os outros documentos indígenas (por exemplo, os códices mexicanos dos capítulos LXXI e LXXIV), era a prioridade das prioridades nos fundamentos do seu relato: "como sou obrigado a pôr aquilo que os autores que me guiam nesta história me dizem, escrevem e pintam, eu ponho o que se acha escrito e pintado [...]" (cap. LXXVI). As fontes espanholas de frei Diego (frei Francisco de Aguilar ou os testemunhos orais dos conquistadores) são mínimas em comparação com essa inspiração mexicana fundamental. Mas Durán tinha consciência dos perigos dessa fidelidade às fontes historiográficas indígenas e dos limites impostos pela preocupação em não despertar rancores ainda latentes. Dos perigos, porque as proibições de Filipe II, que em 1577 fulminariam a obra de Sahagún e dos etnógrafos milenaristas, estavam em consonância com os tempos. É o que mostram estas precoces disposições do capítulo provincial dominicano de 27 de setembro de 1576: "ordenamos e estipulamos que nenhum religioso trate ou conheça os assuntos dos índios sobre os seus ídolos e superstições, mas que, pelo contrário, leve tudo ao conhecimento do nosso padre provincial [...]" (México, Museu de Chapultepec, arquivos históricos, col. "Gómez de Orozco", v. II, Livro de atas do capítulo provincial, f. 60v°). Dos limites quase obrigatórios também, pois, como observa o próprio frei Diego (cap. LXXIV), se era necessário "respeitar a verdade e acompanhar as relações e os memoriais dos índios, a própria história me obrigaria a registrar, entre muitos feitos heroicos e nobres, as crueldades atrozes e os atos de selvageria humana que foram perpetrados [...]". Portanto, seu relato da conquista, ainda que se inspirasse principalmente em fontes mexicanas, apresentava uma versão um tanto edulcorada dos fatos: "cometeu-se um grande número de atrocidades que eu preferi deixar na sombra e no silêncio. Particularmente uma, dolorosa e cruel, que ocorreu na cidade de Cholula [...]" (cap. LXXIV).

Com efeito, não se pode esquecer que Durán era acima de tudo um religioso: catequista e padre. Se tomou resolutamente o partido dos índios vencidos, dos quais constatou a ruína e a exploração vergonhosa (cap. LXXVIII), se combateu ferozmente as crueldades espanholas (cap. LXXIV e LXXVIII), também ficou estarrecido com a religião sanguinária do México pré-colombiano (cap. LXXI) e acreditava firmemente que a Providência ajudou os conquistadores a fim de arrancar os índios das garras de Satanás, que, de algum modo, havia tomado aquela parte do mundo. Para Diego Durán, que inaugurou a sua grande obra afirmando a origem judia dos índios americanos, descendentes das dez tribos perdidas de Israel, cujos costumes e instituições refletiam as usanças judaicas (*História*, cap. I), a conquista (por mais pavorosa que fosse) se justificava pela catequese. Ainda que fosse lamentável, a história da conquista era exemplar, porque a sorte dos índios fora secretamente reservada pela Providência para que se consumasse o destino humano.

Os seis relatos que propomos ao leitor, no estado atual dos conhecimentos e dos documentos disponíveis, constituem a expressão mais fiel do que sabemos sobre a visão dos índios vencidos. Tanto quanto se sabe, essa é a sua versão dos acontecimentos no momento do cataclismo inaudito que foi para eles a irrupção dos espanhóis. Compostos e redigidos no século XVI, entre 1528 e 1586, nossos textos se dividem em três origens, em três grandes horizontes geográficos do México Central: Tlatelolco, Tlaxcala e Texcoco. O leitor observará que Tlatelolco e a história da sua violenta resistência contra o invasor propiciaram, com o Livro XII do *Códice florentino* e os *Anais históricos*, os dois textos em língua nauatle mais próximos das formas tradicionais da história pré-colombiana, e quiçá os relatos mais autênticos do que foi, para os astecas, a incompreensível guerra que homens vindos de outro mundo travaram contra eles. Tlaxcala nos deu a versão mais "engajada", a dos aliados mais fiéis dos conquistadores, escrita em língua espanhola por um Muñoz Camargo que se pretendia mais espanhol do que índio. O *Códice Aubin*, ao contrário, oferece um relato provavelmente tlaxcalteca que não hesita em denunciar os massacres cometidos pelos vencedores e frisa o sofrimento dos mexicanos vencidos. É verdade que, pelo idioma em que foi redigido, o nauatle, ele se destinava em primeiro lugar àqueles mesmos tlaxcaltecas que, por figurar inicialmente ao lado dos vencedores, não tardariam a se juntar aos vencidos no implacável mecanismo colonial. Por último, Texcoco, cujo relato no *Códice Ramírez*, escrito em glória de um dos seus – o príncipe Ixtlilxóchitl, fadado a servir incondicionalmente Cortés –, depõe ruidosamente a favor da colaboração com os invasores. Mas o outro eco de Texcoco é, para concluir, aquela "biografia de Montezuma" que um dominicano espanhol dizia ter redigido atentamente debruçado sobre as fontes mexicanas e valendo-se de um relato em língua nauatle comparável aos nossos textos tlatelolcas e, como eles, oriundo das fórmulas tradicionais da literatura pré-colombiana.

Para compreendermos melhor todo o vertiginoso alcance do primeiro impacto europeu sobre os índios da América, naquele século XVI fundador, os nossos seis relatos da conquista são, em grande medida, chaves únicas.

1

TEXTOS EM LÍNGUA NAUATLE

TRADUZIDOS E ANOTADOS
POR GEORGES BAUDOT

CÓDICE FLORENTINO

Livro XII, que diz como se travou a guerra aqui, na cidade do México

Relato dos informantes indígenas de Tlatelolco,
colhido entre 1550 e 1555 por frei Bernardino de Sahagún,
História geral das coisas da Nova Espanha, Livro XII

Texto nauatle do *Códice florentino*
(Laur. Medic. Palat. f. 408r°-494r°)

Primeiro presságio.
Montezuma recebe os presentes dos espanhóis.

Capítulo I:[1] *Em que se diz como apareceram, como se viram os sinais, os presságios de desgraça, antes que os espanhóis viessem aqui a este país, antes que aqui fossem conhecidos pelos habitantes.*[2]

1 Elaborei a tradução francesa do texto em língua nauatle a partir da transcrição paleográfica do *Códice florentino* proposta por Arthur J. O. Anderson e Charles E. Dibble, *Florentine Codex. Book 12. The Conquest of Mexico*, 2.ed., Santa Fe, New Mexico, The School of American Research and The University of Utah, 1975. Quando o texto paleografado por Anderson e Dibble ofereceu trechos demasiado obscuros ou difíceis, recorri à edição em fac-símile do *Códice florentino* publicada pelo governo mexicano (Ministério do Interior, 1979, t.III), assim como a um microfilme do códice gentilmente cedido antes dessa última publicação.

2 O texto deste primeiro capítulo é rigorosamente o do Livro XII do manuscrito florentino. Ao examinar as circunstâncias etno-históricas em que se deu o nascimento desse relato, vimos que ele tem duas outras versões. A primeira é a que está incluída no capítulo VI do Livro

Dez anos antes da vinda dos espanhóis,[3] um presságio de desgraça apareceu pela primeira vez no céu, como uma chama de fogo, como uma lâmina de fogo, como uma aurora. Parecia chover em pequeninas gotas, como que a perfurar o céu; alargou-se na base e estreitou-se no vértice. Bem no meio do céu, bem no centro do céu chegou, até o mais profundo do coração do céu. Desse modo era vista, lá no oriente se mostrava, brotava bem no meio da noite, parecia fazer o dia, fazia o dia, e mais tarde o Sol nascente a apagava. Ela se mostrou duran-

---

VIII, dedicado aos "Reis e Senhores", desse mesmo *Códice florentino*, e cujo texto é praticamente idêntico ao que oferecemos (com exceção de certas variantes ortográficas). A segunda é a versão incorporada nos f. 74v° e 75r°-v° do *Códice do Palácio Real de Madri*, que provavelmente é anterior a todas. Situado no meio do Livro II, dedicado às festas, entre o fim dos rituais de *Toxcatl*, quarta festa de 28 de abril, e o início dos rituais de *Etzalcualiztli*, quinta festa de 12 de maio, o texto de Madri que apresenta os presságios difere um pouco do nosso tanto no ritmo quanto no teor. Comprovam-no estas primeiras linhas do f. 74v°:

Nenhum conhecimento, verdadeiramente nada,
nenhuma palavra se dizia acerca dos espanhóis,
antes que chegassem aqui, antes que se conhecesse
a sua reputação.
Apareceu primeiro um presságio de desgraça no céu,
todos se assustaram, como se fosse uma chama,
como se fosse uma língua de fogo,
como se fosse uma aurora [...]

As lições do texto madrileno me ajudaram a entender melhor o relato do *Códice florentino*.

3 O manuscrito do *Códice florentino* diz claramente *matlacxihuitl*: "dez anos". O manuscrito do códice madrileno não contém essa precisão. Portanto o acontecimento se situaria em 1519 menos 10: 1509.

te um ano inteiro. Começou a se mostrar em um ano Doze-Casa.[4] Quando se mostrava, as gentes soltavam gritos, davam tapas nos lábios, sobressaltavam-se, abandonavam o trabalho.

Um segundo presságio funesto sucedeu aqui, em México-Tenochtitlan. Sozinha, por sua própria conta, ela queimou, ardeu em chamas, sem que lhe pusessem fogo, a casa do diabo Uitzilopochtli.[5] Chamavam-na o seu lugar divino, o lugar denominado Tlacateccan.[6] Assim que o fogo surgiu, já arderam as colunas quadradas de madeira. As chamas partiram de dentro, as línguas de fogo, as lâminas de fogo. Com rapidez extrema, o fogo devorou a armação da casa. De pronto clamaram, disseram: "Mexicanos, vinde depressa, o fogo se extinguirá, trazei os vossos cântaros!". Mas, quando jogavam água, quando tentavam apagar o fogo, ela ardia com mais força. Ela não apagou de jeito nenhum, queimou inteira.

Um terceiro presságio funesto. Um templo foi ferido por um raio, pelo relâmpago. Era só uma cabana de palha no lugar

4 *Matlactli omume calli*: "Doze-Casa", ano mexicano correspondente a 1517, segundo os cálculos de correlação entre o calendário asteca e o calendário cristao. Há contradição, portanto, com a data indicada no início do parágrafo (cf. nota anterior). O *Códice Telleriano-Remensis* situa esse presságio num ano "Quatro-Casa", ou seja, 1509. Mais tarde, Diego Muñoz Camargo, que acompanhou de perto o relato dos informantes de Sahagún, aumentaria a confusão. Cf. mais adiante Muñoz Camargo, *Historia de Tlaxcala*, cap. I, p.290-1, n.1 e 2.

5 *Uitzilopochtli*: o "Beija-Flor da Esquerda", divindade solar e deus-guia da tribo asteca que presidia o panteão mexicano. O uso do termo "diabo" para designá-lo ("diablo", em espanhol em todos os manuscritos) é uma evidente interpolação franciscana nos relatos dos informantes indígenas.

6 *Tlacateccan* ou *Tlacatecco*: templo consagrado a Uitzilopochtli, dedicado a ele durante o reinado do soberano Ahuitzotl (1486-1502).

chamado Tzummulco,[7] o templo de Xiuhtecuhtli. Não era uma chuva torrencial, só um leve chuvisco, e isso foi tomado por um presságio. Diziam: "Foi um estilhaço do Sol, não se ouviu trovão".

Um quarto presságio funesto. Quando o sol ainda brilhava, caiu um cometa, dividido em três partes. Começou do lado do poente, depois foi diretamente para o nascente, como se chovessem brasas. Muito comprida a cauda se estendeu, chegou longe a sua cauda. E, quando viram isso, as gentes murmuraram alvoroçadas, como se um chocalhar de conchas se tivesse espalhado.

Um quinto presságio funesto. A água se pôs a borbulhar. Não era o vento que a fazia borbulhar, era como se redemoinhasse, como se ao se precipitar redemoinhasse. Quando se ergueu, foi muito longe e chegou às casas, e engoliu, derruiu as casas. Isso aconteceu no grande lago que fica perto de nós, aqui em México-Tenochtitlan.

Um sexto presságio funesto. Ouviu-se muitas vezes uma mulher a chorar, vinha gemer pela noite, gemia muito, passava gritando: "Meus filhos queridos, chegou a hora da nossa partida!". E às vezes dizia: "Meus filhos queridos, onde hei de vos levar?".

Um sétimo presságio funesto. Uma vez, os que habitam o lago pescaram uma coisa na rede, pegaram um pássaro grande de cor cinzenta como um grou. Foram logo mostrá-lo a Mon-

---

7 *Tzummulco* ou *Tzonmolco*: templo coberto de palha dedicado ao deus do fogo *Xiuhtecuhtli*, "Senhor de Turquesa", onde se imolavam as quatro vítimas rituais do fogo e depois se pegava a chama, quando o soberano oferecia o fogo no mês de *Izcalli*.

tezuma, no Colégio do Negro.[8] O sol era de pouco depois de meio-dia, ainda cedo. Havia como um espelho na cabeça do pássaro, redondo, esférico, como se ele tivesse sido perfurado no centro.[9] Lá se viam aparecer o céu, as estrelas, a constelação de Gêmeos. E Montezuma ficou muito espantado ao ver as estrelas e os Gêmeos. E, quando olhou pela segunda vez para a cabeça do pássaro, viu ao longe como que pessoas que vinham correndo de todos os lados, como se estivessem reunidas, como se viessem se preparar para a guerra, e cervos os traziam nas costas. Chamou imediatamente seus adivinhos, seus sábios. Disse-lhes: "Não sabeis o que eu vi? Umas pessoas que pareciam vir correndo de todos os lados". Mas quando quiseram responder, aquilo que viram desapareceu; não disseram mais nada.

Um oitavo presságio funesto. Muitas vezes apareciam homens, homens deformados, de duas cabeças, mas um corpo só. Levavam-nos ao Colégio do Negro, mostravam-nos a Montezuma; assim que ele os via, desapareciam.

---

8 *Tlillan calmecac*: "Colégio do Negro", mosteiro-colégio situado no décimo segundo edifício do templo maior de México Tenochtitlan. Era dedicado à deusa *Cihuacoatl*, "Mulher Serpente", e aos estudos de magia. Em tempos de luto e presságios inquietantes, os soberanos se recolhiam ali. Montezuma II Xocoyotzin o apreciava muito particularmente. *Montezuma*, "Aquele que se zanga como Senhor", mantém nos manuscritos a ortografia antiga: Mutecuçoma. Também pode ser escrito Moteuhçoma.

9 Trata-se, provavelmente, de um *tlachialoni*: espécie de luneta com uma placa redonda de ouro com um orifício no centro. *Xiuhtecuhtli*, o deus do fogo, levava esse instrumento na mão direita à guisa de cetro.

Capítulo II: Em que se conta como chegou a primeira nau que veio; segundo dizem, era apenas uma única nau.

E, quando foram vistos, os que estavam na praia da água do céu, do mar, já era com um navio que eles se guiavam. Logo chegou ele próprio, o cuetlaxteca Pinotl, o grande intendente, e levava ainda outros intendentes: Yaotzin, intendente da floresta da Residência dos Mortos;[10] o terceiro intendente de Teocinyocan,[11] chamado o Teocinyateca; o quarto era Cuitlalpitoc, que não passava de um servidor, um guia; o quinto, Tentlil, também era apenas um guia.

Então eles foram simplesmente olhar, simplesmente como se quisessem vender alguma coisa, para espioná-los com astúcia, para se inteirar de sua vida. Iam dar mantos preciosos, riquezas primorosas, assim como os mantos reservados a Montezuma, aqueles que ninguém mais enverga e são atributo exclusivo dele, que lhe são destinados.

Partiram, assim, com seus barcos para olhar, e o honorável Pinotl disse: "Não enganemos o honorável senhor Montezuma, pois perdereis a vida; nós vamos simplesmente, não desafiemos a morte, e o que ele ouvir que seja a verdade plena". Montezuma era o seu nome de senhor, mas Chefe dos Homens era o seu nome de governante.

---

10 *Mictlanquauhtla*; "floresta da Residência dos Mortos", cidadezinha na costa do Golfo do México. *Mictlan*: "Residência dos Mortos", inferno sombrio e glacial do Norte, subterrâneo tenebroso varrido pelo "vento de obsidiana", no qual os mortos sofriam difíceis provações antes de desaparecer completamente e se dissolver no nada.

11 *Teocinyocan*: localidade na costa do Golfo do México.

Logo partiram sobre a água, embarcaram, lançaram-se ao mar; as gentes que habitam perto da água os levaram a remo.

E, quando se acercaram muito dos espanhóis, tendo-os bem defronte, eles comeram terra na ponta do barco;[12] pensaram que se tratava dele, do nosso senhor Quetzalcoatl, que tinha chegado.[13]

Os espanhóis os interpelaram, dizendo-lhes: "Quem sois? De onde vindes? Onde fica a vossa morada?".

Então eles se apressaram a dizer: "Foi de lá, foi de México que viemos".

Eles responderam: "Se é verdade que sois mexicanos, qual é o nome do rei de México?".

Eles disseram: "Oh!, senhores nossos, ele se chama Montezuma".

Eis que, imediatamente, deram-lhes as muitas coisas que transportavam, mantos especiais como os aqui enumerados: um bordado com um único sol, um com um laço de turquesas, um com taças bordadas, um que era ornado com penas de águia, um que trazia uma máscara de serpente, um que tinha uma joia do vento, um pintado com sangue de peru ou ainda

---

12 *Ontlalquaque*: "eles comeram terra", cerimônia de uso frequente entre os antigos mexicanos para demonstrar respeito, implorar proteção ou se comprometer a dizer a verdade. Tocava-se a terra com o dedo para levá-lo em seguida aos lábios ou à língua.

13 *Quetzalcoatl*: a "Serpente Emplumada", divindade do ar, do planeta Vênus e da cultura, à qual se atribuía a invenção do calendário e das artes e que era confundida com o lendário rei de Tula, personificação da idade de ouro tolteca. Recordemos que Quetzalcoatl, o divino rei de Tula, devia regressar pelo oriente a fim de recuperar a posse do seu reino durante um ano "Um-Cana", e que 1519, o ano do desembarque de Cortés, coincidiu justamente com aquela data.

um que portava um fuso de água, e ainda um que tinha um espelho fumegante; tudo isso lhes deram.

Eles (os espanhóis)[14] retribuíram, ofereceram-lhes colares verde-claros, amarelados, como se imitassem o âmbar. E, quando eles os pegaram, quando os viram, ficaram enormemente maravilhados.

E os espanhóis lhes falaram em alto e bom som, disseram: "Ide! Primeiro iremos a Castela. Não tardaremos a nos aproximar de México".

Eles se foram prontamente.[15] Também prontamente retornaram, regressaram. E, quando chegaram ao solo seco, foram diretamente a México-Tenochtitlan. Marcharam dia e noite para avisar Montezuma, para lhe dizer primeiramente a verdade, para informá-lo. Os objetos que lhes couberam foram recebidos.

Mas, logo depois, eis que eles o preveniram: "Oh!, nosso senhor, meu honorável Rapaz,[16] tira-nos a vida, pois eis o que

---

14 Uma particularidade estilística do texto nauatle é omitir com muita frequência o nome que exprime a identidade do sujeito no início da frase e se restringir ao verbo na terceira pessoa para obter um efeito de simetria. Como esse procedimento anafórico arrisca prejudicar a boa compreensão do texto em francês, daqui por diante nós restabeleceremos os nomes, sem parênteses, toda vez que parecer necessário.

15 Os primeiros espanhóis reconhecidos como tais faziam parte das expedições preliminares à de Cortés, i.e., as viagens de exploração de Francisco Hernández de Córdoba e Juan de Grijalva, em 1517-1518, que haviam explorado a costa maia, de Cozumel até as cercanias de Veracruz.

16 *Notelpotzine*: "Meu honorável Rapaz". Podia-se designar por esse nome uma autoridade identificada com o próprio deus Tezcatlipoca, representado na forma de um rapaz.

nós vimos, eis o que fizemos, pois lá onde os teus ancestrais montam guarda para ti, diante da água divina, nós fomos ver os nossos senhores, os deuses, no meio da água. Lá, fomos dar-lhes os teus admiráveis mantos e eis que eles nos ofereceram seus objetos. Disseram: 'Se é verdade que vindes de lá, de México, eis o que ofertareis ao soberano Montezuma, isto com o que ele nos conhecerá'". Assim, tudo lhe disseram, tudo como lhes fora dito no meio da água.

Então Montezuma lhes disse: "Vós suportastes fadigas, estais cansados. Descansai. Pois aquilo que observei está escondido no meu repositório, no meu cofre.[17] Ninguém dirá nada, ninguém deixará sair nada de seus lábios, ninguém se permitirá uma palavra a esse respeito, ninguém deixará escapar uma palavra involuntária, ninguém o exporá. Isso ficará unicamente em vós mesmos".

Capítulo III: Em que se conta o que Montezuma ordenou quando ouviu o discurso dos que viram a nau que chegou primeiro.

Imediatamente, Montezuma ordenou ao cuetlaxteca e a todos eles. Disse-lhes: "Dai ordem: que haja vigilância em toda parte à beira da água, nos lugares chamados Nauhtlan, Toztlan, Mictlanquauhtla, esses lugares por onde eles surgiram".

---

17 *In topco, petlacalco*: "no repositório, no cofre", figura estilística que justapõe duas palavras em "binômio" para exprimir uma noção, procedimento metafórico que os gramáticos mexicanos batizaram "difrasismo". Aqui significa: "eu guardo secretamente no meu coração".

Os presentes de Montezuma são entregues a Cortés.
Cortés manda acorrentar os mensageiros.

Tão logo se foram, os intendentes deram ordens para que houvesse vigilância.

E Montezuma reuniu seus príncipes: o *cihuacoatl* Tlilpotonqui, o *tlacochcalcatl* Quappiaztzin, o *tiçociauacatl* Quetzalaztatzin, o *uitznauatlailotlac* Ecatenpatiltzin.[18] Fez que ouvissem o relato e lhes mostrou, colocou sob seus olhos, os colares que os outros haviam trazido. Disse-lhes: "Nós admiramos as turquesas azuis; elas serão bem guardadas, os tesoureiros as guardarão bem. Se deixarem que se perca uma, nossas serão suas casas, nossos serão seus filhos, nossas serão suas mulheres grávidas".

E então, pouco depois, eis que o ano mudou, eis que chegou seu vizinho Treze-Coelho.[19] E, quando ele consentiu em ter fim,

---

18 Os títulos aqui enumerados correspondem, sob seus nomes rituais, a funções altíssimas e a incumbências precisas no aparelho administrativo do Estado asteca. São bastante difíceis de traduzir, tendo em conta os conhecimentos atuais. Os dois primeiros, porém, designam responsabilidades bem conhecidas. Assim, o *cihuacoatl*, "Mulher Serpente", que tinha o nome de uma deusa muito venerada, era de certo modo um "vice-imperador", primeiro personagem do Estado após o soberano, juiz supremo, encarregado das finanças, organizador das expedições de guerra e, se necessário, substituto do imperador em todas circunstâncias. O *tlacochcalcatl*, "aquele da Casa das Flechas", era um militar de alta patente, responsável pelos arsenais; era escolhido em geral entre os parentes do rei e podia vir a reinar. Assim, o próprio Montezuma havia sido *tlacochcalcatl* no reinado do seu pai, Ahuitzotl. O *tiçociauacatl* era um alto magistrado, assim como o *uitznauatlailotlac*, "Juiz perto dos Espinhos", que às vezes exercia também a função de governador.

19 Treze-Coelho corresponde a 1518. Portanto, o ano anterior, aqui notado, é Doze-Casa, 1517. Recordemos que a expedição de Hernández de Córdoba ao Iucatã foi em março de 1517 e a viagem de Juan de Grijalva pelo litoral do México em maio-novembro de 1518.

quando já ia acabar o ano Treze-Coelho,[20] eis que os espanhóis surgiram, eis que foram vistos outra vez. E os intendentes se apressaram em prevenir Montezuma. Ao saber disso, ele enviou rapidamente mensageiros, como se acreditasse, como se estivesse convencido de que o recém-chegado era ele, o nosso senhor Quetzalcoatl. Porque havia gravado no coração de todos que ele chegaria um dia, que surgiria para fazer conhecer a sua esteira, a sua sede.[21] Por causa disso, ele seguiu para lá quando se foi.

Montezuma enviou cinco que iam encontrar com ele, que iam lhe oferecer presentes. O primeiro foi *teohua*, e o seu nome de senhor, o seu nome de príncipe era Residência da Noite; o segundo era tepozteca; o terceiro, *tiçaua*; o quarto, ueueteca; o quinto era ueicameca do Ar.[22]

Capítulo IV: Em que se conta o que Montezuma ordenou quando soube que os espanhóis haviam acabado de reaparecer. Assim, eles vieram pela segunda vez, com ele, dom Hernando Cortés.

Disse-lhes: "Vinde, valentes jaguares, vinde! Dizem que ele enfim apareceu, o nosso senhor. Ide ao seu encontro, escutai

20 O ano Treze-Coelho terminou em 24 de janeiro de 1519. Cortés chegou à costa do atual estado de Veracruz na Quinta-feira Santa, 21 de abril de 1519.

21 *In ipetl, in icpal*: "sua esteira, sua sede", *difrasismo* que significa "seu poder e sua autoridade".

22 *Teohua* ("grande sacerdote"), *tiçaua* ("que detém a Resina Branca"), *ueuetecatl* ("Fabricante de Tambores") e *ueicamecatl eca* ("Grande Corda do Ar") designam, possivelmente, sacerdotes com funções particulares ou auxiliares litúrgicos. Assim, por exemplo, o *ueicamecatl* era o servidor escolhido por sua elevada estatura que ajudava os sacerdotes a enfeitar a grande árvore *xocotl* para a festa do mês de *Xocohuetzi*.

bem, fazei bom uso de vossas orelhas; o que ele disser, é de mister recebê-lo bem em vossas orelhas. Eis com que ireis ter com ele, o nosso senhor".

Tais eram os paramentos pessoais de Quetzalcoatl: uma máscara de serpente ornada com turquesas; uma armadura de gala de penas de quetzal,[23] um colar de jade entrançado com um disco de ouro ao meio; e um escudo com travessões de ouro, ou bem com conchas douradas, franjado de penas de quetzal e de uma bandeirola de penas de quetzal; e um espelho dorsal guarnecido de penas de quetzal, mas esse espelho é feito como um escudo de turquesas, cravejado de turquesas, forrado de turquesas coladas; e enfiadas de jade com guizos de ouro; em seguida, uma zarabatana de turquesa, uma turquesa inteira, com uma espécie de cabeça de serpente, com uma cabeça de serpente; e umas sandálias de obsidiana.

Em segundo lugar, ofereceu aqueles que eram os paramentos de Tezcatlipoca:[24] uma cabeleira de plumas, dourada com estrelas de ouro; e seus brincos com guizos de ouro; e um colar de conchas: um cordão ornado com conchinhas de bordas estriadas; e um colete todo pintado, com borda ocelada

---

23 *Quetzal*: pássaro precioso de plumagem verde dourada que habita as regiões tropicais do México (*Togon pavoninus*, Hern.). As longas e suntuosas penas de sua cauda eram chamadas de *quetzalli* e simbolizavam o luxo e a elegância. Essas penas constituíam o material mais nobre e apreciado pelos *amanteca* ou artesãos plumaceiros.

24 *Tezcatlipoca*: "Espelho Fumegante", deus-feiticeiro da Ursa Maior e do céu noturno, "vento da noite", ele era invisível, mas tudo via. Consideravam-no o protetor dos jovens guerreiros e a divindade particular das altas responsabilidades do Estado e do governo. Foi ele que, segundo a lenda, expulsou de Tula a Serpente Emplumada, o divino rei Quetzalcoatl.

e emplumada; e um manto azul-turquesa urdido em nós que se chama "sineiro" e que se segura pelos cantos para vesti-lo; nele também há um espelho dorsal; e mais uma coisa: guizos de ouro que se atam nos tornozelos; e ainda mais uma coisa: sandálias brancas.

Em terceiro lugar, aqueles que eram os atavios do Senhor de Tlalocan:[25] um cocar de penas de garça, toda feita de penas de quetzal, inteiramente de penas de quetzal; como se verdejasse, como se estivesse envolvida de verde, e sobre ela um ornamento cruzado de conchas de ouro; e seus brincos de serpentes de jade; seu colete com desenho de jade; seu colar, um colar de jade entrançado, também ornado com um disco de ouro; há também um espelho dorsal, como se disse, também com guizos; o manto com bordas de anéis vermelhos para atá-lo; e guizos de ouro para os tornozelos; e seu bastão em forma de serpente, ornado com turquesas.

Em quarto lugar, também havia aqueles que eram os paramentos pessoais de Quetzalcoatl, com mais uma coisa: uma mitra de pele de jaguar com penas de faisão e uma enorme pedra de jade no alto; e brincos de turquesa, redondos, dos quais pendem conchas abauladas de ouro; e um colar de jade trançado, com um disco de ouro no meio; e um manto de bordas vermelhas para atar; há também os guizos de ouro necessários para os seus tornozelos; e um escudo com um disco de ouro cravado no centro e penas de quetzal ostentadas nas bor-

25 *Tlalocan Tecuhtli*: "Senhor do paraíso de Tlalocan", ou Tlaloc, antiquíssimo deus das águas, da chuva, da vegetação e das montanhas. Era adorado desde pelo menos a era "clássica" (Teotihuacan, 400-700 d.C.) e considerado pelos astecas hierarquicamente igual ao seu próprio grande deus tribal Uitzilopochtli.

das, e também com uma bandeirola de plumas de quetzal; e o bastão torcido do vento, curvado no alto, com pedras de jade branco feito estrelas; e suas sandálias de espuma.

Tais eram as coisas que se chamavam as roupas dos deuses, seus adornos, e que os mensageiros levavam, e eles ainda levavam muitos outros objetos em sinal de boas-vindas: uma coroa de ouro em forma de caramujo do mar com penas de papagaio amarelo penduradas, uma mitra de ouro etc.

Prontamente carregam tudo isso em cestos, preparam balaios com alças para transportar aquilo. Em seguida, os cinco foram chamados e Montezuma se despediu deles, dizendo: "Ide, não demoreis! Adorai nosso senhor o deus e dizei-lhe: – Eis que o teu governante Montezuma nos envia, eis o que ele te oferece, pois chegaste à tua morada em México".

Então eles partiram para alcançar a beira d'água, transportaram-nos em barcas e levaram-nos a Xicalanco. Uma vez mais, partiram de lá em barcas, as gentes que moram perto da água deles se encarregaram; tudo foi colocado nas barcas, tudo foi amontoado nas barcas, eles encheram as barcas com todos os atavios. E, quando as barcas ficaram repletas daquelas coisas, eles partiram imediatamente, eles foram alcançar a água; e perto da nau eles chegaram, do navio deles se aproximaram.

Então os espanhóis gritaram: "Quem sois? De onde vindes?".

Eles se apressaram em responder: "De lá viemos, de México".

Os espanhóis gritaram outra vez: "Talvez não venhais de lá, talvez tenhais simplesmente fugido de lá, talvez inventeis tudo isso, talvez apenas zombeis de nós".

Mas, quando o coração deles se convenceu, quando o coração deles ficou satisfeito, prenderam um gancho de metal na proa da barca para puxá-los e imediatamente desceram uma escada de madeira.

Capítulo V: Em que se conta o que aconteceu quando os mensageiros de Montezuma entraram na embarcação de dom Hernando Cortés.

Eis que então subiram. Levavam os paramentos nos braços. Uma vez a bordo, cada qual por sua vez comeu terra perante o capitão. Em seguida, prestaram-lhe homenagem, dizendo-lhe: "Que se digne a nos ouvir o deus. Eis que o seu governante Montezuma, aquele que tem a guarda da cidade do México para servi-lo, vem homenageá-lo, eis o que lhe diz: – Ele sofreu muita fadiga, o deus está cansado".

Imediatamente ataviaram o capitão; nele puseram a máscara de serpente de turquesas; com ela vinha a armadura de penas de quetzal; e com ela vinham, encravavam-se, pendiam os brincos de serpente de jade. E puseram o colete nele, vestiram-no com o colete, e no seu pescoço penduraram o colar de jade entrançado com um disco de ouro no meio; depois amarraram o espelho dorsal na sua cintura e depois também o fizeram vestir o manto que é chamado "sineiro"; e nos pés prenderam-lhe os cordões de jade com guizos de ouro; e deram-lhe, puseram-lhe nas mãos o escudo com travessões de ouro e semeado de conchas de ouro, franjado de plumas de quetzal e com uma bandeirola de penas de quetzal; e diante dele colocaram as sandálias de obsidiana.

E, então, os outros três paramentos divinos, eles se limitaram a arrumá-los, a colocá-los em ordem diante dele.

Os espanhóis disparam as suas armas de fogo.
Sacrifício em honra aos mensageiros.

E, uma vez isso feito, o capitão lhes disse: "Essa é toda a oferenda com que recebeis alguém? Com que vos aproximais das pessoas?".

Eles responderam: "É tudo, com isto viemos, oh, nosso senhor!".

Então o capitão deu ordem de acorrentá-los, e eles lhes puseram ferros nos pés e no pescoço; e, isso feito, fizeram explodir a grande trombeta de fogo.[26] E, nesse momento, os mensageiros se acreditaram mortos e desmaiaram, cambalearam, vacilaram e não viram mais nada. Os espanhóis os levantaram, ergueram e fizeram beber vinho;[27] depois lhes deram de comer, fizeram com que comessem. Com isso, eles recuperaram os sentidos, recobraram as forças.

E, quando isso aconteceu, o capitão lhes disse: "Escutai! Eu soube, chegou aos meus ouvidos: os mexicanos são muito fortes, muito valentes, são grandes guerreiros; um mexicano sozinho consegue perseguir, alcançar, derrubar e derrotar sem nenhum esforço até dez ou talvez até vinte inimigos. Pois agora o meu coração quer se convencer, eu quero ver, quero pôr-vos à prova, saber até que ponto sois fortes, se sois mesmo homens robustos!".

Em seguida, deu-lhes escudos de couro, espadas e lanças de metal.

"Logo cedo, quando despontar a aurora, nós lutaremos uns com os outros, nós nos desafiaremos ao combate, compararemos e saberemos quem é o melhor."

Eles responderam ao capitão, disseram: "Que o senhor se digne a nos ouvir; o seu governante Montezuma nunca nos

---

26 *Tlequiquiztli*: "trombeta de fogo", nome dado pelos mexicanos às armas de fogo, bombardas, colubrinas ou arcabuzes, que viam pela primeira vez.

27 Em espanhol no texto: *vino*.

deu essa ordem; pois viemos simplesmente saudá-lo, prestar-lhe homenagens, mas isso que o senhor deseja não é da nossa incumbência. E, se fizermos tal coisa, Montezuma não se enfurecerá? Não nos matará?".

Então o capitão disse: "Não, é o que se fará; quero ver, quero admirar, pois se soube em toda Castela que sois fortíssimos, que sois muito destemidos; como a aurora ainda está longe, comei! Eu também vou comer; preparai-vos!".

Capítulo VI: Em que se conta como os mensageiros de Montezuma retornaram a México-Tenochtitlan; eles vieram contar a Montezuma o que tinham visto.

Depois disso, despachou-os; os espanhóis os fizeram descer à sua barca e eles, assim que desceram à sua barca, trataram de remar, cada qual remando com força, alguns remarem até com as mãos, Fugiram com grande azáfama; encorajavam uns aos outros: "Oh, guerreiros, com toda a vossa força! Remai com afinco. Que nada nos aconteça aqui, que não suceda nada!".

Chegaram prontamente, pelo meio da água, ao lugar chamado Xicalanco. Assim que chegaram, tomaram fôlego; depois, mais uma vez, correram com todo o empenho; logo chegaram a Tecpantlayacac, e de lá partiram imediatamente, correram, alcançaram rapidamente Cuetlaxtlan; apenas passaram por lá, tomaram fôlego.

E o cuextlaxteca lhes disse: "Descansai pelo menos um dia, pelo menos tomai alento!".

Mas eles responderam: "Não, não podemos, temos pressa: vamos prevenir o senhor, o rei Montezuma; vamos lhe contar o que vimos, coisa muito assombrosa. Coisa nunca vista. Ou por acaso já ouviste falar?".

Partiram imediatamente com muita azáfama e não tardaram a chegar a México-Tenochtitlan; só de noite chegaram, já era noite alta quando entraram.

Entrementes, Montezuma não sabia mais o que era sono, o que era comida; ninguém mais falou com ele e qualquer coisa que fizesse, parecia que ela o atormentava. Ele parecia suspirar a cada instante, como se se sentisse cansado e abatido; já não sabia o que era saboroso, o que era agradável, o que era deleitável.

E por isso dizia: "Que nos acontecerá? Quem permanecerá de pé? Ah, antes deste dia eu existia. Meu coração foi ferido de morte, arde como se estivesse mergulhado na pimenta, ele sente um vivo ardor, ele me dilacera! Onde está a verdade, oh!, nosso senhor?".

Então os mensageiros pediram aos guardas, disseram aos que estavam no comando dos guardas: "Mesmo que ele esteja dormindo, avisai-o: – Eis que chegaram aqueles que tu enviaste ao meio da água".

Mas quando eles foram lhe contar, ele disse de pronto: "Não os quero ouvir aqui. Vou ouvi-los lá, na Casa da Serpente;[28] mandai-os para lá!". E ordenou, dizendo: "Que dois prisioneiros de guerra sejam untados com resina branca".[29]

---

28 *Coacalli*: "Casa da Serpente", uma das principais salas do palácio imperial do México, na qual se recebiam e hospedavam os grandes senhores estrangeiros que ali ganhavam presentes preciosos.

29 As vítimas dos sacrifícios humanos eram frequentemente adornadas e pintadas de modo a personificar a divindade à qual se prestava o culto. Para a liturgia de diversas festas, os cativos prestes a ser sacrificados eram cobertos de giz branco e/ou plumas brancas. Eram designados metaforicamente por *in tiçatl, in iuitl* ("o giz", "a pluma"), símbolo dos primeiros clarões brancos da aurora, quando os guerreiros ressuscitados subiam rumo ao sol.

E imediatamente os mensageiros foram para lá, para a Casa da Serpente; e também ele, o honorável Montezuma.

Logo depois, eles foram mortos diante deles, eles abriram o peito dos prisioneiros de guerra e com o sangue deles aspergiram os mensageiros. Assim fizeram por este motivo: eles haviam estado em lugares assustadores; foram vê-los e fitaram-nos nos olhos, em pleno rosto; eles haviam conversado com os deuses.

Capítulo VII: Em que se descreve o relato que fizeram a Montezuma, os mensageiros que tinham ido ver a nave.

Isso feito, então, eles apresentaram seu relato a Montezuma, contaram como ficaram admirados, e mostraram como era a comida dos espanhóis.

E, quando ouviu o que relatavam os mensageiros, ele ficou muito espantado, admirado, e ficou muito assombrado com a comida deles. Mas acreditou-se semimorto quando soube como, a uma ordem deles, a trombeta de fogo estoura, como se ouve um trovão quando ela estoura, como ela atordoa, ensurdece os ouvidos. E, quando ela estoura, uma bola de pedra sai dela, começa a chover fogo em gotinhas, a estalar; e a sua fumaça é pestilenta, de cheiro sufocante que penetra na cabeça das pessoas; e, quando atinge um morro, é como se o derrubasse, como se o deitasse abaixo; e uma árvore é despedaçada, como se se dissolvesse, como se tivessem soprado nela.

É todo de metal seu equipamento de guerra; de metal se vestem; com metal cobrem a cabeça; de metal são suas espadas, de metal seus arcos, de metal seus escudos, de metal suas lanças. E aqueles que os carregam no lombo são cervos, e, montados, eles ficavam tão altos como os terraços das casas. E têm o corpo inteiramente coberto, só aparece o seu rosto, muito branco, eles têm rosto branco como giz; têm cabelo amarelo, mas alguns têm cabelos pretos; a barba é longa e também amarela, são barba-amarela; os cabelos são crespos, encaracolados.

E seus alimentos são como alimentos de homens, muito grandes, brancos, leves como se fossem ciscos, como se fossem talos de milho novo; são saborosos como farinha de talo de milho, muito macios, muito doces, são macios ao comer, são doces ao comer.

E seus cães são enormes, de orelhas várias vezes dobradas, de mandíbulas grandes e trêmulas; têm olhos de fogo, como brasas; uns têm olhos amarelos, olhos de fogo amarelo; têm barriga magra, estriada, descarnada; são muito grandes, nada tranquilos; trotam ofegando, andam com a língua pendurada; são pintados como o jaguar, têm manchas de cores variadas.

E, ao ouvir tudo isso, Montezuma foi tomado de grande pavor, como se estivesse semimorto; seu coração se atormentou, seu coração se encheu de angústia.

Capítulo VIII: Em que se conta que Montezuma enviou magos, homens-coruja e encantadores para fazer algum mal aos espanhóis.[30]

Naquele momento, Montezuma despachou mensageiros, enviou todo tipo de homens inumanos: adivinhos, magos; e enviou chefes guerreiros fortes, intrépidos; encarregou-os de pegar todos os comestíveis que fossem necessários aos espanhóis: perus, ovos, bolos de milho branco, e tudo quanto pudessem desejar ou que lhes alegrasse o coração; eles decidiram;

30 Os três tipos de personagens aqui enunciados – *nahaualli*, "mago", *tlacatecolotl*, "homem-coruja", e *tetlachiuiani*, "encantador ou adivi-

enviou prisioneiros de guerra, bem preparados, caso bebessem seu sangue. E assim fizeram os mensageiros.

Mas, ao ver aquilo, os espanhóis tiveram muito nojo; cuspiram, esfregaram as pálpebras, fecharam os olhos, sacudiram a cabeça. Com sangue os mensageiros haviam manchado, coberto a comida. Isso enojou os espanhóis, lhes deu enjoo, e eles acharam o sangue extremamente fedorento.

E Montezuma agiu assim porque acreditava que eles eram deuses, porque os tomava por deuses e os adorava como se fossem deuses. Por isso eram chamados: os "deuses vindo do céu"; e os negros foram chamados: os "deuses sujos".

Em seguida, os espanhóis comeram bolos de milho branco, milho debulhado, ovos de perua, perus e também todo tipo de frutas: sapota, sapota amarela, sapota branca, sapota preta, batata-doce, batata-do-mato, batata-doce cor de ferrugem, batata-roxa, batata-doce vermelha, raízes doces de jicama, ameixas-de-veado, ameixas-do-rio, goiabas, guajilotes, abacates, leucenas, ameixas de tejocote, cerejas capulin, tunas, tunas-vermelhas, tunas-de-doce, tunas-de-sapoti, tunas-de-água;[31] e alimento para os cervos:[32] azarola, capim.

---

nho" – correspondem a especialidades bem diferentes no mundo da magia pré-colombiana. O *nahualli* era o que tinha o poder de se transformar num animal selvagem ou doméstico, em fogo ou chuva, ou mesmo de desaparecer por completo. O *tlacatecolotl* era um feiticeiro noturno maléfico, considerado perigoso, e que provocava todo tipo de doenças. O *tetlachiuiani*, "aquele que procura ou amaldiçoa alguém", tinha a função de descobrir e prevenir as calamidades.

31 Frutas indígenas do México, algumas delas com identificação botânica precisa ainda bastante delicada, por esse motivo, seus nomes traduzidos são às vezes aproximativos.

32 Trata-se dos cavalos dos espanhóis. Os mexicanos os consideravam cervos de uma espécie à parte.

7

8

Os mensageiros descrevem os espanhóis.
A refeição dos espanhóis.

E eis por que Montezuma enviou magos e adivinhos: para que vissem que tipo de gente eram os espanhóis; para ver se podiam enfeitiçá-los, amaldiçoá-los; se podiam soprar-lhes um ar, se apossar deles; ou ainda se podiam apedrejá-los; se podiam, com palavras do homem-coruja, lançar um enguiço sobre eles, para fazê-los adoecer, para fazê-los morrer ou talvez para que voltassem para o lugar de onde vieram.

Mas eles fizeram seu trabalho, seu dever contra os espanhóis, só que, naquele momento, não tinham nenhum poder, não puderam fazer nada.

Então eles se apressaram em voltar e contar a Montezuma como eles eram, como eram fortes: "Não somos adversários à altura deles, é como se não fôssemos nada".

Então Montezuma deu ordens rigorosas, incumbiu, recomendou, ordenou aos intendentes e a todos os senhores e chefes, sob pena de morte, que vissem, que cuidassem de tudo quanto os espanhóis precisassem.

E, quando eles chegaram a terra firme, quando vieram, quando avançaram e se puseram em marcha, seguindo seu caminho, foram muito bem tratados, foram considerados com grande estima. Foi unicamente guiados por suas mãos que vieram, que seguiram caminho. Muito se fez por eles.

Montezuma procura um esconderijo.

Capítulo IX: Em que se conta como chorou o honorável Montezuma e como choraram os mexicanos ao saber quanto os espanhóis eram fortes.

E Montezuma se angustiava, se inquietava: estava aterrorizado, estupefato; manifestava seus temores pelo destino da cidade.

E todos os senhores estavam apavorados. Havia um grande espanto, havia medo, havia assombro, as pessoas demonstravam angústia e preocupação; elas se consultavam, se juntavam em grupos, se reuniam. Choravam, choravam muito, choravam pelos outros. Andavam murchas, de cabeça baixa. Cumprimentavam-se chorando, choravam uns com os outros ao se cumprimentar. Encorajavam os outros, encorajavam-se uns aos outros; acariciavam o cabelo dos outros, afagavam a cabeça das crianças. Os pais diziam: "Ai, meus filhos queridos! Como vos pode acontecer o que está por acontecer?".

E as mães diziam: "Meus filhos tão queridos! Como vos extasiar com o que há de suceder?".

Também disseram, declararam, contaram, comunicaram, depositaram no coração de Montezuma que uma mulher daqui, uma das nossas, os acompanhava, lhes servia de intérprete do nauatle. Chamava-se Malintzin, sua casa ficava em Teticpac. Lá no litoral a haviam capturado.[33]

---

33 A célebre Malintzin, a jovem oferecida a Cortés em Tabasco pelos chefes indígenas, era natural da aldeia de Painalla, no sul da província de Coatzacoalco, e de família nobre. Falava nauatle, mas também maia e, tendo aprendido o castelhano em alguns meses, tornou-se a colaboradora mais fiel e eficaz de Cortés. Também lhe deu um filho: dom Martín Cortés.

Foi nesse tempo, então, que começou: não havia mais ninguém para lhes seguir os passos, pois os mensageiros lhes davam as costas; os mensageiros, os que falavam por eles, todos aqueles que em toda parte aproximavam-se deles para satisfazer as suas necessidades.

E também foi então que os espanhóis começaram a fazer perguntas sobre Montezuma: "Como era? Acaso era adolescente? Ou homem maduro? Seria velho? Já chegara à velhice? Já tinha a sabedoria do ancião? Tinha cabelo branco?".

E eles respondiam aos deuses, aos espanhóis: "Era um homem maduro; mais magro que gordo, sim, magro, bem magro, enxuto, fino de corpo, magrinho."

E, quando Montezuma ouvia isso, que inquiriam, que indagavam com insistência, que os deuses muito desejavam ver-lhe o rosto, era como se lhe apertassem o coração, como se sofresse do coração. Teria fugido, preferia ter desaparecido, queria ter saído correndo. Teria se escondido, preferia ter se escondido deles, se esconderia dos deuses. E pôs-se a decidir nas profundezas do seu coração, decidiu nas profundezas do seu coração; pôs-se a imaginar o projeto, imaginou o projeto; pôs-se a meditar, meditou; pôs-se a cogitar e cogitou enfiar-se no fundo de uma gruta.

E aqueles junto aos quais recebia grande consolação, aqueles junto aos quais seu coração se sentia bem, aqueles em quem tinha plena confiança, alguns lhe disseram que o compreendiam, disseram: "Sabemos onde fica Mictlan, a Morada dos Mortos; e a casa de Tonatiuh, o Sol; e o Paraíso de Tlalocan; e Cincalco, a Casa do Milho, para encontrar reconforto lá. Lá onde a tua vontade te disser".

Montezuma preferiu ir para lá, desejava partir para Cincalco. Assim essas coisas ficaram conhecidas; assim, em seguida, essas coisas foram divulgadas.

Mas ele não as pôde fazer; não pôde se esconder, não pôde encontrar abrigo. Já não tinha energia, já não era capaz de nada, não tinha mais força alguma. Elas já não podiam se confirmar, nenhuma das palavras dos adivinhos podia se cumprir, palavras com as quais eles haviam transtornado seu coração, com as quais haviam esmagado seu coração, com as quais haviam revirado seu coração, com as quais o haviam deixado totalmente confuso. Eles fingiram conhecer os lugares que haviam mencionado.

Assim, Montezuma simplesmente esperou os espanhóis. Simplesmente governou seu coração; resignou-se; conseguiu dominá-lo, logrou fazer com que seu coração voltasse a si. Entregou-se por completo àquilo que podia ver e que o maravilhava.

Capítulo X: Em que se conta como os espanhóis desembarcaram tranquilamente em terra firme e tomaram seu caminho; e como Montezuma abandonou o grande palácio e foi para a sua residência de senhor.

Então Montezuma abandonou sua antiga morada, o grande palácio; de lá se deslocou, de lá partiu e retornou, chegou à sua antiga residência de senhor, ele, Montezuma.

E, quando os espanhóis enfim chegaram, quando já estavam lá, quando se deslocaram, um homem, um cempoalteca chamado Tlacochcalcatl, que também foi capturado logo que os espanhóis vieram ver as terras, as cidades, ele também lhes serviu de intérprete do nauatle, preparou o caminho, abreviou a jornada, mostrou o rumo, guiou, conduziu.

E, quando eles chegaram a Tecoac, foi no país dos tlaxcaltecas, onde habitavam seus otomis. E os otomis foram ao seu encontro para guerrear, foram ao seu encontro com escudos. Mas esses otomis, essa gente de Tecoac, os espanhóis os destruíram, aniquilaram, esmagaram, fizeram mingau deles. Dispararam contra eles com as trombetas de fogo, lançaram contra eles flechas de metal, atiraram contra eles com seus arcos. Não foram apenas alguns, grande foi a quantidade dos que pereceram.

E, uma vez destruída Tecoac, os tlaxcaltecas se inteiraram, souberam, quando lhes contaram, eles ficaram com muito medo, perderam a coragem, ouviram muitos conselhos do seu pavor, se apavoraram. Reuniram-se imediatamente em assembleia, consultaram-se, os senhores se consultaram, os governantes se consultaram; analisaram o relato e disseram: "Como faremos? Iremos ao seu encontro? Porque o otomi é muito macho, é muito guerreiro: e eles o tomaram por nada, o consideraram um zero. Em pouco tempo, num piscar de olhos, exterminaram o pobre homem do povo. E agora, se pudéssemos ao menos chegar perto deles, se pudéssemos ao menos criar laços de amizade, se pudéssemos ao menos nos reconciliar; é bem infeliz o homem do povo".

E, logo a seguir, os senhores de Tlaxcala partiram ao seu encontro. Levaram comida, perus, ovos de perua, bolos de milho branco, finos bolos de milho. Disseram-lhes: "Vós sofrestes muitas fadigas, oh, senhores nossos!".

Eles responderam: "Onde fica a vossa morada afinal? De onde vindes?".

Eles disseram: "Nós somos tlaxcaltecas. Vós estais cansados, chegastes ao vosso país e entrastes em Tlaxcala, vossa honorável morada, a cidade da Águia".

(Mas, na antiguidade, chamava-se Texcala,[34] os homens do povo se designavam texcaltecas.)

Capítulo XI: Em que se conta como os espanhóis chegaram a Tlaxcala, que se chamava Texcala.

Vieram conduzi-los, vieram acompanhá-los, para deixá-los, para alojá-los em seus palácios. Muito os honraram, deram-lhes todo o necessário, curaram-nos e depois lhes entregaram suas filhas.

Os espanhóis são recebidos pelos tlaxcaltecas.

Os espanhóis não tardaram a perguntar: "Onde fica México? Como é o lugar? Ainda está longe?".

Eles responderam: "Já não está longe; talvez lá chegueis em três dias. É um bom lugar, e eles são muito fortes, muito valentes, conquistadores, eles se disseminaram por toda parte".

E fazia tempo que os tlaxcaltecas estavam em guerra, olhavam com cólera, olhavam com ódio, detestavam os cholultecas; eles eram inimigos e em parte alguma podiam ter comércio com os cholultecas. Por isso, incitaram os espanhóis a lhes fazer mal, para que os aniquilassem.

Disseram-lhes: "O cholulteca, o nosso inimigo, é muito perverso. É tão forte quanto o mexicano e é amigo do mexicano".

---

34 *Texcallan*: localidade na qual os tlaxcaltecas se fixaram inicialmente e perto da qual mais tarde se ergueu a cidade de Tlaxcala.

Malintzin, a intérprete.
Os espanhóis recebidos pelos tlaxcaltecas

Ao ouvir isso, os espanhóis logo partiram para Cholula.[35] Foram acompanhados dos tlaxcaltecas e dos cempoaltecas; iam armados para a guerra. Lá chegando, chamaram as pessoas, convocaram todos aos gritos, para que viessem os senhores, os príncipes, os governantes, os capitães corajosos e os homens do povo. E assim encheram o átrio do templo.[36]

E, quando todos foram reunidos, os espanhóis trataram de fechar as portas, de todos os lados por onde se entra.

E então houve facadas, houve mortes, houve pancadas. Não havia nada no coração dos cholultecas.[37] Não levaram nem flechas nem escudos no encontro com os espanhóis. Simplesmente foram massacrados à traição; foram aniquilados por aleivosia; foram mortos sem saber. É verdade que foram os tlaxcaltecas que incitaram os espanhóis a atacá-los.

---

35 *Cholollan*, hoje Cholula, importante cidade pré-colombiana de Anahuac, situada a leste de Chalco, considerada uma cidade santa pelos mexicanos. Seu grande templo era dedicado a Quetzalcoatl. Os cholultecas praticavam principalmente o comércio. Segundo o relato do próprio Cortés, a cidade era realmente impressionante quando ele chegou: "esta cidade de Cholula situa-se numa planície e tem até vinte mil casas no corpo da cidade e outras tantas nos subúrbios [...]". Além disso, Cholula, cidade religiosa, oferecia o panorama deslumbrante de uma infinidade de templos espetaculares que impressionaram muito Cortés: "garanto a Vossa Alteza que eu contei, do alto de um templo, quatrocentas e tantas torres nesta cidade, e todas elas pertencem a templos [...]".

36 Trata-se do templo maior de Quetzalcoatl mencionado na nota anterior.

37 A frase nauatle *atle iniollo ipan catca in Chololtecatl* indica que os cholultecas foram apanhados totalmente de surpresa, que seu coração estava vazio de qualquer suspeita, de qualquer desconfiança. Poderíamos traduzi-la menos literalmente por: "o coração dos cholultecas de nada suspeitava".

E, tudo que aconteceu, tudo, eles foram contar, foram relatar, foram informar Montezuma. E os mensageiros vinham para cá, voltavam para lá; só faziam ir e voltar, não paravam de escutar e notificar. E todos os homens do povo se encheram de espanto, ficaram perturbados; pois era como se a terra tremesse, como se a terra se inflamasse, como se tudo girasse diante dos seus olhos; todos foram tomados de pavor.

E, depois de massacrar Cholula, eles começaram a vir para México-Tenochtitlan. Vieram em grupo, vieram juntos, vieram levantando em torvelinho o pó dos caminhos. Suas lanças de metal, suas lanças de morcego,[38] era como se lançassem raios. E suas espadas de metal ondeavam como a água. Era como se estrondeassem, suas cotas metálicas, seus capacetes de ferro.[39] E alguns vinham inteiramente vestidos de metal, enfeitados de metal, vinham reluzindo. Vieram espalhando muito terror, vieram para cá semeando um grande pavor, foram encarados com muito medo, foram muito temidos aqui.

E seus cães vinham à frente, conduzindo-os, vinham adiante, os focinhos erguidos, vinham ofegando; a baba a lhes cair em pequeninas gotas.

---

38 *Tzinacantopil*, "bordão ou lança em forma de morcego", designa a alabarda, arma de haste longa, rematada por um ferro pontiagudo e duas lâminas laterais semelhantes a asas, o que para os mexicanos evocava os morcegos.

39 *Tepuzuipil*, "corselete ou camisa de metal", designa as cotas ou couraças espanholas.

Os enviados de Montezuma são recebidos pelos espanhóis.

Capítulo XII: Em que se conta que Montezuma enviou um homem, um grande senhor, e mais uma multidão de outros senhores para ir ao encontro dos espanhóis; e como e com que eles foram saudar o capitão, entre o Iztactepetl e o Popocatepetl.[40]

E Montezuma não tardou a enviar, a confiar uma missão aos senhores liderados por Tziuacpopocatzin, e também a outros, a uma multidão de outros de seus governadores, para ir ao encontro dos espanhóis, entre o Popocatepetl e o Iztactepetl, em Quauhtechac, na Pedra de Sacrifício da Águia.

Deram-lhes bandeiras enfeitadas de ouro, bandeiras enfeitadas de penas de quetzal e colares de ouro.

E, quando lhes ofereceram isso, os espanhóis sorriram, encheram-se de alegria, como se aquilo lhes desse um grande prazer. Foi qual micos de rabo comprido que agarravam o ouro por todos os lados. Era como se ali se sentassem, como se ficassem iluminados, como se seu coração se avivasse. Porque era bem verdade que eles tinham muitíssima sede, que se empanturravam, que morriam de fome, que ansiavam o ouro feito porcos famintos.

E as bandeiras ornadas de ouro, eles as erguiam no ar, agitavam-nas de um lado para o outro, agarravam-nas. Era como se grunhissem; e o que diziam era uma algaravia.

---

40 O *Iztactepetl*, "a Montanha Branca" (mais conhecida pelo nome de *Iztaccihuatl*, "a Mulher Branca"), e o *Popocatepetl*, "a Montanha Fumegante", são dois altos vulcões típicos da cordilheira vulcânica transversal do México Central, situadas a leste da Cidade do México e que a dominam, o primeiro com 5.326 m e o segundo com 5.450 m.

E, quando viram Tziuacpopocatzin, disseram: "Por acaso esse é Montezuma?".

Perguntaram aos que vinham com eles, aos que espionavam por eles, aos tlaxcaltecas e aos cempoaltecas, perguntaram-lhes às escondidas. E eles responderam: "Esse não é ele, oh, senhores nossos! Esse é Tziuacpopocatzin, ele representa Montezuma".

Os espanhóis lhe perguntaram: "Tu és Montezuma?".

Ele respondeu: "Eu sou o vosso governante, sou Montezuma".

E eles disseram imediatamente: "Some daqui! Por que nos enganas? Quem pensas que somos?".

"Tu não nos enganarás, não zombarás de nós, não confundirás a nossa mente, não virarás a nossa cabeça, não farás galhofa de nós, não nos passarás a perna, não desviarás o nosso olhar, não nos mandarás de volta, não nos farás desaparecer, não nos cegarás os olhos, não jogarás lodo na nossa cara, não nos deitarás poeira nos olhos. Não, tu não. Porque lá se acha Montezuma. Ele não se esconderá de nós, não se refugiará em outro lugar. Aonde iria? Ele é um passarinho? Pode bater asas e voar? Ou, então, talvez fazer seu caminho na terra? Entrará numa montanha escavada? Porque nós o veremos, não deixaremos de vê-lo; ouviremos a sua voz, de seus lábios nós a ouviremos".

E simplesmente o desdenharam, olharam-no como se não fosse ninguém. E simplesmente fracassou esse encontro também, fracassaram uma vez mais as boas-vindas.

E, por isso, tomaram imediatamente o seu caminho, o seu verdadeiro caminho.

Capítulo XIII: Em que se conta como Montezuma enviou outros bruxos para enfeitiçar os espanhóis e o que lhes aconteceu nesse caminho.

E eis que então partiu um novo grupo de enviados, dessa vez magos, bruxos e sacerdotes queimadores de incenso. Pois estes também partiram e foram ao encontro dos espanhóis. Mas nada fizeram em parte alguma, nada viram em parte alguma; não conseguiram fazer mal a ninguém, já não tinham competência para tanto.

Mas, pouco depois, deram com um bêbado no caminho, encontraram com ele e ele os deixou desconcertados. Viram-no como um homem de Chalco e, como estava vestido, como estava adornado à maneira dos chalcas, ele estava fingindo que era um chalca; era como se estivesse bêbado, fingia-se de ébrio. Trazia atadas no peito oito cordas de junco. Veio ao seu encontro diante deles, marchava à frente dos espanhóis.

E então ele veio muito perto e lhes disse: "Que vindes fazer aqui outra vez? Que quereis ainda? O que Montezuma ainda quer fazer? Acaso ainda não recuperou o juízo? Ainda está à mercê de seus medos terríveis? Porque ele agiu muito mal, abandonou o homem do povo, destruiu o senhor; partiram a cabeça das pessoas, pois sepultaram as pessoas, zombaram, fizeram troça delas".

E, ao ver aquilo, ao ouvir tais palavras, em vão puseram todo o seu zelo, suplicaram durante muito tempo, apressaram-se a preparar um pequeno altar, um adoratório de terra e um leito de palha. Mas então já não o viram. Foi debalde que fizeram todos esses preparativos, foi em vão que ergueram o pequeno altar de terra. Simplesmente foi como se tivessem tomado a boca deles; e, lá, ele os infestou, os fez em pedaços, lhes falou cheio de cólera. E disse: "Por que viestes, se foi inutilmente? México não existirá nunca mais. Com o que aconteceu, acabou-se para sempre. Ide! Fora daqui! Não fiqueis aqui! Retornai. Olhai para México. O que aconteceu aconteceu!".

Então eles se viraram, deram meia-volta e viram que todos os templos já estavam em chamas, as casas comunais,[41] os colégios sacerdotais e todas as casas de México-Tenochtitlan.[42] Era como se já houvesse acontecido o combate.

E, quando os feiticeiros viram aquilo, foi como se o coração lhes tivesse fugido do peito; eles não conseguiam mais falar claramente, foi como se alguém os tivesse obrigado a engolir uma coisa. Disseram: "Não éramos nós que tínhamos de ver isso; era antes ele, Montezuma, que precisava ver o que vimos. Porque não era qualquer um, era Ele, o Rapaz, Tezcatlipoca!".[43]

De repente, ele desapareceu, eles não o viram mais. E os mensageiros já não foram ao encontro dos espanhóis, já não

---

41 *Calpulli*: bairro urbano numa grande cidade. Na realidade, o *calpulli* era a célula básica da organização social pré-colombiana dos mexicanos. Representava ao mesmo tempo um grupo de famílias com laços de parentesco, assim como certos cultos religiosos específicos em comum, e um território específico de propriedade coletiva dessas famílias. Aqui, o texto se refere ao prédio administrativo, à sala comum e cerimonial simbólica, de cada *calpulli*.

42 *Calmecac*: colégio religioso onde residiam os sacerdotes e se ministrava uma educação superior seleta aos filhos da classe dirigente.

43 *Tezcatlipoca*: "Espelho Fumegante", muitas vezes representado na forma de um rapaz. Cf. acima, p.81, n.24. A aparição dramática de Tezcatlipoca na forma de um bêbado de Chalco para interpelar os feiticeiros astecas e anunciar a ruína de México-Tenochtitlan é representativa de uma concepção religiosa pré-colombiana tardia, contemporânea do início do século XVI, que fazia do deus-feiticeiro uma divindade astral importantíssima, protetora do destino do Estado mexicano e encarregada de perdoar as faltas do governo.

avançaram para deles se acercar. Porque dali os bruxos e os sacerdotes queimadores de incenso retornaram; foram avisar Montezuma; foram se juntar àqueles que haviam sido os primeiros a partir com Tziuacpopocatzin.

E, ao chegar, eles, os mensageiros, contaram a Montezuma o que se passara, o que tinham visto. Depois de ouvi-los, Montezuma simplesmente baixou a cabeça, simplesmente ficou ali sentado, de cabeça baixa; ele curvou os ombros, ficou sentado de ombros curvados; não falou mais; passou muito tempo sentado ali, feito um doente, abatido como se o tivessem aniquilado. Tudo que disse como resposta foi: "Que fazer, meus bravos? Pois eis-nos; pois já recebemos o merecido. Acaso há uma montanha que possamos escalar? Acaso podemos fugir? Porque somos mexicanos. A nação dos mexicanos vai se cobrir de chagas?[44] Que desgraça para o pobre velho, para a pobre velha, para a criancinha que ainda não compreende. Para onde serão levados? O que podemos fazer? Aonde ir, para nada? Nada podemos. Já recebemos o merecido. Seja o que for e como for, só nos resta vê-lo com assombro".

Capítulo XIV: Em que se conta como Montezuma ordenou que fechassem o caminho para que os espanhóis não pudessem chegar aqui a México-Tenochtitlan.

E Montezuma ordenou então, inutilmente, que fechassem o caminho, a grande estrada. Plantaram agaves naquela que leva-

44 *Mexicáyotl*: "a comunidade dos mexicanos", mas também, "a essência, o símbolo dos mexicanos". Esse termo complexo e delicado significa diversos elementos integrantes do conceito moderno de nação.

va diretamente a México-Tenochtitlan. E, de lá, dirigiram-nos para o caminho que vai a Texcoco, o que entrava em Texcoco.

Mas onde eles haviam barrado o caminho com fileiras de agaves, os espanhóis não tardaram a perceber que elas só serviam para obstruir a estrada. Achando aquilo uma tolice, arrancaram-nas; para longe chutaram-nas com violência, fizeram-nas sair impetuosamente; no mesmo instante, jogaram longe os agaves.

Lá dormiram, em Amaquemecan.

Então não tardaram a vir, vieram diretamente, seguiram direito pelo caminho, chegaram a Cuitláhuac. E lá também dormiram.

Reuniram os governantes, os que naqueles lugares exercem comando sobre os habitantes das *chinampas*, dos jardins flutuantes,[45] em Xochimilco, em Cuitláhuac, em Mizquic.

Falaram-lhes do mesmo modo como haviam falado aos governantes de Chalco. E eles, os governantes dos habitantes dos jardins flutuantes, as *chinampas*, sujeitaram-se prontamente aos espanhóis.

E o coração dos espanhóis se regozijou. Então eles retomaram a marcha e se instalaram em Itztapalapan. E, também ali, apressaram-se em chamar, em mandar chamar, os governantes. Eram denominados os Quatro Chefes: o de Itztapalapan, o de Mexicatzinco, o de Colhuacan e o de Uitzilopochco. Falaram-

45 *Chinampas*: de *chinamitl* ("rede de juncos"); espécie de jardim flutuante dos lagos de Texcoco e Chalco, formados por folhagens e galhos entrelaçados jogados na água, atados uns aos outros e cobertos por uma espessa camada de terra arável e lama. Os *chinampas* possibilitavam culturas muito intensivas de legumes e flores e abasteciam em grande parte a capital pré-colombiana.

Os adivinhos vêm os templos em chamas.
Montezumá manda plantar agaves no caminho dos espanhóis.

-lhes da mesma maneira, assim os interrogaram, como foi dito. E, também ali, eles se submeteram serenamente, pacificamente, aos espanhóis.

Mas Montezuma não havia ordenado que se comportassem como inimigos, que fossem armados ao seu encontro; ninguém irá com armas ao encontro deles. Unicamente, ordenou que não só não os negligenciassem por preguiça, como também fizessem muito por eles.

E, entrementes, aqui em México-Tenochtitlan, foi como se a cidade tivesse sido abandonada; ninguém mais partia, ninguém mais chegava. As mães não deixavam as crianças saírem. Os caminhos estavam muito vazios; eles estavam muito livres, estavam vazios e muito livres, como quando se vê a terra.[46] Ninguém passava por aqueles caminhos, ninguém os atravessava. As pessoas se enfurnaram em casa, estavam ocupadas unicamente em se afligir.

O homem do povo dizia: "Que assim seja! Que seja maldito! Que podeis fazer? Eis que vamos morrer, eis que vamos perecer, e já estamos aqui, de pé, à espera da nossa morte".

Capítulo XV: Em que se conta como os espanhóis partiram de lá, de Itztapalapan, para ir a México-Tenochtitlan.

Então eles se puseram em movimento para entrar aqui, em México-Tenochtitlan. E aprontaram-se, prepararam-se para a guerra; cingiram-se, cobriram-se bem com sua roupa de guerra.

46 *Tlalchipaua*: "a terra aparece, vê-se a terra", quer dizer "o dia se levanta". Quando já se vê a terra à medida que o dia nasce.

Em seguida, foram eles, os cavalos,[47] que se puseram em ordem, se alinharam como sulcos, se enfileiraram, se colocaram em linha. E quatro cavalos vinham à frente, vinham primeiro, na dianteira dos outros; vinham na liderança dos outros, conduziam os outros. Viravam-se o tempo todo, reviravam-se sem cessar. Vinham colocar-se sob os olhos das gentes. Vinham olhando todos os lados, vinham espiando todos os lados; em toda parte iam olhar entre as casas, vinham examinando tudo, vinham olhando para os terraços.

E também eles, os cães; os cães vinham à frente, vinham farejando todas as coisas, vinham ofegando, arquejavam sem cessar.

Separado, marchando na dianteira, bem à frente, ele vinha sozinho, na frente dos outros, o que carregava a bandeira, o que a carrega nos ombros; vem agitando o estandarte, vem fazendo-o girar, vem jogando-a para todos os lados; vem muito aprumado, empertigado feito um macho, acreditando-se um escorpião, vem endireitando-se como um escorpião, achando-se um escorpião.

Seguiam-no os que tinham espadas de metal; e as espadas de metal reluziam. Traziam no ombro, vinham trazendo no ombro os escudos, escudos de madeira, escudos de couro.

No segundo grupo, na segunda fila, vinham os cavalos que transportam gente, gente usando cotas de algodão, escudos de couro, lanças de metal; e as espadas de metal ficam suspensas no pescoço dos cavalos. Eles têm muitos guizos, usam guizos, vêm cobertos de guizos; é como se os guizos rangessem, como se chiassem. Os cavalos, os cervos, relincham alto; eles transpiram muito, é como se caísse água deles; e o suor cai em

47 Em espanhol no texto: *cavallos*.

Os espanhóis a caminho.

gotas grossas no chão, como se caísse sabão *amolli*.[48] E, quando avançam, eles estalam, tilintam, martelam, como se atirassem pedras. Então a terra se afunda, se fende onde eles erguem as patas; separadamente, aparecem aqui e ali os lugares onde eles ergueram as patas traseiras, as patas dianteiras.

O terceiro grupo é o dos homens que portam arcos de metal, dos portadores de arco de metal, dos que têm nas mãos arcos de metal. Vêm experimentando-os, testando-os, apalpando-lhes a frente. E alguns o levam às costas, vêm com o arco de metal preso às costas. E com a aljava pendurada de lado, passando por baixo do braço, abarrotada, cheia de flechas, de flechas de metal. As cotas de algodão lhes chegam aos joelhos, muito espessas, bem duras, extremamente grossas, como se fossem de cal. Eles cobrem a cabeça apenas com a cota de algodão; e do crânio saem penas de quetzal, separadas umas das outras, avulsas.

O quarto grupo é formado simplesmente pelos cavalos; são ordenados simplesmente como já dissemos.

O quinto grupo é o dos que trazem as trombetas de fogo na mão,[49] os carregadores de trombetas de fogo manuais; eles carregam as trombetas de fogo de mão sobre os ombros, alguns as levavam na horizontal. E, quando entraram no grande palácio, o palácio do governante, eles fizeram estourar, disparar as trombetas de fogo manuais. Eis que explodem, eis que estrondam, que descarregam, que detonam, que ladram. A fumaça se espalha, a fumaça se espalha depressa; anoitece sob aquela fu-

48 *Amolli*: sabão extraído da raiz de uma planta mexicana, a *Saponaria americana*.

49 *Matlequiquiztli*: "trombeta de fogo na mão", nome dado pelos mexicanos aos arcabuzes espanhóis.

maça, a fumaça se espalha por toda a terra, se alastra por toda parte. E depois o fedor sufoca, enjoa.

E, fechando a marcha, empurrando a retaguarda, vem o comandante principal, considerado um *tlacateccatl*,[50] um chefe de guerra, o que dirige a guerra. Ao seu redor, espalhados ao seu redor, compondo o seu séquito, guiando-o, protegendo tudo em derredor, vêm seus guerreiros, os que têm insígnias, os que o assistem; de modo que são como *quachictli*,[51] são como os otomis entre nós, fortes, bravos, aqueles que defendem, sustentam a cidade, seu coração, seu fundamento.

Logo atrás, todos os habitantes das cidades, gente de Tepoztlan, gente de Tlaxcala, gente de Tliliuhquitepec, gente de Huexotzinco seguem atrás. Envergam roupas de guerra, cotas de algodão, escudos e arcos. As aljavas estão abarrotadas, cheias de flechas emplumadas; algumas têm bordas que arranham, algumas são feitas de tíbia, algumas têm ponta de obsidiana. Eles vêm dobrando os joelhos, batendo nos lábios, gritando, remexendo-se como lagartas, fazendo barulho de trompas, sacudindo a cabeça.

E alguns trazem a carga nas costas, trazem provisão de boca; alguns vêm com a carga amarrada à testa, alguns no peito, alguns vêm com a carga pendurada em ganchos, alguns a trazem em cestos em forma de gaiola, alguns a trazem em grandes balaios; alguns vêm com trouxas ou carregam coisas em trouxas agarradas nas mãos; alguns arrastam grandes e gordas trombetas de fogo deitadas em fusos de madeira. Eles vêm cantando.

---

50 *Tlacateccatl*: "aquele que comanda homens", militar de alta patente que comandava um corpo de oito mil homens, um *xiquipilli*, entre os astecas.

51 *Quachictli*: ornamento de plumas usado pelos guerreiros que distinguia os chefes principais da ordem militar dos *Achcautin*.

Capítulo XVI: Em que se conta como Montezuma, lenta e tranquilamente, foi ao encontro dos espanhóis lá em Xoloco, onde agora é a casa de Alvarado; ou talvez num lugar chamado Uitzillan.[52]

E assim, então, os espanhóis chegaram a Xoloco, onde era o fim do seu caminho, onde era o termo do seu trajeto. Então Montezuma se preparou e se adornou para encontrá-los; e também outros grandes senhores e príncipes, seus governadores, seus nobres. E todos com ele foram ao encontro dos espanhóis. Em vasos de cabaça, fizeram arranjos de preciosas flores, girassóis, flores-do-coração ou magnólias, no meio das quais colocaram flores de milho torrado, flores de tabaco amarelas, flores de cacau; coroas de flores, guirlandas de flores. Também levavam no pescoço colares de ouro, colares de muitas voltas, colares trançados.

E foi lá, em Uitzillan, que Montezuma se encontrou com eles. Ele imediatamente deu presentes ao capitão, àquele que comandava os guerreiros. Ofereceu-lhe flores, pendurou um colar em seu pescoço, pendurou flores em seu pescoço, de flores ele o cobriu, de flores ele o coroou. Em seguida, diante dos seus olhos, exibiu os colares de ouro, todas as oferendas destinadas a receber alguém, e com o que era realizado o encontro. Também ofereceu um colar a alguns espanhóis.

---

52 *Xoloco*: localidade situada à beira de um curso de água ou canal do mesmo nome, no limite mais meridional do conjunto urbano formado, na época pré-colombiana, por México-Tenochtitlan e Tlatelolco. No ponto estabelecido nesse lugar é que ocorreria o encontro de Montezuma com Cortés.

O encontro de Cortés, Malintzin e Montezuma.

Então o capitão disse a Montezuma: "Por acaso és tu? Acaso já és tu? Quer dizer que és tu Montezuma?".

Montezuma respondeu: "Sim, de fato, sou eu".

Imediatamente, então, ele se aprumou para fitá-lo bem de frente; inclinou-se diante dele, depois o puxou para perto dele, levantou-se com firmeza e então o arengou e lhe disse:

"Oh, nosso senhor! Muitas fadigas sofreste, estás cansado; eis que chegaste à tua terra. Chegaste à tua cidade, México. Vieste sentar-te no teu sólio, no teu trono, que por breve tempo guardei para ti, para ti conservei. Porque já se foram os teus governantes, os senhores soberanos, Itzcoatl,[53] Montezuma, o Velho,[54] Axayácatl,[55] Tizoc,[56] Ahuitzotl,[57] aqueles que por tão pouco tempo guardaram os teus bens, governaram a cidade do México. Em suas costas, atrás deles, avançou o povo. Acaso sabem eles o que deixaram atrás de si, atrás das suas costas? Oh! Se um deles pudesse ver, se pudesse se deslumbrar com o que está me acontecendo agora, com o que estou vendo agora atrás deles, atrás das costas dos meus senhores! Não estou simplesmente sonhando, não é uma quimera, não vejo isso apenas no meu sono, não estou sonhando que te vejo, porque te vejo face a face. Há cinco anos, há dez anos já, fui

53 *Itzcoatl*: "Serpente de Obsidiana", quarto rei asteca, reinou em México-Tenochtitlan de 1428 a 1440.

54 *Montezuma, o Velho* ou *Montezuma Ilhuicamina*: "Arqueiro que Flecha o Céu", quinto rei asteca, reinou no México de 1440 a 1469.

55 *Axayácatl*: "Cara de Água", sexto rei asteca, reinou em México-Tenochtitlan de 1469 a 1481.

56 *Tizoc*: "Aquele que se Sacrifica", sétimo rei asteca, reinou em México-Tenochtitlan de 1481 a 1486.

57 *Ahuitzotl*: "Monstro da Água", oitavo rei asteca, reinou em México-Tenochtitlan de 1486 a 1503.

invadido por más impressões. Olhei para lá, para o lugar desconhecido do qual saíste, dentre as nuvens, dentre as brumas. Pois foi exatamente o que disseram os senhores soberanos, que virias dar a conhecer-te à tua cidade, que descerias à tua esteira, à tua sede, que tu virias.

"E agora aconteceu, tu vieste; sofreste muitas fadigas, estás cansado; aproxima-te da terra, descansa; vem conhecer o teu palácio, repousa o teu corpo; que se acerquem da terra os nossos senhores!"

E, quando chegou ao fim a arenga de Montezuma ao Marquês,[58] Malintzin a traduziu para que ele a compreendesse. E, quando o Marquês entendeu o discurso de Montezuma, não tardou a responder pela boca de Malintzin, a quem falou em sua língua ininteligível:

"Que Montezuma console seu coração, que nada tema, pois nós o amamos muito. O nosso coração se regozija porque o conhecemos, porque o ouvimos. Fazia muito tempo que desejávamos vê-lo, que queríamos vê-lo frente a frente. E eis que o vemos, que chegamos à sua casa, a cidade do México. Agora ele poderá ouvir calmamente as nossas palavras."

Em seguida, tomaram-lhe a mão, vieram tomar-lhe a mão, fizeram -lhe afagos para mostrar que o amavam. E os espanhóis

---

58 *Marqués*, em espanhol no texto, e assim toda vez que traduzirmos "o Marquês". Recorde-se que, depois da conquista e depois de ter sido nomeado governador e capitão-geral da Nova Espanha, Cortés, acossado pela oposição virulenta dos colonos espanhóis no México, teve de ir à Espanha em 1529. Carlos V então lhe concedeu o título de marquês do Vale de Oaxaca e um imenso domínio pessoal, mas destituiu-o das funções oficiais. A partir de 1529, Cortés seria correntemente designado "o Marquês" no México.

o fitaram, todos o examinaram. Apeavam do cavalo, tornavam a montar, desciam outra vez para vê-lo.

E os senhores soberanos, dentre todos os que vieram com ele, o primeiro era Cacamatzin, rei de Texcoco; o segundo, Tetlepanquetzaltzin, rei de Tlacopan; o terceiro, o *tlacochcalcatl* Itzcuauhtzin, rei de Tlatelolco; o quarto, Topantemoctzin, o tesoureiro de Montezuma em Tlatelolco. Esses vieram. E ainda outros senhores nobres de Tenochtitlan: Atlixcatzin, o *tlacateccatl*; Tepeuatzin, o *tlacochcalcatl*. Quetzalaztatzin, o *tiçociauacatl*;[59] Totomotzin, Ecatenpatiltzin, Quappiatzin. Quando Montezuma foi preso, eles não só se esconderam, não só correram a refugiar-se, como o abandonaram furiosamente.[60]

Capítulo XVII: Em que se conta como os espanhóis prenderam Montezuma quando entraram no grande palácio e o que lá aconteceu.

E, quando chegaram ao palácio, quando entraram, eles capturaram, não desfitaram a vista, não tiraram mais os olhos de Montezuma, e com ele ficou Itzcuauhtzin; os outros simplesmente saíram.

E, enquanto isso acontecia, as trombetas de fogo estouraram. Foi como se tudo se enevoasse diante dos olhos; as pessoas corriam sem rumo, o olhar perdido, corriam em todas as

59 Títulos pré-colombianos explicados anteriormente. Cf. n.18 e n.50 deste capítulo.

60 A insistência em denunciar a traição dos senhores tenochcas, dos principais nomes da nobreza de Tenochtitlan, parece marcar claramente, a partir deste ponto, a origem tlatelolca do relato e sublinha o vigor da rivalidade entre Tlatelolco e Tenochtitlan.

direções, como se tivessem perdido o fôlego, simplesmente como se estivessem estupefatas ou sob o efeito de cogumelos alucinógenos, como se tivessem visto algo espantoso. O terror se espalhou como se todos se tivessem acovardado. E, quando veio a noite, o espanto aumentou, o pavor se apoderou de todos, todos tinham medo, todos ficaram prostrados de medo.

E, quando amanheceu, anunciou-se aos berros tudo o que os espanhóis queriam: bolos brancos, perus assados, ovos de perua, água limpa, madeira, lenha, carvão, gamelas, tigelas polidas, potes, cântaros, jarros de barro, chapas de fritar e todo tipo de artefato de cerâmica.

Eram ordens dele, de Montezuma. Mas quando ele dava essas ordens aos senhores nobres, eles não lhe obedeciam mais, simplesmente estavam irritados com o monarca; já não o acatavam, já não o aprovavam. E, no entanto, deram-lhe todo o necessário, comida, bebida, e também água e pastagem para os cervos.

E, quando se instalaram a sua vontade, os espanhóis tentaram saber de Montezuma tudo sobre as riquezas da cidade, as armas, os escudos. Eles o pressionaram muito, procuraram o ouro com todo o desvelo. E imediatamente Montezuma se prontificou a conduzi-los. Os espanhóis o cercavam, apinhavam-se ao seu redor; Montezuma estava de pé entre eles, estava de pé diante deles; eles o agarravam por vários lados, o seguravam firmemente.

E, quando chegaram à câmara secreta dos tesouros, o lugar chamado *Teocalco*,[61] trataram de tirar para fora, atropeladamen-

61 *Teocalco*: "na Casa de Deus", sala do palácio real de México-Tenochtitlan em que se conservavam os tesouros dos monarcas pré-colombianos.

Montezuma conduz os espanhóis à câmara dos tesouros.
Malintzin fala aos mexicanos.

te, todos os tecidos finos, as armaduras de gala de pluma de quetzal, as armas, os escudos, os discos de ouro, os colares dos demônios,[62] as argolas de ouro para adornar o nariz, as grevas de ouro, os braceletes de ouro, os frontais de ouro para adornar a testa.

Sem perda de tempo, o ouro dos escudos e de todas as armas foi arrancado. E, quando todo o ouro foi arrancado, eles puseram fogo, queimaram, transformaram em chamas todos os objetos preciosos. Eles queimaram tudo. E com o ouro eles fizeram lingotes. Levaram o jade e tudo que lhes pareceu bonito e bom; e, ainda, o resto do jade, os tlaxcaltecas simplesmente se encarregaram de roubá-lo. E eles percorreram todos os lugares, revistaram todos os esconderijos, as câmaras secretas dos tesouros, os depósitos. Eles pegaram tudo, tudo que viam, tudo o que achavam bonito e bom.

Capítulo XVIII: Em que se conta como os espanhóis entraram na morada senhorial de Montezuma e o que lá aconteceu.

Pouco depois, os espanhóis invadiram o depósito pessoal de Montezuma, onde estavam guardados os seus pertences, no lugar chamado Totocalco.[63] Parecia que todos tinham la-

62 *Diablome*: *diablo*; aqui e posteriormente, em espanhol no texto, mas com o plural nauatle.

63 *Totocalco*: "na Casa dos Pássaros", câmaras particulares do palácio de Montezuma nas quais ficavam guardadas suas coleções de pássaros e nas quais os melhores artesãos (ourives, lapidadores de pedras preciosas, plumaceiros etc.) elaboravam os seus objetos mais requintados.

butado duramente, que todos tinham o que desejavam; eles se davam palmadas nas costas uns dos outros de tanta alegria que tinham no coração. E, quando entraram na câmara dos tesouros, foi como se tivessem espalhado tudo. Eles entraram correndo, como se cobiçassem tudo, como se estivessem tomados de sofreguidão.

Logo depois saíram aos montes os pertences pessoais de Montezuma, os seus bens particulares, tudo o que o destino lhe havia concedido, todas as coisas valiosas e de estimação: colares de muitas voltas, braceletes de plumas preciosas, braceletes de ouro; e braceletes, tornozeleiras de ouro com guizos; e diademas de turquesa, insígnias de soberano; e todas as suas outras inumeráveis joias.

Pegaram tudo. Apoderaram-se de tudo. Arrebataram tudo como se fosse deles.

E depois que arrancaram todo o ouro, depois que estava tudo arrancado, eles juntaram no pátio, no meio do pátio, todas as plumas finas.

E, quando todo o ouro havia sido juntado, Malintzin veio chamar, veio dar a ordem de convocar todos os senhores. Ela subiu numa açoteia, em cima de um parapeito, e disse:

"Mexicanos, vinde! Os espanhóis estão mortificados. Trazei alimento, água fresca e tudo quanto eles precisam. Porque eles sofrem de fadiga, estão cansados, estão sofrendo. Estão cansados, estão esgotados. Por que não quereis vir? Parece que estais zangados."

Mas os mexicanos não se atreviam a ir até lá. Estavam muito receosos, tinham muito medo, estavam tomados de estupor. Um grande pavor se havia difundido, o pavor se espalhava;

ninguém se arriscava a fazer o que quer que fosse; como se lá houvesse uma fera, como se a terra estivesse morta.[64]

No entanto, eles não se detiveram por isso, não deixaram de levar tudo quanto era necessário aos espanhóis. Mas foi com medo que o fizeram, simplesmente correram apavorados para levá-lo. E depois que depositavam tudo no chão, voltavam chispando, ofegando, tremendo de medo.

Capítulo XIX: Em que se conta como os espanhóis deram aos mexicanos ordem de celebrar a festa de Uitzilopochtli. Mas isso não se fez diante do capitão; foi quando ele se ausentou para combater Pánfilo de Narváez na orla da água.

Logo depois, os espanhóis fizeram perguntas sobre a festa de Uitzilopochtli: que tipo de festividade era? Queriam admirar queriam ver como era, como a comemoravam.

Então Montezuma deu as ordens; os governadores entraram, ele os fez entrar, eles transmitiram suas palavras. E, quando as palavras surgiram do lugar onde Montezuma estava preso, as mulheres que haviam jejuado durante um ano, ali no pátio do templo, se puseram a moer as sementes de amaranto,[65] a erva espinhosa do *chicalote*.[66]

---

64 *Tlalli mictoc*: "a terra está morta", imagem metafórica de uso corrente para dizer "é noite completa".

65 *Uauhtli*: amaranto, *Amaranthus paniculatus var.*, planta alimentícia essencial dos astecas, consumida na forma de mingau, salgado ou doce, às vezes apimentado. Também servia para confeccionar certos ídolos para liturgias especiais.

66 *Chicalotl*: erva espinhosa, *Argemone mexicana L.*, usada como remédio.

E os espanhóis saíam, iam copiosamente munidos de armas de guerra, iam prontos para a guerra, iam vestidos como homens de guerra. Iam na direção das mulheres, passeavam entre elas, andavam em torno delas, olhavam uma a uma, observavam fixa e cuidadosamente as mulheres que moíam. E depois de tê-las olhado bem, eles entraram no grande palácio. Como se soube depois, parece que naquele momento eles teriam massacrado um grande número de homens se os nossos guerreiros se tivessem reunido.

E, quando chegou a festa de *Toxcatl*, elas começaram a dar forma humana ao corpo de Uitzilopochtli; fizeram-no como um homem, à semelhança de um homem, com aparência de homem. E fizeram seu corpo unicamente com massa de semente, com semente amassada de amaranto. Colocavam-na numa armação de varetas, em varetas de beija-flor e varetas em forma de orelha. E, quando ele ganhou forma de homem, as mulheres o emplumaram e fizeram o contorno de seu rosto, e seus brincos em forma de serpente de turquesas coladas. E dos seus brincos em forma de serpente pendia uma fileira de espinhos de ouro à guisa de artelhos, talhadas em forma de artelhos. E a argola do nariz era como uma flecha, adornada de ouro batido e, sem pedras, polida e pintada à maneira das pedras. Dela também pendia o que chamam de fileira de espinhos, o contorno do rosto, como um contorno de rosto; era azul e amarelo. E, na cabeça, um ridículo adorno de beija-flor.

Também lhe puseram o chamado *anecuyotl*, um cocar de plumas finas, redondo, meio pontudo, meio pontudo embaixo. Depois lhe puseram no pescoço uma bola de penas amarelas de papagaio, da qual pendia uma mecha de cabelos de criança de cor turquesa.

Duas mexicanas moldam a estátua de Uitzilopochtli.

E elas colocaram nele o manto decorado com urtigas, tingido de preto, enfeitado em cinco lugares com plumas de águia; elas o envolveram nele. E ele estava vestido por baixo do manto de caveiras e ossos humanos pintados. E, em cima, enfiaram o colete pintado à maneira de um colete "Come-se",[67] pois era todo pintado de crânios, orelhas, corações, tripas, fígados, seios, mãos, pés. E a tanga, só a tanga, era muito preciosa; também era adornada como um colete "Come-se", parecia tecida. E a enorme tanga era só de papel, era de papel de figueira, de um palmo de largura e vinte de comprimento, toda pintada de faixas azuis. E levava nas costas, como um fardo, a sua bandeira cor de sangue, com uma faca de sílex na frente. Essa bandeira cor de sangue era toda de papel pintado de vermelho, pintado de faixas de sangue; a faca de sílex sacrificial que ficava na frente também era de papel e pintada com faixas, faixas de sangue. E o seu escudo feito de bambu sólido, um escudo de bambu sólido, ornado em quatro lugares com penas de águia, tufos de penugem que chegavam até o chão e que chamavam de *teueuelli*. E a bandeirola do escudo também era toda pintada como a bandeira cor de sangue.

E ele tinha quatro flechas junto com o escudo; e seu bracelete esquerdo pendia de seu braço, bem ajeitado, feito de pele de coiote, e dele pendia papel cortado em tiras.

E, quando amanheceu, quando começou a festa, muito cedo, aqueles que haviam feito promessa de descobrir o seu rosto

67 *Tlaquaqualo*: "come-se" ou "todos comem". Assim designavam o colete litúrgico que servia para revestir a estátua de *Uitzilopochtli* e na qual estavam pintados os lábios e os membros de uma pessoa esquartejada.

o descobriram. Colocaram-se em fila diante dele, ofereceram incenso, puseram no chão, de todos os lados, oferendas, comida de abstinência, rolos de semente de amaranto amassada. E, uma vez feito isso, não saíram ainda, não o levaram à Itepeyoc.

E para todos os homens, para os jovens bravos guerreiros que recebiam tributo,[68] era como se cada um fosse se superar, como se fossem celebrar a festa com todo o coração, iam sentir a festa, para mostrá-la aos espanhóis, para que ficassem admirados, para mostrá-la bem diante dos seus olhos.

As pessoas se apressam, correm, vão para o pátio do templo para lá dançar o baile do serpenteio. E, quando todos estavam reunidos, então começaram o canto e a dança do serpenteio.

E aqueles que haviam jejuado vinte dias e os que haviam jejuado um ano iam juntos à frente dos demais; eles mantinham as pessoas em fila, com seu bastão de abeto sagrado. Ameaçavam com seus bastões de abeto sagrado quem quisesse sair; e aqueles que quisessem sair para urinar colocavam no chão a sua saia de fio trançado e seu cocar de penas de garça partido ao meio. E quem simplesmente não obedecia logo, não se considerava de fora, não mantinha a compostura, esse levava golpes nas cadeiras, nas pernas, nos ombros; era jogado para fora, empurrado de cara no chão, jogado de cara no chão, e eles lhe puxavam as orelhas; nas suas mãos ninguém dizia uma palavra.

---

68 *Tequiua*: "aquele que recebe o tributo", o *tequitl*, isto é, o guerreiro que tinha direito a uma participação quando o produto do imposto era distribuído. Um jovem guerreiro que houvesse capturado ou matado quatro guerreiros inimigos recebia o título de *tequiua*, tinha direito a uma parte do produto do imposto, tinha acesso aos comandos importantes e podia usar certos ornamentos de penas.

Eles assustavam, amedrontavam. Eram temidos. Eram dignos de muito respeito os irmãos mais velhos de Uitzilopochtli, os que haviam jejuado durante um ano.

Mas os que se achavam na primeira fila, os grandes guerreiros principais, os que haviam realizado grandes proezas, eles também podiam seguir, ninguém os impedia.

Em compensação, os bisonhos, os que tinham uma mecha de cabelo, os que usavam uma mecha de cabelo atrás da cabeça,[69] e os que tinham uma cabeleira em forma de jarro,[70] os que tinham feito um prisioneiro com a ajuda de outros, os *iyac*,[71] os que eram chamados de jovens *iyac*, que por esse motivo viviam sós, os que fizeram um prisioneiro, os que talvez tivessem feito até dois prisioneiros, eles também os cercavam. Diziam-lhes:

"Fora daqui! Ah, marotos! Vós a mostrai bem [vossa coragem], e nós não a veremos!"

Capítulo XX: Em que se conta como os espanhóis massacraram, chacinaram os mexicanos enquanto eles celebravam a festa de Uitzilopochtli no lugar denominado Teoitualco.[72]

E assim estavam as coisas enquanto se celebrava a festa, e já se dançava, já se cantava, e um canto já se enlaçava com outro,

---

69 *Cuexpalli*: mecha de cabelo que os astecas deixavam no occipício dos jovens. Eles só podiam cortá-la no dia em que tivessem feito um prisioneiro de guerra, mesmo que com a ajuda de muitos.

70 *Tzotzocolli*: "vaso, jarro de barro", e, em sentido figurado, a longa cabeleira que certos guerreiros ostentavam em sinal de bravura.

71 *Iyac*: o jovem guerreiro que havia realizado sua primeira façanha oficialmente reconhecida, quer dizer, que fizera um prisioneiro de guerra. Ele cortava a sua mecha de cabelo e deixava crescer uma cabeleira.

72 *Teoithualli*: adro, entrada de um templo. *Teoitualco*: "no adro do templo".

e a cantoria era como um estrondo de ondas, então, quando pareceu aos espanhóis que era o momento de matar as pessoas, eles apareceram. Eles estavam preparados para a guerra. Chegaram para fechar as saídas, todas as entradas: a Porta da Águia, a porta ao lado do palácio, a porta da Ponta da Cana e a Porta do Espelho das Serpentes.[73]

E, depois que as fecharam, eles se postaram junto delas. Ninguém podia sair.

Isso feito, então, eles entraram no pátio do templo para massacrar as pessoas. Os encarregados de matar simplesmente vinham a pé, com seus escudos de couro; outros com escudos engastados de pregos e espadas de metal.

Em seguida, eles cercaram os que estavam dançando; em seguida, foram aonde estavam os tambores e, sem perda de tempo, bateram nas mãos do tamborileiro, cortaram a palma das suas mãos, das duas; em seguida, cortaram-lhe o pescoço, e o pescoço caiu longe. Em seguida, todos eles atacaram as pessoas com as lanças de metal e contra elas investiram com as espadas de metal. Algumas foram feridas pelas costas, e suas entranhas se esparramaram no chão. De outras eles rebentaram a cabeça, esmigalharam, reduziram a cabeça delas a pó. E, de outras, eles atingiram os ombros, vieram furar, vieram despedaçar o corpo delas. De outras eles feriram várias vezes as panturrilhas; de outras eles feriram várias vezes as coxas; de outras eles perfuraram a barriga, e todas as vísceras se espalharam no chão.

73 Quer dizer, segundo as identificações de Alfonso Caso: a Porta da Águia ou porta sul do pátio principal, que dava para a estrada de Iztapalapan; a porta ao lado do palácio ou porta oeste, que levava à estrada de Tlacopan; a porta Ponta da Cana ou porta norte; e, por fim, a Porta do Espelho das Serpentes ou porta leste.

Um espanhol corta as mãos do tamborileiro.
Montezuma é acorrentado.

E foi em vão que as pessoas correram. Ninguém fazia senão engatinhar arrastando as suas tripas; era como se elas se enredassem nos pés de quem queria fugir. Não se podia ir a lugar nenhum. E aqueles que tentavam sair eram feridos ali mesmo, eram apunhalados.

Alguns escalaram os muros e conseguiram se salvar. Outros entraram na casa comunal e ali puderam escapar. E outros escaparam entre os mortos, se enfiaram entre os que estavam realmente mortos, simplesmente se fingindo de mortos e então conseguiram se salvar. Mas se algum levantava e os espanhóis viam, eles o crivavam de facadas.

E o sangue dos valentes guerreiros corria como se fosse água, como se escorresse de toda parte. E um odor fétido subia do sangue, e as entranhas pareciam se arrastar. Mas os espanhóis iam a todos os lugares, quando revistavam as casas comunais; e em todos os lugares davam estocadas, procurando, averiguando se havia alguém escondido ali. Estiveram em toda parte, esquadrinharam as casas comunais, enquanto procuravam.

E, quando se soube disso, a gritaria começou:

"Oh, valentes guerreiros! Oh, mexicanos! Que venham todos armados, peguem as armas, os escudos, as flechas. Vinde depressa! Correi! Eis que estão mortos os nossos bravos guerreiros! Estão mortos, foram destruídos, foram aniquilados! Oh, mexicanos! Oh, valentes guerreiros!"

Então a multidão rugiu, chorou, as pessoas davam tapas nos próprios lábios. E eles se agruparam para se encorajar, e, entre os bravos guerreiros, foi como se cada qual se tivesse recuperado. Traziam flechas, escudos. Então a batalha começou. Eles lançaram dardos, lanças, e lançaram arpões, e atiraram dardos com pontas grossas de obsidiana. Foi como se uma nuvem muito amarela de canas se estendesse sobre os espanhóis.

Capítulo XXI: Em que se conta que a guerra começou pela primeira vez quando os mexicanos travaram combate com os espanhóis aqui em México-Tenochtitlan.

E eles, os espanhóis, apressaram-se a se encerrar atrás dos muros de pedra. E também atacavam de quando em quando os mexicanos com flechas de metal e trombetas de fogo. E logo trataram de acorrentar Montezuma.

E todos os bravos guerreiros que estavam mortos foram retirados, transportados e reconhecidos. E suas mães, seus pais gemeram e choraram por eles; as pessoas choraram por eles. Primeiro, levaram-nos para casa, para o lar de cada um. Depois, levaram-nos ao átrio do templo e lá os reuniram; queimaram-nos todos juntos num lugar chamado Na Urna da Águia.[74] Mas outros simplesmente foram cremados na Casa dos Jovens.[75]

E, quando o sol se escondeu, quando ainda restava um pouco de luz, Itzcuauhtzin veio anunciar; do alto de uma açoteia, ele gritou e disse: "Mexicanos! Tenochcas! Tlatelolcas! O vosso senhor, o Chefe dos Homens, Montezuma, suplica e

---

74 *Quauhxicalco*: "no Recipiente ou na Urna da Águia". Vários lugares do pátio do grande templo tinham esse nome. Aliás, o *Quauhxicalli*, "a Urna da Águia", era o vaso em que o sacerdote colocava o coração ensanguentado da vítima recém-sacrificada.

75 *Telpochcalli*: "Casa dos Jovens", espécie de colégio, construído em cada bairro de México-Tenochtitlan, que recebia meninos a partir dos sete anos de idade e ministrava sobretudo uma educação militar.

vem dizer-vos: – Escutai, mexicanos! Nós não somos competentes para igualá-los, que se abandone tudo isso, deixai a flecha, o escudo! Os que mais sofrem são os velhos infelizes, as velhas infelizes, os camponeses, a gente do povo, os que ainda não sabem, os que correm para todos os lados, os que andam de quatro, os que estão no berço, na sua caminha de madeira, os que ainda não se revelaram.

"Por essa razão o vosso senhor vos diz: – Não somos competentes para enfrentá-los, deixai isso, pois!

"Porque eles o acorrentaram, puseram grilhões de metal nos seus pés!"

E, quando Itzcuauhtzin terminou de falar, os mexicanos começaram a gritar muito, insultaram-no e, cada vez mais, encolerizavam-se, irritavam-se; e um ainda mais enraivecido lhe disse: "O que esse Montezuma vem dizer? Ah, velhaco! Tu não és um dos homens dele?".

Então a turba rugiu, ouviu-se esse rumor de ódio; e as flechas não tardaram a cair na açoteia. Mas Montezuma e Itzcuauhtzin foram protegidos pelos escudos dos espanhóis para que as flechas mexicanas não os atingissem.

Por isso os mexicanos estavam enfurecidos; porque eles, os espanhóis, haviam dizimado os bravos guerreiros sem nenhum aviso, haviam-nos massacrado, enganando-os, cegando-os.

Portanto, não foi à força que eles cessaram de se manter ao redor do palácio. Puseram-se a vigiar atentamente as passagens pelas quais era possível entrar secretamente, pelas quais era possível introduzir secretamente bolos de milho. De fato, imediatamente toda ajuda cessou, imediatamente ninguém mais lhes levou o que quer que fosse. Era como se quisessem matá-los de fome.

E se alguns, apesar de tudo, tentassem em vão preveni-los, informá-los, prestar-lhes algum serviço, dar-lhes um pouco de comida às escondidas, se fossem vistos, se fossem descobertos, eles os matariam ali mesmo, imediatamente, ali mesmo lhes tirariam a vida, já com uma pancada na nuca, já com pedradas.

Em certa ocasião, alguns mexicanos foram vistos entrando escondidos; e deixaram escapar, por descuido, que outros haviam entrado às ocultas com eles. Então se ordenou com grande rigor que se atalaiasse, que se tomasse conta de todos os caminhos, e que todos os canais fossem bem vigiados, bem observados. E os que tinham entrado às escondidas eram criados enviados pelos intendentes de Ayotzintepec e Chinantla. Instantaneamente, ali mesmo, sua respiração cessou; instantaneamente, ali mesmo, seu quefazer chegou ao fim. Num canal, esmagaram-lhes a nuca com um porrete de madeira dura.

Os tenochcas simplesmente foram contra eles próprios e, sem refletir, aprisionaram esses trabalhadores, dizendo-lhes: "É um deles!". E os matavam imediatamente. E, quando viam alguém com um labrete de cristal muito fino no beiço, agarravam-no, matavam-no e diziam: "É um deles também. Veio para entrar, para levar comida a Montezuma". E, quando viam alguém que tinha no corpo a roupa de fibra de agave dos criados, também o capturavam, dizendo: "É um deles também. É um canalha que vem com intenções revoltantes. Vai entrar, vai visitar Montezuma".

E mesmo àquele que tentava em vão se salvar, suplicando, dizendo: "Que fazeis, mexicanos? Não sou um deles", eles respondiam: "És sim, és um patife sim! Por acaso não és um criado?". E ali mesmo o matavam.

Não faziam mais que espionar a gente, que observar as pessoas, sua cara e seu ofício; os mexicanos não faziam mais que vigiar as pessoas.

E, assim, muita gente foi morta por delitos imaginários, foi massacrada cegamente; não pagou por um crime de verdade.

E os outros trabalhadores se esconderam, se refugiaram alhures. Ninguém mais se deixava ver, ninguém mais se mostrava, ninguém mais saía na companhia de um outro. Estavam amedrontadíssimos, estavam com muito medo, viviam em esconderijos para não cair nas mãos dessas pessoas.

E depois que encurralaram os espanhóis, combateram somente sete dias; e eles os cercaram durante vinte e três dias. E, durante todo esse tempo, os canais foram escavados, alargados, aprofundados, escarpados; em toda parte, deixaram os canais arriscados, perigosos. E, nos caminhos, ergueram muros, barreiras foram construídas, muros foram erguidos, eles deixaram os espaços entre as casas muito perigosos.

E foi assim, pois...[76]

Capítulo XXII: Em que se conta como se soube que o capitão dom Hernando Cortés já estava a caminho de México-Tenochtitlan.

E se soube que o capitão já estava retornando, que vinha de Tepeyacac. Acompanhavam-no muitos espanhóis e muitos muitos tlaxcaltecas e cempoaltecas, em grande número, em

76 O capítulo XXI termina bruscamente com essa frase inacabada, anunciando outro parágrafo no desenvolvimento do relato e indicando talvez a supressão de uma passagem considerada inadequada ou inoportuna quando da redação do texto definitivo (ca. 1576).

grande quantidade, em imensa cópia. Eles não vinham à toa, vinham para a guerra, vinham armados, vinham vestidos para a guerra, com os seus escudos, com as suas espadas de obsidiana, com os seus bastões pontiagudos que levavam no ombro. Vinham levantando poeira e, por certo, traziam o rosto tapado, traziam o rosto branco feito cal, por certo, e estavam cobertos, cheios de terra, por certo, estavam cobertos de poeira, cheios de terra. Por certo, também, vinham correndo, correndo muito, apressuradíssimos. Vinham gritando alto, diziam: "Vamos! Corramos! Oh, tlaxcaltecas! Oh, cempoaltecas!".

E os mexicanos combinaram de não se deixar ver, de simplesmente esconder-se, refugiar-se. Era como se a terra se tivesse deitado para morrer, ninguém falava. No entanto, eles esperavam agachados atrás das aberturas e atrás dos orifícios dos muros, atrás dos buracos que talvez tivessem aberto nos muros para espiar. Somente os que estavam perto dos caminhos, os que moravam à beira dos caminhos fizeram isso. Mas os que estavam entre as casas não fizeram isso. E se os espanhóis tivessem visto em algum momento quantos deles havia, quantos bravos guerreiros se haviam reunido, eles teriam sabido no seu coração que os mexicanos iam atacar, que iam começar o início da guerra.

E, assim, Cortés entrou no grande palácio e mandou disparar as trombetas de fogo. E, assim, os mexicanos saíram imediatamente, vieram digladiar, vieram guerrear. Então eles gritaram, então se travou combate; então se fez a guerra, então houve luta; e choveram flechas e pedras sobre os espanhóis.

Mas eles, os espanhóis, atiraram flechas de metal e atiraram com as trombetas de fogo. Muitos homens foram perfurados pelas setas e atingidos pelos tiros das trombetas de fogo. Aque-

A batalha no alto do templo.

le que estirava o arco de metal ajustava bem a flecha, fincava bem a flecha no homem que ele queria perfurar; e a flecha de metal, quando partia, era como se zumbisse, como se passasse assobiando, como se corresse com muito ruído. E ela nunca era disparada em vão, todas perfuravam alguém, todas penetravam o corpo de alguém. E, a trombeta de fogo, eles a apontavam com cuidado em alguém e a infligiam muito bem a alguém. E, quando as balas caíam, elas iam até o chão, tudo cobriam de terra, como se um cobertor tivesse sido estendido sobre a terra. Sem prevenir, o tiro atingia diretamente o alvo, sem se dar a conhecer, o tiro matava. E todos os que ele atingia ele matava, se acertava um lugar perigoso, fosse a testa, fosse a nuca, ou fosse o peito, ou o ventre ou ainda o flanco. Mas se caía apenas nas pernas ou nos ombros deles, ele não matava imediatamente, eles não corriam tanto perigo, chegavam até a sarar. E os mexicanos, quando viram como caíam os tiros das trombeta de fogo e as flechas de metal, eles se puseram a correr de um lado para outro; era como se andassem de través, como se ficassem de través; eles eram muito prudentes, muito sensatos.

E, depois de quatro dias de combate, os bravos guerreiros escalaram, os que foram escolhidos entre os melhores, os eleitos, os que andavam cobertos de insígnias, os que tinham a guerra no rosto, e todos subiram ao topo do templo, levaram para lá duas vigas e vários troncos grossos de carvalho, que era chamado de madeira dos deuses. Levaram tudo lá para cima para jogar nos espanhóis.

Mas então os espanhóis subiram também, se dirigiram para o alto do templo. Foram em filas, foram em colunas. À frente de todos vinham os que empunhavam as trombetas de fogo manuais, subiam bem devagar, não paravam, avançavam disparando as trombetas de fogo, com elas atacaram. Na segunda fila vinham os que levavam os arcos de metal, os que usavam os arcos de metal. Na terceira fila vinham os que tinham espadas de metal. Na quarta fila vinham os que tinham lanças de metal, os que tinham lanças de morcego.

E foi inutilmente que os bravos guerreiros se juntaram em bloco para atirar as vigas, os enormes troncos de carvalho, contra os espanhóis. Estes simplesmente os repeliram com os seus escudos; então aquela madeira não serviu para nada.

E, quando chegaram ao alto, os espanhóis os atacaram por todos os lados, transpassaram-nos, vararam-nos em todos os lugares. Então os bravos guerreiros se precipitaram pelas escadas do templo, atiraram-se como formigas pretas. E os espanhóis jogaram para fora do templo todos os bravos guerreiros que lá haviam subido, lançaram-nos todos para fora do templo; não escapou ninguém. E, depois de os ter massacrado, eles entraram e rapidamente se esconderam.

E tudo isso aconteceu na hora de comer.

E, como foi isso que sucedeu, eles se apressaram a reconhecer os mortos e a retirá-los. E, quando todos que foram jogados do templo foram retirados, eles foram cremados em diversas "casas dos jovens".

Capítulo XXIII: Em que se conta como Montezuma e um grande personagem nobre de Tlatelolco foram mortos e seus corpos foram jogados diante da porta da casa em que os espanhóis se encontravam.

E, então, quatro dias depois de terem sido escorraçados do templo, os espanhóis jogaram Montezuma e Itzcuauhtzin, que estavam mortos, à beira da água, num lugar chamado Teoayoc, porque lá havia uma imagem de tartaruga esculpida na pedra, como se a pedra tivesse a aparência de uma tartaruga.[77]

E então eles foram vistos, eles foram reconhecidos como Montezuma e Itzcuauhtzin. Eles tomaram imediatamente Montezuma nos braços e o transportaram a um lugar chamado Copulco. E imediatamente o puseram numa pira e a acenderam, puseram fogo, e imediatamente o fogo crepitou, como se estalasse, como se lançasse línguas de fogo, como se chamas passeassem, línguas de fogo. E o corpo de Montezuma parecia chiar; e exalou mau cheiro quando ardeu.

E, enquanto ele queimava, movidos unicamente pela cólera, já não restavam muitos para guardá-lo no coração, outros lhe faziam reproches, diziam:

"Esse canalha! Em toda parte semeava o terror, em toda parte fazia reinar o medo, em toda parte as pessoas tremiam diante dele, ficavam apavoradas! Ele! Quem o ofendia, por pouco que fosse, ele lhes tirava a vida! Muitos pagaram por crimes imaginados, que não eram verdadeiros, que não passavam de palavras falaciosas!"

---

77 Note-se que este texto não propõe uma versão sobre a morte de Montezuma nem oferece uma explicação sobre um falecimento que, mais tarde, suscitaria grandes controvérsias. O fato é tanto mais curioso uma vez que praticamente todos os relatos indígenas da conquista acusam os espanhóis de terem assassinado o imperador asteca, seja com uma punhalada, seja com um golpe de espada no baixo ventre, e por ordem de Cortés. Com a mesma unanimidade, todos os relatos espanhóis da conquista declaram que foram os próprios mexicanos que, encolerizados, apedrejaram o seu soberano quando ele tentava dissuadi-los de continuar os combates. *Teoayoc*: "na Tartaruga de Pedra".

Os espanhóis jogam os corpos de Montezuma e Itzcuauhtzin.

E muitos dos que faziam tais reproches ainda bufavam, resmungavam, sacudiam a cabeça.

Mas Itzcuauhtzin eles transportaram numa barca, com uma barca levaram o seu corpo, e então vieram para cá, para Tlatelolco. Mostraram-se cheios de compaixão, cheios de misericórdia no coração. Vinham derramando lágrimas. Ninguém lhe fazia reproches, ninguém o amaldiçoava, diziam:

"Sofreu muitas fadigas o senhor, o *tlacochcalcatl* Itzcuauhtzin! Sofreu fadigas, foi infeliz junto a Montezuma! Quanta fadiga suportou por nossa causa aonde fomos, onde ficamos, enquanto Montezuma existiu!"

Depois o adornaram à maneira do palácio real e ainda lhe puseram outras vestes de papel e lhe fizeram oferendas. Em seguida, levaram-no para queimar no pátio do templo, num lugar chamado Quauhxicalco. Então seu corpo ardeu com grandes honras.[78]

Houve combate durante quatro dias, mas os espanhóis ficaram só sete dias trancados na casa. E, uma vez passados os sete dias, eles saíram, vieram observar, observaram com insistência, e dirigiram-se a Maçatzintamalco. Lá pegaram espigas de milho ainda tenro, o milho estava começando a se formar; simplesmente pegaram o milho preto na espiga verde ainda tenra. Eles vieram com muita pressa. Vieram apenas para aquela tarefa e logo tornaram a se recolher na casa. E, quando saíram, o sol estava a pino, quando voltaram, o sol se punha.

---

78 Tanto as notáveis honras fúnebres prestadas a Itzcuauhtzin, *tlacochcalcatl* do Estado asteca, mas, aqui, sobretudo rei de Tlatelolco, quanto a insistência em realçar a tristeza dos súditos em flagrante contraste com as turbulentas cerimônias que acompanharam a cremação de Montezuma, sublinham uma vez mais a origem tlatelolca do texto.

Capítulo XXIV: Em que se conta como os espanhóis e os tlaxcaltecas se foram, fugiram de México-Tenochtitlan durante a noite.

E, quando anoiteceu, quando chegou meia-noite, os espanhóis trataram de sair. Iam todos muitos juntos, assim como os tlaxcaltecas. Os espanhóis iam à frente e os tlaxcaltecas iam atrás, muito apinhados contra eles, como se fossem seus muros, suas muralhas. Levavam pequenas pontes de madeira, colocavam-nas sobre os canais e usavam-nas para atravessá-los.

Estava chovendo fraco, um chuvisco leve, caía uma garoa fina. Eles atravessaram ainda os canais de Tecpantzinco, Tzapotlan e Atenchicalco. Mas quando chegaram a Mixcoa, a Mixcoatechialtitlan,[79] onde ficava o quarto canal, eles foram vistos; já iam saindo. Uma mulher que estava pegando água os avistou. Imediatamente, ela se pôs a gritar, dizendo:

"Mexicanos! Vinde todos! Eis que eles estão saindo, estão fugindo às ocultas, os vossos inimigos!"

Imediatamente, um homem bradou do alto do templo de Uitzilopochtli, e as pessoas ouviram bem o seu brado, todos o ouviram:

"Oh, bravos guerreiros! Oh, mexicanos! Eis que os vossos inimigos estão fugindo! Vinde persegui-los em barcas com escudos e pelo caminho!"

79 Os canais de Tecpantzinco, Tzapotlan, Atenchicalco e Mixcoatechialtitlan ficavam provavelmente entre a esplanada do templo maior e a saída de México-Tenochtitlan pela estrada de Tlacopan. Sua localização exata no mapa da Cidade do México continua sendo muito problemática.

E, quando se ouviu isso, logo se alastrou um rumor; então aqueles que tinham barcas com escudos se espalharam por todos os lados, começaram a persegui-los. Remaram duro, lançaram violentamente as barcas, chegaram a Mictlantonco, a Macuilcuitlapilco. As embarcações com escudos vieram de um e de outro lado pegá-los, vieram persegui-los. Eram barcas com escudos tenochcas e barcas com escudos tlatelolcas. E outros partiram a pé, foram diretamente para Nonoalco, partiram para Tlacopan, tentaram ultrapassá-los para os interceptar.

Súbito, os das barcas com escudos lançaram dardos sobre os espanhóis; dos dois lados caíam dardos.

Mas eles, os espanhóis, também lançaram dardos nos mexicanos, neles dispararam flechas de metal e davam tiros de trombeta de fogo. Houve mortos nos dois grupos, espanhóis e tlaxcaltecas foram arpoados! Mexicanos foram arpoados! E, quando os espanhóis chegaram a Tlaltecayoacan, onde fica o canal dos toltecas, foi como se se tivessem despenhado num abismo, como se tivessem enchido um precipício, todos caíram lá dentro, todos se esparramaram, os tlaxcaltecas, os tliliuhquitepec, os espanhóis e os cavalos,[80] e algumas mulheres. Com isso, o canal ficou cheio, abarrotou-se. E os que simplesmente iam na retaguarda conseguiram sair na outra margem por cima de homens, pisando corpos.

E, ao chegar a Petlacalco, deram com outro canal. Mas atravessaram-no tranquilamente e em paz, passo a passo, sobre as pontes de madeira. Lá descansaram, lá se recuperaram, lá recobraram a coragem viril.

80 Aqui e ulteriormente, em espanhol no texto, com o plural nauatle: *cavallome*.

Uma mulher descobre a fuga dos espanhóis.

E, quando chegaram a Popotlan, estava amanhecendo, raiava o dia.[81] E já haviam recuperado a intrepidez viril; já ao longe, eram reconhecidos por todos. Mas eis que vieram berrando contra eles, passando por cima deles os mexicanos. Chegaram capturando tlaxcaltecas e matando espanhóis. Mas mexicanos e tlatelolcas também foram mortos. Houve mortos em ambas as partes.

Até Tlacopan eles os empurraram, perseguiram. E, enquanto os empurravam na direção de Tiliuhcan, de Xocotlihiouican, lá em Xoxocotla morreu na batalha Chimalpopoca, o filho de Montezuma. Foi perfurado, trespassado por um dardo e foi ferido. Lá também morreu Tlaltecatzin, senhor tepaneca que guiava os espanhóis, que lhes mostrava o caminho, que os impedia de cometer erros, que se incumbia de todo tipo de trabalho para eles, que prevenia os espanhóis.

Depois eles atravessaram o Tepçolatl, um riacho. Passaram a vau, passaram o rio a vau, lá em Tepçolatl. Em seguida subiram para Acueco. Foram descansar em Otoncalpulco, onde o pátio era protegido por uma cerca de madeira. Lá descansaram, lá descansaram bem, e lá se recuperaram, se recobraram, se refizeram. Lá o povo de Teocalhueyacan foi encontrá-los, guiá-los.

Capítulo XXV: Em que se conta como os homens de Teocalhueyacan foram muito calmamente, muito lentamente, ao encontro dos espanhóis e lhes ofereceram alimento quando fugiram de México-Tenochtitlan.

Tlacatecuhtli, Chefe dos Homens, era o seu nome corrente; Otoncoatl era o seu nome de senhor; ele os comandava. Eles

81 A fuga desordenada dos espanhóis de México-Tenochtitlan, episódio crucial da conquista batizado de "Noite Triste (*Noche Triste*) pelos cronistas espanhóis, deu-se na madrugada de 30 de junho para 1º de julho de 1520. Cf. mais adiante, na n.89.

vieram trazer comida, bolos de milho branco, perus, perus assados, perus guisados, ovos de perua, e perus vivos, e figos de nopal. Depositaram tudo diante do capitão. Disseram-lhe:

"Sofrestes muitas fadigas. Os nossos senhores, os deuses, foram atormentados! Que descansem, que a paz seja com eles, que se restabeleçam!"

Então Malintzin respondeu, dizendo:

"Meus governantes, o capitão diz: – De onde vindes? Onde é a vossa casa?"

E eles responderam:

"Que o nosso senhor se digne a nos ouvir. Nós vimos daqui, da sua casa de Teocalhueyacan. Somos gente de Teocalhueyacan."

Então Malintzin disse:

"Está bem. Eles nos trataram bem. Lá iremos amanhã, lá pernoitaremos."

E, quando amanheceu, quando clareou o dia, foram retirados, foram removidos todos os tlaxcaltecas, todos os cempoaltecas e espanhóis que haviam caído no canal dos toltecas e, assim também, em Petlacalco e ainda em Mictlantonco. Foram retirados de barca. Nos juncos brancos, no meio dos juncos brancos, nas junças, bem no meio das chufas, os mexicanos foram jogá-los, foram despejá-los, foram atirá-los. E as mulheres eles jogaram no chão, elas estavam nuas, estavam amarelas, untadas de amarelo, pintadas de amarelo estavam aquelas mulheres.[82]

---

82 A moda feminina em México-Tenochtitlan e, muito particularmente, a moda adotada pelas *auianime* (as prostitutas que cuidavam da diversão dos jovens guerreiros) usava uma tintura amarelo-clara como recurso de beleza. Para isso, as mulheres utilizavam uma terra ama-

Eles roubaram, pilharam, espalharam, abandonaram todos completamente nus.

E os espanhóis, eles os colocaram à parte, puseram-nos em filas separadas. Como brancas raízes de bambu, como alvos rebentos de agave, como claras espigas de milho, assim eram seus corpos. E eles levaram os cervos que transportavam gente, os que eles chamavam de cavalos.

E todos os seus bens, tudo quanto eles levavam nas costas, tudo foi roubado, tudo foi subtraído como se fosse uma recompensa. Quem caísse sobre o que quer que fosse apressava-se em agarrá-lo, dele apoderar-se, a carregá-lo nas costas, a levá-lo para casa. E, de certo modo, lá onde houve massacres, todo tipo de coisas que eles tinham abandonado na correria e numerosas armas de guerra foram roubadas: trombetas de fogo grandes e trombetas de fogo manuais.

E lá se espalhavam muitas outras coisas. Havia de tudo esparramado: pólvora para trombetas de fogo, espadas de metal, lanças de metal, lanças de morcegos, arcos e flechas de metal, escudos de couro, escudos de metal, escudos de madeira. E também lá pegaram como se fossem recompensas: capacetes de metal, cotas de metal, cotas de malha de metal, escudos de couro, escudos de metal, escudos de madeira. E também pega-

---

rela, o *tecozauitl*, ou ainda um unguento amarelo, o *axin*. O uso dessa maquiagem parecia reservado às levianas e era, no mínimo, reprovável para mulheres da nobreza. Os informantes indígenas de Sahagún parecem associar essas receitas de beleza ao exercício da prostituição. Referindo-se à *auiani*, à cortesã, o texto esclarece: "Ela se pinta com um unguento amarelo chamado *axin*, que lhe dá uma cor reluzente, e às vezes ela maquia assim o rosto, porque é uma mulher leviana e perdida [...]".

Os corpos são recolhidos dos canais depois da batalha.

ram como se fossem recompensas lingotes de ouro e discos de ouro, ouro moído e colares de ouro com pingentes.

E, quando tudo já havia sido roubado, eles se espalharam na água e se puseram a vasculhar. Alguns procuravam com as mãos, outros procuravam com os pés.

E, quando eles fugiram, os que iam à frente conseguiram se safar; mas os que eram os últimos, esses foram os que caíram no abismo, os que se precipitaram na água. Todos morreram, e foi como se uma montanha de homens se tivesse acumulado; eles caíram uns em cima dos outros, só fizeram matar uns aos outros, morreram sufocando uns aos outros.

E, assim, os espanhóis dormiram lá em Acueco. Ainda era plena noite, a aurora estava longe, quando eles se levantaram, quando se vestiram, quando se vestiram para a guerra, quando pegaram as suas armas de guerra. Logo depois eles se puseram em marcha, em movimento, e formaram filas.

Mas os mexicanos avançavam gritando, soltando imprecações. Ainda não vinham em cima deles; só de longe os enfrentavam, só de longe os seguiam, só de lá os acompanhavam.

E quando os espanhóis chegaram a um outro lugar, um lugar chamado Calacoayan, no cimo de uma elevação, num pequeno cimo, lá onde havia muretas de pedra, eles massacraram imediatamente as pessoas, aniquilaram as pessoas. Os homens do lugar, os homens de Calacoayan, não tinham a intenção de enfrentá-los. Sem ser prevenidos, foram mortos. Sobre eles os espanhóis despejaram sua cólera, sobre eles despejaram o seu desgosto. E, logo depois de massacrá-los, desceram o monte e deram com uma planície, uma pequena savana chamada Tiçapan. Ato contínuo, subiram a Teocalhueyacan.

Capítulo XXVI: Em que se conta como os espanhóis chegaram a Teocalhueyacan e com que alegria os homens de lá os receberam.

Tendo entrado em Teocalhueyacan, foram se instalar em Otoncalpulco, no bairro dos otomis. Quando chegaram, o sol ainda não estava na metade do seu curso.

E, quando eles chegaram, tudo estava pronto, tudo estava preparado, toda a comida, os perus etc. [...] Proporcionaram-lhes grandes prazeres; só com muita brandura misturavam-se a eles, davam-lhes tudo, tudo quanto pediam: comida para os cervos, água, milho debulhado, espigas de milho verde, espigas verdes, espigas de milho cozido, bolos de milho verde, espigas de milho cozido ainda leitoso, espigas de milho grelhado, tortas de milho e talhadas de abóbora assada. Fizeram-nos gostar daquilo, quiseram aquilo para eles; fizeram-se amigos deles, tornaram-se amigos deles.

E as gentes de Tliliuhquitepec foram para lá, misturaram-se ao povo de Teocalhueyacan; porque eles, a gente de Tliliuhquitepec, eram próximas, eram parentes da gente de Teocalhueyacan. A gente de Tliliuhquitepec tinha Teocalhueyacan por lugar de nascimento, por lugar de origem, por lugar de fundação, por berço; de lá saíram.

Foi lá que eles se consultaram, foi lá que se puseram de acordo, foi lá que ajustaram o discurso. Examinaram, apresentaram na consulta que iam conhecer, que iam suplicar ao capitão, ao deus, e ainda a todos os deuses:

"Eles chegaram à sua morada, aqui em Teocalhueyacan. Porque aqui nós lhe imploramos, nós os saudamos, nós, os homens do povo, nós, a gente de Teocalhueyacan, e nós, a gente de Tliliuhquitepec. E que se digne a nos ouvir o nosso senhor! Eis que Montezuma e os mexicanos nos fazem muito infelizes, muito nos atormentam. Nossa miséria chegou até o nosso nariz! Porque tudo isso eles impuseram como tributo, como imposto. E ele é o nosso senhor, o nosso governante! Mas se os deuses nos deixarem, como o mexicano é desumano, como é perverso; se eles nos abandonarem muito depressa, se tardarem a retornar, a voltar, os mexicanos nos massacrarão, nos aniquilarão. De fato, eles são muito perversos, superam todo mundo em perversidade!"

E quando Malintzin reproduziu o discurso para o capitão, ele lhes respondeu:

"Pois que eles não sejam esmagados pela tristeza, porque eu não vou tardar. Muito depressa retornarei, muito depressa voltarei a encontrá-los. Aqui se fará a lei. Aqui se fará o julgamento. Os mexicanos serão aniquilados. Portanto, não sofram!"

E, ao ouvir isso, as gentes de Teocalhueyacan muito se alegraram. Por esse motivo, sentiram-se orgulhosas, por essa razão, mostraram-se arrogantes. Eis, pois, que por isso elas se empertigaram, acreditaram-se perfeitas, julgaram-se dignas de todos os elogios! Falavam como se estivessem cheias de segurança, falavam como se estivessem ébrias de orgulho, como se tivessem sido persuadidas, no fundo do coração, como se fossem donas da ação dos outros, como se estivessem convencidas de que aquilo já era verdade.

Mas quando os espanhóis enfim adormeceram, ainda era madrugada quando as flautas tocaram, que eles sopraram as flautas, as flautas de madeira, as flautas em forma de tubo. E percutiram o tambor, percutiram o tambor de guerra. Já amanhecia. Os espanhóis se levantaram. Fizeram-se os preparativos. E, assim, chegou a hora da partida, de tomar a estrada.

Flautas e tambores dos espanhóis.

Eles apertaram o passo no caminho. Logo chegaram a Tepotzotlan. Foi num bom momento, num tempo ainda favorável, que se puseram à vontade. Tinham sido pouco perseguidos, e os moradores de Tepotzotlan se agitaram, puseram-se em movimento, fugiram. Eles se enfiaram na floresta. Alguns subiram a montanha, alguns desceram para os charcos. Simplesmente largaram tudo nas mãos dos espanhóis; ninguém os enfrentou, porque o triunfo era esmagador. Por causa deles, eles se safaram, fugiram. Salvaram apenas os seus corpos, mas os seus bens, eles os largaram na precipitação, simplesmente os abandonaram na precipitação.

E os espanhóis entraram no palácio, tomaram o recinto e lá dormiram. Simplesmente ficaram todos juntos, ficaram todos agrupados, comprimiram-se uns contra os outros porque estavam amedrontados, chegaram simplesmente tremendo de medo.

E, quando amanheceu, quando chegou o momento favorável, eles tomaram o desjejum. Quando se sentiram recuperados pelo desjejum, logo trataram de partir, de seguir caminho. Os mexicanos gritaram contra eles, mas só de longe, só à distância; era só de longe que os seguiam, que os seguiam gritando. E se alguns se arriscavam a se aproximar, como para fazê-los falar, os espanhóis os trespassavam; era só por isso que se mantinham todos juntos, para trespassá-los. Ninguém mais se agitava, ninguém mais fugia, ninguém mais se desgarrava dos que eles trespassavam.

Então chegaram a Citlaltepec. Lá se instalaram. Lá também as pessoas os evitaram, as pessoas humildes do povo não vieram recebê-los sem medo. Tampouco os bravos guerreiros, os homens de lá, os que tinham casa, vieram mostrar-se. Simplesmente todos se esconderam, abrigaram-se atrás de alguma coisa, fosse atrás de um nopal ou de um agave, fosse atrás de um monte de terra ou de uma escarpa. Simplesmente porque não podiam enfrentá-los. Lá eles também dormiram.

E, quando amanheceu, quando chegou o momento favorável, quando fez calor, quando ficou agradável, então eles comeram. Logo depois, mais uma vez, eles partiram, foram rumo a Xoloc. Mas também lá, da mesma maneira, o povo deixou tudo em suas mãos. Ninguém mais, nem mesmo um único personagem insignificante, veio recebê-los sem medo. As casas estavam totalmente vazias, ninguém veio contra eles. Esconderam-se lá no alto, no alto da montanha de Xoloc. Por todos os lados haviam arregalado bem os olhos para o caso de os espanhóis estarem escondidos em algum lugar, nas encostas, nos fossos ou nos charcos. Eles já temiam os espanhóis, já estavam aterrorizados com a ideia de serem descobertos pelos inimigos e de eles saltarem inesperadamente sobre eles.

E, quando alvoreceu, eles se foram, levantaram acampamento, puseram-se em marcha. Logo depois comeram. E não tardaram a seguir caminho. De um lado e de outro do caminho, avançavam os cervos, os que levavam gente no lombo, os que eles chamavam cavalos. E todos os que levavam carga nas costas marchavam no meio deles, marchavam cercados. E à medida que se adiantavam no caminho, punham fogo, incendiavam, levavam chamas para dentro dos templos dos otomis, e de todos os templos e de todas as casas dos homens-coruja. Eles ardiam, crepitavam nas chamas. Línguas de fogo, chamas, labaredas assomavam na fumaça; e a fumaça se expandia, a fumaça se espalhava. E, quando eles marchavam, os homens do povo os seguiam aos berros, mas só de longe.

Então eles foram se instalar em Aztaquemecan, na base, no sopé da montanha de Aztaquemecan; lá se instalaram, no sopé, num lugar chamado Çacamulco. Lá em cima também havia um pequeno morro redondo. E lá embaixo havia um templo dos otomis e foi lá que eles resolveram se alojar. Lá também deixaram tudo nas mãos deles. Nenhum dos homens do povo foi ter com eles. Unicamente, em toda parte, as casas estavam em silêncio, as casas estavam abandonadas.

Capítulo XXVII: Em que se conta como os mexicanos alcançaram os espanhóis quando os seguiam de longe.

Também foi nesse momento que os mexicanos chegaram e tentaram detê-los, ultrapassá-los. Eles se instalaram na falda da montanha chamada Tonan. E, ao amanhecer, os espanhóis se prepararam, comeram. Do mesmo modo, os mexicanos se prepararam, comeram, beberam água, tomaram mingau de *pinolli*.[83] Alguns subiram o morro, espionaram o inimigo, observaram. Vigiaram os espanhóis para saber quando iriam embora, em que momento se poriam em movimento. Os olhos eram um dever para aqueles que espiavam.

E, assim, eis que os espanhóis se moveram, eis que iniciaram a caminhada. Os guerreiros espiões gritaram prontamente, dizendo:

83 *Pinolatl*: "água de *pinolli*", mingau ou bebida feita de farinha de milho, água e uma mistura de cacau e *chia* (*Salvia hispanica*).

"Oh, mexicanos! Eis que eles partem, os vossos inimigos! Preparemo-nos, preparemo-nos todos, desloquemo-nos juntos, vamos todos juntos! Não deve restar nem um!"

Então, ao ouvir isso, eles dispararam a correr. Iam de um lado e do outro, perseguindo-os.

E, quando os espanhóis os avistaram, puseram-se a esperar o inimigo sem o menor temor. Detiveram-se para ir ao seu encontro; pensaram muito no que fazer contra eles. E então os mexicanos se lançaram ao ataque, atiraram-se na direção deles para cercá-los.

Então eles foram trespassados, perfurados, e lá morreram grandes quantidades de mexicanos e tlatelolcas. Eles simplesmente se lançaram, simplesmente se jogaram nas mãos dos espanhóis, só fizeram correr para a morte. Somente uns poucos escaparam das mãos dos espanhóis, não morreram. E aqueles que estavam de longe, os que os seguiam à distância, não morreram. E quando os espanhóis terminaram de massacrá-los, sua tristeza se dissipou. Eles partiram imediatamente, e os que carregavam carga nas costas foram os últimos a segui-los. Ninguém mais soube deles, onde dormiram naquele momento. Foi então que os mexicanos voltaram, que abandonaram seu rastro, que deixaram os espanhóis para trás.

E, assim, pois, os bravos guerreiros que foram mortos, que haviam sido trespassados, não tardaram a ser reconhecidos. Lá mesmo eles foram queimados. E recolheram suas cinzas, juntaram e amontoaram seus ossos; em seguida, enterraram-nos, sepultaram-nos debaixo da terra.

Os cadáveres dos guerreiros mexicanos são removidos e queimados.

E eis todos os dias desde que os espanhóis entraram em México-Tenochtitlan: em Um-Vento para o cômputo dos dias e Um-Cana para o cômputo dos anos, e o dia seguinte seria o décimo dia de *Quecholli*.[84] E, quando passou o dia Dois-Casa, então foi o décimo dia de *Quecholli*. E, quando chegou o fim de *Quecholli*, precisamente nesse dia, veio *Panquetzaliztli*, durante vinte dias.[85] Logo depois veio *Tititl*, também vinte dias. Veio

---

84 As datas usadas pelos autores indígenas de Tlatelolco neste capítulo e no seguinte, expressas nos termos do calendário pré-colombiano dos mexicanos antigos, às vezes diferem das datas oferecidas pelos relatos espanhóis, segundo as correlações atualmente em vigor entre os dois calendários. Ademais, a complexidade dessas datas é agravada pelo fato de que o texto nauatle do Livro XII, assim como os anais indígenas, utilizam ao mesmo tempo vários calendários pré-colombianos de origem diferente. Duas contribuições essenciais tentaram esclarecer as difíceis questões colocadas por essa cronologia indígena: 1) Alfonso Caso, "Nuevos datos para la correlación de los años astecas y cristianos", *Estudios de Cultura Náhuatl*, México, Unam, v.I, 1959, p.9-25; e 2) Howard F. Cline, "The Chronology of the Conquest: Synchronologies in Codex Telleriano-Remensis and Sahagún", *Journal de la Société des Américanistes*, Paris, Musée de l'Homme, 1973, t.LXII, p.9-34.
As datas que propomos a seguir para interpretar os dados do texto nauatle levam em conta essas aquisições recentes. Assim, a data da entrada dos espanhóis em México-Tenochtitlan, ou seja, o dia Um-Vento, o nono do mês de *Quecholli* do ano Um-Cana, equivale ao dia 9 de novembro de 1519. Recordemos que a data aceita pelos relatos espanhóis, 8 de novembro de 1519, provém exclusivamente da crônica de Francisco López de Gómara, repetida por Bernal Díaz del Castillo e, subsequentemente, por todos os outros relatos espanhóis.

85 O mês de *Quecholli* era o décimo quarto do ano; e o mês de *Panquetzaliztli*, o décimo quinto. Cada mês do ano solar, *xihuitl*, durava vinte

então *Izcalli*, o fim, também durante vinte dias.[86] Logo depois vêm os cinco dias chamados *Nemontemi*. E, terminados os cinco dias, começava *Atlcaualo* ou talvez *Quauitleoa*; ali terminava o ano, ali começava o ano novo; também vinte dias.[87] Seguia-se *Tlacaxipeualiztli*, também vinte dias. Então vinha *Toçoztontli*, vinte dias também. Sucedia-lhe *Uei Toçoztli*, também vinte dias. Seguia-se *Toxcatl*, que também durava vinte dias. Foi aí que eles destruíram os bravos guerreiros, que estraçalharam, que massacraram os mexicanos.[88] Logo depois vinha *Etzalcualiztli*, que também durava vinte dias. Então vinha *Tecuilhuitontli*; foi quando eles partiram, foi exatamente nesse dia que os espanhóis fugiram, que sumiram na noite sem que ninguém percebesse, ninguém esperava que eles escapassem assim, de noite.[89]

---

dias e, no fim desses dezoito meses de vinte dias, acrescentavam-se os cinco dias nefastos, os *nemontemi*, de que trataremos mais adiante.

86 Aqui o texto nauatle se esqueceu do décimo sexto mês, *Atemoztli*, provavelmente por distração do copista.

87 O primeiro mês do ano, *Atlcaualo*, também se chamava *Quauitleoa* em certas regiões. Aqui o texto repete a cada vez a duração do mês, de maneira lacônica e ritual, depois de indicar o seu nome. Isso, sem dúvida, também visava facilitar o cálculo das datas globais.

88 O massacre da nobreza mexicana no pátio do templo maior, por ocasião da festa de *Uitzilopochtli* (cf. cap. XX) teria ocorrido no segundo dia do mês de *Toxcatl*, isto é, em 22 de maio de 1520, segundo o texto dos *Anais históricos*. Cf. p.221-2.

89 O texto situa a fuga desordenada da "Noite Triste" no mês de *Tecuilhuitontli*, provavelmente no início do mês, ou seja, no mínimo trinta e nove dias após o massacre do grande templo (dezoito dias de *Toxcatl* + vinte dias de *Etzalcualiztli* + um dia pelo menos de *Tecuilhuitontli*). Isso corresponderia perfeitamente à data fixada na n.81, i.e., à madrugada de 30 de junho para 1º de julho de 1520.

E a soma de todos os dias resulta em onze vintenas e quinze dias.[90] E eles foram nossos amigos durante nove vintenas e quinze dias.[91] E foram nossos inimigos durante duas vintenas de dias.[92]

E, quando os espanhóis se foram, muitos pensaram que era para sempre, que nunca mais voltariam, que jamais tornariam a aparecer. Então eles enfeitaram e prepararam novamente a casa dos diabos. E varreram, removeram o lixo e tiraram o pó.

Capítulo XXVIII: Em que se conta como os mexicanos deram uma grande festa quando os espanhóis foram embora daqui, de México-Tenochtitlan.

E, quando chegou o mês de *Uei Tecuilhuitl*, os mexicanos cumpriram a festa, durante vinte dias. E, uma vez mais, adornaram todas as representações, todos os substitutos dos diabos, vestiram-nos, enfeitaram-nos com plumas de quetzal, neles puseram colares e máscaras de turquesas e vestiram-nos com roupas divinas, roupas de plumas de quetzal, roupas de penas de papagaio amarelo, roupas de penas de águia. E essas roupas, que eram necessárias, os grandes senhores as guardavam.

Salientemos, para ser exaustivos, que os cálculos de Alfonso Caso, "Nuevos datos", art. cit., situam a "Noite Triste" no décimo nono dia do mês de *Xocotl Uetzi*.

90 Ou seja, 235 dias conforme o sistema numérico vigesimal dos mexicanos antigos.

91 Ou seja, 195 dias.

92 Ou seja, quarenta dias.

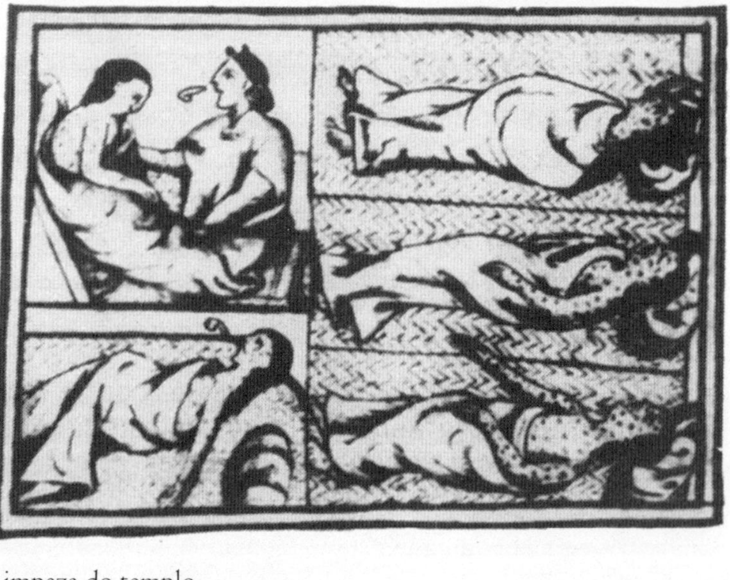

Limpeza do templo.
A devastação causada pela epidemia.

Seguiu-se então *Tlaxochimaco*,[93] que também durou uma vintena. Depois veio *Xocotl Uetzi*, também uma vintena. E *Ochpaniztli*, o que formou quatro vintenas. *Teotleco*, o que formou cinco vintenas. *Tepeilhuitl*, seis vintenas. *Quecholli*, o que formou sete vintenas; eles teriam passado um ano lá se ninguém tivesse chegado, se os espanhóis não tivessem vindo.[94] *Panquetzaliztli*, oito vintenas. *Atemoztli*, nove vintenas. *Tititl*, dez vintenas. *Izcalli*, o fim, o que formou onze vintenas. Então houve os *Nemontemi*, cinco dias. *Atlcaualo*, doze vintenas, ou talvez *Quauitleoa*. *Tlacaxipeualiztli*, treze vintenas. *Toçoztontli*, catorze vintenas. *Uei Toçoztli*, o que formou dezessete vintenas.[95] *Tecuilhuitontli*, o que formou dezoito vintenas;[96] aqui, um ano havia decorrido após a morte dos espanhóis no canal dos toltecas.

E, uma vez mais, eles saíram, uma vez mais, nós os vimos quando esse primeiro ano estava na sua décima primeira vintena, era *Izcalli*. Em Quauhtitlan, eles saíram; instalaram-se em

93 *Tlaxochimaco*: nono mês do ano. A enumeração em forma ritual dos meses que se sucederam após a partida dos espanhóis realça com alívio o retorno aos usos pré-colombianos e também facilita futuros cálculos de conjunto.

94 A frase é desajeitada e visa simplesmente marcar o primeiro aniversário da entrada dos espanhóis em México-Tenochtitlan no nono dia do mês de *Quecholli*. Cf. n.84.

95 Aqui o texto nauatle comete um erro, provavelmente devido a uma distração do copista. De fato, *Uei Toçoztli* é o quarto mês do ano, seguindo o mês de *Toçoztontli*, o que deveria resultar em quinze vintenas e não em dezessete.

96 Aqui o copista corrige o erro anterior, já que *Tecuilhuitontli* é, de fato, o sétimo mês, mas omite os meses de *Toxcatl* e *Etzalcualiztli*, quinto e sexto meses do ano, que são, no cômputo do relato, a décima sexta e a décima sétima vintenas registradas desde o retorno aos usos pré-colombianos e a partida dos espanhóis.

Tlacopan, lá passaram somente sete dias. Então se ausentaram durante duas vintenas.

E, uma vez mais, eles saíram, passaram com grande pressa, iam em direção a Quauhtitlan. Seu único trabalho era sair para matar gente em Tlaliztacapan e em Iztacalla. Morreram tlatelolcas, aproximadamente quatrocentos perderam a vida.

E, quando eles se reuniram para falar das gentes, quando se consultaram a nosso respeito, foi após duas vintenas de dias, em *Toxcatl*. Foi no segundo ano depois da morte dos bravos guerreiros no átrio do templo, durante *Toxcatl*.[97]

Capítulo XXIX: Em que se conta como apareceu uma doença pustulenta que matou os homens daqui.[98] *Era chamada a grande lepra. Surgiu quando os espanhóis partiram de México-Tenochtitlan.*

E os espanhóis ainda não nos tinham atacado quando, muito repentinamente, houve uma grande enfermidade, uma doença pustulenta. Em *Tepeilhuitl* começou. E infligiu uma grande devastação. Alguns ela cobriu inteiramente, espalhou-se por

---

97 O texto nauatle indica que a decisão espanhola de levar decisivamente a cabo a conquista de México-Tenochtitlan foi tomada pouco mais de um ano após o massacre do templo maior, i.e., no fim de maio de 1521. O próprio Cortés diz, nas *Cartas de Relación*, que a batalha de México-Tenochtitlan durou 75 dias e, portanto, começou em 30 de maio de 1521. Notemos, no entanto, que Bernal Díaz del Castillo, *História verídica*, conta 93 dias de cerco na batalha de México-Tenochtitlan.

98 *Totomoniztli*: "doença pustulenta", de *totomoni*, "ter bolhas, pústulas, ou fazê-las em si próprio". Do mesmo modo, um pouco mais adiante, *uei çauatl*: "grande lepra". Essas diferentes denominações designam a varíola ou bexiga.

todas as partes, no rosto, na cabeça, no peito etc. Foi uma grande ruína, matou muita gente. As pessoas já não podiam andar, ficavam unicamente deitadas, estendidas na cama. Não podiam mais se mexer, não podiam mais se mover, não podiam mais se agitar, não podiam mais se virar para o lado, não podiam mais ficar de bruços, não podiam mais ficar de costas. E, quando se mexiam, soltavam altos gritos. Foi uma grande ruína. Todos estavam cheios, como que cobertos de uma lepra purulenta. Muitos homens morreram desse mal, e muitos outros simplesmente morreram de fome, de fome eles morreram; ninguém cuidava de ninguém, ninguém fazia nada pelos demais.

E, em alguns, as pústulas só apareciam de longe em longe, não os faziam sofrer tanto. Também foram muitos os que ela não matou. E muitos homens ficaram com o rosto destruído, com o rosto bexiguento, a cara bexiguenta, o nariz bexiguento. Outros ficaram cegos, perderam a visão.

Essa doença pustulenta se disseminou durante três vintenas de dias, três vintenas de sinais do destino até acabar, até diminuir.[99] Quando se manifestou, quando rebentou, o mal da bexiga já estava chegando a Chalco. E então muitos homens ficaram aleijados; no entanto, não ficaram aleijados para sempre. Ela se manifestou em *Teotleco* e diminuiu em *Panquetzaliztli*. Àquela altura, os mexicanos, os bravos guerreiros, haviam emagrecido muito!

E, estando as coisas assim, os espanhóis vieram, puseram-se em marcha em Texcoco. Dos lados de Quauhtitlan saíram;

99 Referência ao calendário divinatório de 260 dias, o *tonalpoualli* ou calendário dos destinos, no qual o nome de cada dia era representado por um símbolo: cervo, água, coelho, vento, lagarto etc. e por um número.

estabeleceram-se em Tlacopan. Lá distribuíram as tarefas, lá se dividiram. Pedro de Alvarado ficou encarregado do caminho de Tlatelolco. E o Marquês[100] se instalou em Coyoacan, e esta foi a sua incumbência, assim como o caminho de Tlatelolco. Ele sabia que o tenochca era um homem muito intrépido, um guerreiro muito valente!

E foi lá em Nextlatilco, ou ainda em Ilyacac, que a guerra começou. Os espanhóis partiram imediatamente para Nonoalco e os bravos guerreiros os seguiram. Não morreu nenhum mexicano. Súbito, os espanhóis recuaram. Os bravos guerreiros travaram uma guerra sangrenta com barcas; aqueles que tinham barcas com escudos dispararam flechas, as flechas choviam sobre os espanhóis. Eles não tardaram a entrar. E então o Marquês arremeteu contra eles, contra os tenochcas, seguindo o caminho de Acachinanco. Diversas vezes ele veio combater, e os mexicanos o enfrentaram.

Capítulo XXX: Em que se conta como os espanhóis construíram suas naves lá em Texcoco, para fazer a conquista de México-Tenochtitlan.

Então vieram as naves de Texcoco, doze naves, e enquanto isso eles se tinham juntado em Acachinanco. Logo depois ele veio examinar atentamente o lugar por onde as embarcações podiam entrar, o lugar em que os canais eram bem retos, se eram profundos, se não eram profundos, para que não encalhassem. Mas os canais eram sinuosos, muitas vezes curvos, não era possível fazê-los entrar por lá.

---

100 *Marqués*: em espanhol no texto. Cf. n.58.

Fizeram passar duas naves, enfiaram-nas à força pelo caminho que vinha de Xoloco. E, uma vez lá, reuniram-se para dizer, e disseram todos juntos, que iam trespassar os mexicanos, reuniram-se para dizer isso. Então se puseram em fila, levavam duas trombetas de fogo; o grande estandarte ia à frente deles; e imediatamente, sem a menor confusão, sem se inquietar, partiram batendo tambor e tocando flauta, flajolé.

Duas embarcações vieram lentamente; passaram só por um lado do canal; e pelo outro as embarcações não passaram porque havia um aglomerado de casas. Depois, eles vieram depressa, vieram combatendo; houve mortos em ambos os lados, ambos os lados fizeram cativos. E, ao ver isso, os tenochcas que moravam em Çoquipan fugiram, fugiram espavoridos. Para junto de outras pessoas eles levaram as crianças pequenas.

As gentes do povo simplesmente vagavam à deriva na água. Houve um rumor de pranto. E os que possuíam barcas encheram suas barcas de filhos e saíram remando, remaram com esforço. Nada levaram consigo, apenas partiram, abandonando tudo apavorados: seus utensílios domésticos; simplesmente partiram espalhando tudo. Mas os nossos inimigos se apropriaram dessas coisas. Vieram pegando tudo por onde passaram. Tudo que encontraram eles pegaram. Pegaram mantos, cobertores de algodão, insígnias, tambores horizontais[101] e tambores verticais.[102]

---

101 *Teponaztli*: "tambor", instrumento de percussão pré-colombiano, espécie de tambor de madeira composto por um tronco escavado com duas aberturas na parte superior que se tocava com duas baquetas. Os sons obtidos formavam uma escala de terceira menor.

102 *Ueuetl*: "tambor", espécie de pequeno tambor vertical.

Os espanhóis atacam a partir dos bergantins.
Ataque dos cavaleiros espanhóis.

E os tlatelolcas os combateram em Çoquipan, com suas barcas guarnecidas de escudos. E, em Xoloco, os espanhóis chegaram ao lugar em que se erguia a muralha; em que ela cortava, em que ficava no meio do caminho. Eles a atacaram com a trombeta de fogo grande. Não conseguiram deitá-la abaixo com o primeiro tiro; mas o segundo a partiu; e o terceiro a jogou no chão; e, com o quarto tiro, a muralha ficou destruída para sempre.

E as duas naves foram ao encontro dos que tinham barcas protegidas por escudos. Houve combate na água. E as trombetas de fogo se projetavam do nariz das naus. E os tiros eram disparados onde as barcas dos mexicanos estavam em filas muito cerradas, onde elas estavam aglomeradas. Muitos homens morreram. Elas se sacudiram na água, oscilaram de um lado para outro, afundaram. O mesmo faziam as flechas de metal; aquele que elas atingiam não escapava, não saía mais de lá, morria, ali mesmo exalava o último suspiro.

Mas quando os mexicanos viram, quando se deram conta do modo como os tiros das trombetas de fogo caíam, como as flechas de metal caíam, eles não correram mais em linha reta, simplesmente passaram a ir de um lado para outro, a ziguezaguear, a correr de través.

E, quando viam que uma trombeta de fogo grande ia cair, eles se jogavam no chão, se deitavam, se agachavam.

E os bravos guerreiros se apressaram a procurar abrigo entre as casas. O caminho ficou limpo; parecia que o grande caminho tinha ficado totalmente limpo.

E os espanhóis não tardaram a chegar a Uitzillan. Lá também havia uma muralha, e numerosos mexicanos estavam agachados atrás dela. Os espanhóis se detiveram um momento, ancoraram as naus, tardaram um pouco para preparar as trombetas de fogo.

Capítulo XXXI: Em que se conta como os espanhóis vieram conduzindo os bergantins;[103] *perseguindo os que iam nas barcas, deles se aproximaram. De repente, emergiram perto da água, atingiram todas as casas.*

E, então, quando as trombetas de fogo ficaram bem preparadas, eles atiraram na muralha. E a muralha ficou despedaçada, fendida por trás. E, quando foi atingida pelo segundo tiro, caiu por terra, demolida, pulverizada, toda esburacada. Então foi como se o caminho estivesse totalmente limpo. E os bravos guerreiros que se achavam perto da muralha se dispersaram imediatamente. Houve uma fuga desesperada, todos correram de medo. E os diversos povos se apressaram a encher o canal, sem demora eles o aplanaram com pedras, tijolos e vigas de madeira a fim de fechá-lo.

Uma vez aplanado o canal, passaram logo os cavalos, talvez uma dezena. Vieram rodando, girando, virando-se para todos os lados. Passou mais uma tropa de cavaleiros seguindo a primeira. E alguns tlatelolcas que entraram logo no palácio que foi a casa de Montezuma saíram assustadíssimos: tinham dado de cara com os cavalos. Um dos cavaleiros veio retalhá-los. Mas, quando ele arremeteu, um tlatelolca ainda conseguiu agarrar-lhe a lança de metal e, então, seus amigos a arrancaram da mão do espanhol. Eles derrubaram do cavalo, ele caiu no chão de costas, recebeu muitas pancadas na nuca e morreu.

---

103 Em espanhol no texto: *vergantines*.

Pouco depois, os espanhóis os repeliram, fizeram um movimento. Assim chegaram à Quauhquiyauac, a Porta da Águia. E levaram a trombeta de fogo grande, seus utensílios viajavam com ela, e eles a colocaram na Quauhquiyauac. Chamava-se a Porta da Águia: Quauhquiyauac, porque nela havia uma águia feita de pedra talhada, alta como um homem por causa do seu tamanho, da sua altura; e do lado dela havia duas figuras: de um lado um jaguar e do outro um lobo,[104] os dois também eram talhados na pedra.

E, estando as coisas assim, os grandes e bravos guerreiros se esconderam em vão atrás das colunas de pedra, pois ali havia duas fileiras de colunas e cada qual escondia oito. E os bravos guerreiros também se juntaram na açoteia do Coacalli, estavam juntos na açoteia. E nenhum daqueles bravos guerreiros enfrentava abertamente o inimigo!

Mas os espanhóis por certo não cruzaram os braços. E, quando dispararam a trombeta de fogo, escureceu, a fumaça se espalhou. E os que estavam escondidos atrás das colunas de pedra fugiram; e todos os que estavam na açoteia desceram precipitadamente, fugiram para longe.

Então os espanhóis levaram a trombeta de fogo, colocaram-na sobre a roda de pedra dos sacrifícios.[105] E, no alto do tem-

---

104 *Cuitlachtli* ou *cuetlachtli*: "lobo mexicano" segundo os dicionários de Rémi Siméon e frei Alonso de Molina. Não obstante, na *História geral*, texto nauatle do *Códice florentino*, Livro XII, cap. I, parte 1, o próprio Sahagún descreve o *cuitlachtli* como um urso preto ou um urso pardo.

105 *Temalacatl*: "roda de pedra" dos sacrifícios "gladiatórios"; grande pedra redonda com um buraco no centro sobre a qual se coloca-

plo de Uitzilopochtli, os mexicanos ainda montavam guarda em vão; percutiam os tambores, era como se percutissem com batidas redobradas os tambores. E, de repente, dois espanhóis subiram lá em cima; deram-lhes pancadas e, depois disso, arremessaram-nos lá embaixo, precipitaram-nos, jogaram-nos violentamente para fora.

E os guerreiros tonsurados que se enfeitavam com conchas,[106] e todos os guerreiros que combatiam nas barcas vieram prontamente, desembarcaram em terra seca. E os que remavam eram garotos, só eles é que conduziam as barcas. E, isso feito, os bravos guerreiros se puseram a inspecionar os espaços entre as casas, corriam muito e gritavam, dizendo:

"Oh, bravos guerreiros! Correi depressa!"

Feito isso, quando os espanhóis viram que eles iam ao seu encontro, que estavam sendo perseguidos, recuaram e lhes deram as costas, correram, fugiram. Dos dois lados lançaram flechas, dardos, e dos dois lados jogaram pedras. Em seguida, os mexicanos foram se recuperar em Xoloco, foram tomar fôlego; lá se detiveram, depois regressaram. E os espanhóis também regressaram, instalaram-se em Acachinanco. Mas na

---

vam os prisioneiros destinados ao sacrifício. Eles ficavam amarrados e podiam chegar à borda de pedra para lutar contra guerreiros armados. O fato de lutar sobre aquela pedra e, portanto, de morrer combatendo era uma grande honra concedida aos prisioneiros que haviam demonstrado muita bravura.

106 *Quaquachictin*, plural de *quachic*: "aquele que tem o cabelo tonsurado no alto da cabeça", "tonsurado", patente superior do exército asteca; dava o direito de usar um ornamento labial em forma de pássaro e conchas marinhas (*quaquachictin*) penduradas no pescoço.

correria eles abandonaram a trombeta de fogo na roda de pedra dos sacrifícios. Imediatamente os bravos guerreiros a pegaram, arrastaram e jogaram na água. Foi para Tetamaçolco, o Sapo de Pedra, que a levaram.

Capítulo XXXII: Em que se conta como os mexicanos abandonaram sua cidade assustados, com medo dos espanhóis.

Naquele momento, os tenochcas vieram se esconder aqui, em Tlatelolco. Houve um pranto generalizado, um longo gemido. Copiosas eram as lágrimas das esposas bem-amadas; e nós, os homens, levamos conosco nossas mulheres, e alguns levaram os filhos pequenos nas costas. O tempo que demoraram para abandonar a cidade foi só de um dia. Então os tlatelolcas partiram para Tenochtitlan a fim de combater.

E, quando isso aconteceu, Pedro de Alvarado se lançou contra Iliacac, no rumo de Nonoalco. Mas não pôde fazer nada. Foi como se tivesse arremetido contra uma rocha, porque eles, os tlatelolcas, mostraram muita coragem.[107] Ambos os lados lutaram em terra firme e na água, com barcas guarnecidas de escudos. Depois, quando Alvarado se sentiu cansado, deu meia-volta e foi se instalar em Tlacopan.

---

107 Esse episódio, que evoca a fuga dos habitantes de Tenochtitlan, que buscaram refúgio em Tlatelolco enquanto os próprios tlatelolcas correram para defender México-Tenochtitlan e repelir Pedro de Alvarado com grande coragem, é mais um dos elementos que assinalam a origem tlatelolca do nosso texto.

Mulheres e crianças são evacuadas.
Mayehuatzin e Cuauhtémoc imolam os cativos.

Mas, apenas dois dias depois, quando chegaram as duas primeiras naves que eles tinham empurrado e quando finalmente todas saíram juntas, eles foram se postar perto das casas de Nonoalco. Depois pisaram terra firme e, em solo seco, seguiram o caminho que se achava entre as casas; chegaram ao centro.

E lá onde os espanhóis surgiam, tudo se esvaziava, nenhum homem do povo aparecia.

Mas Tzilacatzin, um grande e bravo guerreiro, muito viril, neles atirou três pedras que levava com ele, pedras enormes e redondas, pedras de fazer muro, talvez pedras brancas. Uma delas ele levava na mão; as outras duas, no escudo. E não tardou a perseguir os espanhóis, a dispersá-los na água, a debandá-los. Eles iam só pela água, ficavam bem molhados quando caíam.

E esse Tzilacatzin tinha o grau de otomi,[108] na qualidade de bravo guerreiro; por esse motivo era tosquiado à maneira dos otomis; também por esse motivo desprezava os inimigos, mesmo que fossem espanhóis, ele não os considerava grande coisa. Ele espalhava o terror.

Quando viam Tzilacatzin, os nossos inimigos se encolhiam. Haviam tentado muito achar um meio de matá-lo, transpassando-o fosse com uma flecha de metal, fosse com um tiro de trombeta de fogo. Mas Tzilacatzin simplesmente se disfarçava para não ser reconhecido. Às vezes ostentava insígnias, enfiava labretes e brincos de ouro e se enfeitava com seus colares

---

108 *Otomitl*: otomi, patente superior na hierarquia do exército asteca, em homenagem à antiga tribo guerreira dos otomis, que povoava as montanhas do Norte.

de conchas; só a cabeça ficava descoberta para mostrar que ele era otomi. Mas, às vezes, envergava apenas uma armadura de algodão e cobria a cabeça com um lenço muito fino. E, em outras ocasiões, para se disfarçar, punha uma cabeleira de penas com cabelo na testa, com um ornamento de plumas de águia, para prender o cabelo, que ele amarrava na nuca. Era o adorno daquele que jogava as pessoas no fogo para o sacrifício; ele passeava assim, como um daqueles que jogavam as pessoas no fogo, ele imitava os que jogavam as pessoas no fogo. Exibia braceletes de ouro de ambos os lados, usava nos dois braços, e os braceletes de ouro reluziam. E também tinha grevas de couro, grevas de couro dourado, simplesmente brilhantes.

E, no dia seguinte, as naus saíram uma vez mais, eles desembarcaram em Nonoalco, em Ayauhcaltitlan. Também vieram os que andavam a pé e todos os tlaxcaltecas e os otomis. Foi em grande abundância que os espanhóis se espalharam.

Quando chegaram a Nonoalco, logo se iniciou a batalha, todos se lançaram numa luta encarniçada, lançaram-se na guerra. Houve mortos dos dois lados. Todos os inimigos foram flechados. Todos os mexicanos também. Houve feridos dos dois lados. Assim, o combate durou todo o dia e toda a noite.

Somente três grandes e bravos guerreiros nunca viraram as costas, encaravam os inimigos como se não fossem nada e pareciam não ter amor pelo próprio corpo. O primeiro desses homens se chamava Tzaiectzin. O segundo se chamava Temoctzin. E o terceiro era o célebre Tzilacatzin.

Mas quando os espanhóis se cansaram, quando já não podiam fazer nada, quando já não eram capazes de esmagar os mexicanos, então eles partiram, foram se recolher, sentiram uma grande tristeza. E atrás deles iam os seus aliados.

Capítulo XXXIII: Em que se conta como os habitantes dos jardins flutuantes,[109] *as gentes de Xochimilco, de Cuitláhuac, e as gentes de Itztapalapan e ainda outras vieram ajudar os mexicanos.*

E, certa vez, ocorreu que as gentes de Xochimilco, Cuitláhuac, Mizquic, Colhuacan, Mexicatzinco e Itztapalapan enviaram mensageiros. Vieram conferenciar com Cuauhtémoc[110] e com outros senhores, bravos guerreiros. Disseram:

"Oh, meus nobres senhores! É com bem pouca coisa que viemos ajudar a cidade. Talvez assim tenhamos o poder de cumprir a palavra dos senhores que ainda guardam alguma coisa. Na verdade, é aqui que residem os senhores. Eis que vieram, que se reuniram as Águias, os Jaguares, nas suas barcas. Porque foi dito que agora vamos repelir de vez os nossos inimigos."

E, feito isso, quando eles concluíram o seu discurso, os mexicanos se consultaram e então responderam:

"Eis que é bom. Vós nos favorecestes, sofrestes muitas fadigas, fostes atormentados. Ajudai a cidade, então! Tentemos, pois!"

Depois, então, forneceram-lhes armas, escudos; e deram cacau, deram a cada um uma cabaça repleta de cacau. Então disseram:

---

109 *Chinampaneca*: "habitantes das *chinampas*". Cf. n.45.

110 *Cuauhtémoc*: a "Águia que Cai", último rei asteca, reinou de 25-29 de janeiro de 1521 a 13 de agosto de 1521, data da queda de México-Tenochtitlan e de sua capitulação em Tlatelolco. Sucedera a Cuitláhuac, que não reinou mais que oitenta dias, de 7 de setembro de 1520 a 25 de novembro de 1520, antes de sucumbir à epidemia de varíola evocada no capítulo XXIX. Cuauhtémoc foi enforcado, por ordem de Cortés, no dia 26 de fevereiro de 1525, em Tuxkaha (em nauatle: Teotilac), distrito de Acallan, na estrada das Hibueras.

"Coragem! Tentai, pois! Oh, bravos guerreiros! Eis que chegam os nossos inimigos!"

Então os mensageiros que lá estavam foram embora, as gentes de Cuitláhuac; os mexicanos os levaram. E, quando eles chegaram, houve um clamor em todo o caminho e então eles lutaram.

Mas as gentes de Xochimilco também se puseram a gritar e se lançaram sobre as barcas.

Eles não nos ajudaram. Apenas assaltaram as gentes. Roubaram as esposas bem-amadas e as crianças pequenas e as velhas respeitáveis. Subitamente, alguns as mataram, tiraram o último suspiro delas. Mas outras, em compensação, eles não mataram; em silêncio, fizeram-nas descer para as barcas.

E, enquanto faziam isso, quando já as arrastavam para lhes fazer mal, eis que os jovens e bravos guerreiros[111] disseram aos gritos:

"Oh, mexicanos! Que fazem esses perversos? Vamos persegui-los!"

Houve então um clamor, eles os perseguiram nas barcas. E todas as barcas daqueles que habitavam Nonoalco, todas se aglomeraram, todas partiram a fim de persegui-los. E não tardou para que fossem punidos os de Xochimilco. Eles os mataram, transpassaram, espancaram. Mas outros eles apenas capturaram. Lá mataram, aniquilaram todos. E os que haviam sido capturados foram simplesmente abandonados lá. Nenhuma das esposas bem-amadas foi levada.

E, quando isso aconteceu, os espanhóis se agacharam. E tal como a tinham imaginado, eles realizaram a traição, os de Xochimilco; simplesmente nos levaram para nos fazer mal.

---

111 *Tequina*: "guerreiro que recebe tributo", cf. n.68.

E todos os capturados entre as gentes de Xochimilco, Cuitláhuac etc. eles os levaram, fizeram marchar forçado até Yacacolco, onde hoje fica Santa Ana. Lá se encontravam Cuauhtémoc e Mayehuatzin, o soberano de Cuitláhuac, porque ele estava lá quando se travava guerra. E, ao chegar, eles se posicionaram para saudar Mayehuatzin, disseram-lhe:

"Oh, meu jovem irmão! Sede bem-vindo!"

E Mayehuatzin respondeu:

"Vós, grandes canalhas! Acaso eu vos fiz vir? Que fizestes?"

E Cuauhtémoc disse a Mayehuatzin:

"Oh, meu jovem irmão! Cumpre o teu dever!"

E Mayehuatzin os matou prontamente. Imolou quatro súditos seus. Cuauhtémoc também imolou quatro. E, em seguida, ordenou-se que todos os que se achavam entre os cativos fossem imolados, em toda parte, nos templos dos homens-coruja. E em toda parte os cativos foram imolados.

E, depois, os mexicanos se encolerizaram. Disseram:

"De fato, eles moraram aqui conosco, misturaram-se a nós, os de Xochimilco, fizeram o seu lar aqui. Eles não estão enviando mensagens para lá? Mas vamos abandonar essa gente, vamos destruí-la!"

E, assim, quando se concluiu isso, as esposas bem-amadas, as velhas respeitáveis e as jovens núbeis foram despejadas. Todos os demais foram mortos. Não se poupou ninguém, porque era como se tivessem prestado um falso testemunho contra nós, como se lhes tivéssemos feito uma afronta, quando eles vieram supostamente nos defender, os homens de Xochimilco, os homens de Cuitláhuac.

E, alguns dias depois, surgiram duas naus em Yauhtenco. Transportavam só espanhóis. Surgiram de manhã bem cedo.

Nenhum outro homem, só eles vieram se ocupar daquilo. E, assim, fundearam as naves. Logo depois, desembarcaram em terra firme, vinham guerrear, vinham disparando a trombeta de fogo, disparando flechas de metal.

E os bravos guerreiros se encolheram junto dos muros e ficaram escondidos entre as casas ou entre os muros. E o encarregado de espiar o inimigo tinha a obrigação de ver muito bem por onde atacar. E, quando chegou o momento oportuno, o momento certo, ele gritou e disse:

"Oh, mexicanos! É hora!"

Capítulo XXXIV: Em que se conta como os mexicanos fizeram prisioneiros quando capturaram quinze espanhóis.

"Oh, mexicanos! É hora!"

De pronto, houve um clamor e sopraram numa concha e a sentinela brandiu seu escudo.

Puseram-se a perseguir os espanhóis, avançaram impetuosamente e os pegaram. Quinze espanhóis foram capturados e, sem demora, foram levados. E os espanhóis recuaram suas naus; no meio da água eles as desfraldaram.

E os nossos prosseguiram até fazer dezoito cativos, que iam morrer num lugar chamado Tlacochcalco. Então eles os despiram. Tomaram todas as armas deles, as armaduras de algodão e tudo quanto levavam no corpo. Eles foram totalmente despojados. Em seguida, foram imolados como escravos. E, lá no meio da água, seus companheiros a tudo assistiram.

A fuga de Castañeda.

E, uma vez, eles entraram com dois dos navios em Xocotitlan. Assim que fundearam, foram à aldeia de Xocotitlan. Mas Tzilacatzin e outros bravos guerreiros, quando avistaram os espanhóis, investiram prontamente contra eles. Precipitaram-se; jogaram pedras. Fizeram que os espanhóis caíssem na água.

E, em outra ocasião, os espanhóis levaram suas naus a Coyonacazco para combater, para atacar. E, quando lá chegaram, alguns desembarcaram. Guiava-os Castañeda Xicotencatl.[112] Vinha com seu penacho de plumas de quetzal. Eles dispararam flechas de metal. Mas um só foi atingido na testa; logo depois ele morreu. Quem o flechou foi ele, o próprio Castañeda. E os bravos guerreiros avançaram rapidamente contra os espanhóis; eles os obrigaram a entrar na água, jogaram pedras. Castañeda teria morrido ali mesmo, mas pendurou-se numa nave e, desse modo, foi levado a Xocotitlan.

E um navio permaneceu em Tetenanteputzco, "atrás da muralha", onde a muralha vira. E outro navio ficou em Totecco, de onde o caminho vai direito para Tepetzinco. Simplesmente montavam guarda na água. E, quando vinha a noite, eles os levavam embora.

E, alguns dias depois, os espanhóis tomaram decisões contra nós. Vieram nos atacar outra vez. Já tinham descoberto

112 Rodrigo de Castañeda, um dos conquistadores espanhóis mais temidos, aprendeu a língua nauatle e usava um penacho de plumas de quetzal como a dos seus adversários mexicanos. Sua semelhança com o chefe tlaxcalteca Xicotencatl lhe valeu esse apelido durante os combates da conquista, e mesmo alguns insultos como *Xicotencatl cuilone* ("Xicotencatl pederasta!"), se dermos crédito a Cervantes de Salazar em sua *Crónica de Nueva España*.

o caminho de Quauecatitlan, aquele que dá diretamente no mercado de sal. E lá, em Quauecatitlan, eles ainda não estavam no caminho. E todos os tlaxcaltecas, as gentes de Acolhuacan, de Chalco, trataram de entulhar o canal. E eles ainda não estavam no caminho. Jogaram tijolos e madeira de casa; puseram lintéis de portas, vigas de madeira, rolos de madeira, juntaram cana para espalhá-la na água. E, quando o canal ficou cheio, os espanhóis apareceram. Vieram cautelosamente. O estandarte os conduzia, vinham tocando as flautas e percutindo os tambores. E atrás deles vinham todos os tlaxcaltecas e todo os habitantes das cidades aliadas.

Os tlaxcaltecas se esforçaram muito! Sacudiram a cabeça em sinal de bravura, bateram no peito! Cantaram. Os mexicanos também cantaram. Os dois lados cantaram. Entoaram uma canção qualquer que tinham na lembrança. O canto os animou, encorajou.

E, quando chegaram a Tlalhuacan, todos os bravos guerreiros estavam agachados, encolhidos, bem escondidos. Prepararam-se cuidadosamente, esperavam a hora em que seriam enviados, o momento em que ouviriam o grito, a ordem de se levantar, em que se bradaria:

"Oh, mexicanos! É hora!"

Depois, então, quem os enfrentou foi o tlapaneca Ecatzin, um otomi. Arremeteu contra eles, dizendo:

"Oh, bravos guerreiros! Oh, tlatelolcas! É chegada a hora. Quem são esses estrangeiros bárbaros? Vamos!"

E, em seguida, derrubou um espanhol. Jogou-o no chão. Foi o primeiro a derrubar um, o primeiro a atacar. E, quando ele o derrubou, eles arrastaram o espanhol.

Capítulo XXXV: Em que se conta como os mexicanos voltaram a fazer prisioneiros quando capturaram outros espanhóis. Eles contaram os espanhóis que aprisionaram: eram 53.[113] Além de numerosos tlaxcaltecas, texcocans, gentes de Chalco, de Xochimilco. E como todos foram imolados diante daqueles que eram os seus deuses.

E, estando as coisas assim, todos os bravos guerreiros os repeliram. Os que estavam escondidos perseguiram, escorraçaram os espanhóis correndo entre as casas. E, quando os espanhóis viram isso, foi como se estivessem embriagados.

Logo depois começaram a fazer prisioneiros. Capturaram muitíssimos tlaxcaltecas, gentes de Acolhua, Chalco, Xochimilco etc. Fizeram prisioneiros em abundância, mataram em abundância. Empurraram os espanhóis e todos os outros para a água.

E o caminho ficou escorregadio, ninguém conseguia andar ali, escorregavam, derrapavam. E os cativos foram arrastados.

Foi então que agarraram, pegaram uma bandeira.[114] Os que a pegaram foram os tlatelolcas. Pegaram no lugar hoje chamado San Martín. Mas não lhe deram importância, fizeram pouco caso dela.

E, ainda, alguns espanhóis escaparam das suas mãos. Exaustos, eles recuaram para lá, para Colhuacan, à beira do canal. Lá eles pararam.

Então os mexicanos levaram os prisioneiros para Yacacolco. Obrigaram-nos a marchar à carreira. Juntaram os prisioneiros.

---

113 *Ontecpantli ommatlactli omei*: "quarenta e dez e três".

114 *Vandera*: em espanhol no texto.

Alguns iam chorando, outros iam cantando, outros iam soltando gritos e batendo na própria boca. E, quando chegaram a Yacacolco, foram enfileirados, puseram-nos em fila. Um a um, subiram no altar onde foram imolados. Os espanhóis iam à frente, foram os primeiros. E, atrás deles, iam todos os habitantes das outras cidades.

E, depois que eles foram imolados, eles enfiaram as cabeças dos espanhóis em varas. Também vararam as cabeças dos cavalos. Elas foram colocadas embaixo e, mais em cima, as dos espanhóis. Eles vararam as cabeças de modo que elas ficassem de frente para o sol. Mas não vararam a cabeça de todos os homens nem a dos que vinham de longe. E haviam capturado 53 espanhóis e quatro cavalos.

No entanto, em toda parte eles estavam vigilantes, em guarda; havia batalha, não podiam deixar de estar atentos. As gentes de Xochimilco vieram nos cercar em suas barcas. De um lado e do outro se faziam prisioneiros, de um lado e do outro havia mortos.

E toda a gente humilde do povo sofria muito, passava fome. Foi grande o número dos que morreram de fome. Ninguém mais bebia água boa, água limpa. Bebiam água de salitre. Muita gente morreu por causa disso, muita gente vomitava sangue, coisa que matava. E comiam tudo: lagartixas, andorinhas, palha de milho e erva de natrão.[115] E mastigavam a madeira colorida

---

115 *Tequixquiçacatl*: "erva de natrão", espécie de erva muito dura que nasce nos solos salinos, nitrosos, das proximidades da lagoa de México--Tenochtitlan e Texcoco, entre as eflorescências de natrão que se formam espontaneamente no solo.

Cabeças de espanhóis e cabeças de cavalos.

do *tzompantli*,[116] mascavam lírio d'água,[117] comiam reboco, pele curtida e couro de cervo, que eles fritavam, cozinhavam, assavam e torravam para comer; e o arbusto *tetzmetl*,[118] além de pó de tijolo, que eles mastigavam.

Nada se compara com esse sofrimento, ele espalha o terror quando se está sitiado. Muita gente morreu de fome. E, pouco a pouco, os espanhóis nos empurraram para as casas, pouco a pouco nos ajuntaram.

Capítulo XXXVI: Em que se conta como os espanhóis entraram pela primeira vez no mercado aqui, em Tlatelolco.

E, uma vez, aconteceu de quatro cavaleiros entrarem no mercado. E, estando lá, eles percorreram um círculo, acompanharam as bordas do mercado. Iam dando estocadas nos bravos guerreiros, mataram muitos. Eles se esgueiram no mercado. Foi a primeira vez que apareceram no mercado. Depois partiram, viraram as costas.

E os bravos guerreiros os perseguiram corajosamente, foram no seu encalço. E, quando eles entraram pela primeira vez, foi sem que ninguém percebesse; eles não haviam previsto.

E também foi nessa época que eles incendiaram o templo, puseram fogo nele. E, assim que eles puseram fogo, ele imediatamente lançou labaredas muito altas, as chamas subiram

---

116 *Tzompantli*: árvore nativa dos arredores da Cidade do México, *Erythrina corallodendrum* ou *Erythrina americana*, cujas folhas e casca são medicinais.

117 *Tzacuxochitl*: literalmente "flor de cola"; lírio d'água.

118 *Tetzmetl*: espécie de arbusto mexicano, *Sedum dendroideum*, de raiz doce.

Os espanhóis entram no mercado de Tlatelolco.

muito longe. Era como se o fogo estrondeasse e reverberasse. E, ao ver o templo em chamas, os mexicanos derramaram lágrimas e, chorando, interpelavam uns aos outros. Acreditavam que as gentes o saqueariam.

E, durante muito tempo, houve combate no mercado, eles travaram guerra à beira dele. Lentamente, abandonaram o muro lá em Tenexnamacoyan, "onde se vende a cal"; depois em Copalnamacoyan, "onde se vende incenso" e em Atecocolecan. E em Xochicalco, eles penetraram entre as casas. Os bravos guerreiros estavam em toda parte sobre o muro. E todas as casas de Quauhquechollan que se achavam nos arredores do mercado se transformaram em muro. Muitos mexicanos permaneceram nas açoteias, vinham jogar pedras, lançaram pedras e flechas, dispararam flechas.

E eles furaram por trás todas as casas de Quauhquechollan, furaram bem pouquinho. E, então, quando os cavaleiros perseguiam alguém, quando queriam lançar um ataque-surpresa, ou quando queriam passar à frente, os bravos guerreiros se enfiavam rapidamente nesses buracos.

Em certa ocasião, os espanhóis conseguiram chegar a Acatliyacapan. Logo saquearam as pessoas e capturaram a gente humilde do povo. Ao ver tal coisa, os bravos guerreiros avançaram contra os inimigos. Entre eles havia um guerreiro tonsurado[119] chamado Axoquentzin. Ele perseguiu os espanhóis, soltou os prisioneiros e fez o inimigo recuar. E esse bravo guerreiro lá morreu. Uma flecha de metal atingiu o seu peito, atravessou o seu coração; foi como se ele se tivesse deitado para dormir, assim morreu. E então os inimigos se encolheram.

119 *Quachic*: cf. n.106.

E, em Yacacolco, lá também simplesmente houve batalha. Os espanhóis que lançavam flechas de metal chegaram em filas. E os Quatro Chefes[120] vieram apoiá-los, vieram aconselhá-los, vieram impedir o caminho. E então os bravos guerreiros se esconderam, se esgueiraram pela retaguarda deles. O sol já se punha. E, estando as coisas assim, eles vieram, mas alguns dos nossos inimigos subiram nas açoteias e lá do alto gritaram:

"Eia! Oh, tlaxcaltecas! Marchai. Aqui estão os vossos inimigos."

Então dispararam flechas nos que estavam escondidos, agachados, e assim os dispersaram.

Pouco a pouco, os espanhóis entraram em Yacacolco, onde a guerra se instalou em cada margem. Mas lá encontraram muita resistência, não conseguiram dar cabo dos tlatelolcas que estavam do outro lado da água, que lançavam flechas e jogavam pedras. Os espanhóis não tomaram mais nada, nenhum vau, nenhuma ponte.

Capítulo XXXVII: Em que se conta como os mexicanos se expuseram ao perigo para abrir os canais à noite, onde os espanhóis haviam aterrado de dia.

E os nossos inimigos vieram aterrar os canais. Mas quando eles iam embora, os mexicanos removiam as pedras com que os inimigos haviam obstruído as vias da água. De manhã, uma vez mais, tudo voltava a ser como na véspera. Sempre faziam isso

---

120 Os Quatro Chefes: senhores de Itztapalapan, Mexicatzinco, Colhuacan e Uitzilopochco, que se submeteram aos espanhóis desde que se aproximaram de México-Tenochtitlan. Cf. cap. XIV.

onde os espanhóis aterravam os canais. Simplesmente retiravam as pedras, as vigas de madeira etc. Por isso a guerra se atrasou um pouco; com dificuldade, os espanhóis abriram uma brecha, pois consideravam que os canais eram uma grande muralha.

E os espanhóis e todos os tlaxcaltecas eram responsáveis pelo caminho, o grande caminho de Yacacolco, e também de Tlihuacan e Atezcapan. Mas o de Yacacolco, de Cuepopan, de Apauazcan e de Atliceuhyan, por onde se vai para Ayacac e Totecco, era de incumbência das gentes de Xochimilco, Cuitláhuac, Mizquic, Colhuacan e Itztapalapan. Esse era o seu encargo: combater com barcas.

E os homens de Atliceuhyan e Ayacac, barqueiros e arqueiros, encorajavam uns aos outros para ir enfrentá-los. Eles não perdiam tempo, lutavam com forças iguais. Era como se chovessem dardos. Como uma serpente que se arrasta velozmente, assim deslizavam as flechas. Quando as correias lançavam os dardos, era como se o amarelo-escuro cobrisse os inimigos. E alguns bravos guerreiros – Xiuhcozcatzin, o *tezcacoacatl*,[121] Quaquatzin, o *tepanecatl*,[122] Uitzitzin, Itzcuintzin – que tinham casa em Yacacolco não perderam tempo. Não deixaram morrer as esposas bem-amadas, os filhos. Com muito esforço, trataram de pô-los a salvo nas casas de um outro canal que havia em Amaxac.

E, certa vez, aconteceu que os espanhóis apareceram lá em Totecco. E chegaram aonde ficava a "casa dos jovens",[123] um lugar chamado Ayacac. Incendiaram-na imediatamente.

---

121 *Tezcacoacatl*: "aquele da Serpente de Espelhos", título de funcionário militar ou civil encarregado de uma administração importante, geralmente governador de uma cidade de província.

122 *Tepanecatl*: "habitante do palácio", título de funcionário.

123 *Telpochcalli*: cf. n.75.

Cena de batalha entre mexicanos e espanhóis.

E uma das naves espanholas penetrou em Atliceuhyan, e muitas barcas de Xochimilco entraram com ela. E o bravo guerreiro Temilotzin, *tlacateccatl*,[124] estava de pé sobre um oratório. Era de lá que observava os espanhóis. E o bravo guerreiro Coyoueuetzin colocou as insígnias da Águia-Jaguar, metade Águia, metade Jaguar. Veio numa barca desde Tolmayecan para repeli-los, e numerosas barcas defendidas por escudos vieram em seu apoio. Ele lhes disse:

"Oh, bravos guerreiros! É chegado o momento! Vamos repeli-los."

E todos se apressaram a embarcar. E, ao ver tal coisa, os espanhóis viraram as costas. Os mexicanos os perseguiram, e então eles rumaram diretamente para Atliceuhyan. E os espanhóis retiraram suas naus, reuniram todas em Amanalco. E muitos xochimilcas morreram sob as flechas. E, estando assim as coisas, quando os mexicanos os perseguiram, os espanhóis pararam. Então os bravos guerreiros os atacaram. Coyoueuetzin se abrigou atrás do oratório. E então ele os pôs para fora. Eles foram seguidos até o lugar onde ficava a "casa dos jovens", em Atliceuhyan. Então eles voltaram a perseguir Coyoueuetzin, que fugiu pela água.

Então ele também os repeliu, o jovem otomi Itzpapalotzin, que também colocou uma insígnia, que também os perseguiu! Varreu-os como se fossem estrume. Obrigou-os a voltar às pressas às suas embarcações. E, com isso, eles logo partiram, com isso, desapareceram.

---

124 *Tlacateccatl*: "aquele que comanda os homens", cf. n.50.

E, quando acreditaram que o seu governante Mayeuatzin estava morto, que morrera com os outros, as gentes de Cuitláhuac se enfureceram. Disseram:

"Vós matastes o nosso governante! Ou então o mostrai bem de saúde! Por que matastes o nosso governante?"

Mas quando soube que seus súditos estavam furiosos, Mayeuatzin se enfureceu com eles. E disse a Coyoueuetzin:

"Oh, meu irmão mais velho! Manda buscar um dos teus bravos guerreiros, um que possa gritar bem alto, que tenha a voz possante, a garganta poderosa!"

Chamaram imediatamente um bravo guerreiro chamado Tlamayocatl que recebia tributo. E Mayeuatzin deu ordem, dizendo:

"Pois vai, vai dizer às gentes de Cuitláhuac: – Oh, cuitlahuacanos! Foi o vosso governante Mayeuatzin que me enviou. Vede ali adiante! Ele está ao pé do oratório."

E, ao ouvir essas palavras, as gentes de Cuitláhuac responderam:

"Nada disso! Vós o matastes!"

Então ele lhes disse:

"Ele não morreu! Olhai! Lá está ele!"

E Mayeuatzin disse:

"Não, eu não morri! Não arruineis o meu labrete, a minha pedra verde de jade, a minha insígnia!"

E, quando ele encerrou o seu discurso, houve gritos e clamores. Em seguida, eles lutaram; então, eles os perseguiram. E no mercado, em Copalnamacoyan, "onde se vende incenso", a guerra cessou lentamente, lá a guerra acabou.

E, certa vez, os nossos inimigos de Tliliuhquitepec e Atetemollan tomaram graves decisões a nosso respeito. Mostraram-lhes uma viela que passava entre as casas, que era domínio de um senhor chamado Tlacatzin. E, quando os nossos inimigos entraram, os bravos guerreiros os perseguiram. E um homem, um valoroso guerreiro, um guerreiro destemido que recebia tributo, um certo Tlapanecatl, cuja morada ficava em Atezcapan, foi enfrentá-los. Os nossos inimigos o capturaram prontamente. Mas os bravos guerreiros não tardaram a investir contra eles, flecharam copiosamente os nossos inimigos. Depois decidiram soltar os que haviam capturado o bravo guerreiro. Então os nossos inimigos o feriram na perna, no lugar em que se faz sangrar. E depois foram embora, abandonaram o combate.

Capítulo XXXVIII: Em que se conta como os espanhóis armaram uma catapulta de madeira para matar traiçoeiramente os tlatelolcas.

E os espanhóis colocaram uma catapulta de madeira sobre um oratório para lançar pedras no povo. E, quando a colocaram no lugar dela, quando estava pronta para atirar, muitos deles a cercaram, muitos apontavam para ela e apontavam o dedo para o povo, mostravam os que se haviam reunido em Amaxac. Todos estavam lá a olhar. Os espanhóis estenderam as mãos para atirar neles, para neles lançar alguma coisa, como se pretendessem jogar pedras com a catapulta. Em seguida giraram, deram voltas; depois puxaram a alavanca da catapulta. Mas a pedra não caiu sobre o povo, simplesmente passou por cima e foi cair atrás do mercado de Xomolco.

Tzilacatzin joga as três pedras.

E, por essa razão, os espanhóis brigaram entre si, foi como se batessem uns nos outros, mostrando um dedo em riste, falando muito e armando um grande alvoroço. E a catapulta de madeira girava em todas as direções, ia de um lado para outro; só muito lentamente é que voltou a se endireitar. Então se viu o que era: ela tinha uma funda na ponta, uma corda muito grossa; foi por causa dessa corda que passaram a chamá-la de "funda de pau".

Então os espanhóis, assim como todos os tlaxcaltecas, os rechaçaram uma vez mais. Depois se enfileiraram em Yacacolco, em Tecpancaltitlan e em Copalnamacoyan. E, lá em Atecocolecan, conduziram todos os que nos cercavam, levaram-nos muito lentamente. E os bravos guerreiros vieram ocupar os seus lugares, encorajando-se uns aos outros, gabando-se da sua virilidade. Ninguém perdia a coragem, ninguém se comportava como mulher. Diziam:

"Ide enfrentá-los, oh, bravos guerreiros! Afinal, quem são esses pequenos bárbaros, esses pequeninos tlalhuicatecas?"[125]

Os bravos guerreiros se puseram a ir e vir sem rumo, a andar de um lado a outro, a ziguezaguear. Ninguém tinha boa direção, ninguém andava em linha reta.

E os espanhóis muitas vezes se disfarçavam, não mostravam como eram. Vestiam-se como os homens daqui se vestiam. Punham insígnias de guerra, prendiam nos ombros o manto mexicano para se disfarçar. Vinham assim simplesmente e se misturavam à multidão, e assim as pessoas se sentiam em

125 *Tlalhuicatotonti*: "pequeninos tlalhuicatecas". Os habitantes da região de Tlalhuican, situada ao sul de México-Tenochtitlan, nas terras quentes, eram reputados grosseiros e particularmente curtos de entendimento.

segurança. Quando os espanhóis flechavam alguém, todos se agachavam ou se jogavam no chão. Tomavam muito cuidado, olhavam com atenção para ver de onde vinha a flecha de metal. Eram muito prudentes, muito sensatos, os bravos guerreiros tlatelolcas.

Mas, pouco a pouco, com muita calma, os espanhóis vieram repeli-los, vieram empurrá-los contra as casas. E, em Copalnamacoyan, "onde se vende o incenso", no caminho de Amaxac, os escudos vieram nos empurrar, vieram nos comprimir por todos os lados.

E um homem chamado Chalchiuhtepeua se escondeu atrás do muro, lá em Amaxac. Era um mexicano de Tlatelolco e havia passado muito tempo observando um cavalo para trespassá-lo. E, quando ele trespassou o cavalo, o homem que o montava foi imediatamente jogado no chão; os amigos do cavaleiro vieram prestar-lhe ajuda, mas todos os bravos guerreiros e os senhores se apressaram a persegui-los, lançaram-se sobre eles, correram atrás deles. Ora, uma vez mais, eles pararam em Copalnamacoyan, onde havia um muro. Então se acalmaram, foram embora, recolheram-se em casa.

E, certa vez, aconteceu de todos os que nos cercavam, mas não os espanhóis, todos os outros se reunirem lá em Teteuhtitlan. Ainda era noite quando se mostraram. E logo trataram de cegar a água, de aterrar uma lagoa chamada Tlaixcuipan. Foi como se corressem de um lado a outro. Levaram toda sorte de pedras, todo tipo de madeira, vigas de madeira, lintéis de porta, pontes, pedras angulares etc. E tagarelavam, levantavam poeira. Faziam isso porque supunham, imaginavam que assim poderiam saquear as gentes humildes do povo que se encontravam nas margens, que moravam junto do caminho de Tepeyacac.

E, quando os bravos guerreiros viram o que eles estavam fazendo, o que pretendiam, pensaram no que fazer. E estavam refletindo quando uma barca chegou, eles vinham remando muito devagar e a levaram até a beira do caminho. A barca não trazia insígnias de guerra visíveis, simplesmente estava bem coberta. Então eis que outra chegou do mesmo modo, lentamente, e a impulsionavam com remos. E, uma vez mais, chegaram duas outras barcas; eram quatro, pois. Logo depois, dois guerreiros Águia e dois guerreiros Jaguar se levantaram. O primeiro guerreiro Águia era ele: Topantemoctzin; o segundo era ele: Tlacotzin. E o primeiro guerreiro Jaguar era ele: Temilotzin; o segundo era ele: Coyoueuetzin. Então um guerreiro Jaguar e um guerreiro Águia se levantaram e se puseram a remar duro, e foi como se a barca voasse. Foram tranquilamente até Teteuhtitlan para lhes cortar o nariz, para lhes barrar o caminho. E, quando eles partiram, ainda lançaram mais dois: outro guerreiro Águia e outro guerreiro Jaguar para saltar no meio deles. E, quando partiram, eles tocaram as flautas. Pouco depois, as gentes foram saqueadas, mas alguns dos bravos guerreiros foram daqui a interceptar o caminho.

E, quando viram tal coisa, os nossos inimigos trataram de fugir. Muitos morreram na água, afundaram na água, submergiram. A única coisa que faziam era abraçar-se uns aos outros, como se ninguém soubesse já o que fazer, como se tivessem perdido toda coragem, como se estivessem ébrios. E, então, os que queriam fugir não faziam senão cair nas fendas entre as vigas de madeira. As gentes andavam arrastando-se, estavam completamente cobertas de lama, estavam escorregadias de lama, bem ensopadas, bem afundadas na água. Muitos foram destruídos naquele lugar, foram numerosos os que encontraram a morte.

E essa foi a única vez que os nossos inimigos morreram em grande número, os diversos povos. E, uma vez mortos os nossos inimigos, o dia seguinte foi bonito e calmo.

E os espanhóis foram a Amaxac, o lugar em que o povo humilde terminou a carreira. Eles nos cercaram, a guerra se instalou lá em Amaxac e no caminho de Tepeyacac. Em pouco tempo, os espanhóis entraram na "casa dos jovens" chamada Ueican, pois era lá que se reunia a mocidade. Subiram logo na açoteia. E toda a gente do povo se dispersou atrás da "casa dos jovens", espalhou-se na água.

Mas um grande bravo guerreiro, um guerreiro tonsurado chamado Uitzilhuatzin, subiu na açoteia da "casa dos jovens". Tornou-se como que uma muralha, e as gentes humildes do povo o seguiram um pouco. Mas os espanhóis não demoraram a dar com elas, a concentrar-se nelas. Em seguida, espancaram, despedaçaram, trituraram Uitzilhuatzin. No entanto, os bravos guerreiros chegaram uma vez mais, e os espanhóis largaram prontamente o valente guerreiro. Logo depois eles vieram buscá-lo e, apesar de tudo, ele não morreu. Assim que os espanhóis se foram, a calma retornou.

E lá eles puseram fogo, queimaram as imagens do diabo.

E, em vão, os bravos guerreiros tornaram a avançar. No entanto, não flecharam as mulheres, unicamente as que vinham como homens.

E, quando nos deixaram em paz, havia só um pouquinho de sol.

E, no quarto dia, simplesmente tudo aconteceu do mesmo modo, os nossos inimigos se puseram em movimento. Onde se encontrava a gente humilde, para lá iam calmamente os espanhóis, para lá iam muito devagar. E o bravo guerreiro, o *tla-*

cateccatl Temilotzin, vigiou inutilmente; estava escondido atrás de um muro. Pusera adornos de guerreiro Águia; empunhava uma espada de metal para despedaçá-los. Mas, ao ver que em nenhum lugar havia a possibilidade de fazer alguma coisa, jogou-se na água e foi fendendo a água. Os combates eram muito ruidosos. A guerra se instalou uma vez mais, simplesmente chegou até lá, e a batalha durou o dia todo.

E, quando amanheceu, quando clareou o quinto dia, os nossos inimigos espanhóis avançaram mais uma vez, moveram-se, cercaram, sitiaram, envolveram a todos nós. Ninguém podia ir a parte alguma. As pessoas se atropelavam, se amontoavam. Muitas morreram no tumulto; foram pisoteadas. E, quando eles se aproximaram, uma mulher jogou água, jogou água na cara deles, paralisou a cara dos nossos inimigos.

E o rei Cuauhtémoc e os bravos guerreiros Coyoueuetzin, Temilotzin, Topantemoctzin, Auelitoctzin, Mixcoatlailotlactzin, Tlacotzin, Petlauhtzin pegaram um grande e bravo guerreiro chamado Tlapaltecatl Opochtzin, cuja casa ficava em Coatlan. Enfeitaram-no imediatamente, vestiram-no de coruja-quetzal. Essa era a insígnia de Ahuitzotl.[126] Cuauhtémoc disse:

"Estes emblemas eram as insígnias do meu governante, do meu pai, Ahuitzotl. Que este as porte! Que morra com elas! Que se exiba com orgulho. Que seja visto pelos nossos inimigos! Que os deixe aterrorizados!"

E, quando o vestiram com elas, ele assustou as gentes, parecia maravilhoso. E ordenaram a quatro outros guerreiros que

---

126 *Ahuitzotl*: oitavo rei asteca. Cf. n.57.

o ajudassem, que o acompanhassem. Deram-lhe as flechas que eram do homem-coruja, as varas-flechas de ponta de sílex.

E, quando acabaram de vesti-lo e ataviá-lo, foi como se ele tivesse se transformado num dos reis dos mexicanos. O *cihuacoatl*[127] Tlacotzin disse:

"Oh, mexicanos! Oh, tlatelolcas! México nunca foi nada? A nação mexicana nunca produziu nada? Dizem que lá se encontra a lei de Uitzilopochtli, que ele a projeta nas gentes. Só a Serpente de Turquesa,[128] só a constelação de Gêmeos são a sua potência,[129] e ele as arroja sobre as gentes, sobre os nossos inimigos! Oh, mexicanos! Vós compreendeis a sua lei, a flecha! Em breve as ostentareis contra os nossos inimigos! Não as jogareis no chão. Vós as projetareis contra eles! E, se chegardes a atingir um ou talvez dois; e se dois dos nossos inimigos forem atingidos, então, em verdade, isso levaremos em consideração, a isso daremos um pouco mais ouvidos! Essa será sempre a vontade do nosso senhor!"

Então o coruja-quetzal se pôs a caminho. Foi como se as plumas de quetzal se tivessem desdobrado. E, quando os nossos inimigos o viram, foi como se uma montanha tivesse desabado. Todos os espanhóis se apavoraram. Muito se espantaram, como se estivessem vendo alguma coisa sobre ele. Em seguida, ele subiu numa açoteia. E alguns dos nossos inimigos então o viram e se levantaram. Então eles se viraram e perseguiram

---

127 *Cihuacoatl*: "mulher-serpente", título do vice-imperador do Estado asteca. Cf. n.18.

128 *Xiuhcoatl*: "serpente de turquesa", tocha de pinho também chamada flecha do deus Uitzilopochtli.

129 *Mamalhuaztli*: a constelação de Gêmeos; em sentido figurado, a potência, o poder.

o coruja-quetzal. E uma vez mais ele se virou e os perseguiu. Então lhes roubou penas de quetzal e ouro. E depois se jogou lá da açoteia. Não morreu, os nossos inimigos não o venceram. E três dos nossos inimigos foram aprisionados.

Simplesmente, e para sempre, a batalha chegou ao fim. O tempo era bom e calmo. Não aconteceu mais nada. Os nossos inimigos partiram. O tempo era bom e calmo. Não aconteceu mais nada. Então anoiteceu.

E, no dia seguinte, simplesmente não aconteceu nada. Ninguém mais falava. O povo estava simplesmente arrasado. E os espanhóis não fizeram nada, ficaram lá, observando as pessoas do povo. Não empreenderam mais nada, ficaram lá, parados.

E aqui se diz quais eram todos os bravos guerreiros, os grandes varões, os que estavam no comando da guerra, os que comandaram durante a guerra:

O *tlacochcalcatl*[130] Coyoueuetzin; o senhor de Tzilacan, Temilotzin; eles eram tlatelolcas. E, de Tenochtitlan, eram: o *cihuacoatl* Tlacotzin, o *uitznauatl*[131] Motelchiuhtzin. Esses eram os grandes guerreiros que havia em Tlatelolco e também em Tenochtitlan.

Capítulo XXXIX: Em que se conta como os mexicanos, quando estavam sendo empurrados contra suas casas, viram um jaspe sanguíneo. Foi como se viesse do céu. E apareceu como uma enorme brasa.

E, quando anoiteceu, chuviscou, a chuva era como um sereno. A noite já ia bem entrada quando apareceu um fogo. Assim ele foi visto, assim apareceu, como se viesse do céu, como o

---

130 Cf. n.18.
131 Cf. n.18.

turbilhão de um tornado. Vinha girando como um fuso, vinha espiralando. Foi como se uma brasa explodisse em pedaços, alguns muito grandes, outros pequeninos, outros como meras centelhas. Alçou-se como um vento de metal, fazia muito barulho, estalava, crepitava. Volteou o muro que ficava perto da água e rumou para Coyonacazco. De lá foi para o meio da água, onde se reduziu a nada.

Ninguém gritou, ninguém levantou a voz.

E, no dia seguinte, nada aconteceu. Ficamos simplesmente deitados, e simplesmente deitados ficaram os nossos inimigos.

E, em Amaxac, o capitão[132] vigiava do alto de uma açoteia, a açoteia de Aztauatzin, sob um dossel, um dossel com listras de diversas cores. Os espanhóis o rodeavam e se consultavam.

E Cuauhtémoc e outros senhores – o *cihuacoatl* Tlacotzin, o *tlillancalqui*[133] Petlauhtzin, o *uitznauatl* Motelchiuhtzin, o grão-sacerdote mexicano, o decano dos sacerdotes e também os senhores de Tlatelolco: o *tlacochcalcatl* Coyoueuetzin, o *tlacateccatl* Temilotzin, o *tiçociauacatl*[134] Topantemoctzin, o *mixcoatlailotlactzin*[135] Auelitoctzin, o *uitznauatl* Uitziliuitzin, o *tepanecatl* Uitzitzin, todos os senhores – estavam todos reunidos em assembleia em Tolmayecan. Eles se consultavam para saber como fazer para obter aquilo que precisávamos para pagar como tributo e de que modo faríamos nossa rendição aos espanhóis.

---

132 *Capitán*: aqui e posteriormente, em espanhol no texto.

133 *Tlillancalqui*: "Guardião da Casa Negra", uma das quatro patentes superiores do exército asteca. O título também podia designar as funções de um importante governo provincial.

134 Cf. n.18.

135 *Mixcoatlailotlactzin*: "Juiz da Serpente de Nuvem", título que designava altas funções administrativas e judiciárias.

O templo em chamas.

Logo depois, levaram Cuauhtémoc numa barca. Eram dois, apenas dois, os que o acompanhavam, os que foram com ele. Tepotzitoloc, um jovem e bravo guerreiro, e Yaztachimal, um jovem criado de Cuauhtémoc. E o remador que os levava chamava-se Cenyaotl.

E, quando levaram Cuauhtémoc, todas as gentes humildes do povo choraram. Diziam:

"Eis que parte o mais jovem dos senhores, Cuauhtémoc! Eis que vai se entregar aos deuses, aos espanhóis!"

Capítulo XL: Em que se conta como os tlatelolcas e as gentes de Tenochtitlan e seus senhores se submeteram aos espanhóis; e o que sucedeu quando estavam entre eles.

E, quando se aproximaram, quando desembarcaram em terra firme, todos os espanhóis se apressaram a vir vê-lo. Depois o conduziram pela mão. Levaram-no à açoteia e o colocaram diante do capitão, o chefe de guerra. E, quando o colocaram diante do capitão, ele o encarou, examinou-o bem, então se apresentou e acariciou o cabelo de Cuauhtémoc.

Logo depois eles o sentaram diante do capitão e mandaram disparar as trombetas de fogo, mas os tiros não atingiram ninguém, passaram por cima das gentes do povo. Ato seguido, pegaram uma trombeta de fogo, puseram-na em uma barca e levaram-na à casa de Coyoueuetzin. E, quando lá chegaram, subiram-na à açoteia. E tornaram a massacrar as pessoas, muita gente morreu ali. E os mexicanos não fizeram nada senão correr. E foi simplesmente assim que a guerra acabou.

Então eles começaram a gritar:

"Basta! Saiamos todos! Vamos comer as ervas do campo!"

O combate dos canhões e das lanças.

Ao ouvir isso, as gentes do povo fugiram em debandada, todas se foram, mas somente pela água. E, quando conseguiram sair pelo caminho grande, os mexicanos mataram alguns. Os espanhóis se irritaram com isso, porque alguns mexicanos continuavam empunhando escudo e espada com fio de obsidiana.

Os que se encontravam nas aldeias foram diretamente para Amaxac, em linha reta até a encruzilhada. E lá se dispersaram. Tomaram o rumo de Tepeyacac, o rumo de Xoxouiltitlan, o rumo de Nonoalco. Mas ninguém quis tomar o de Xoloco nem o de Maçatzintamalco.

E todos os que se achavam nas barcas e os que moravam nas palafitas, bem como os habitantes de Tepeyacac, fugiram unicamente pela água. Para alguns, a água lhes chegava ao peito; para outros, até o pescoço. E não foram poucos os que se afogaram nos lugares em que era mais profunda. As crianças pequenas iam às costas dos adultos. Em toda parte, ouviam-se prantos. Mas alguns se alegravam, sentiam prazer quando alcançavam o caminho. E os que possuíam uma barca, todos os que tinham uma embarcação, saíram apenas à noite. Mas outros saíram durante o dia. Foi como se eles se acotovelassem para partir.

E, em toda parte, os espanhóis assaltavam as gentes na beira dos caminhos, queriam ouro, não davam a mínima para o jade, nem para as plumas de quetzal, nem para as turquesas. Esse ouro, as esposas bem-amadas o levavam escondido no corpo, entre os seios, debaixo da saia, e nós homens o levávamos enfiado na tanga, dentro da boca.

E os espanhóis roubavam, escolhiam as mulheres, as bonitas, as que tinham o corpo amarelo, as amarelas. E algumas, na hora do assalto, untavam o rosto com lama e vestiam andrajos, usavam farrapos como vestido; só se cobriam com trapos.

Alguns também foram escolhidos entre nós, os homens, os que eram robustos, de coração viril; e também meninos para levar mensagens, para servir de meninos de recado, os que são chamados *tlamacazque*, criados. Alguns logo foram marcados com fogo no rosto, outros na bochecha, outros nos lábios.

E, quando baixamos os escudos, quando fomos derrotados, no calendário dos anos era Três-Casa e no calendário dos dias era Um-Serpente.[136]

E, quando Cuauhtémoc se entregou, os espanhóis o levaram a Acachinanco, já era de noite. E, no dia seguinte, quando já havia um pouco de sol, eles voltaram. Eram muito numerosos. Também para eles aquilo tinha chegado ao fim. Estavam arnesados para a guerra, com suas cotas e capacetes de metal, mas já não portavam espadas de metal nem escudos. Mas todos cobriam o nariz com um lenço branco e muito fino; tinham náuseas por causa dos mortos que já cheiravam mal, que já fediam. E todos andavam a pé. Vinham segurando pelo manto Cuauhtémoc, Coanacotzin e Tetlepanquetzaltzin; somente esses três andavam presos. Depois, o *cihuacoatl* Tlacotzin, o *tlillancalqui* Petlauhtzin, o *utiznauatl* Motelchiuhtzin, o grão-sacerdote mexicano, o decano dos sacerdotes Coatzin, o tesoureiro Tlaçolyaotl, os que guardavam todo o ouro.

Foram diretamente a Atactzinco, onde ficava a casa do bravo guerreiro, do *tlacochcalcatl* Coyoueuetzin. Os espanhóis andavam em fila, duas cordas que se alongavam, que terminavam longe, que chegavam longe. E, uma vez na casa de Coyoueuet-

136 Conforme as correlações atuais, o dia Um-Serpente do ano Três-Casa corresponde a 13 de agosto de 1521. Essa data é confirmada por Cortés nas *Cartas de Relación*.

zin, eles trataram de subir na açoteia, sobre o estrado. Sentaram-se. Uma enorme cobertura de algodão listrado de diversas cores dava sombra ao capitão; então o Marquês se sentou; Malintzin se acomodou junto dele.

E Cuauhtémoc estava perto do capitão. Prendera nos ombros um manto brilhante de fibra de agave, rasgado no meio, ornado de plumas de beija-flor à maneira do povo de Ocuillan, um manto todo sujo; não vestia mais que isso.

Depois dele veio Coanacotzin, o soberano de Texcoco. Também prendera nos ombros um manto de fio de agave de borda florida, cheia de flores, que também estava imundo.

Depois veio Tetlepanquetzaltzin, o soberano de Tlacopan. Também simplesmente prendera nos ombros um manto de fio de agave, que também estava muito sujo, todo emporcalhado.

Depois veio o *mixcoatlailotlac* Auelitoctzin. O último foi Yopicatl Popocatzin, um nobre senhor. De lado ficaram os homens de Tenochtitlan: Tlacotzin, Petlauhtzin, Motelchiuhtzin, o grão-sacerdote mexicano, o decano dos sacerdotes Coatzin, o tesoureiro Tlaçolyaotl.

Capítulo XLI: Em que se faz o discurso com que dom Hernando Cortés admoestou os senhores de todas as cidades aqui de México-Tenochtitlan, Texcoco e Tlacopan, quando baixaram os escudos. Cortés quis saber do amarelo ouro que eles haviam abandonado no canal dos toltecas quando se foram, quando fugiram de México-Tenochtitlan.

Então o capitão admoestou os senhores e lhes disse: “Onde está o ouro que estava guardado em México?”

Então tiraram todo o ouro das barcas: as bandeiras guarnecidas de ouro, as mitras de ouro, os braceletes de ouro, as grevas de ouro, os capacetes de ouro, os discos de ouro. Puseram tudo diante do capitão. Os espanhóis simplesmente levaram tudo.

E o capitão disse:

"É só esse ouro que estava guardado em México? Tendes de mostrar tudo. Os nossos senhores estão à procura dele!"

Então Tlacotzin falou:

"Que se digne a me escutar o nosso senhor, o deus! Tudo quanto chegava ao nosso palácio ficava tapado sob paredes de tijolo, ficava emparedado. Não é verdade que os nossos senhores levaram tudo?"

E Malintzin respondeu:

"O capitão disse: – Sim, nós pegamos tudo, juntamos e marcamos. Mas eles nos forçaram a abandonar tudo no canal dos toltecas, nos mandaram espalhar tudo. Eles têm de mostrar tudo!'"

O *cihuacoatl* Tlacotzin respondeu:

"Que o deus, o capitão, tenha a bondade de me escutar! É verdade que o povo de Tenochtitlan é desajeitado com os barcos; isso não é para eles; é uma arte exclusiva dos tlatelolcas, que combatem com barcas, que vieram deter os nossos senhores. Acaso não foram eles, os tlatelolcas, que tudo pegaram?"[137]

Então Cuauhtémoc tomou a palavra e se dirigiu ao *cihuacoatl*:

"Que dizes, oh, *cihuacoatl*! Ainda que os tlatelolcas tenham pegado tudo, aqueles que mereciam não foram capturados? Eles não mostraram tudo? O ouro não foi recolhido em Texopan? E o que os nossos senhores pegaram não está aqui?"

---

137 Última manifestação de hostilidade entre mexicanos e tlatelolcas, mesmo aos pés dos vencedores.

E Cuauhtémoc apontou o ouro com o dedo.

Malintzin respondeu:

"O capitão diz: – Então isso é tudo?'"

Então o *cihuacoatl* disse:

"Talvez algum homem do povo o tenha tirado. Mas é preciso procurar, nosso senhor, o capitão, precisa vê-lo."

E Malintzin tornou a falar:

"O capitão disse: – Tendes de mostrar duzentas barras de ouro deste tamanho."

E mostrou a medida com as mãos, com elas traçou um círculo no ar.

Então o *cihuacoatl* respondeu uma vez mais, dizendo:

"É possível que uma mulherzinha qualquer o tenha escondido debaixo da saia. Mas é preciso procurar, ele tem de ver!"

Então o *mixcoatlailotlac* tomou a palavra e disse:

"Que se digne a me escutar-me esse homem, nosso senhor, o capitão! No tempo de Montezuma, quando se fazia uma conquista em algum lugar, os mexicanos, os tlatelolcas, os tepanecas, os acolhuas, todos juntos se punham em marcha. Todos os tepanecas, todos os acolhuas e todos os dos jardins flutuantes nos movimentávamos juntos quando saíamos para conquistar. E, quando a cidade caía e se rendia, era hora de regressar, cada grupo voltava para a sua cidade. E, então, chegavam os habitantes da cidade conquistada, os que tinham sido sujeitados. Traziam o tributo, vinham entregar seus bens: jade, ouro, plumas de quetzal e outras pedras preciosas, a turquesa divina, o cotinga,[138]

138 *Xiuhtototl*: "cotinga", *Herbarum avis*, pássaro de plumagem verde muito apreciada pelos artesãos plumaceiros.

o colhereiro-americano.[139] Vinham e davam tudo isso a Montezuma. E tudo chegava a um só lugar: aqui. Era unicamente aqui, a Tenochtitlan que chegava o conjunto do tributo, todo o ouro."

Mexicanos procuram os bens dos espanhóis no fundo do canal, depois da *Noche Triste*.

139 *Tlauhquechol*: "colhereiro-americano", ave aquática pernalta de bico comprido em forma de colher; vive em colônias à beira dos rios, notável pelo esplendor de sua plumagem vermelha.

ANAIS HISTÓRICOS DE TLATELOLCO

Relato dos *Anais históricos da nação mexicana*,
quinta parte: *História de Tlatelolco desde os tempos mais remotos*,
redigido em 1528 por um autor indígena anônimo de Tlatelolco

Texto nauatle dos manuscritos n.22 e n.22 *bis*
da Coleção Goupil-Aubin,
Biblioteca Nacional de Paris

Ano Treze-Coelho.[1] Viram-se espanhóis sobre a água. Também foi quando mexicanos pereceram na água divina, no mar.[2]

Ano Um-Cana. Foi quando os espanhóis surgiram em Tecpantlayaca. Depois, então, chegou o capitão.[3] Quando ele sur-

---

1 Elaborei a tradução francesa do texto em língua nauatle a partir do microfilme dos dois manuscritos, Ms n.22 e Ms n.22 *bis*, da Biblioteca Nacional de Paris. Na verdade, também recorri, embora muito raramente, a um microfilme do manuscrito n.22 *ter*, que é uma cópia desordenada dos dois outros. A transcrição paleográfica do manuscrito n.22, proposta por Erns Mengin, *Unos anales históricos de la nación mexicana*, no *Baessler Archiv*, v.XXII, Teil I, Berlin, 1939, p.142-62, às vezes me permitiu ler melhor certas passagens confusas, de grafia difícil, do primeiro manuscrito.

2 *Matlactlomey tochtli xiuitl*: "ano Treze-Coelho", ano mexicano correspondente a 1518, segundo os cálculos atuais de correlação. Recordamos que Um-Cana = 1519, Dois-Pederneira = 1520, Três-Casa = 1521 e Quatro-Coelho =1522.

3 *Capitán*: em espanhol no texto e, assim, toda vez que traduzirmos "capitão".

giu em Tecpantlayaca, o cuetlaxteca foi ao seu encontro. Por essa razão, ofereceram-lhe sóis de ouro, um amarelo, outro branco, e um espelho dorsal, uma tigela de ouro, um cocar de ouro em forma de cântaro e uma armadura ritual de plumas de quetzal, escudos de concha.

Diante do capitão ofereceu-se um sacrifício. Então ele se encolerizou. Quando lhe ofereceram sangue numa Cabaça de Águia, ele matou o que lhe oferecia o sangue, golpeou-o com a espada.[4] Então, por essa razão, todos os que lhe tinham ido dar as boas-vindas se dispersaram.

Haviam oferecido isso ao capitão por ordem de Montezuma, só para que ele, o capitão, voltasse para o lugar de onde vinha. Essa foi a incumbência do cuetlaxteca.

Então, depois, o capitão entrou em Tenochtitlan. Chegou em *Quecholli*, um dia em que o sinal dos destinos era Oito-Vento.[5] E, quando ele chegou a Tenochtitlan, nós lhe oferecemos perus, ovos de perua, milho branco, bolos brancos de milho; e depois, então, levamos-lhe água; depois, então, entregamos alimentos para os cervos e lenha. À parte, o tenochca lhe apresentou suas oferendas; à parte, o tlatelolca lhe apresentou suas oferendas.

Então o capitão foi para a margem da água; deixou dom Pedro Alvarado "Sol".[6]

---

4 *Espadatica*: *espada*, em espanhol no texto.

5 *Chicuey Ecatl*: "Oito-Vento", ou seja, 9 de novembro de 1519. O texto do *Códice florentino*, Livro XII, cap. XXVII, p.161, datam a entrada dos espanhóis em México-Tenochtitlan num dia Um-Vento, em razão do emprego de calendários indígenas diferentes. Para uma explicação mais pormenorizada dessas datas, cf. *Códice florentino*, p.161, n.84.

6 *Tonatiuh*: "Sol", apelido dado pelos mexicanos ao lugar-tenente de Cortés, Pedro de Alvarado, por causa da sua pele clara e do exótico cabelo ruivo.

E então, mais tarde, os mexicanos foram perguntar a Montezuma como iam celebrar a festa do seu deus. Ele imediatamente assim respondeu:

"Ponde suas vestes rituais! Ide!"

Então "Sol" deu ordens e, então, amarraram Montezuma e Itzcuauhtzin, o *tlacochcalcatl* de Tlatelolco. Foi então que enforcaram um senhor de Acolhuacan, Neçaualquentzin, perto da muralha à beira da água. O segundo que morreu foi o soberano de Nauhtla, Coualpopocatzin. Eles o crivaram de flechas e, depois que o crivaram de flechas, queimaram-no vivo. Desde então, os tenochcas passaram a vigiar a Porta da Águia. De um lado ficava a cabana dos tenochcas; do outro ficava a cabana dos tlatelolcas.

Vieram lhes dizer que ataviassem Uitzilopochtli. Então puseram em Uitzilopochtli tudo aquilo com que ele é adornado, as roupas de papel e todos os enfeites. Eles o ornamentaram com tudo.

Depois, então, os mexicanos cantaram seus hinos, e fizeram assim no primeiro dia. Voltaram a fazer isso, simplesmente, no segundo dia: eles cantaram seus hinos. Foi então que morreram tenochcas e tlatelolcas.

Os que cantavam os hinos estavam despidos. Não vestiam senão conchas, turquesas, labretes, colares, penachos de plumas de garça-real, patas de cervo. Os que tocavam o *ueuetl*,[7] os queridos velhinhos, que tinham chocalhos de cabaça, cabaças de tabaco, foram os primeiros que os espanhóis atacaram. Feriram suas mãos, bateram em sua cabeça. Então, depois, eles morreram. Todos os que estavam cantando os hinos, todos os que estavam olhando morreram ali.

---

7 *Ueuetl*: "tambor". Cf. p.169, n.102.

Eles nos atacaram, massacraram durante três horas,[8] massacraram as gentes no pátio do templo. Depois, então, entraram no prédio para matar todo mundo, os que estavam carregando água, os que tinham levado comida para os cavalos, os que estavam moendo o milho, os que estavam varrendo a terra, os que estavam de guarda.

Mas o soberano Montezuma de Tlatelolco e Tenochtitlan, que estava em companhia de Itzcuauhtzin, o *tlacochcalcatl* de Tlatelolco, repreendeu os espanhóis, disse-lhes:

"Oh, nossos senhores! Basta! Que fazeis? A gente do povo está sofrendo muito! Por acaso eles têm escudos? Têm espadas com fio de obsidiana? Nós estamos nus!"

Quando o capitão chegou, "Sol" já nos havia massacrado. Fazia vinte dias que o capitão havia partido para a margem da água quando "Sol" nos destruiu.

Quando chegou, o capitão não foi recebido com armas na mão, entrou em paz e calma. Depois, no dia seguinte, nós o atacamos com vigor; e foi assim que a guerra começou.

Então, depois, eles saíram de noite, saíram durante a festa de Tecuilhuitl. Foi então que foram mortos no canal dos toltecas, lá nós os dispersamos.

Então, depois de sair de noite, primeiro foram se recuperar em Maçatzintamalco; ali velaram depois que saíram de noite.

Ano Dois-Pederneira. Nessa época, Montezuma morreu; então Itzcuauhtzin, o *tlacochcalcatl* de Tlatelolco, também morreu.

---

8 *Hora*: em espanhol no texto.

Quando partiram, os espanhóis foram instalar-se em Acueco. Expulsaram-nos de lá. Foram instalar-se em Teocalhueyaçan. Mudaram-se para Çoltepec. Saíram de lá, foram estabelecer-se em Tepotzotlan. Partiram de lá, foram para Citlaltepec. Partiram de lá, foram fixar-se em Temazcalapa. Lá o povo foi ao seu encontro. Deram-lhes perus, ovos de perua, milho debulhado; lá eles recobraram as forças.

Então eles entraram e se assentaram em Tlaxcala. Depois, então, propagou-se a doença: tosse, febre ardente, a pequena lepra. Depois a doença diminuiu um pouco.

Depois, então, eles saíram de lá, chegaram a Tepeyacac, onde conquistaram uma região pela primeira vez. Depois, então, partiram durante a festa da "Embriaguez das Crianças";[9] chegaram a Tlapechuacan durante o mês de *Izcalli*. Dez vintenas de dias depois, apareceram e instalaram-se em Texcoco, onde ficaram duas vintenas de dias. Depois, então, eles partiram; tornaram a visitar Citlaltepec, Tlacopan; foram se reunir no palácio. E então, todo mundo, as gentes de Chiuhnauhtlan, de Xaltocan, de Cuauhtitlan, de Tenayucan, de Azcapotzalco, de Tlacopan, de Coyoacan, todos vieram para cá. Combateram-nos durante sete dias, mas só lá em Tlacopan. Então recuaram uma vez mais, e o capitão também; e todos o seguiram. Então, depois, eles partiram, e foram se estabelecer em Texcoco. Quatro vintenas de dias depois, uma vez mais, saíram rumo a Uaxtepec e a Quauhnauac. De lá, desceram a Xochimilco, onde morreram tlatelolcas. Então, outra vez, saíram de lá e partiram para lá, para Tlalliztacapan. Então, lá também morreram tlatelolcas.

9 *Pillauanalitztli*: "Embriaguez das Crianças", festa celebrada de quatro em quatro anos durante a qual se furavam as orelhas das crianças.

Quando eles foram se instalar em Texcoco, foi quando os tenochcas começaram a matar uns aos outros. No ano Três-Casa, assassinaram seus senhores, o *cihuacoatl* Tziuacpopocatzin e Çipactzin Tencuecuenotzin; e os filhos de Montezuma, Axayácatl e Xoxopeualloc. Quando os tenochcas se sentiram perdidos, simplesmente brigaram entre si, mataram uns aos outros e, por essa razão os senhores foram mortos. Tentaram socorrer os espanhóis, quando falaram ao povo para juntar milho branco debulhado, perus, ovos de perua, para que o povo pagasse tributo àquela gente. Foram os sacerdotes, os grão-sacerdotes, os nossos irmãos mais velhos, que mandaram matar os senhores. Mas outros grandes dignitários se enfureceram porque haviam tirado a vida daqueles senhores. Então aqueles que os mandaram matar disseram:

"Acaso fomos nós que viemos enforcar gente, nós, há uma vintena de dias? Afinal foram eles que nos atacaram, que nos pisotearam em *Toxcatl*."

Então os espanhóis se reuniram de novo, então nos combateram e assim, durante dez dias, nos combateram. Então suas naus apareceram. Ao cabo de vinte dias, só então, levaram as embarcações para Nonoalco, lá em Maçatzintamalco. Depois que as naves saíram, elas apareceram em Iztacalco. Então os habitantes de Iztacalco se submeteram a eles e lá também marcharam com eles. Em seguida, as naus foram se estabelecer em Acachinanco. Depois, então, as gentes de Huexotzinco e Tlaxcala ergueram cabanas nos dois lados do caminho. Depois, então, as barcas dos tlatelolcas romperam as linhas do inimigo, e as gentes de Nonoalco guerrearam no caminho, depois guerrearam lá, em Maçatzintamalco. Mas ninguém guerreou em Xoxouiltitlan e Tepeyacac.

Só nós, os tlatelolcas, estávamos de guarda no caminho quando as naves chegaram. Foi só no dia seguinte que eles saíram de Xoloco. Já fazia dois dias que se combatia em Uitzallan. Foi então que os tenochcas mataram uns aos outros. Disseram:

"Onde estão os nossos senhores? Talvez dessa vez tenham atacado os espanhóis! Qual deles é homem viril? Eis que quatro foram espancados, aprisionados e depois massacrados. Acontece que mataram Quauhnochtli, nosso irmão mais velho do Tlacatecco,[10] depois Cuapan, nosso irmão mais velho do Uitznauac,[11] depois os sacerdotes que queimavam incenso em Amatlan e o sacerdote que queimava incenso em Tlalocan!"

Desse modo, os tenochcas se destruíram quando mataram uns aos outros pela segunda vez!

Os espanhóis instalaram trombetas de fogo bem no meio do caminho; em Tecaman eles as apontaram para o caminho. Quando dispararam as trombetas de fogo, a bala caiu na Porta da Águia. Depois, então, os homens de Tenochtitlan se puseram em movimento. Depois, então, carregaram Uitzilopochtli nos braços, vieram deixá-lo em Tlatelolco; instalaram-no, guardaram-no na "casa dos jovens" de Amaxac.

---

10 Cf. *Códice florentino*, Livro XII, p.71, n.6.

11 *Uitznauac tiachcauh*: "nosso irmão mais velho do Uitznauac", jovem que ia à frente da procissão que se fazia no fim do ano para celebrar Uitzilopochtli. *Uitznauac*: vigésimo quarto edifício do templo maior de México-Tenochtitlan, onde funcionava um *calmecac*, um colégio-mosteiro, dedicado ao deus dos escravos destinados a morrer, Uitznauatl.

E o seu rei, Cuauhtémoc, veio se instalar em Yacacolco! Foi quando todas as gentes humildes do povo deixaram, abandonaram a sua cidade de Tenochtitlan, foi quando vieram se refugiar em Tlatelolco, quando vieram morar nas nossas casas. Então elas se acomodaram por toda parte, nas nossas casas, nas nossas açoteias. E os seus senhores gritaram, os seus chefes supremos disseram:

"Oh, nossos senhores! Oh, mexicanos! Oh, tlatelolcas! É bem possível que, de algum modo, os nossos armazéns não estejam mais nas nossas mãos, nem os armazéns nem a terra. De modo que aqui está o vosso bem, as armas que o vosso rei guardou para vós: os escudos, as armas, os braceletes, as bolotas de plumas preciosas,[12] os brincos de ouro, os jades preciosos; porque tudo está nas vossas mãos, tudo é propriedade vossa. Adeus! Não desanimeis! Aonde vamos? Nós somos mexicanos! Somos tlatelolcas!"

Os que falaram prorromperam em soluços. Então, nesse momento, os tenochcas lhes entregaram as armas, as joias de ouro, as plumas de quetzal.

E eis quem são os que gritaram no caminho, entre as casas e no mercado: Xipanoc, Tetlyaco, o *cihuacoatl* Motelchiuh, que era *uitznauatl*,[13] Xochitl, Acolnauacatl, Anauacatl, o *tlacochcalcatl* Itzpotonqui, Acuaçacatl, Couaiuitl, Oiximachoc, o *tezcacoacatl*[14] Uanitl

---

12 *Quetzalilpiloni*: ornamento usado pelos reis nas danças religiosas; consistia em duas bolas de plumas preciosas e guarnecidas de ouro.

13 *Uitznauatl*: deus dos escravos destinados a morrer em sacrifício e título dos ministros e juízes a ele dedicados.

14 *Tezcacoacatl*: "o da Serpente de Espelhos", alto título militar do exército asteca, um dos quatro grandes supremos. Cf. também *Códice florentino*, Livro XII, p.193, n.121.

e também o *mixcoatlailotlac*,[15] desde então *teocalcatl*[16] Tentlil. Foram eles que gritaram, que declararam tudo isso, como dissemos, quando entraram em Tlatelolco.

E os que os ouviram foram: o povo de Coyoacan, Tlacopan, Azcapotzalco, Tenayucan, Quauhtitlan, Toltitlan, Chicuhnauhtla, Texcoco, e também de Coanacotzin, Cuitláhuac, Tepochpan, Itzyocan. Esses são todos os senhores que ouviram o discurso dito pelos tenochcas.

E, durante todo o tempo que eles nos combateram, nenhum homem de Tenochtitlan foi visto em parte alguma, em nenhum caminho daqui, de Yacacolco, de Atizcapa, de Couatlan, de Nonoalco, de Popouiltitlan, de Tepeyacac. Simplesmente, em todos os canais, a luta dependeu de nós, só de nós, os tlatelolcas. Simplesmente, todos os canais eram da nossa responsabilidade. E as gentes de Tenochtitlan, os bravos guerreiros que recebiam tributo,[17] rasparam a cabeça; e os oficiais *achcautli* cortaram o cabelo. E os guerreiros tonsurados[18] e os oficiais *otomis*,[19] que costumam cobrir a cabeça não se apresentaram assim durante o tempo que combatemos. Mas eles, os tlatelolcas, simplesmente se juntaram ao redor do seu chefe. E todas as mulheres se envergonharam deles, desprezaram-nos, disseram aos tenochcas:

---

15 *Mixcoatlailotlac*: "juiz da Serpente de Nuvem", título que designa altas funções judiciárias. Cf. *Códice florentino*, Livro XII, p.206, n.135.

16 *Teocalcatl*: "aquele dos Templos", administrador dos bens religiosos.

17 *Tequiua*: "bravo guerreiro que recebe tributo". Cf. *Códice florentino*, Livro XII, p.129, n.68.

18 *Quachic*: "tonsurado", patente superior do exército asteca. Cf. *Códice florentino*, Livro XII, p.174, n.106.

19 *Otomitl*: otomi, patente superior do exército asteca. Cf. *Códice florentino*, Livro XII, p.177, n.108.

"Vós ficais simplesmente aí deitados! Não tendes vergonha! Nenhuma mulher vos acompanhará vestida à antiga usança!"

E as mulheres choraram, suplicaram aos tlatelolcas.

E, ao ver isso, as gentes desta cidade vieram procurá-los, mas não se viam tenochcas em parte alguma.

Então todos os tlatelolcas pereceram, tanto o guerreiro tonsurado quanto o oficial *otomi* ou o chefe de guerra. Morreram crivados pelas trombetas de fogo, pelas flechas de metal.

Então Tecocoltzin, o rei de Acolhuacan, enviou emissários. Os que vieram conferenciar em Tlatelolco foram o *tiçociauacatl*[20] Topantemoctzin, o *tezcacoacatl* Quioyecatzin, o *tlacateccatl*[21] Temilotzin, o *tlacochcalcatl*[22] Coyoueuetzin, o *tziuatecpanecatl*[23] Matlalacatzin.

Os mensageiros de Tecocoltzin de Acolhuacan vieram dizer, propuseram:

"É o senhor, o couacateca Tecocoltzin, que nos envia. Manda dizer: – Que os mexicanos, os tlatelolcas se dignem a nos escutar! Eis que sentem muita tristeza os chichimecas,[24] seu co-

---

20 *Tiçociauacatl*: alto magistrado. Cf. *Códice florentino*, Livro XII, p.79, n.18.

21 *Tlacateccatl*: "aquele que comanda os homens", militar de alta patente. Cf. *Códice florentino*, Livro XII, p.115, n.50.

22 *Tlacochcalcatl*: "aquele da Casa das Flechas", militar de alta patente responsável pelos arsenais. Cf. *Códice florentino*, Livro XII, p.79, n.18.

23 *Tziuatecpanecatl*: alto magistrado.

24 *Chichimecas*: "linhagem do cão", provavelmente nos primórdios um nome totêmico que designava os nômades caçadores e guerreiros das planícies do Norte. Havia vários tipos: os *teochichimecas* (chichimecas divinos" ou "verdadeiros chichimecas"), que vagavam sem moradia fixa de uma região para outra; os *zacachichimeca* ("chichi-

ração e seu corpo sofrem! E eis que eu também sinto tristeza, que me dói o coração! Que coisa ínfima ainda posso comprar? No meu baú de roupas, nos meus saios, em toda parte os nossos inimigos me vêm roubar! Sucederá que todos os habitantes da cidade serão aniquilados! Então eis o que digo: que os tenochcas disponham de sua sorte separadamente! Que sejam aniquilados separadamente! Ainda não farei nada. Ainda espero a sua palavra. Que dirão? Em quantos dias fixarão suas disposições? É tudo. Que escutem o meu discurso!"

Então os senhores de Tlatelolco lhe devolveram o discurso, disseram-lhe:

"O nosso irmão menor nos fez um grande bem! Mas acaso não é evidente que ele é a nossa mãe, o nosso pai? Ele, o acolhua, o chichimeca! Pois bem, que escutem: há vinte dias que desejamos que tudo seja feito como ele propõe; mas hoje vi muito bem que tudo foi inteiramente aniquilado, que ninguém mais se reconhece como tenochca, que alguns já se fingem habitantes de Cuauhtitlan, que outros fogem para os lados de Tenayucan, de Azcapotzalco, de Coyoacan. Só vejo isso. Mas ele se reconhece como tlatelolca! Que hei de fazer? Aqui depositou o seu coração, fez-nos muito bem, colocou-se do nosso lado, está conosco. Eis, pois, que esperamos, ai!, a palavra, ai!,

---

mecas silvestres"), que habitavam as campinas; os *tamine chichimecas* ("os que lançam flechas") etc. Nos séculos XV e XVI, as cidades do México Central reconheciam os chichimecas como seus ancestrais e se orgulhavam disso. Assim, a dinastia de Texcoco se ufanava de descender do chefe chichimeca Xolotl, que chegou ao planalto central provavelmente em 1224. Os astecas se vangloriavam de ter como ancestrais os *chichimeca azteca* quatro séculos antes.

o discurso dos nossos senhores! Já faz sessenta dias que nos atacaram!"

Então os espanhóis vieram assustá-los; um tal Castañeda[25] veio vociferar num lugar chamado Yauhtenco. Tlaxcaltecas o acompanhavam. Então se puseram a chamar aos gritos os que estavam de guarda na muralha de Tlaxoxiuhco e que se chamavam Itzpancalqui, um oficial *achcauhtli* de Chapultepec, dois homens de Tlapalan e Cuexacaltzin. Vieram dizer-lhes:

"Vinde, pois, alguns de vós, vinde!"

Então eles disseram:

"O que ele quer nos dizer? Ora, vamos escutá-lo!"

Depois, então, instalaram-se numa barca, pararam à distância e perguntaram:

"Que quereis dizer?"

Então os tlaxcaltecas indagaram:

"De onde sois?"

Eles responderam. Então:

"Bom. Sois vós que procuramos. Vinde, pois! O capitão-deus vos chama."

Eles foram logo a seguir. Depois, então, levaram-nos a Nonoalco, à Casa da Bruma, onde se achava o capitão e Malintzin, "Sol" e Sandoval; onde estavam reunidos os senhores das cidades. Estavam em conciliábulo.

Disseram ao capitão:

"Os tlatelolcas chegaram, nós os trouxemos conosco."

Então Malintzin lhes disse:

---

25 Rodrigo de Castañeda, um dos conquistadores espanhóis mais temidos. Cf. *Códice florentino*, Livro XII, p.184, n.112.

"Vinde! O capitão diz: – Que pensam, pois, os mexicanos? Acaso Cuauhtémoc ainda é um garotinho? Não tem piedade das crianças bem-amadas, das mulheres bem-amadas? Então os velhos vão perecer dessa maneira? Porque é justamente aqui que se encontram os senhores de Tlaxcala, Huexotzinco,[26] Cholollan, Chalco, Acolhuacan, Quauhnahuac, Xochimilco, Mizquic, Cuitláhuac, Colhuacan!"

"Ele disse: – Será que os tenochcas estão zombando do mundo? Por isso o coração das cidades que eles governam sofre muitas dores! Assim, pois, deixem os tenochcas sozinhos para que morram sozinhos! Acaso o coração dos tlatelolcas vai sofrer por nada, porque assim vão perecer esses tenochcas, quando estiverem rindo deles?"

Depois, então, ele disse aos senhores:

"É assim que dizeis, vós os senhores?"

Eles responderam:

"Sim! Que assim queira escutá-lo o nosso senhor, o deus! Que deixem os tenochcas sozinhos para que sozinhos pereçam! Essa é a mensagem que deveis levar aos vossos chefes."

O deus disse então:

"Ide dizer a Cuauhtémoc! Que deliberem! Que deixem os tenochcas sozinhos! Agora vou me deslocar para lá, para Teocalhueyacan. Como deliberastes? É lá que a vossa palavra nos chegará. E agora uma nave me levará a Coyoacan."

Tendo-o escutado, eles disseram:

"Agora devemos encontrar os que eles procuram! Corremos um grande perigo. Vamos! Temos de suportar os nossos sofrimentos!"

---

26 Uexochitzinco nos manuscritos, em vez de Huexotzinco, por erro do copista.

E assim falaram diante dos tenochcas quando se reuniram com eles. Mas foi de cima das barcas que gritaram que era impossível deixar sozinhos os tenochcas.

E então, finalmente, estando as coisas assim, os espanhóis nos atacaram. Houve combate. Depois conseguiram nos empurrar até Cuepopan, e lá se lutou, em Cozcaquauhco. Coyoueuetzin derrubou quatro com flechas de metal. E suas naus chegaram a Texopan. Durou três dias a batalha e nos expulsaram de lá. Em seguida, eles chegaram lá, ao pátio do templo, onde a batalha durou quatro dias. Depois, então, vieram para cá, para Yacacolco. Foi quando os espanhóis chegaram ao caminho de Tlilhuacan.

Depois, então, todos os cidadãos, os dois mil,[27] morreram lá e todos pertenciam aos tlatelolcas. Foi quando nós, os tlatelolcas, erguemos as estacas de crânios.[28] Em três lugares havia estacas de crânios. Uma se encontrava no pátio do templo de Tlillan. Lá foram espetados os crânios dos nossos senhores espanhóis e lá também se instalaram as bandeiras que foram tomadas pelo *tlacateccatl* Ecatzin e pelo *tlapanecatl* Popocatzin. No segundo lugar, em Yacacolco, também foram espetados os crânios dos nossos senhores espanhóis e dois crânios de cavalo.[29] O terceiro lugar ficava em Zacatlan, em frente ao templo das mulheres. Esse era só de responsabilidade dos tlatelolcas.

---

27 *Macuiltzontli*: literalmente "cinco tufos de cabelo", ou seja, 5 x 400; o *tzontli* ("tufo de cabelo") era uma base numérica equivalente à potência de vinte, i.e., quatrocentas unidades.

28 *Tzompantli*: literalmente "fileira de cabelos", balaustrada de crânios feita de estacas nas quais se espetava a cabeça das vítimas sacrificadas.

29 *Cavallo*: em espanhol no texto.

E então, estando as coisas assim, eles nos expulsaram, conseguiram nos imprensar na praça do mercado. Foi nessa ocasião que aniquilaram o tlatelolca, o grande jaguar, o bravo guerreiro.[30] Depois a batalha se espalhou. Foi então que as mulheres dos tlatelolcas atacaram, lutaram. Golpearam o inimigo, empunharam as armas de guerra, arregaçaram as saias, todas se levantaram para perseguir os inimigos.

Também foi quando levantaram um dossel para o capitão, num oratório do mercado, e também foi quando levantaram uma funda de madeira lá no oratório, lá na praça do mercado. E a batalha durou dez dias.

E tudo isso nos aconteceu.[31]
Nós vimos,
nós admiramos.
Com essa sorte lamentável, essa triste sorte
suportamos a angústia.

---

30 À margem do texto do manuscrito n.22, a seguinte frase em espanhol: "*Aquí fenece la guerra, esto escribió el que la vió*" ("Aqui termina a guerra. Escreveu isto quem a viu")

31 O texto a seguir, traduzido com a intenção de manter a forma versificada do original, é um *icnocuicatl*, o "canto de órfão" ou "canto de angústia" incorporado pelo autor dos *Anais históricos* ao seu relato sobre a conquista. Na apresentação etno-histórica do texto, sublinhei esse aspecto original da elaboração do relato de 1528. Há alguns anos, publiquei em outro contexto uma primeira tradução francesa desse poema (cf. Georges Baudot, *Les lettres précolombiennes*, Toulouse, Privat, 1976, p.134-5). A presente tradução altera ligeiramente a anterior, no esforço de sermos mais fiéis ao original nauatle.

Nos caminhos jazem as flechas quebradas,[32]
os cabelos estão desgrenhados.
As casas perderam o telhado,
as casas se tornaram rubras.

Os vermes infestam as ruas e as praças,
E os cérebros mancharam as paredes das casas.
As águas estão como vermelhas, estão como tingidas,
e, quando as bebemos,
bebemos água de salitre.
E nós bebemos aquela água salitrosa.
Então batemos nos muros de tijolo,
e nossa herança não era mais que um buraco.
Os escudos nos protegeram,
mas em vão quisemos povoar a solidão
com escudos.

Comemos a madeira colorida do *tzompantli*,[33]
mastigamos a erva ruim do natrão,[34]
a argila dos tijolos, lagartixas,
ratos, reboco
e vermes.

---

32 Os nove versos que se seguem encontram-se unicamente no manuscrito n.22 *bis*.

33 *Tzompantli*: árvore dos arredores da Cidade do México. Cf. *Códice florentino*, Livro XII, p.189, n.116.

34 *Tequixquiçacatl*: "erva do natrão". Cf. *Códice florentino*, Livro XII, p.187, n.115.

Juntos devoramos a carne
quando acabavam de colocá-la no fogo.
Quando a carne estava cozida,
eles a arrancavam de lá,
no próprio fogo a comiam.

Fizeram o nosso preço.
Fizeram o preço do jovem, do sacerdote,
da moça e da criança.
Basta! O preço de um homem do povo
mal chegava a dois punhados de milho,
não chegava a mais de dez tortas de mosca,[35]
nosso preço não passava de
vinte tortas de erva ruim de natrão.

O ouro, o jade, os mantos de algodão,
as plumas de quetzal,
tudo quanto é precioso
não contava para nada.

Eles dispersaram as gentes assim que levantaram a funda de madeira na praça do mercado.

E Cuauhtémoc mandou buscar os prisioneiros,[36] e os que os acompanhavam não se esqueceram de nenhum. Os grão-

---

35 *Axaxayacatl*: mosca dos brejos usada como alimento; seus ovos, o *ahuauhtli*, eram particularmente procurados e saboreados como uma espécie de caviar.

36 Esse parágrafo de quatro linhas só se encontra no manuscrito n.22 *bis* e parece ter sido censurado no manuscrito original n.22.

-sacerdotes e os chefes de guerra os estiravam por um lado e por outro, e Cuauhtémoc lhes abria o ventre com a própria mão.

Foi nessa ocasião que o *acolnauacatl* Xochitl, que morava em Tenochtitlan, foi abandonado e morto na guerra. Embora os tivesse acompanhado durante vinte dias de marcha, eles o abandonaram no mercado de Tlatelolco. Esconderam-se. E nunca mais foram chamados de tenochcas.

Foi assim que os espanhóis o trouxeram, que o seguraram por um lado e por outro. E uma flecha de metal e uma trombeta de fogo vieram custodiá-lo; ele tinha sido capturado em Copalnamacoyan, onde se vende incenso. Depois, então, gritaram:

"Uma entrega, vai chegar uma mensagem!"

Em seguida, os tlatelolcas chegaram, eles os receberam. Foi o nosso irmão mais velho do Uitznauac, um estrangeiro, que os conduziu. Fizeram Xochitl entrar, foram anunciá-lo ao nosso irmão mais velho do Uitznauac, disseram-lhe que Xochitl trazia uma mensagem. E Cuauhtémoc pediu conselho a Topantemoc:

"Tu irás conferenciar com o capitão!"

Depois, quando o deixaram ir, por essa razão o escudo foi guardado, já não se combateu, não se capturou mais ninguém. Mas, logo depois, levaram Xochitl, instalaram-no no Templo das Mulheres, em Axocotzinco. Depois de instalá-lo, foram logo contar a Topantemoctzin, a Coyoueuetzin, a Temilotzin; depois, então, ao soberano dos tenochcas. Disseram:

"Oh, meus amados senhores! Vieram deixar o vosso governante, o *acolnauacatl* Xochtitl. Ele diz que vem vos entregar uma mensagem."

Depois, então, pediram conselho, disseram:

"Que dizeis disso?"

Depois, então, todos gritaram:

"Que não o tragam para cá. Porque seria como uma dívida que tem de ser paga. Pois nós consultamos os livros, consultamos os augúrios do incenso. Que só aquele que o trouxe receba a sua palavra!"

Por isso, então, o nosso irmão mais velho do Uitznauac, o estrangeiro, foi receber a palavra. Depois, então, ele o interrogou sobre o que lhe haviam confiado, informou-se sobre o seu discurso, sobre o que ele trazia. O *acolnauacatl* Xochitl disse:

"O deus-capitão e Malintzin vos declaram: – Que escutem, pois, Cuauhtémoc, Coyoueue, Topantemoc! Acaso eles não têm piedade das gentes do povo, das criancinhas, dos anciãos, das anciãs? Está tudo aqui? O meu discurso continua sendo vão? Então que mandem logo trazer todo tipo de coisas: belas mulheres, bom milho debulhado, perus, ovos de perua, boas tortas de milho. Porque continuo esperando. O que ele dirá? Que rejeite, pois, o tenochca, que ele morra sozinho!"

Depois que recebeu a palavra, o irmão mais velho do Uitznauac, o estrangeiro, foi imediatamente devolver a palavra aos senhores de Tlatelolco. Lá, junto aos outros, sentou-se o rei dos tenochcas, Cuauhtémoc. Quando ouviram todo o discurso trazido pelo *acolnauacatl* Xochitl, os senhores de Tlatelolco pediram conselho. Disseram:

"Que dizeis disso? Que conselho dais?"

Depois, então, o *tlacochcalcalt* Coyoueuetzin veio dizer:

"Que o estrangeiro venha dar a sua opinião!"

Disseram-lhe:

"Vinde, pois! Que observais, que vedes no que guardas?"

Então o sacerdote, aquele que conhece os livros, aquele que corta os livros, disse:

"Oh, meus amados senhores! Escutai, pois, o que diremos com toda verdade! Dentro de apenas quatro dias, passaremos as quatro vintenas de dias. E, como diz o preceito Uitzilopochtli, não acontecerá mais nada. Acaso vereis tudo isso em segredo? Deixemos ainda passarem os quatro dias para contar as quatro vintenas de dias."

E então, como não se entendeu bem isso, então, por isso, a guerra recomeçou. Então, uma vez mais, o irmão mais velho do Uitznauac, o estrangeiro, veio enfrentar os inimigos, veio recomeçar a guerra.

Enfim, todas as gentes juntas se puseram em movimento rumo a Amaxac. Os espanhóis conseguiram nos pisotear durante a batalha. Depois, então, nós nos dispersamos pelas encostas, corremos. A água estava avançando com violência, acabou com tudo. Eles estavam avançando rapidamente e, dessa maneira, pereceram. A água estava avançando com violência, acabou com tudo. Eles estavam avançando rapidamente, só alguns então conseguiram escapar do perigo.

Foi assim que pereceu o mexicano, o tlatelolca. Abandonou suas cidades. Então fomos todos para lá, para Amaxac. Já não tínhamos os nossos escudos, as nossas espadas de fio de obsidiana, já não tínhamos os nossos escudos, já não tínhamos comida. Assim, choveu sobre nós uma noite inteira, e então tudo aconteceu.

Depois, então, vieram Coyoueuetzin, Topantemopctzin, Temilotzin e Cuauhtémoc. Foram deixar Cuauhtémoc no lugar onde estava o capitão, dom Pedro Alvarado, dona Malintzin. Quando os prenderam, foi quando as gentes do povo começaram a fugir, a procurar onde morar. Na fuga, algumas mulheres bem-amadas enrolaram trapos nas nádegas. Em toda parte, os cristãos[37] as revistavam, arrancavam suas saias, exploravam todos os lugares, as orelhas, a boca, o ventre, o cabelo.

E, então, foi dessa maneira que as gentes do povo fugiram. Espalharam-se por toda parte, nas cidades, nos cantos, perto das casas dos outros, em esconderijos.

A cidade foi aniquilada no ano Três-Casa; assim, pois, nós nos dispersamos no mês de *Nexochimaco*,[38] um dia cujo sinal do destino era Um-Serpente.[39] Quando nos dispersamos, os senhores de Tlatelolco se instalaram em Quauhtitlan, quer dizer, Topantemoctzin, o amado *tlacochcalcatl* Coyoueuetzin e Temilotzin.

Nos lugares em que aparecia, o grande e bravo guerreiro, o guerreiro viril, vestia apenas farrapos. Também, do mesmo modo, as mulheres bem-amadas usavam saias desfiadas como cabelos, usavam camisas de pano todo remendado. Então os senhores se afligiram e se consultaram a esse respeito. Eis que nos destruíram uma vez mais!

Um homem do povo que estava saindo foi morto às escondidas em Acolhuacan, na terra dos otomis. Por essa razão, então, os tlatelolcas se consultaram, tiveram pena do homem do povo. Disseram então: "Vamos! Supliquemos ao nosso senhor, o soberano, o capitão!".

Depois, então, eles procuraram o ouro, examinaram as gentes, interrogaram as gentes, para saber se por acaso tinham

37 *Xpianotin*: em espanhol no texto, com o plural nauatle.

38 *Nexochimaco*, para *Tlaxochimaco*, nono mês do ano.

39 Ou seja, 13 de agosto de 1521. Cf. *Códice florentino*, Livro XII, p.211, n.136.

um pouco de ouro, se o pegaram, se o colocaram nos escudos, nas insígnias de guerra, ou se por acaso o tinham nos labretes, nos pingentes, se por acaso haviam guardado alguma coisa para eles, talvez ouro, talvez nos labretes, talvez nos pingentes. Depois, então eles juntaram tudo. E então, depois que eles juntaram tudo quanto ainda havia, foram contar aos seus senhores, o tlapalteca Cuexacaltzin, o tecpaneca Uitziltzin, o irmão mais velho do Uitznauac, o estrangeiro, o cuitlachcoacateca Potzontzin.

Foram entregar o ouro em Coyoacan.

Ao chegar, disseram ao capitão:

"Oh, nosso senhor soberano! Teus governadores, os senhores tlatelolcas, vêm suplicar! Eles dizem: – Que se digne a nos ouvir o homem, o nosso senhor! Os homens do povo estão infelizes, pois eis que sofrem muitos dissabores de cidade em cidade, nos cantos, perto das casas dos outros! E eis que, de quando em quando, as gentes de Acolhuacan, os otomis, zombam deles, matam-nos às escondidas. E toma, vê com que eles vêm suplicar! Estes eram os brincos dos deuses dos teus governadores, e estavam, nos sacerdotes, e estavam nos escudos!"

Puseram diante dele, puseram os brincos em cestas de palma.

Ao ver aquilo, o capitão e Malintzin se encolerizaram. Disseram:

"Por acaso é isso que procuramos? O que estamos procurando aqui é o que vós nos forçastes a abandonar no canal dos toltecas. Onde está? Que o encontrem!"

Depois, então, os tlatelolcas lhe disseram:

"Nós não perguntamos, porque aquilo foi oferecido a Cuauhtémoc, ao *cihuacoatl* e ao *uitznauatl*. Eles sabem onde está. Que os interroguem, pois!"

Quando viu aquilo, o capitão mandou prendê-los com correntes de metal. E os despojou. Malintzin veio dizer-lhes:

"O capitão diz: – Que partam! Que peçam conselho aos seus senhores! Com isso me fizeram um grande bem! Talvez seja verdade que as gentes do povo sofrem, pois às vezes zombam delas. Que voltem, pois! Que voltem aos seus lares de Tlatelolco, a todas as suas terras. Pois que voltem os tlatelolcas! E digam aos senhores tlatelolcas que ninguém deve retornar a Tenochtitlan, pois, em verdade, já foi conquistada pelos deuses, já é a sua morada. Que partam, pois!"

Então, estando as coisas assim, quando os mensageiros dos senhores tlatelolcas partiram, mandaram chamar imediatamente os senhores de Tenochtitlan. Obrigaram-nos a falar. Foi então que queimaram os pés de Cuauhtémoc. Quando amanheceu, vieram levá-lo, vieram atá-lo numa árvore, ataram-no numa árvore na morada de Auitzotzin, em Acatlyacapa, na Ponta da Cana. Lá acabaram, pela espada,[40] pela trombeta de fogo, as riquezas dos nossos senhores. Nós as demos a eles.

E eles foram buscar o ouro em Cuitlauactonco, na morada de Itzpotonqui. E, quando vieram buscá-lo, tornaram a levar os nossos senhores a Coyoacan; eles partiram acorrentados.

Foi lá que morreu o sacerdote que guardava Uitzilopochtli. Eles procuraram onde se achavam os bens do homem-coruja e os do grão-sacerdote "Nosso Cortado",[41] do sacerdote que

---

40 *Espada*: em espanhol no texto.

41 *Totec tlamacazqui*: de Totec, "Nosso Cortado", nome do deus dos ourives chamado mais amiúde de *Xipe Totec* e *tlamacazqui*, "grão-sacerdote". Mas o *Totec tlamacazqui* era, na realidade, o ministro que servia o deus Uitzilopochtli e um dos dois grão-sacerdotes que dominavam a hierarquia religiosa, um dos dois grandes pontífices da cúpula da igreja pré-colombiana.

queimava incenso. Foi então que eles souberam que os governantes de Xaltocan guardavam seus bens em Quachilco, que os haviam levado para lá. Quando eles apareceram, eles enforcaram os dois no meio do caminho de Maçatlan.

E, estando as coisas assim, foi quando começaram a regressar as gentes do povo para se instalar em Tlatelolco, no ano Quatro-Coelho. Depois, então, chegou Temilotzin, que se instalou em Capoltitlan.

E dom Juan Ueuetzin se instalou em Aticpac. E Coyoueuetzin e Topantemoctzin morreram em Quauhtitlan. Quando voltamos a nos estabelecer aqui, em Tlatelolco, nós estávamos sós; nossos senhores, os cristãos, ainda não tinham vindo se instalar aqui. Então ficamos contentes por isso. Eles haviam guardado Coyoacan para eles.

Lá enforcaram o soberano de Uitzilopochco, Macuilxochitzin. Depois o soberano de Colhuacan, Pitzotzin. Os dois foram enforcados lá. E o *tlacateccatl* de Quauhtitlan, e o *tlillancalqui*[42] foram devorados pelos cães.[43] Depois, então, as gentes de Xochimilco também foram jogadas aos cães para serem devoradas, e Ecamextlatzin de Texcoco foi entregue aos cães para ser devorado. Tinham simplesmente vindo parar aqui, ninguém os acompanhou; traziam unicamente seus livros de pintura. Os habitantes de Coyoacan fugiram juntos, só três chegaram.

42 *Tlillancalqui*: "Guardião da Casa Negra", título militar supremo. Cf. *Códice florentino*, Livro XII, p.206, n.133.

43 *Quipelloqualtique*: de *pello*, do espanhol mal grafado *perro*, "cão", e de *qua*, "comer". A linha seguinte acerca das gentes de Xochimilco apresenta a construção correta: *quinperroqualtique*.

E, quando os espanhóis chegaram a Coyoacan, então, de lá se espalharam por toda parte, em todas as cidades. Depois, então, deram gente do povo em todos os lugares, em todas as cidades. Foi quando deram gente de presente, quando entregaram gente do povo.

Então, depois, os senhores de Tenochtitlan foram libertados. Uma vez libertados, foram para Azcapotzalco. Então, nesse momento, os espanhóis se consultaram para saber como levar a guerra a Meztitlan. Depois retornaram a Tollan. Então o capitão chamou às armas contra Uaxyacac.[44] Eles foram a Acolhuacan. Depois, então, a Meztitlan; depois a Michoacan;[45] depois a Ueymollan e a Quauhtemallan e a Tequantepec.

E aqui, muito simplesmente, este livro chega ao fim, do qual já narramos como foi feito.[46]

---

44 *Uaxyacac*, atualmente Oaxaca.

45 O manuscrito original, Ms. n.22, termina aqui. O texto que se segue é o do manuscrito n.22 *bis*.

46 O texto se refere ao primeiro parágrafo do nosso relato, a *História de Tlatelolco desde os tempos mais remotos*, parágrafo ausente no manuscrito original n.22 e encontrado no manuscrito n.22 *bis*. Esse parágrafo apresenta o conjunto da epopeia tlatelolca, desde a partida de Chicomoztoc em 1155 até o fim da conquista espanhola. Propõe o seguinte texto: "Este livro foi escrito assim: foi feito muito tempo atrás, aqui em Tlatelolco, no ano 1528. Os castelhanos haviam acabado de chegar à região, ainda não tinham nenhum assentamento aqui. Como as gentes partiram de Teocolhuacan, de Aztlan, tudo isso se verá aqui".

CÓDICE AUBIN

O relato do *Códice Aubin* ou *Códice de 1576: História da nação mexicana desde a saída de Aztlan até a chegada dos conquistadores espanhóis*

Texto nauatle dos manuscritos 35-6
da Biblioteca Nacional de Paris,
reproduzido em fac-símile em
J. M. A. Aubin, *Histoire de la nation mexicaine,*
Paris, E. Leroix, 1893, p.80-7

O massacre do Templo Maior durante a festa de *Toxcatl*.

Ano Um-Cana[1]

Foi aqui que Montezuma morreu e foi quando o Marquês chegou.

Foi quando os cristãos[2] subjugaram os mexicanos. Eles não vieram simplesmente por nada, já que, por prescrição do Nosso Senhor, o Santo Padre[3] mandou dizer:

---

1 Elaborei a tradução francesa do texto em língua nauatle a partir da reprodução em fac-símile do códice publicada em J. M. A. Aubin, *Histoire de la nation mexicaine depuis le départ d'Aztlan jusqu'à l'arrivée des conquérants espagnols*, Paris, E. Leroix, 1893, p.80-7. A transcrição paleográfica do códice proposta por Charles E. Dibble em *História de la natión mexicana*, Madrid, José Porrúa Turanzas, 1964, col. "Chimalistac", n.16, me permitiu resolver algumas variantes textuais complicadas.

2 *Xpianome*: em espanhol no texto, com o plural nauatle, e assim toda vez que traduzirmos "cristãos".

3 *Sancto padre*: em espanhol no texto.

"Anunciareis aos cavalheiros[4] que doze religiosos[5] partirão de outro país para vir aqui."

Nessa época, morreram as alegradoras[6] que iam ser as mocinhas de Montezuma. Os cristãos disseram:

"Virão mulheres, serão as tuas mocinhas."

Montezuma disse:

"Pois que os mexicanos ouçam isso!"

Nessa época, chegaram os homens de Castela, em 25 de novembro,[7] durante o mês de *Quecholli*. Dez dias depois, chegaremos ao fim de *Quecholli*. Logo depois veio se instalar dezembro,[8] o 20. *Atemoztli*, *Tititl*, *Izcalli*, Cinco, *Quauitleoa*, *Xilopehualiztli*, *Toçoztontli*, *Uei Toçoztli*, *Toxcatl*.[9]

Na época de *Toxcatl*, faziam a imagem de um diabo.[10] Imolavam gentes ao iniciar os cantos. Quando começaram os cantos rituais, só então Montezuma perguntou, disse a Malintzin:

---

4 *Cavallelosme*: em espanhol no texto, com plural nauatle.

5 *Frailes*: em espanhol no texto.

6 *Auianime*: plural de *auiani*, "prostituta", literalmente "aquela que regozija, que contenta", do verbo *auia* "regozijar(-se), contentar(-se)". A *auiani*, cuja deusa protetora era Xochiquetzal, servia em especial de companhia para os guerreiros solteiros. A tradução "prostitutas" implicaria uma conotação pejorativa que o termo *auiani* não tem no mesmo grau.

7 *Noviembre*: em espanhol no texto.

8 *Deziembre*: em espanhol no texto.

9 Enumeração em forma ritual dos meses do calendário pré-colombiano para marcar a passagem do tempo decorrido. Note-se entre o mês de *Izcalli* e o mês de *Quauitleoa* o número 5, que designa os cinco dias nefastos, os *nemontemi*. Essa enumeração é do mesmo gênero das do *Códice florentino*, Livro XII, cap. XXVII e XXVIII.

10 *Diablo*: em espanhol no texto e assim toda vez que traduzirmos "diabo".

"Que o deus se digne a me escutar! Chegamos ao dia da festa do nosso deus, é dentro de dez dias a partir de hoje. E nós cumprimos todas as obrigações dessa festa. Por isso queimaremos incenso, por isso não dançaremos enquanto não levarem para cima a estátua moldada com grão de amaranto. No entanto, faremos barulho, e isso será simplesmente tudo."

E, então, o capitão[11] disse:

"Está bem. Que façam o que ouvi!"

Então eles começaram. Os espanhóis mandaram embora outros homens que vinham de Castela. Só ele, o "Sol",[12] ficou. Depois, quando chegou o momento de contar, Montezuma disse:

"Escutai isto, vós que vos encontrais aqui, já que aqui estais! Digo ao deus: Assim, eis que chegamos ao dia de festa durante o qual festejamos o nosso deus."

Então este disse:

"Fazei-o, pois! Estaremos aqui de um modo ou de outro!"

Então os senhores disseram:

"Ide, pois, chamar os nossos irmãos mais velhos!"[13]

E, quando chegaram, eles então lhes ordenaram, disseram:

"Esforcemo-nos muito para que isto se faça assim."

E os irmãos mais velhos disseram:

"Ofereçamos simplesmente um grande esforço!"

---

11 *Capidan [sic]*: em espanhol no texto e assim toda vez que traduzimos "capitão".

12 *Tonatiuh*: "Sol", alcunha dada pelos mexicanos ao lugar-tenente de Cortés, Pedro Alvarado, devido a sua pele clara e o exótico cabelo ruivo.

13 Os irmãos mais velhos de Uitzilopochtli, devotos do deus que jejuavam um ano para a festa de *Toxcatl*. Cf. a menção no texto do *Códice florentino*, Livro XII, cap. XIX, p.125-30.

Então o *tlacateccatl* Ecatzin disse:

"Fazei, pois, o homem que está diante de nós entender que assim aconteceu em Cholula, quando eles simplesmente os aprisionaram em suas casas! Agora também nos acontece a mesma coisa! Que cada muro seja o lugar onde colocaremos escudos de reserva!"

Então Montezuma disse:

"Estamos em guerra? Zombamos disso!"

Então o *tlacateccatl* disse:

"Está bem!"

Depois, então, o canto começou. O guia das gentes é um jovem e bravo guerreiro.[14] Ele usa o ornamento labial. Chama-se *tolnauacatl* Quatlazol.[15] Quando o canto começou, depois, então, os cristãos começaram a sair, um a um, na frente do povo, entraram no meio do povo; depois, quatro a quatro, eles se postaram nas entradas.

Depois, então, fustigaram com um bastão o que guiava as gentes. Bateram no nariz de um homem que era a imagem do diabo. Depois, vieram bater no que tocava os tambores. Eram dois os tambores.[16] Um tocava à beira da água. Depois, então, eles foram pisoteados, desse modo que foram destruídos.

Depois, um homem, um sacerdote que queimava incenso, que era de Acatliyacapan, da Ponta da Cana, se pôs a gritar, veio dizer:

---

14 *Telpochtequiua*: "jovem bravo guerreiro que recebe tributo". Cf. *tequiua*, no *Códice florentino*, Livro XII, p.129, n.68.

15 *Tolnauacatl*: patente do exército correspondente ao grau de *tequiua* mencionado na nota precedente. O *tolnauacatl* havia feito quatro prisioneiros, recebia uma parte do tributo e exercia comando. Por esse motivo, *tolnauacatl* tem sido frequentemente traduzido por "capitão".

16 *Ueuetl*: "tambor". Cf. *Códice florentino*, Livro XII, p.169, n.102.

"Oh, mexicanos! Então não fazeis nada? Ninguém mais tem tranquilidade no coração! Quem, pois, tem nas mãos os escudos dos prisioneiros?"

Seus porretes não passavam de galhos de abeto sagrado.[17] Depois, então, quando os viram, eles viraram as costas, foi como se estivessem atropelando uns aos outros.

Depois, então, os espanhóis se refugiaram nas casas. Ficaram fechados nas casas durante a vintena de dias de *Etzalcualiztli*.

Na época de *Etzalcualiztli*, Montezuma veio falar em segredo, disse aos bravos guerreiros:

"Pois que me escutem os mexicanos! Já faz dois dias que os cervos dos deuses não comem nada! Faltam os caniços, as esteiras de junco que lhes dão de comer. E, agora, há dois dias que fazem barulho. É preciso avisar os bravos guerreiros para que não nos destruam. Trata-se de sensatez para os bravos guerreiros."

Então eles disseram:

"Está bem!"

Então deram ordens para trazerem a comida aos cervos só ao anoitecer.

E, depois, o capitão veio, quando já haviam decorrido cinco dias desde que eles entraram nas casas, desde que foram a Tlaxcala, durante o mês de *Tecuilhuitontli*, quando Montezuma morreu.

Quando ele morreu, veio logo carregá-lo nas costas um certo Apanecatl. Depois ele o levou a Uitzillan. Mas lá, então, eles só vieram vê-lo. Então ele também o levou a Necatitlan. Mas lá,

---

17 *Acxoyatl*: "abeto sagrado" ou "oiamel", *Abies religiosa*, árvore de valor ritual entre os astecas, cujos ramos serviam de decoração litúrgica em diversas festas.

então, simplesmente atiraram flechas nele. Então ele também o levou a Tecpantzinco, mas lá também só foram vê-lo. Então, uma vez mais, ele o levou a Acatliyacapan. Então, lá, Apanecatl simplesmente disse:

"Oh, nossos senhores! Que pobre infeliz é Montezuma! Será que vou passar a minha vida carregando-o nas costas?"

Então os senhores disseram:

"Recebei-o então!"

Então os intendentes se encarregaram dele, e então o queimaram.

Então *Uei Tecuilhuitl, Tlaxochimaco, Xocotl Uetzi, Ochpanniztli*. Foi então que Cuitláhuac se instalou como soberano.[18] Depois, então, *Quecholli*, quando Cuitláhuac morreu. *Panquetzaliztli*, logo depois *Atemoztli, Tititl, Izcalli, Atlcaualo*, quando Cuauhtémoc[19] foi instalado como soberano. Em *Tlacaxipehualiztli* foram subjugados os homens de Chalco e Xocotitlan. Então eles viram com gentes, as coisas se desenharam.

Toçoztontli, quando morreram os senhores: Tziuacpopoca, Xoxopeualloc, Tziuactzin, Tencuecuenotl, Axayacatl, Totleuicol.

Quando Tziuacpopoca morreu, Cuauhtémoc convocou sacerdotes que queimam incenso em Amatlan, disse-lhes:

"Nossos irmãos mais velhos, já faz dois dias que Tziuacpopoca fica o dia todo comigo. Oxalá não cometa nada contra mim!"

---

18 *Cuitláhuac*: rei de México-Tenochtitlan, sucessor de Montezuma, que reinaria oitenta dias, de 7 de setembro a 25 de novembro de 1520, quando sucumbiu à epidemia de varíola introduzida pelos espanhóis.

19 *Cuauhtémoc*: último rei asteca. Cf. *Códice florentino*, Livro XII, p.179, n.110.

Então os irmãos mais velhos disseram:

"Não te exaltes, pois! O homem grudou em ti, fez-te adoecer. Deixemos que vá embora!"

Depois, então, os sacerdotes que queimam incenso deram ordens, e também eles, os irmãos mais velhos que vão imolar as gentes. Depois eles o procuraram cuidadosamente. Quando o viram, vieram rindo entre si.

Cuauhtémoc logo veio agarrá-lo pelo pescoço, disse-lhe:

"Ora, vem pois, meu jovem irmão!"

Então ele o espancou.

Uei Toçoztli, depois *Toxcatl*, *Etzalcualiztli*, quando os cristãos nos sujeitaram completamente. *Tecuilhuitontli*, *Uei Tecuilhuitl*, depois *Miccailhuitontli*.[20]

Em quatro vintenas de dias, a nação mexicana, a nação tenochca, foi feita prisioneira.

Ano Dois-Pederneira – 1520

Como décimo soberano, no mês de *Ochpaniztli*, Cuitláhuac se instalou soberano. Reinou apenas quatro vintenas de dias. Terminou em *Quecholli*, quando morreu. Morreu de uma doença de bolhas, quando os homens de Castela foram a Tlaxcala.

---

20 *Miccailhuitontli* ou *Miccailhuitzintli*: "pequena festa dos mortos". Os tlaxcaltecas davam esse nome ao nono mês do ano, os mexicanos o chamavam de *Tlaxochimaco*. Observe-se que o segundo mês do ano também era chamado *Xillopehualiztli* pelo texto do *Códice Aubin*, no início do relato (cf. p.248, n.9) e aqui também se trata de uma denominação tlaxcalteca, uma vez que os mexicanos chamavam o segundo mês de *Tlacaxipehualiztli*. Isso parece indicar que os autores do *Códice Aubin* eram tlaxcaltecas.

Ano Três-Casa – 1521

Como décimo primeiro soberano, durante os dias nefastos do mês de *Quauitleoa*, Cuauhtémoc se instalou soberano. E aí, então, a nação mexicana, a nação tenochca, foi vencida quando os espanhóis entraram de vez.

Ano Quatro-Coelho – 1522

O Marquês se encontrava em Coyoacan. Foi então que ele reuniu os grandes senhores: Cuauhtémoc, Tlacotzin, Oquiztzin, Uanitzin. Foi então que o Marquês partiu para Pantlan, para Cuextlan. Foi então que apareceram as velas de cera,[21] o bastão reto de Alonso Tlacamatlalaca, de Martín Tochpain.

Ano Cinco-Cana – 1523

Foi quando o venerável *cihuacoatl* Tlacotzin se instalou soberano. Cumpriu o seu cargo de governante quando houve eclipse de sol, quando apareceram as velas de sebo.[22] Eles, Morales e Rodrigo Hernández, mostraram que sobrepujavam todo mundo, que de novo, então, foram saudar o Marquês em México-Tenochtitlan.

Ano Seis-Pederneira – 1524

Foi quando começou a existir a crença na divindade, quando os padres[23] começaram a nos ensinar.

---

21 *Candella [sic]*: em espanhol no texto.

22 *Sepo candela*: para *candelas de sebo*, em espanhol no texto.

23 *Padreme*: em espanhol no texto, com o plural nauatle.

Ano Sete-Casa – 1525

Foi quando Cuauhtémoc morreu em Hueymollan.

Apanecatl transporta o cadáver de Montezuma.

2

TEXTOS EM LÍNGUA ESPANHOLA

TRADUZIDOS
POR PIERRE CORDOBA

ANOTADOS
POR GEORGES BAUDOT

CÓDICE RAMÍREZ

Relação da origem dos índios que habitam esta Nova Espanha segundo suas tradições

Fragmentos – Número 2
Informações relativas à conquista desde a chegada de Cortés a Texcoco até a tomada do templo maior de México-Tenochtitlan

Texto espanhol do *Códice Ramírez*
México, Editorial Leyenda, S.A., 1944, p.185-205

Capítulo I

[...] sem que, em todo caso, eles aceitassem chegar a um acordo e esquecer os velhos rancores. E, ao saber que Cortés e seus amigos vinham por aquela vereda do atalho e chegariam por onde já dissemos, Ixtlilxóchitl[1] partiu imediatamente para Texcoco. Logo depois, Cohuanacotzin e seus irmãos, que haviam recebido a mesma informação, saíram à procura de Ixtlilxóchitl e o encontraram com a sua gente perto de Tepetlaoztloc, onde

1 *Ixtlilxóchitl*: Hernando Ixtlilxóchitl ou ainda Ixtlilxóchitl II, filho do grande rei de Texcoco, Nezahualpilli, e da princesa Xocotzin ou Yacotzin. Quando da morte do pai, ele aspirava ao trono de Texcoco, que afinal coube ao seu irmão Cacamatzin, protegido de Montezuma. Ressentido, Ixtlilxóchitl mantinha o norte do reino em estado de semidissidência quando Cortés desembarcou. Ele abraçou rapidamente a fé cristã (cf. adiante, cap. III, p.264), aliou-se a Cortés e ajudou consideravelmente os espanhóis durante o cerco de México-Tenochtitlan.

eles se abraçaram pela primeira vez depois das dissensões, de que já falamos. Lá trataram de muitos negócios e Cohuanacotzin contou o que se passara em México-Tenochtitlan e que o rei Cacama,[2] seu irmão, se achava na cidade e Montezuma, seu tio, o incumbira de receber os espanhóis: ele vinha justamente por ordem do seu irmão para preparar víveres e presentes caso eles quisessem ficar algum tempo naquele lugar e, como agora já tinha certeza de que viriam por aquele caminho, tentava recebê-los e convidá-los à sua cidade. Ixtlilxóchitl, que desejava a mesma coisa, concordou, e foi assim que eles os acolheram.

Capítulo II,[3] que trata da acolhida que Ixtlilxóchitl e seus irmãos reservaram aos cristãos e das ordens que Montezuma deu em México-Tenochtitlan quando soube da sua chegada a Texcoco.

Os espanhóis se alegraram ao ver, do alto da serra, como a região era populosa, mas alguns opinaram que era melhor voltar a Tlaxcala, quando fossem mais numerosos. Cortés os animou e, tomando o rumo de Texcoco, passaram a noite na

---

2 *Cacama* ou *Cacamatzin* (*tzin*: sufixo reverencial em nauatle), 1494-1520: filho e sucessor do rei de Texcoco, Nezahualpilli, na época da conquista. Muito apegado a México-Tenochtitlan e às crenças pré-colombianas (ver adiante, cap. VII, p.273), foi executado pelos espanhóis durante a "Noite Triste", provavelmente depois de ser torturado por ordem de Alvarado.

3 O texto espanhol do *Códice Ramírez* não numera esses capítulos dedicados à conquista: eles são transcritos como simples fichas de trabalho ou rascunhos preparatórios, sem organização definitiva. Para a comodidade do leitor, e para uma melhor utilização posterior do texto, propomos uma numeração explícita conforme a ordem de apresentação dos capítulos no texto original.

serra; no dia seguinte, haviam percorrido pouco mais de uma légua quando encontraram Ixtlilxóchitl e seus irmãos acompanhados de muitos índios, fato que, inicialmente, preocupou Cortés. No entanto, eles fizeram sinais de paz, coisa que foi confirmada em seguida pelos intérpretes e alegrou Cortés profundamente. Acercaram-se dos cristãos e, quando lhe mostraram o capitão, Ixtlilxóchitl, radiante de alegria, a ele se dirigiu e os dois se cumprimentaram, cada qual conforme o seu costume. Assim que o viu, Ixtlilxóchitl ficou admirado ao ver um homem tão branco e tão barbado, radiando majestade; e Cortés também, que contemplava Ixtlilxóchitl e seus irmãos, especialmente Texocoltzin, que nenhum espanhol superava na brancura da tez. Enfim, por intermédio de Marina e Aguilar, rogaram que fosse a Texcoco, onde seria alimentado e servido. Cortés aceitou com gratidão e declarou que lá explicaria os motivos da sua vinda; Ixtlilxóchitl pediu-lhes que comessem as vitualhas que trouxera de Texcoco e, em seguida, puseram-se a caminho da sua cidade, onde todos os habitantes estavam na rua para aplaudir a sua chegada. Os índios se ajoelhavam e os adoravam como filhos do seu deus sol, afirmando que era chegado o tempo tantas vezes anunciado pelo seu querido imperador Nezahualpiltzintli.[4] Convidaram os espanhóis a se alojar no palácio imperial, onde os deixamos para ir a México-Tenochtitlan: a cada instante chegavam à cidade mensageiros com notícias, e o rei Montezuma ficou satisfeitíssimo com a acolhida reservada por seus sobrinhos a Cortés e, principalmente, com

4 *Nezahualpiltzintli* (*tzintli*: sufixo reverencial em nauatle), 1464-1515: filho e sucessor do rei-poeta Nezahualcoyotl, e, portanto, soberano de Texcoco de 1473 a 1515. Como o pai, deixaria reputação de pensador e excelente poeta.

a reconciliação entre Cohuanacotzin e Ixtlilxóchitl, pois presumia que isso levaria Ixtlilxóchitl a retirar as suas tropas das fronteiras. Mas Deus havia ordenado diferente.

Capítulo III, que conta como Cortés explicou a Ixtlilxóchitl a lei evangélica por intermédio dos intérpretes e como este recebeu o batismo, assim como seus irmãos, sua mãe e muitos outros índios; no qual também se conta como Montezuma reuniu seus conselheiros em México-Tenochtitlan e o que disso resultou.

Grato pelas grandes demonstrações de amizade que havia recebido de Ixtlilxóchitl e seus irmãos, Cortés quis recompensá-los explicando a lei de Deus por intermédio de Aguilar. Tendo reunido os príncipes e alguns senhores, tomou a palavra para lhes dizer que já lhes deviam ter contado que o imperador dos cristãos os enviara de tão longe para lhes expor a lei de Cristo, em que consistia etc. Explicou o mistério da criação do homem e da sua queda, o mistério da Trindade e da Encarnação para a redenção do homem e os da Paixão e da Ressurreição. Pegou um crucifixo e, quando o brandiu, os cristãos caíram de joelhos; ao ver tal coisa, Ixtlilxóchitl e os outros os imitaram. Em seguida, Cortés lhes ensinou o mistério do batismo e, para terminar, disse-lhes que o imperador Carlos, compadecido com o seu estado de perdição, o tinha enviado unicamente com esse objetivo e que, em seu nome, pedia que lhe obedecessem e os instava a se reconhecer como vassalos, em testemunho de gratidão por aquele benefício: essa era a vontade do papa, que havia consentido com a sua vinda. Como ele pediu uma resposta, Ixtlilxóchitl declarou chorando, em seu nome e no de seus irmãos, que havia compreendido perfeitamente aqueles mistérios e dava graças a Deus por lhe dar a Sua luz, que ele queria ser cristão e reconhecer o seu imperador. Depois pediu o Cristo e o adorou; e seus irmãos agiram do mesmo modo, para grande satisfação dos cristãos, que derramavam lágrimas de alegria. Eles solicitaram o batismo, e Cortés e o padre que se encontrava ao seu lado responderam que convinha esperar até que estivessem completamente instruídos, que outras pessoas se encarregariam dessa missão. Ixtlilxóchitl declarou que muito se alegrava com isso, mas suplicou que, apesar de tudo, lhe dessem o batismo imediatamente porque, a partir daquele instante, ele condenava a idolatria e insistiu que entendera muito bem os mistérios da fé. E, apesar das muitas opiniões contrárias, Cortés decidiu que ele seria batizado e que ele mesmo seria o padrinho. Chamaram-no Hernando porque esse era o prenome do imperador,[5] e a cerimônia transcorreu com muita solenidade. Envergando suas vestes reais, Ixtlilxóchitl e seu irmão Cohuanacotzin receberam as primícias da lei evangélica. O primeiro, apadrinhado por Cortés, foi batizado Hernando como o nosso rei católico, depois vieram Cohuanacotzin, que se chamou Pedro como Pedro de Alvarado, seu padrinho, Tecocotzin, que recebeu igualmente o prenome de Cortés, Hernando, e, sucessivamente, todos os outros senhores que os cristãos apadrinhavam dando-lhes o seu próprio nome. Naquele dia, teriam sido batizadas mais de vinte mil pessoas,

5 O texto original diz "*porque su emperador se llamava así* [...]", provavelmente por distração do copista, que confundiu "*su emperador*" com "*su señor*", querendo aludir ao prenome de Cortés, que era padrinho de Ixtlilxóchitl, daqui em diante designado como "*don Hernando*".

se fosse possível. Ixtlilxóchitl foi contar a sua mãe Yacotzin o que acontecera e dizer-lhe que vinha buscá-la para receber o batismo. Ela lhe perguntou se ele havia perdido o juízo e o repreendeu por ter-se deixado vencer em tão pouco tempo por um punhado de bárbaros. Dom Hernando retrucou que, se ela não fosse a sua mãe, sua resposta teria sido arrancar-lhe a cabeça dos ombros, e que ele se tornaria cristão quisesse ela ou não, porque a única coisa que importava era a vida da alma; ela lhe retrucou meigamente que a deixasse a sós, pois precisava refletir e ver o que deveria fazer. Ele saiu do palácio dando ordem de que pusessem fogo nos aposentos da mãe (outros dizem que ele fez isso porque a encontrou adorando ídolos num templo). Finalmente, ela saiu proclamando que queria ser cristã. Então ele a levou a Cortés, que foi o seu padrinho, e a batizaram com grande pompa, dando-lhe o nome de dona Maria, porque ela era a primeira cristã. Fizeram o mesmo com as infantas, suas filhas, que eram quatro, e com muitas outras senhoras. E, durante os três ou quatro dias que durou a sua permanência, batizaram, como foi dito, um grande número de gente.

Informado do que estava acontecendo, Montezuma mandou chamar seu sobrinho Cacama, seu irmão Cuitlahuacatzin e os demais senhores e propôs-lhes uma longa discussão para saber se convinha receber os cristãos e de que modo. Cuitlahuacatzin respondeu que de modo algum e Cacama foi de opinião contrária: pareceria pouco corajoso não os deixar entrar, estando eles a suas portas, mesmo porque não convinha a um grande senhor como seu tio recusar-se a receber os embaixadores de um príncipe tão importante como os que os enviou. Ademais, se eles tivessem pretensões que lhe desagradassem, havia tantos guerreiros, e tão valentes, que nada os impediria de punir a audácia. Foi sua última palavra e, antes que algum outro se manifestasse, Montezuma disse que também era daquela opinião. Cuitlahuacatzin exclamou então: "Queiram os deuses que não faças entrar na tua casa quem dela te expulsará e te tomará teu reino. Quando quiseres remediar tal coisa, talvez já não dê tempo". Assim terminou a reunião do conselho e, embora os outros senhores aprovassem com gestos essas últimas palavras, Montezuma decidiu que os queria receber, convidar e alimentar e ordenou ao seu sobrinho Cacama que fosse acolhê-los e a seu irmão Cuitlahuacatzin que os recebesse em seu palácio de Itztapalapan.

Capítulo IV, que conta como Cortés e os seus saíram de Texcoco rumo a México-Tenochtitlan e como os tlaxcaltecas voltaram às suas terras.

Cortés havia consultado dom Hernando sobre a viagem a México-Tenochtitlan e este lhe aconselhara a não levar os tlaxcaltecas, que eram ferozes inimigos dos culhuas[6] e poderiam causar alvoroço. Dom Hernando Tecocoltzin, grande amigo de Cortés, e dom Pedro, seu irmão, acompanharam, pois, os espanhóis na marcha a Itztapalapan, garantindo com a sua presença a vassalagem ao imperador que dom Hernando prometera no dia em que foi batizado. Cuitlahuacatzin os aguardava com

6 *Culhuas ou colhuas*: habitantes de Colhuacan, nome que designava diversas cidades famosas nos anais dos mexicanos antigos. Uma delas, perto de Chalco e Texcoco, foi sede de um pequeno e prestigiado reino. Não confundir com *acolhuas*, povos que chegaram ao Altiplano Central no fim do século XII e fundaram o reino de Acolhuacan, cuja capital era Texcoco.

muita comida e presentes. Ofereceu-lhes uma acolhida solene e hospedou-os magnificamente no palácio, e, naquela noite, chegaram muitos senhores mexicanos que lhes deram as boas--vindas por parte de Montezuma e declararam que eles eram aguardados no dia seguinte em México-Tenochtitlan. E assim, de manhã, puseram-se a caminho, e havia tanta gente que os vinha ver como uma coisa nova que ficaram admirados. Informado de sua chegada, o rei mandou Cacama cumprir a missão que lhe fora dada, e este saiu de palanquim à calçada onde hoje se encontra San Antón, vestindo seu trajes reais e um rico colar de pedras preciosas. Cortés apeou da montaria e o rei, do palanquim; e um avançou em direção ao outro; Cacama o saudou de maneira muito cortês, conforme a sua usança, e Cortés retribuiu conforme a sua. O rei suspendeu o colar no pescoço do espanhol e, quando este fez menção de abraçá-lo, foi impedido por dois capitães, pois não se podia tocar o rei, que era de essência divina. Cacama o tomou pela mão e eles entraram na cidade cercados de reis, senhores e capitães dos mais valorosos. Quando o cortejo chegou ao palácio, Montezuma foi recebê-lo num palanquim de ouro coberto com um dossel ricamente ornado e, dizem, carregado por quatro grandes do reino. Saiu desse modo até a praça e, ao se aproximar de Cortés, desceu do palanquim auxiliado por dois senhores, mordomos do reino, que lhe sustentavam os braços. Cortés ajoelhou-se e pediu-lhe as mãos, e o rei se abaixou até o chão, levantou-se, abraçou-o, colocou-lhe no pescoço um segundo colar de valor inestimável e deu-lhe um *xuchitl*[7] em sinal de amizade. Cortés

7 *Xuchitl* ou *xochitl*: "flor", em sentido figurado joia riquíssima composta de pedras preciosas.

se pôs de joelhos para receber o presente e também lhe colocou uma corrente de ouro no pescoço, tal como fizera com Cacama. Marina servia de intérprete, mas, diante da multidão que se acotovelava para vê-los, Montezuma preferiu abreviar a cerimônia e deu o sinal de partida. Eles disputaram o lado direito e o rei venceu, colocando Cortés à sua direita e dando o braço esquerdo ao seu sobrinho Cacama. Os outros reis se colocaram ao lado de ambos e os capitães e senhores puseram-se à frente do cortejo, afastando a multidão. Uma vez no palácio real, que havia sido de Axayacatzin,[8] pai de Montezuma, eles entraram no grande salão onde o rei tinha o seu trono: Montezuma sentou-se, instalou Cortés à sua direita e fez sinal a Cacama para despedir todo mundo, hospedar os cristãos e seus amigos nos numerosos aposentos do palácio e dar-lhes comida em abundância. E, por intermédio de seus mestres de cerimônia, disse-lhe estas palavras: "Senhor, sede bem-vindo, descansai e recreai-vos nesta casa que é vossa. Tudo que sou e tudo quanto possuo está a serviço do imperador em nome do qual vindes e eu me ponho ao vosso, senhor capitão. Também coloco a parte do tesouro que possuo e que herdei do meu pai a serviço do imperador sempre que o desejardes. E, como vindes cansado, não vos direi mais nada". E com isso se despediu, deixando Cortés desconcertado com tanta majestade. Após a despedida do rei, pôde constatar que o palácio era construído solidamente e assegurar-se de que seus homens estavam bem alojados. Depois, apresentaram-lhe numa baixela de ouro lavrada à maneira bárbara um dos banquetes mais opulentos que

8 *Axayácatl*: "Cara de Água", sétimo soberano asteca, reinou no México de 1469 a 1481.

jamais fora servido no mundo, com muito e excelente serviço, e desse modo transcorreram os dias.

Capítulo V, que trata do que dom Hernando Ixtlilxóchitl fez depois da partida de Cortés e de seus amigos e da conversa que Cortés teve com Montezuma no dia seguinte ao de sua recepção.

Enquanto Cortés estava em México-Tenochtitlan, dom Hernando Ixtlilxóchitl, contentíssimo por ter recebido a lei de Deus, aplicava-se nela com fervor auxiliado pelo capitão Alonso de Zúñiga e por um rapaz chamado Tomás, que estava aprendendo a língua e os mistérios da fé. Deixando uma guarnição bastante forte em Texcoco, ele foi percorrer as fronteiras e prevenir amigos e vassalos para que estivessem prontos caso Cortés tivesse alguma necessidade. Depois retornou à sua cidade, onde se ocupou em promover a nossa santa fé católica: obrigou todos os sacerdotes a se batizarem, demoliu e queimou os templos e destruiu os ídolos: foi uma reviravolta extraordinária.

Mas retornemos a México-Tenochtitlan, onde, na manhã seguinte, Montezuma foi visitar Cortés, que o recebeu com muito respeito. Por intermédio do seu intérprete, o rei perguntou se ele tinha sido tratado corretamente etc., e Cortés respondeu que tudo fora assim etc. e agradeceu. O rei quis saber se seus homens eram criados ou vassalos, ou se entre eles havia gente de qualidade, pois não queria de modo algum faltar às regras da cortesia com estes últimos. Cortés respondeu que todos eram seus amigos e companheiros e que cada um era tão bom quanto ele, a não ser pela dignidade de capitão. Montezuma se alegrou com isso e ordenou que tratassem os espanhóis com todas as honras e que lhes dessem todo o necessário. Então Cortés lhe disse que queria tratar de negócios muito importantes e secretos que ele ignorava e explicar quem era o grande senhor em cujo nome viera. O rei declarou que teria muito prazer em ouvi-lo e Cortés, por intermédio de Aguilar e Marina, revelou-lhe os mistérios da fé, como tinha feito em Texcoco com dom Hernando Ixtlilxóchitl; também lhe disse quem era a pessoa do imperador dom Carlos, o chefe do império de todos os cristãos, e quem era o papa, que lhe dera licença para vir também em seu nome. Ambos tinham ouvido falar de Montezuma e lamentavam muito que um tão grande senhor estivesse cego e vivesse num erro tão grande como o da idolatria. De modo que esse era o único motivo da sua visita e lhe suplicou que se batizasse, disse que o imperador lhe rogava que agisse assim e lhe oferecia sua amizade, contanto que ele o reconhecesse como imperador dos cristãos e dele próprio, ficando entendido que ele continuaria sendo rei no seu reino. Montezuma tudo escutou com muita atenção e seriedade e afirmou que se alegrava muito por ter ouvido mistérios tão elevados e por ter o benefício da amizade do imperador. E, assim, para selar essa amizade e a nova religião que ele trazia, dispôs-se a lhe dar todo ano o tributo que fosse conveniente e que, por ora, repartiria seus tesouros com ele para ajudá-lo nas despesas que tivera. Cortés ficou satisfeitíssimo com o que ouviu e saudou-o profundamente. Aqui há divergências, porque uns dizem que o rei se batizou imediatamente e tomou o nome de João; outros dizem que não, que ele morreu sem batismo. Seja como for, esses fatos aconteceram e Montezuma pegou Cortés pelas mãos e levou-o a visitar todo o palácio, explicando-lhe como era o do seu pai e mostrando-lhe um grande tesouro deste último, que ele enviaria ao imperador quando Cortés partisse. Este agradeceu e ficou admirado com tamanha soma de ouro. Depois se despediram e cada qual foi ao seu palácio. Montezuma passou a visitar Cortés e os seus com frequência, pois gostava de sua conversa.

Capítulo VI, que trata da prisão de Montezuma, conta qual foi o motivo e o que aconteceu, e diz como Cacama e seu irmão dom Pedro foram a Texcoco.

Estando as coisas no referido estado, Cortés pensou consigo que, se aprisionasse o rei, talvez conseguisse obter o que pretendia, pois podia contar com o valor e a amizade de dom Hernando Ixtlilxóchitl e do exército que ele mantinha na fronteira. Era mister tomar uma decisão e, usando como pretexto o fato de Quauhpopoca, senhor de Mextitlan (ou, segundo se soube mais tarde, um dos vassalos deste), ter matado um cristão, fingiu que a culpa recaía sobre Montezuma e que ele não o punia: deu ordem de prendê-lo no palácio e, postando sua gente em lugares convenientes, foi ao palácio de Montezuma. Este não desconfiava de nada e recebeu-o com demonstrações de alegria. Cortés lhe entregou a carta régia e, por intermédio do intérprete, explicou-lhe os motivos: queixou-se muito de Quauhpopoca, que afirmava ter cometido o crime por ordem do rei. Montezuma respondeu que não sabia de nada e que, para demonstrar sua inocência, mandaria procurar e prender Quauhpopoca. Tirando do dedo um anel em que estava gravado o seu retrato, deu-o a dois senhores que encontraram Quauhpopoca na fronteira de Otumba. Não contente com isso, o espanhol disse que, mesmo que o trouxessem a México-Tenochtitlan, convinha ao bem comum e à tranquilidade de seus soldados que o rei tivesse a bondade de acompanhá-lo ao seu palácio: seria tratado com tanta consideração quanto ele próprio e poderia governar de lá, e que agia assim para acalmar seus companheiros, que estavam indignados e se queixavam dele etc. Montezuma tentou opor-se duas ou três vezes, mas, para não provocar agitação entre os seus vassalos, preferiu ceder. Então os dois, acompanhados de alguns espanhóis, foram para a morada de Cortés, que pediu a Montezuma que declarasse a seus vassalos que ia de bom grado para melhor poder cuidar de sua saúde. Foi assim que o fizeram prisioneiro. Ao se inteirar do aprisionamento do tio, o rei Cacama chamou dom Pedro Cohuanacotzin, seu irmão, e eles foram a Texcoco com a intenção de juntar tropas para atacar os espanhóis, mas a empresa fracassou graças a dom Hernando, que se opôs, e o próprio Montezuma ordenou que levassem Cacama a México-Tenochtitlan, como se verá adiante.

Capítulo VII, que trata da morte de Quauhpopoca e do rei Cacama, conta como Cortés agrilhoou Montezuma e explica o que se passou entre dom Hernando e seus irmãos dom Pedro e Cacama.

Os dois senhores saíram com o selo real em busca de Quauhpopoca e, passando por Texcoco, souberam por dom Hernando Ixtlilxóchitl onde ele se encontrava. Trouxeram-no de Otumba e dom Hernando explicou-lhe por que Montezuma o chamava. O pobre Quauhpopoca respondeu que nada sabia a respeito daquilo e que gostaria de discutir o assunto com o rei, coisa que pareceu razoável a dom Hernando. Ele foi a México-Tenochtitlan, onde Montezuma se recusou a recebê-

-lo e entregou-o a Cortés, que o mandou diretamente para a forca: essa execução causou espanto a todos. O rei Cacama e seu irmão tentaram juntar homens o mais rápido possível. Mas dom Hernando se opôs e disse que não traíssem os espanhóis, pois eram seus amigos cristãos e súditos do imperador dom Carlos. O rei Cacama, que não assistira à cerimônia de batismo e não fora batizado, respondeu que aquilo não lhe interessava, e, assim, grandes dissensões opuseram os dois irmãos. Mas as razões de dom Hernando eram tão fortes e havia tão pouca gente disposta a seguir Cacama que este não se atreveu a lutar abertamente contra o irmão. Tudo isso se sabia em México-Tenochtitlan, e Cortés disse a Montezuma que ele deveria ir a Texcoco para debelar a rebelião. Mas o rei o aconselhou a não fazer tal coisa, porque Cacama era muito orgulhoso e senhor dos culhuas e dos chichimecas, a cidade era muito bem defendida e sua aventura acabaria mal. Cortés aceitou o conselho e sua promessa de fazer que Cacama fosse a México-Tenochtitlan. O rei mandou-o chamar por certos senhores que, recorrendo a artimanhas e estratagemas, conseguiram levá-lo à lagoa onde haviam deixado guardas que o transportariam até México-Tenochtitlan de canoa. Montezuma, zangado com Cortés, que naquele dia decidira acorrentá-lo, recusou-se a ver o sobrinho (pois estava tão perturbado com seus grilhões que ficou com vergonha de recebê-lo) e ordenou que o entregassem a Cortés. E, certo dia, apareceu o cadáver do desafortunado Cacama, último rei e herdeiro direto do império chichimecatl, não tendo ainda 25 anos. Enquanto sucediam tais fatos em México-Tenochtitlan e sem a presença de dom Hernando, que fora reprimir certo motim em Otumba, seu irmão dom Pedro, revoltado com a morte de Quauhpopoca e vendo que haviam prendido Cacama, reuniu tropas para libertá-lo. Ao saber disso, dom Hernando correu às pressas a Texcoco e, fazendo aos soldados a sua arenga habitual, conseguiu convencê-los a renunciar ao projeto. Entrementes chegou a notícia da morte do rei Cacama, o que muito entristeceu a todos e em particular dom Hernando, que se queixou de Cortés ao capitão Zúñiga, menos por sua morte do que pelo fato de ele ter sido morto sem batismo; mesmo assim, preferiu esquecer o incidente por causa da amizade e da fidelidade que agora devia ao seu novo imperador.

Capítulo VIII, que trata da vinda de Pánfilo de Narváez, e da atitude de Cortés para com ele, e que conta o que Pedro de Alvarado fez em México-Tenochtitlan, onde havia ficado.

Foi então que Narváez chegou com novecentos homens para prender Cortés por ordem de Velázquez. Cortés tentou primeiro negociar a paz e pedir-lhe ajuda, mas, diante da recusa, deixou México-Tenochtitlan e foi ao seu encontro: com presentes e outras manobras logrou atrair os homens de Narváez. Uma noite, entrou de surpresa no seu acampamento, prendeu-o e, contente e cheio de orgulho, pegou o caminho de volta para México-Tenochtitlan com todos os seus homens. Nesse meio-tempo, dom Pedro de Alvarado, que ficara em México-Tenochtitlan como lugar-tenente, pedira a Montezuma que organizasse um *mitote*[9] como eles bem sabiam fazer, do qual

9 *Mitote*, de *mitotiani*, "dançarino", e *itotia*, "dançar", nome dado pelos espanhóis às grandes festas religiosas astecas celebradas com essas danças.

participavam todos os senhores do reino em trajes de festa e sem armas para demonstrar o esplendor e a suntuosidade do reino. Atendendo ao chamado do rei, os principais senhores, em seus mais belos adornos, reuniram-se no pátio maior do templo onde se promoviam normalmente essas danças. Pedro de Alvarado deixou alguns guardas com Montezuma no palácio e, com os outros, atacou os pobres dançantes, matando a maior parte deles e roubando-lhes as joias: houve tamanha explosão na cidade que por pouco os espanhóis não foram massacrados naquele dia. Mas eles acabaram se abrigando no palácio, onde Montezuma, tentando saber o que havia acontecido, deu com Pedro de Alvarado, que lhe disse que haviam sido atacados quando se dirigiram à festa e, obrigados a se defender, mataram muitos mexicanos. Mas seus adversários eram tão numerosos que eles tiveram de recuar, e convinha que Sua Alteza fosse lhes falar. Montezuma, sem outra saída senão acreditar nele, subiu a uma açoteia e fez diversas tentativas de falar com revoltosos. Mas eles o insultavam e chamavam de covarde. Não levantaram o cerco e, todos os dias, exigiam ver o rei em grande tumulto. Ele procurava acalmá-los e conseguiu-o até que Cortés chegou de Veracruz com novas tropas e entrou na cidade do México.

Capítulo IX, que narra a entrada de Cortés em México--Tenochtitlan e a morte de Montezuma.

Tendo tomado o caminho de volta a México-Tenochtitlan com tropas novas e descansadas, Cortés chegou a Texcoco num dia em que dom Hernando retornava precisamente da fronteira do outro lado da cidade, onde hoje fica Guadalupe, para socorrer os cristãos: de fato, acossados pela retaguarda, os mexicanos afrouxaram a pressão sobre os sitiados (mas os cristãos não podiam sabê-lo, pois os caminhos todos estavam impedidos). E ele retornava a Texcoco para juntar novas forças e atacar pelo lado de Iztapalapan. Por isso, quando viu tantos soldados, alegrou-se muito e explicou-lhe o que se passava. Cortés quis partir imediatamente, mas dom Hernando o deteve até o dia seguinte e lhe deu mais de cinquenta mil homens, com dom Carlos como capitão. Ele próprio tornou a partir para a região da fronteira, onde recrutou e juntou homens, tanto e tão bem que dizem que chegou a reunir mais de duzentos mil combatentes em dois dias. Informado de que impediam Cortés de entrar na cidade, apressou-se com seu exército e marchou a noite inteira, de modo que, ao amanhecer, já se reunia a Cortés e seus amigos. Ele próprio atacou com os seus pelo lado que atualmente é San Antón: ali havia uma forte resistência, porque as pontes tinham sido destruídas e os canais eram muito profundos. Mas quando souberam que era Ixtlilxóchitl que os atacava, os mexicanos debandaram e retornaram à cidade. Os texcocanos puseram-se a consertar as pontes e gastaram três dias nessa tarefa. E, durante esse tempo, os ataques contra os sitiados não cessavam e Montezuma continuava a apaziguar os mexicanos, falando-lhes do alto da açoteia. Realmente, os cristãos corriam o risco de ser massacrados, se Deus não tivesse querido que Cortés, compreendendo o perigo, entrasse à força até o palácio, apesar da resistência dos inimigos e com a ajuda de dom Hernando. Eles conseguiram romper o cerco, e Cortés entrou no palácio com seus homens, enquanto dom Hernando se retirava para San Antón. Cortés soube então do motivo da rebelião, que era a tirania de Alvarado, e mostrou grande cólera (embora outros digam que ele mesmo lhe dera tais ordens antes de partir). Finalmente, vendo-se com mais de novecentos espanhóis e numerosos amigos, Cortés decidiu algo que tentaram dissimular, mas cuja verdade é conhecida de Deus, e foi que, no quarto da aurora, encontraram morto o desventurado Montezuma, que, na véspera, fora obrigado a aparecer numa açoteia baixa para falar com seus homens por trás de um pequeno parapeito. E contam que eles começaram a lhe atirar pedras e que uma delas o atingiu. Mas, ainda que tudo isso seja verdade, a pedra não podia ter feito mal nenhum, porque já fazia mais de cinco horas que ele estava morto. Alguns até especificam que, para que ninguém visse o ferimento, enfiaram-lhe a espada pelas partes baixas.[10] Os espanhóis começaram a gritar que eles haviam matado o seu rei, mas, ao contrário do que esperavam, os inimigos redobraram a fúria e, se dom Hernando não estivesse em México-Tenochtitlan com seu exército, não há dúvida de que todos teriam morrido.

Capítulo X, que conta como, acatando a opinião dos seus homens, Cortés fugiu de México-Tenochtitlan e dom Hernando foi a Texcoco para lhes enviar socorro.

Vendo-se com a faca no pescoço, como se diz, Cortés estava muito aflito e só podia contar com o socorro de dom Hernando, que era importantíssimo: porque, quando Cortés se achava numa situação desesperada, o outro o acudia perseguindo os mexicanos pelo lado de San Antón e obrigando-os a afrouxar a pressão sobre os sitiados para lutar na outra frente (embora,

10 Sobre a morte de Montezuma e suas diferentes versões, índias ou espanholas, cf. *Códice florentino*, Livro XII, p.142, n.77.

não sei por quê, os espanhóis se recusem a admitir isso). Vendo que não poderia se sustentar durante muito tempo, certa noite ele decidiu abandonar México-Tenochtitlan e saiu com a metade dos seus homens pelo lado de Tacuba,[11] em silêncio tão grande que só foi ouvido quando chegou a San Hipólito, onde, no confronto que se seguiu, morreram muitos dos seus nobres amigos e alguns espanhóis. Mas conseguiram fugir enquanto os infelizes que ficaram para trás serviram de festim aos mexicanos, segundo os relatos dos velhos e as ilustrações das suas histórias. Dom Hernando soube do sucedido e, depois de travar uma violenta batalha contra Cuitlahuacatzin, seu tio, que era rei desde a morte de Montezuma,[12] avisou as guarnições das fronteiras para que dessem a Cortés toda a ajuda que ele quisesse. E, embora alguns mexicanos os estivessem perseguindo, os guerreiros de dom Hernando os alcançaram e detiveram. E os espanhóis continuaram avançando até que, numa das planícies que se estendem entre Otumba e Cempoala, apareceu dom Carlos, que fora enviado por seu irmão para ajudar Cortés com mais de cem mil homens e uma grande quantidade de víveres. Mas Cortés não os reconheceu e deu alarme. E, ainda que dom Carlos, pondo-se de lado, mostrasse a comida, Cortés continuou desconfiado e, aproximando-se de um capitão

11 *Tacuba*, nome dado pelos espanhóis à cidade tepaneca de Tlacopan, a oeste de México-Tenochtitlan, e que constituía com México e Texcoco, desde 1428, a terceira capital da Tríplice Aliança fundadora do império asteca.

12 Cuitláhuac, na realidade, sucedeu oficialmente a Montezuma no dia 7 de setembro de 1520 e não reinou mais que 80 dias, até 25 de novembro do mesmo ano, quando sucumbiu à epidemia de varíola introduzida pelos espanhóis. Cf. mais adiante, cap. XI, p.280.

que levava a bandeira, arrebatou-a. Depois dom Carlos e ele conversaram e, recebendo as provisões, Cortés lhe pediu que dissesse a dom Hernando que ele ia com seus irmãos a Tlaxcala, esperava lá receber sua visita e lhe rogava que olhasse pelas coisas da Religião. E, despedindo-se, foi até Cempoala, onde teve boa acolhida e pernoitou e, no dia seguinte, chegou a um lugar próximo de Tlaxcala, onde dizem que um dos três chefes foi recebê-lo com homens e comida. E, no terceiro dia, finalmente chegou a Tlaxcala e foi recebido com muito amor e lágrimas das mulheres tlaxcaltecas.

Capítulo XI, que conta o que Cortés fez em Tlaxcala e nos arredores, e como dom Hernando se defrontou com seu irmão dom Pedro, que queria atacar os cristãos.

Quando da chegada de Cortés a Tlaxcala, houve discussões entre os senhores do lugar para decidir se receberiam ou não seus homens na cidade, mas a maioria se mostrou favorável a lhes dar acolhida. Eles foram mimados e cuidados e, tendo oportunidade de se medir com os guerreiros mexicanos em combates isolados nas vizinhanças da cidade, Cortés resolveu marchar outra vez sobre México-Tenochtitlan. Consultou os senhores tlaxcaltecas e eles lhe ofereceram ajuda, na esperança de se verem livres do jugo mexicano. Pediu-lhes o material necessário à construção de navios, tábuas e cravação, e eles lhe fizeram a promessa de fornecê-lo. E como alguns espanhóis haviam chegado da ilha de Cuba, foi por isso que Cortés resolveu ir a Texcoco, onde, nesse ínterim, o nosso dom Hernando estava enfrentando dificuldades: de fato, seu irmão dom Pedro chegara de México-Tenochtitlan durante sua ausência e tentara persuadir os texcocanos a ajudar seu tio Cuitlahuacatzin contra os cristãos. E tanto fez que teria recrutado mais de duzentos mil homens se dom Hernando não houvesse chegado a tempo. Mas, ao saber do ocorrido, ele se apressou a vir e conseguiu ser tão convincente que os persuadiu do contrário. Dom Pedro ficou sozinho e retornou a México-Tenochtitlan em virtude da morte de seu tio, que contraíra uma doença de pústulas que um negro de Narváez espalhara entre os índios e causara uma infinidade de vítimas. E os mexicanos elegeram rei um sobrinho de Montezuma chamado Cuauhtémoc, senhor de Tlatelolco no México, grão-sacerdote de seus ritos e idolatrias e homem muito valente e terrível.[13]

Capítulo XII, que conta como Cortés e seus tlaxcaltecas entraram em Texcoco e como construíram bergantins e prepararam o ataque à cidade com dom Hernando Ixtlilxóchitl como general dos índios.

Saindo de Tlaxcala, Cortés chegou a Texcoco em dois dias, mas por um caminho diferente do previsto por dom Hernando, que enviara dois dos seus irmãos para lhe oferecer a cidade. Cortés os recebeu e se instalou em Texcoco, onde o cercaram de atenções e mimaram com uma amizade e um amor sem iguais. No mesmo dia, dom Hernando foi a Otumba para fazer um apelo a toda a região. Alguns tlaxcaltecas aproveitaram a sua ausência para satisfazer ódios antigos pondo fogo no palácio do

13 *Cuauhtémoc*, "a Águia que Cai", último rei asteca, reinou de 25-29 de janeiro a 13 de agosto de 1521. Cf. *Códice florentino*, Livro XII, p.179, n.110.

rei Nezahualpiltzintli: ao ver isso, os habitantes começaram a fugir para as montanhas e para a lagoa e dom Carlos queixou-se a Cortés. Acompanhados de alguns senhores, os dois foram apagar o fogo, e dizem que, nesse dia, Cortés lhes disse, por intermédio da jovem Marina, que não tivessem medo, pois contavam com dom Hernando, seu rei, filho de Nezahualpiltzintli, do qual era o representante. Essas palavras os sossegaram, e, quando dom Hernando regressou e soube do acontecido, quis castigar os tlaxcaltecas, mas Cortés interveio a seu favor, o que não impediu que dois ou três que haviam sido líderes fossem executados: seus companheiros se inquietaram e voltaram a Tlaxcala. Isso prova, pois, que não foram os tlaxcaltecas que conquistaram México-Tenochtitlan, e sim dom Hernando Ixtlilxóchitl com os duzentos mil vassalos que ajudaram os espanhóis. Tal era a situação quando dom Pedro de Alvarado chegou de Tlaxcala com alguns espanhóis e muitos tlaxcaltecas, trazendo madeira e cravação para os bergantins. Eles lançaram mãos à obra com a ajuda de muitos operários fornecidos por dom Hernando. Quando o trabalho terminou e o exército foi reunido, eles abriram o canal que permitiu aos bergantins alcançar a lagoa onde a flotilha fazia um espetáculo incomparável. Dom Hernando organizou suas companhias e deixou a cidade sob a guarda de seu irmão Tecocoltzin, pedindo-lhe que se ocupasse do abastecimento dos homens. Então os bergantins iniciaram a travessia da lagoa, cercados de um grande número de canoas sob o comando de dom Carlos. Enquanto isso, dom Hernando e Cortés iam por terra com o resto da tropa até a cidade do México, onde montaram acampamento e se prepararam para a batalha.

Capítulo XIII, que conta como o rei Cuauhtémoc convocou uma reunião do conselho para incitar seus vassalos a se render e trata da recusa destes e de outros fatos.

Diante da superioridade espanhola, o novo rei de México--Tenochtitlan reuniu os membros do conselho e lhes expôs a situação, recordando-os do presságio segundo o qual Ixtlilxóchitl viria a ser o artesão de sua ruína; aconselhou-os a se render em condições honrosas, pois seria menos mal que morrer nas suas mãos e nas dos espanhóis. Mas os vassalos se recusaram em razão do péssimo conceito que tinham dos espanhóis, que consideravam infames e gananciosos. Houve uma nova reunião, depois outras duas, nas quais Cuauhtémoc lhes disse que, em breve, seria tarde demais: eles repetiram que preferiam morrer a ser escravos de gente tão ignóbil; foi então que ficou decidido que era melhor morrer. Cortés, que foi informado dessas deliberações, deu instruções a Ixtlilxóchitl sobre como conduzir o cerco: as escaramuças e batalhas se prolongaram sem resultado por mais de sessenta dias: o que os cristãos ganhavam durante o dia voltavam a perder durante a noite, e era cada vez mais difícil recuperar o terreno por causa das pontes destruídas e das numerosas baixas entre os soldados. E na lagoa eles também enfrentavam dificuldades, pois não os deixavam entrar na cidade e os bergantins patrulhavam ao largo, limitando-se a vigiar aquela zona da lagoa sem ter nenhuma outra utilidade. Diante dessa situação, dom Hernando disse a Cortés que tinha vergonha do seu procedimento medíocre e que os espanhóis estavam começando a desanimar; na sua opinião, o melhor era abrir uma brecha, seguido pelos espanhóis, e demolir as casas à medida que avançassem para entulhar os canais, com exceção dos necessários para a passagem dos bergantins: então veriam o que acontecia. Cortés aprovou esse plano e assim foi feito, de modo que, na conquista desta cidade, sempre foi dom Hernando que teve a iniciativa.

Capítulo XIV, que diz como progrediram as questões da guerra sob a condução de dom Hernando e narra a conquista da maior parte da cidade e a tomada do templo maior, além do que aconteceu naquela ocasião.

Seguindo o plano que fora decidido, Cortés ordenou que alguns bergantins e canoas entrassem pelos canais reais e que os outros cercassem completamente a cidade. Depois, dom Hernando avançou na hora combinada, arrasando as casas e derrubando os arvoredos, entulhando os canais em alguns lugares e sempre ganhando terreno. Era tanta gente morta de um lado e de outro que não se pode dizer. O famoso dom Hernando se mostrou destemido em muitas ocasiões e, particularmente, quando da tomada do templo maior. Os outros já estavam destruídos e alguns senhores e capitães se haviam refugiado nele com a intenção de dar uma derradeira prova de coragem na defesa de seus falsos deuses. Chegando ao pé do templo, dom Hernando começou a subir pelos degraus, acompanhado de seu tio dom Andrés Achcatzin, famoso capitão de Chiyautla que comandava cinquenta mil homens, e do intrépido Cortés, que acabara de chegar. Somente os três, sem ninguém mais por causa do perigo notório que enfrentavam, crivados de pancadas e feridas, abriram caminho até o alto, onde se achava o ídolo principal, com adornos magníficos, uma máscara de ouro cravada de pedras preciosas e uma cabeleira com tanta pedraria que uma e outra eram de valor inestimável. Cortés se apoderou da máscara, dom Hernando agarrou pelo cabelo o ídolo que ele outrora adorava e cortou-lhe a cabeça. Erguendo-a bem alto, mostrou-a aos mexicanos e disse-lhes com voz vibrante: "Aqui vedes o vosso falso deus e o pouco que vale; reconhecei a vossa derrota e recebei a lei de Deus, que é a verdadeira". A essa altura, atiraram-lhe tantas pedras que seu tio Andrés teve de proteger o sobrinho e Cortés com seu escudo, pois os dois famosos capitães estavam a descoberto. E então arrebatou o ídolo...[14]

14 O relato da conquista apresentado por esses "fragmentos n. 2" do *Códice Ramírez* termina aqui, inesperadamente, com uma façanha particularmente espetacular de dom Hernando Ixtlilxóchitl, que conseguiu se apoderar da representação mais sagrada dos mexicanos: a imagem do deus Uitzilopochtli. Segundo os costumes de guerra pré-colombianos, isso pôs simbolicamente fim à guerra e significou a derrota sem remissão dos mexicanos. Contudo, é provável que o original nauatle desse texto incluísse uma sequência que essas "fichas" de tradução não nos permitiram obter.

DIEGO MUÑOZ CAMARGO

HISTÓRIA DE TLAXCALA

Livro II, capítulos I a VII

Texto espanhol de *Historia de Tlaxcala.*
México, Oficina Tip. de la Secretaría de Fomento, 1892
Edição de Alfredo Chavero
Reimpresso em fac-símile por Edmundo Aviña Levy,
Guadalajara, 1966

Cortés é recebido em Tecohuatzinco pelos senhores de Tlaxcala, que lhe oferecem presentes.

Capítulo I

Remetendo o leitor, como costumamos fazer, aos cronistas desta terra e ao relato pormenorizado que escreveram dos grandes acontecimentos da conquista, contentar-nos-emos em reconstituir em traços largos o essencial dessa história. E falaremos, em primeiro lugar, dos sinais que houve nesta Nova Espanha antes da chegada dos espanhóis.

Como o demônio, inimigo do gênero humano, apoderou-se do espírito dessas gentes, sempre as manteve enganadas e jamais as orientou pelo caminho do sucesso, mas em coisas com que se perdessem e arruinassem; e como o nosso Deus e Bem supremo tivesse piedade e misericórdia de tamanha multidão de gentes, ele começou, na sua imensa bondade, a enviar mensageiros e sinais do céu para anunciar a vinda de seus servidores, não sem com isso provocar um grande espanto neste Novo Mundo. Assim, dez anos antes da chegada dos espanhóis, houve um sinal que foi considerado um mau presságio e um estranho prodígio: viu-se aparecer uma coluna de fogo muito flamífera, clara e resplandecente, projetando ao seu redor espessas nuvens de centelhas que se derramavam em feixes incandescentes, e a claridade que dela emanava produzia um tal flamejamento que parecia o crepúsculo matinal; e essa coluna parecia perfurar o céu, a partir do solo donde nascia, estreitando-se desde um largo soclo até acabar numa espécie de pirâmide cuja ponta tocava o céu; e ela aparecia a sul, da meia-noite até o raiar do dia, para só desmaiar já bem entrada a manhã, dissipada pela força e pelo resplendor dos raios do Sol. E esse sinal durou um ano a contar do ano Doze-Casa, segundo o cômputo dos índios, o que corresponde ao nosso 1516;[1] e, quando viram essa miragem ou esse prodígio, os índios manifestaram uma dor intensa, soltando gritos, clamores e gemidos em sinal de grande espanto e batendo na boca, como costumam fazer. Todos esses prantos e lamentações eram acompanhados dos sangrentos sacrifícios humanos que eles tinham o costume de oferecer nas adversidades e nos tormentos; e esses sacrifícios e esses ritos supersticiosos eram tanto mais numerosos quanto mais cruelmente se abatiam sobre eles os contratempos e as desgraças. Nesse clima de inquietude e angústia, oprimidos pelo medo e pela desolação, ficaram obcecados pela significação daquele estranho prodígio e tentaram desvendar, por meio de adivinhos e encantadores, o mistério daquele sinal enigmático até então nunca visto nem ouvido no mundo. É mister considerar que

1 Erro de Muñoz Camargo ou de seu transcritor. Na verdade, o ano "Doze-Casa" corresponde a 1517. Cf. *Códice florentino*, Livro XII, p.71, n.4.

esses sinais começaram dez anos antes do início da conquista e que a data que eles dão, o ano Dez-Casa, corresponde a 1516, ou seja, três anos antes da chegada dos primeiros espanhóis.[2]

O segundo prodígio, sinal ou presságio foi um incêndio que, sem que ninguém o provocasse, devastou o templo do demônio – que eles chamam o templo de Uitzilopochtli –, situado no bairro de Tlalcateco. Esse incêndio foi tão grande e tão repentino que as chamas saíam pelas portas do templo e pareciam querer chegar ao céu, e num instante tudo ardeu e queimou sem remédio, e, quando isso aconteceu, houve um grande tumulto e gritos por todos os lados: "Eia, mexicanos! Vinde depressa, acudi, trazei cântaros de água para apagar o fogo". Todos os que puderam se apressaram a socorrer, até formar uma imensa tropa de salvadores, mas quando se aproximaram para jogar a água e combater o sinistro, as chamas ardiam com mais força e, assim, sem que se pudesse fazer nada, tudo acabou consumido pelo fogo.

O terceiro prodígio e sinal foi o raio que caiu num templo idólatra que tinha telhado de palha, o que os índios designam pela palavra *xacal*, e esse templo, dedicado ao ídolo Xiuhtecuhtli, eles o chamavam de Tzonomosco.[3] Caía uma chuva muito fina, uma espécie de nevoeiro, e o templo foi fulminado sem que se ouvisse um trovão ou se visse relâmpago sobre ele, e ele

---

2 Outro erro de Muñoz Camargo ou de seu copista, pois o ano "Dez-Casa" equivaleria, segundo as correlações aceitas hoje, a 1489. Aqui Muñoz Camargo seguiu passo a passo o *Códice florentino*, Livro XII, cap. I, mas o texto do tlaxcalteca aumentou ainda mais as confusões cronológicas já apontadas na época. Cf. *Códice florentino*, Livro XII, p.71, n.4.

3 Cf. *Códice florentino*, Livro XII, p.72, n.7.

se incendiou inteiramente, coisa que se considerou de muito mau agouro.

O quarto prodígio foi que, em pleno dia, com o sol brilhando no céu, vários cometas cruzaram o firmamento de oeste para leste, com força e violência, lançando e projetando uma chuva de centelhas e brasas no seu curso rumo ao levante, com caudas de comprimento e largura extraordinários. E, durante todo o tempo em que se viram esses sinais, houve alvoroço na população, assim como clamores, gritos e gemidos.

O quinto sinal prodigioso foi que a lagoa de México se pôs a espumar e borbulhar sem que houvesse vento e as águas se levantavam e subiam a tal altura que cobriram mais da metade das casas do México, e muitas delas desmoronaram e foram engolidas e submersas.

O sexto prodígio foi que, durante longas noites, se ouviu uma voz de mulher que chorava muito alto e dizia entre lágrimas, soluços e suspiros: "Oh, meus filhos, nós estamos perdidos sem remissão!". E outras vezes dizia: "Oh, meus filhos, aonde vos poderei levar e esconder?".

O sétimo prodígio foi que, na lagoa mexicana, marinheiros, piratas ou caçadores de canoa caçaram uma ave cinzenta parecida com uma garça e, imediatamente, foram mostrá-la a Montezuma, que se achava no Palácio do Salão Negro[4] na hora em que o sol começava a declinar. A ave era tão estranha e admirável que não se pode imaginar nem descrever a sua grande singularidade: tinha na cabeça um diadema redondo na forma de espelho muito diáfano, claro e transparente, através do qual se viam o céu e a constelação que os astrólogos chamam signo

4 Ibid., p.72-3 e n.8.

de Gêmeos; e quando Montezuma se pôs a examinar e admirar o diadema e a cabeça da ave, viu uma multidão de homens que marchava em esquadrões bem formados, vestidos para o combate e guerreando montados em animais parecidos com cervos; diante dessas visões tão inquietantes, mandou chamar seus áugures e adivinhos, que tinham reputação de sábios. Quando estavam na sua presença, Montezuma lhes disse a causa da sua admiração: "Deveis saber, meus queridos e sábios amigos, que vi coisas grandiosas e estranhas pelo diadema de um pássaro que me trouxeram e que era de uma raridade tal que ninguém jamais viu nem caçou outro igual; e, por esse diadema, que é transparente como um espelho, vi homens marchando em fileiras ordenadas. Olhai por vossa vez e vereis a mesma coisa que eu". Contudo, quando os adivinhos quiseram dar seu julgamento, fazendo conjeturas ou prognósticos após o relato de coisa tão inaudita que lhes fez o rei, eis que o pássaro desapareceu repentinamente, e eles nada puderam dizer nem fazer nenhuma previsão certa e verdadeira.

O oitavo prodígio do México foi que muitas vezes apareceram e foram vistos dois homens unidos num só corpo – que os nativos chamavam *tlacanctzolli* – e, em outras ocasiões, corpos de duas cabeças que eram levados ao Palácio do Salão Negro do grande Montezuma, no qual, mal haviam chegado, essas aparições desapareciam e ficavam invisíveis todos os sinais que anunciavam aos índios seu fim e acabamento, porque diziam que o fim estava por chegar, o universo ia desaparecer e outros seres seriam criados, e a terra seria povoada por novos habitantes. E eles andavam assim, desesperados e tristes, sem saber o que pensar de acontecimentos tão assombrosos e singulares, nunca vistos nem ouvidos até então.

Além de tais prodígios, houve outros nesta província de Tlaxcala antes da chegada dos espanhóis, pouco tempo antes. O primeiro sinal foi que toda manhã, três horas antes do raiar do sol, uma claridade emanava do lado do oriente semelhante a uma névoa branca muito clara que subia ao céu, e, como ninguém conhecesse a sua origem, aquilo produzia muito espanto e admiração. Também se podia ver outro sinal maravilhoso, e era um turbilhão de poeira que, à maneira de um furacão, se levantava acima da serra Matlalcueye, que hoje se chama serra de Tlaxcala, e esse furacão subia a uma altura tal que parecia chegar ao céu. Esse sinal foi visto muitas e muitas vezes durante um ano inteiro e também suscitou admiração e espanto. Aqueles índios só puderam imaginar e compreender uma coisa: que os deuses haviam descido do céu. E, assim, essa tão estranha notícia voou e se espalhou pela terra e entre as gentes e acabou chegando a México-Tenochtitlan, onde ficava a capital deste império e desta monarquia.

Quando ela foi sabida e divulgada, não sem provocar grande temor e espanto, os índios se aturdiram não pelo temor de perder seus reinos, terras e senhorios, mas por entender que o mundo havia chegado ao fim, que todas as gerações estavam fadadas a desaparecer e perecer, pois os deuses haviam descido do céu e não se podia pensar senão que eram chegados o fim e a consumação do mundo e que tudo havia de perecer e se acabar; e até os homens poderosos se puseram a procurar esconderijos e cavernas em que ocultar as mulheres e os filhos, com provisões suficientes para esperar a ira dos deuses se apaziguar, convencidos de que os presságios anteriores se haviam realizado com essa vinda e que aqueles sinais diversos e tremores de terra não eram avisos dos deuses para que os homens se emendassem: porque mais de sete anos antes dessa vinda, viu-se dentro do sol uma espada de fogo que o atravessava de lado a lado, dele saía um mastro e uma bandeira de fogo resplandecentes, e essas coisas só podiam prognosticar a destruição total e o fim do mundo. Em meio a lágrimas e tormentos, aquelas pessoas se afligiam num desespero horrendo.

Diante de acontecimentos tão insólitos, a república mexicana procurou saber com toda a certeza se aquela gente eram deuses do céu ou pessoas humanas, e, assim, por decisão e ordem de Montezuma, despacharam muito secretamente a Cempoala pessoas incumbidas de fazer um relato fiel do que haviam visto. Os feiticeiros, encantadores e adivinhos inclinavam-se a pensar que os recém-chegados não eram deuses, mas homens, embora seus encantamentos e sortilégios não os afetassem, motivo pelo qual eles não chegaram a afirmar se se tratava de homens, pois o poder de seus encantamentos se dissipava contra aquela gente. E, quando chegaram os mensageiros e espiões de Montezuma, eles puderam verificar que se tratava de homens, porque comiam, dormiam, bebiam e apreciavam as satisfações humanas. Trouxeram uma espada, uma balestra e uma notícia muito estranha, que era a presença de uma mulher bonita como uma deusa, porque falava a língua mexicana e a dos deuses, o que permitia saber o que aquela gente queria; seu nome era Malintzin, mas depois de batizada passaram a chamá-la Marina. Finalmente, quanto a saber se eram deuses ou homens, eles não conseguiram decidir. "Porque, se fossem deuses", diziam, "não derrubariam os nossos oráculos nem maltratariam as nossas divindades, pois seriam as suas irmãs, e como as maltratam e derrubam, não devem ser deuses, e sim gente bestial e bárbara que receberá dos nossos ídolos o justo pagamento de suas ofensas." Discutiam essas e outras coisas, como homens desprovidos de senso comum, e, ademais, afirmavam que, sim, eram deuses, pois vinham montados em animais estranhíssimos, nunca vistos no mundo. E, falando e comunicando-se com eles por intercessão de Marina, chamavam os cavalos de "cervos", que na língua mexicana é *mazatl*, e todos os animais eles chamavam de "cervos" ou então de "veados", que também existiam naqueles paragens e são chamados de *tlacoxolotl*.

De volta a México-Tenochtitlan, os espiões explicaram o que tinham visto e, depois de dar as informações que tinham colhido, acabaram concordando quanto à natureza humana dos estrangeiros, pois eles adoeciam, comiam, bebiam e faziam outras coisas de homens; mas admiravam-se muito de que não trouxessem mulheres, a não ser a tal Marina; aquilo só podia ser por ordem e intervenção dos deuses, pois como ela sabia a sua língua, que era impossível sabê-la? E a balestra e a espada, como era possível que forças humanas as pudessem manejar? E assim, nessa estranha confusão, aguardavam para saber quais eram os seus desígnios e, visto que aquela gente não passava de um punhado de homens, Montezuma não se preocupou nem imaginou a sua perdição, pois lhe parecia que, se fossem deuses, ele os aplacaria com sacrifícios, orações e outras manifestações de devoção, e, se fossem homens, o seu poder era insignificante. Por fim, não deu importância à questão e consentiu em que entrassem na cidade, imaginando que, se fossem deuses ou mensageiros dos deuses, ele se entenderia com eles e, se fossem homens, não tardaria a desmascará-los e expulsá-los de suas terras. Sobre todas essas questões, houve grandes assembleias, diversas resoluções e opiniões divergentes. A decisão final foi deixá-los entrar, mas Montezuma ordenou que os proibissem de sair de Cempoala e seguir adiante enquanto não se conhecessem com certeza a sua natureza e as suas intenções. No entanto, como estava informado da existência daquele príncipe glorioso, da sua grandeza, do seu poder, Cortés disse e proclamou que vinha à sua procura, que queria vê-lo e visitá-lo e fazer dele seu senhor e amigo. Com essa notícia, Montezuma mandou a sua gente dizer aos deuses que, se simplesmente o queriam ver e visitar, ele considerava essa formalidade cumprida e os dispensava dela, que dissessem o que queriam que ele mandaria pelos seus e que voltassem para casa, pois a sua chegada havia causado muito tumulto e espanto. E assim passaram alguns dias em disputas e conversações dessa ordem para chegar a um acordo.

Capítulo II

Deixando uma parte das tropas em Cempoala, Cortés decidiu pôr-se em marcha e dirigir-se à província de Tlaxcala, porque, por providência divina, Deus havia ordenado que aqueles povos se convertessem à nossa Santa Fé Católica e chegassem ao verdadeiro conhecimento de Sua Pessoa por instrumento e meio de Marina, que os indígenas chamavam de Malintzin e consideravam uma grande deusa. Pois é assim que se devem entender todas as palavras que terminam em diminutivo, como uma forma reverencial. Os indígenas entendem, pois, o diminutivo em sentido superlativo, como se agora disséssemos, por exemplo, "meu mui grande Senhor" Huelnohueytlatocatzin, e assim chamavam Marina comumente Malintzin. Quanto à origem de Malintzin, há grandes divergências sobre a terra que a viu nascer, questão da qual nos desviaremos para falar unicamente dos acontecimentos nos quais ela interveio. Porque os que têm escrito sobre a conquista desta terra já trataram longamente desse ponto e, em particular, Bernal Díaz Castillo, autor muito antigo, pois foi um dos primeiros conquistadores deste Novo Mundo e que disso fala copiosamente como testemunha ocular num livro ao qual me remeto.[5]

É coisa notória e muito sabida que Malintzin foi uma índia de grande mérito e inteligência clara, originária do México e roubada dos pais, por ter uma figura encantadora, para ser entregue a mercadores que traficavam em toda a costa setentrional. Também se sabe que, depois de muitas tribulações, foi levada a Tabasco, Potonchan e Acosamilco. Alguns afirmam que era filha de um mercador que a levou àquelas terras, coisa que um espírito judicioso não admitiria, pois é muito mais razoável pensar que, por sua grande beleza, ela tenha sido levada para ser oferecida em casamento a algum cacique da costa e apresentada pelos mercadores que queriam obter licença dos caciques de Acosamilco para comerciar livremente no país. E isso é tão verdadeiro que ela estava em poder de um cacique daquela terra quando Cortés a encontrou. Seja como for, foi o que

5 Bernal Díaz del Castilho concluiu a redação de sua *História verídica da conquista da Nova Espanha* por volta de 1568, mas o livro só foi publicado em 1632, em Madri. Os capítulos dedicados a Malintzin são os XXXVI e XXXVII da *História verídica*. Tendo escrito entre 1576 e 1585, Muñoz Camargo remete necessariamente a uma cópia manuscrita da crônica de Bernal Díaz, que devia estar circulando.

O massacre de Cholula.

aconteceu. Outros afirmam que Marina era natural de um lugar chamado Huilotla, que fica na província de Xalisco, e que seus pais, ricos e nobres, eram da família do senhor daquela terra. Ora, essa suposição é contraditória, pois os habitantes de Xalisco são chichimecas e Marina era de língua mexicana e a falava, segundo os índios, com pureza e refinamento; e, se é verdade que se falava a língua mexicana naquela província, era de maneira tosca e grosseira. Enfim, também há quem diga que Marina foi apresentada em Potonchan com outras vinte mulheres dadas a Cortés, e há quem afirme que a levaram para vendê-la a mercadores mexicanos que se encontravam em Xicalanco, província que fica acima de Cohuatzaccalco e ao lado de Tabasco. Ela era de origem mexicana, porque conhecia perfeitamente a língua, o que permite deduzir que, quando passou para aquelas terras longínquas, já devia ser mulher com idade para saber quem era Montezuma e os inimigos e adversários de seu grande império e de sua monarquia, pois teve condições de explicar tudo isso a Cortés, ao mesmo tempo que falava nas grandes riquezas e tesouros de México-Tenochtitlan.

Era, pois, cativa desses mercadores naquelas terras quando, um dia, chegou à costa um navio dos que tinham vindo explorar as terras que outrora chamavam de Iucatã por ordem de Diego Velázquez, governador da ilha de Cuba, e alguns membros da tripulação dessas naves, ou das de Francisco Hernández de Córdoba, foram aprisionados pelos índios e, entre eles, certo García del Pilar e um chamado Jerónimo de Aguilar, espanhóis que Marina conheceu mais tarde. Achando-se cativo naquela terra, Aguilar tentou agradar ao máximo o seu amo, ocupando-se tanto da pesca quanto de outros trabalhos que sabia executar com perfeição. E se saiu tão bem que ganhou a sua simpatia e, como recompensa, recebeu Malintzin como esposa.[6] Graças a sua habilidade, Aguilar aprendeu a língua do lugar muito rapidamente e tão bem que os próprios índios se admiravam ao ouvi-lo falar. E se transformou de tal modo em índio que furou as orelhas e o nariz e tatuou o rosto e o corpo como os próprios índios:[7] obrigado pela necessidade, submetia-se em tudo à sua maneira de viver, se bem que sempre tenha conservado seu cristianismo e guardado o conhecimento e a observância da lei de Deus. E Malintzin, obrigada pela mesma necessidade, também aprendeu o idioma daquela terra, e tão bem que marido e mulher a utilizavam com tanta facilidade como falavam as suas respectivas línguas maternas. E foi assim que Jerónimo de Aguilar soube e compreendeu grandes segredos de toda esta terra e do reino do grande Montezuma; e, quando Cortés chegou com sua armada a essa costa, por vontade divina encontrou esse Jerónimo de Aguilar, o qual foi com uma flotilha de canoas ao encontro da armada cristã, por ordem de seu amo e de outros caciques dessa terra, com uma cruz de junco e uma

6 Aqui, o relato de Muñoz Camargo contém toda uma série de afirmações fantasiosas em evidente contradição com as informações anotadas por Bernal Díaz del Castillo nos capítulos XXIX e XXXVII da *História verídica*. Em particular, o companheiro de cativeiro de Jerónimo de Aguilar, quando estava sob o poder dos maias, não foi García de Pilar, e sim Gonzalo Guerrero. Por outro lado, é improvável que Malintzin, oferecida a Cortés no dia 15 de março de 1519 pelos chefes maias de Tabasco, fosse casada com Aguilar, que os homens de Cortés encontraram em 3 de março no litoral de Cozumel.

7 Aqui Muñoz Camargo confunde Jerónimo de Aguilar com Gonzalo Guerrero, que assimilou inteiramente os costumes maias e não quis voltar a viver com seus compatriotas.

pequena bandeira, gritando muito em direção à nau capitânia: "Cruz! Cruz! Cristo! Cristãos! Sevilha! Sevilha!". Os gritos causaram grande admiração nos marinheiros espanhóis. Eles abordaram as naves pedindo, antes de mais nada, a promessa de Cortés de que não faria nenhum mal aos indígenas e os trataria como amigos, pois foi principalmente por isso que eles enviaram Aguilar em missão, para evitar uma agressão espanhola contra os seus irmãos, e efetivamente assim foi.

Retomando o nosso tema principal, direi que chamaram Malintzin, que viria a ser instrumento de grande bem, e Hernando Cortés a recebeu e tratou como uma pessoa que muito lhe importava, serviu-a e regalou-a tão magnificamente quanto possível. E, para que fosse bem tratada, colocou-a sob a guarda a Juan Pérez de Arteaga,[8] um nobre soldado do seu exército, que logo passou a se chamar Juan Pérez Malintzin para se distinguir dos outros homens também de nome Juan Pérez: e, como Malintzin só conhecesse a língua mexicana e a de Huilotla e Cozumel, falava a Aguilar e este traduzia suas palavras para o castelhano; de modo que, para interpretar a língua de México-Tenochtitlan, ela tinha de utilizar a de Huilotla e Cozumel com Aguilar e Aguilar a transpunha para o castelhano, até o dia em que Malintzin aprendeu também a nossa.

---

8 Segundo Bernal Díaz (cap. XXXVI), Cortés deu Malintzin ao conquistador Alonso Hernándes Puerto Carrero, primo do conde de Medellín. Quando este retornou a Castela (em 16 de julho de 1519 segundo Cortés, *Cartas*, II), Cortés a tomou como amante durante toda a conquista de México-Tenochtitlan e teve um filho com ela: Martín Cortés. Enfim, em 1524, por ocasião da expedição das Hibueras, Malintzin se casou com o fidalgo conquistador Juan Jaramillo, em Orizaba, e isso por recomendação do próprio Cortés.

Capítulo III

Tendo, pois, colhido informações sobre esta terra, sobre a grandeza e a majestade de Montezuma e os seus adversários no Império, Cortés escreveu uma carta aos quatro senhores da província de Tlaxcala. Explicava que viera a esta terra com o desejo de conhecê-los e socorrê-los nos seus sofrimentos e necessidades; que sabia muito bem que eles eram oprimidos pelo jugo e pela tirania dos culhuas de México-Tenochtitlan; ele vinha em nome de um grande senhor, o imperador dom Carlos, e trazia consigo o verdadeiro Deus, porque os que eles adoravam eram falsos e feitos pela mão de homens mortais; o Deus que ele e seus companheiros adoravam era o que tinha criado o céu e a terra e tudo quanto neles havia; ele lhes enviava um chapéu, uma espada e uma balestra para que vissem a força das suas armas, as quais eles traziam para socorrê-los e favorecê-los como irmãos contra aquele tirano e carniceiro sanguinário, pois sabia que Montezuma os oprimia cruelmente. A carta continha essas e outras coisas importantes; mas, como não sabiam ler, eles não puderam entender o seu conteúdo. Por isso, os mensageiros que a levaram expuseram em voz alta as proposições de Cortés, porque Malintzin as havia explicado muito bem para que eles as transmitissem aos senhores e caciques de Tlaxcala. Ao chegar à cidade, os mensageiros cempoaltecas entregaram a espada, a carta, a balestra e o chapéu de tafetá de seda carmesim, pois antigamente se usavam chapéus de seda felpuda, e, com essas e outras coisas acrescentadas pelos mensageiros, produziram uma grande emoção em toda a república de Tlaxcala.

Os espanhóis fogem de México-Tenochtitlan durante a "Noite Triste".

Rodeados dos nobres da corte e de todos os caciques, os quatro senhores se reuniram em assembleia para decidir que medidas tomar. Perguntaram-se se deviam matar os mensageiros de Cempoala por serem, como eram, vassalos dos mexicanos que podiam estar tramando uma traição qualquer, ou se se tratava de um prodígio que anunciava acontecimentos funestos. O debate terminou com a resolução de não os matar, de dar as boas-vindas àqueles que eram reputados deuses e convidá-los a vir a sua terra quando quisessem. E, durante essa reunião, o grande Xicotencatl disse a Maxixcatzin, Citlalpopocatzin e Huexolotzin: "Vós recordais sem dúvida, grandes e poderosos senhores, que, desde a antiguidade mais remota, sabemos que devem vir gentes do lado do nascente e se unir a nós até formarmos um só povo, e que eles hão de ser brancos e barbados, que hão de trazer celadas na cabeça, sinal de governo, hão de ter pernas longas e armas muito fortes, mais fortes", disse referindo-se à balestra, "que os nossos arcos e espadas de fio delicado; nós temos armas bem ruins e inteiramente desprezíveis em comparação com as deles. Ademais, acaso eles podiam vir em tempo melhor que este, em que estamos vencendo as gentes de Huexotzinco, encurralando-as nas encostas da Serra Nevada, de onde pedem socorro a Montezuma? Não procuremos mais vingança. Vejamos o que pretendem e querem esses deuses ou esses homens, pois suas saudações são muito amistosas e eles devem conhecer bem nossos contínuos conflitos e guerras, pois os mencionam". Com isso, os mensageiros voltaram para junto de Cortés com essa resposta e, entrementes, os sacrifícios a seus deuses infernais prosseguiram com mais fervor e zelo, assim como os seus ritos e superstições.

Já nesse tempo os deuses mudos caíam dos seus pedestais, a terra tremia, cometas atravessavam o céu de ponta a ponta, mulheres e crianças choravam e gemiam, aterrorizadas com a ideia de ver o mundo se precipitar no abismo, de tal modo que não há língua nem pena capaz de descrever fielmente aquele espetáculo pavoroso. E, como avançava em marcha forçada, Cortés chegou aos confins e às fronteiras dessa província em companhia de bons soldados católicos, e sofreu um ataque violento dos índios otomis de Tecohuatzinco, que mataram um espanhol e dois cavalos. Mas, quando foram informados desse confronto e da iniciativa dos índios que tinham a missão de vigiar aquela fronteira, os tlaxcaltecas enviaram dois mensageiros, Coztomatl e Zohinpanecatl, com ordem de não fazerem mal aos espanhóis e de os deixarem passar por onde quisessem. Assim, depois de passar alguns dias na aldeia de Tecohuatzinco, eles tomaram o rumo de Tlaxcala, onde o grande senhor Xicotencatl, em sinal de paz, acolheu Cortés e seus companheiros de maneira muito solene, como nunca se vira no mundo, porque, em terras tão remotas, estranhas e retiradas, nunca se recebera um príncipe com semelhantes honras: lá estavam, com a maior pompa e majestade de que eram capazes, os quatro senhores das quatro capitais da República de Tlaxcala, acompanhados de muitos *tecutli* e *pilli* e grandes dignitários do Estado;[9] e os campos e as ruas foram insuficientes para comportar aquela imensa multidão de mais de cem mil pessoas, número que parece impossível.

---

9 *Tecutli*: ("senhor, fidalgo") designava os mais altos dignitários da classe dirigente em todas as ordens. *Pilli*: ("nobre, senhor"), literalmente "filho de tecutli, título exclusivo de certa categoria de nobreza.

A primeira recepção foi em Tzompazinco, praça importantíssima da província, onde Cortés foi acolhido pelos principais dignitários da cidade; de lá, os nossos foram para Atliquitlan, onde foram recebidos por *tecutli e pilli* de elevada nobreza, assim como por Piltecuhtli acompanhado de um séquito numeroso; dali eles desceram a Tizatlan, que era a capital governada por Xicotencatl, que, por ser muito idoso, só pôde sair até os degraus do pátio da sua casa; mas, para aumentar a solenidade da cerimônia, estavam presentes todos os outros senhores das diversas capitais, ou seja, Maxixcatzin, Citlalpopocatzin, Tlehuexolotzin e sua comitiva.

Quando os nossos ocuparam os lugares a eles atribuídos para a cerimônia, Xicotencatl avançou a fim de abraçar Cortés em sinal de boas-vindas; mas este, sendo homem prudente e astuto que não se expunha a nenhum risco, reagiu à saudação segurando-lhe a munheca do braço direito e sem o deixar estreitar-lhe o corpo; e fez a mesma coisa com Maxixcatzin, Citlalpopocatzin e Tlehuexolotzin. Depois dessa cerimônia tão brilhante, Xicotencatl, Cortés e Malintzin foram de mãos dadas ao lugar que havia sido preparado para alojá-los e hospedá-los, trocando palavras sobre a chegada dos espanhóis, a ajuda que eles prestariam aos seus anfitriões e o castigo que reservavam a Montezuma, seu inimigo mortal, e para todas as gentes de Culhua, pois, naquela época, Montezuma exercia um domínio absoluto sobre a máquina deste novo orbe, no qual era temido, adorado e reverenciado como um deus, tendo o poder de reger e governar o conjunto das nações desde aquele império longínquo e retirado, situado nos mais remotos e misteriosos confins da terra.

Capítulo IV

Os nossos foram alojados, como dissemos, no palácio de Xicotencatl, no qual os regalaram e serviram suntuosamente e ofereceram a Cortés muitas joias de ouro e valiosíssimas pedras preciosas, uma grande quantidade de roupa de algodão muito ricamente tecida e lavrada, magníficas plumagens e mantimentos de todos os tipos, galinhas e codornas, lebres, coelhos, cervos e caça variada, que são e eram as carnes que os senhores desta terra costumavam comer, além do milho, do feijão e outros legumes da terra. Finalmente, deram aos nossos todo o necessário para o seu sustento. Inicialmente, na cidade de Tecohuatzinco, na província de Tlaxcala, os indígenas pensaram que o cavalo e seu cavaleiro eram a mesma coisa, como os centauros ou outros bichos monstruosos; e, assim, davam aos cavalos porções de galinha, carne e pão, como se fossem homens; esse engano durou muito pouco, porque não tardaram a compreender que estavam lidando com animais irracionais que se alimentavam de ervas dos campos, posto que tenham acreditado durante muito tempo que se tratava de feras capazes de devorar gente; por isso, diziam, é que os homens brancos os dominam pondo freio em sua boca amarrada. Quando viam um cavalo com a boca sangrando, afirmavam que ele acabara de comer um ser humano. Também lhes atribuíam muita inteligência, pensando que obedeciam às instruções dos deuses, sem entender o mistério do freio e das esporas. E, quando um cavalo relinchava, os índios imaginavam que estava pedindo de comer e era preciso alimentá-lo imediatamente para que não se zangasse. Desse modo, procuravam manter os cavalos contentes, dando-lhes de comer e beber adequadamente.

Atraídos pela singularidade e novidade do acontecimento, forasteiros de toda parte vinham secretamente averiguar o que havia ocorrido, quem eram aquelas gentes recém-chegadas, de onde vinham e que coisas traziam. Os habitantes de Tlaxcala lhes faziam relatos repletos de exageros fabulosos para atemorizá-los, e essas informações circulavam e se ampliavam, de modo que se afirmava positivamente que os nossos eram deuses ou que no mundo não havia poder humano capaz de se opor a eles, ofendê-los ou irritá-los.

Os nossos se achavam, pois, suntuosamente hospedados na terra dos seus anfitriões quando apresentaram a Cortés mais de trezentas mulheres de grande formosura e muito bem ataviadas para o servir, pois eram escravas destinadas que seriam sacrificadas aos ídolos, prisioneiras e condenadas à morte por diversos delitos que haviam cometido contra as leis e convenções indígenas. E os caciques acharam que o melhor seria dá-las em oferenda e sacrifício aos nossos. E elas vinham chorando a triste sina, pois se preparavam para padecer uma sorte cruel e, depois de mortas, serem comidas pelos deuses recém-chegados. Aliás, alguns chegaram a afirmar que aquelas mulheres eram filhas de nobres e senhores, o que é mentira, pois desde sempre esses povos tiveram escravos, homens e mulheres, capturados na guerra ou trazidos de outras regiões, e essa escravidão se perpetuava de pai para filho até a geração dos bisnetos. Enfim, ofereceram aquelas trezentas mulheres ao capitão Cortés para que servissem a ele e aos seus companheiros. No entanto, quando foram apresentadas, o capitão não as quis receber e as devolveu aos senhores, dizendo que agradecia muito, mas não podia aceitar o presente porque a religião cristã o proibia, a menos que as mulheres fossem batizadas, e, mesmo nesse

Na conquista de México-Tenochtitlan, Cortés chega a Nossa Senhora dos Remédios.

caso, a única coisa que se podia fazer era tomá-las como única esposa e companheira por ordem da Santa Madre Igreja; portanto, ele não as podia receber porque sua lei o proibia, como eles mesmos não tardariam a compreender graças ao Nosso Senhor. Todas essas razões não o impediram de se deixar convencer finalmente a aceitá-las como criadas de Malintzin. Porque ele se dera conta de que os índios se sentem humilhados e ofendidos quando alguém recusa um presente seu, mesmo que seja uma simples flor do campo; pois pensam – e é da sua usança – que essa recusa revela inimizade e falta de amor e confiança por quem apresenta a oferenda. E como era natural que uma princesa tivesse um séquito numeroso de criadas, as mulheres de que falei ficaram à disposição do capitão Cortés para servir Malintzin, até que, vendo que algumas se davam bem com os espanhóis, os próprios caciques e senhores passaram a oferecer suas filhas para que, se porventura uma delas concebesse, houvesse descendentes de homens tão corajosos e temidos em sua geração; foi assim que o nobre Xicotencatl deu a dom Pedro de Alvarado uma de suas filhas, belíssima, que recebeu o nome de dona María Luisa Tecuelhuatzin. Na sua gentilidade, não havia nenhum outro casamento que não o contraído por vontade dos pais: assim, os senhores davam as filhas aos seus pares e, apesar das muitas cerimônias incluídas nos seus ritos pagãos, os nobres tomavam tantas mulheres quantas quisessem e as recebiam e as davam a homens poderosos. Foi por isso que muitos nobres e príncipes ofereceram suas filhas aos espanhóis, na esperança de que casta e geração não desaparecessem com eles, caso abandonassem esta terra.

Os indígenas chamavam Cortés *chalchiuh capitán*, que na nossa língua significa "capitão de grande valor", e o sentido da expressão vem do fato de que o *chalchihuitl*[10] tem a cor da esmeralda e os índios valorizam muito essas pedras; assim, eles comparavam a pessoa de Cortés às esmeraldas, como se disséssemos, por exemplo, *capitão esmeralda* ou *cavaleiro muito precioso*, e chamavam-no por excelência *chalchihuitl capitán*. Do mesmo modo, deram a dom Pedro de Alvarado o nome de Sol, porque era loiro e ruivo, de bonito rosto, porte majestoso e imponente, e por isso viam nele o filho do Sol, e os índios não o chamavam de outro modo porque, depois do capitão Cortés, não houve homem mais querido e amado por eles que dom Pedro de Alvarado, especialmente pelos de Tlaxcala. Os espanhóis estavam, pois, magnificamente alojados no palácio e nas dependências do grande Xicotencatl quando Maxixcatzin convidou e rogou a Cortés que fosse com seus homens à sua terra, à sua capital, que é a de Ocotelulco, garantindo-lhe que seria excelentemente servido no seu palácio. Cortés agradeceu muito o convite e foi com seus companheiros para os domínios de Maxixcatzin, tanto para agradá-lo e alegrá-lo quanto porque lhe convinha contentar e obter as boas graças de todos, principalmente de Maxixcatzin. Ali descansaram alguns dias, gozando de distrações e festas organizadas em sua honra.

Depois desse período de entretenimento, os quatro senhores das quatro capitais se reuniram em assembleia com os outros chefes e caciques e, dirigindo-se a Cortés com muita amabilidade, pediram-lhe e suplicaram-lhe encarecidamente: "Roga-

---

10 *Chalchihuitl*: jade verde precioso. Na realidade, trata-se de uma jadeíta muito apreciada pelos mexicanos antigos, que foi traduzida amiúde por "esmeralda" em virtude da cor verde e da extraordinária estima que lhe tinham.

mos-vos como uma graça, valoroso capitão, único senhor dos homens brancos e barbados: já que vos consideramos como irmãos e verdadeiros amigos, abri o vosso coração e as vossas entranhas, respondei simplesmente sem fingimento nem subterfúgio. Que buscais e desejais? Qual o vosso desígnio e principal objetivo? Que viestes fazer nesta terra? Porque, da nossa parte, aqui estamos à vossa disposição, garantindo a nossa amizade límpida e firme, oferecendo-vos a nossa fé e a nossa palavra inviolável de que vos temos por amigos, com a promessa de jamais nos desdizermos, nem nós, nem o nosso povo, nem os nossos filhos. Com essas garantias, dizei-nos agora, restringindo-vos à verdade rigorosa, em primeiro lugar se sois filhos de deuses ou meros mortais como nós. Ou ainda: tendes alguma divindade? Sois deuses? De que parte do mundo vindes? Se é verdade que descestes do céu, como alguns imaginam, explicai-nos ponto por ponto, porque queremos saber com certeza que atitude tomar e, tão logo conheçamos os vossos projetos, colocar-nos-emos à vossa disposição para tudo quanto decidirdes fazer e encontrar-nos-eis imediatamente dispostos à ação. Se deveis seguir adiante, forneceremos todas as provisões necessárias à viagem; e, se tiverdes a intenção de ficar entre nós, escolhei o lugar que mais vos convier, aquele em que estareis mais comodamente instalados, e fornecer-vos-emos terras, montanhas e irrigação, ajudar-vos-emos a construir vossas casas para que nelas possais viver com prazer. E, caso não se trate disso, dizei-nos se vindes como embaixadores dos deuses soberanos a cuja divindade estamos submetidos; dizei-nos e declarai-nos a verdade, porque, seja qual for a mensagem da parte deles, estamos dispostos a satisfazer os seus desejos. Trate-se de guerras, sacrifícios ou coisa completamente diferente, agiremos conforme o seu desejo, pois somos seus fiéis vassalos. Portanto, valoroso capitão, não nos deixeis nesta indecisão, declarai-nos a vossa vontade, porque, no que diz respeito à nossa, ela é muito clara e conhecida e é próprio dos cavalheiros ilustres e nobres serem francos com os amigos e até com os inimigos".

A esse discurso de Maxixcatzin e Xicotencatl, Cortés respondeu por intermédio de Malintzin e Aguilar, dizendo aos quatro senhores das quatro capitais: "Agradeço-vos muito, meus generosos amigos, a vossa lealdade e a vossa disposição amistosa: o vosso principado me parece particularmente ilustre e glorioso e, como quereis ouvir da minha boca e da dos meus companheiros quem somos e de onde viemos, a vossa pergunta é justa e convém dar-lhe resposta para dissipar as vossas dúvidas e ensinar-vos as coisas que ignorais. Haveis de saber que meus companheiros e eu viemos de terras muito longínquas e remotas; somos e chamamo-nos cristãos por sermos filhos do verdadeiro Deus, o que criou o céu e a terra e todas as coisas que podem ser contempladas no mundo; viemos da parte do imperador dom Carlos de Áustria, que é um grande senhor e nos enviou para vos visitar, porque conhece e compreende a necessidade em que vos encontrais de forças tanto temporais quanto espirituais; também nos encarregou de vos instruir e ensinar que só há um Deus verdadeiro, porque todos os que adorais sob esse título são deuses ilusórios e falsos, impostores cheios de vaidade, fabricados e plasmados pela mão de homens bestiais e grosseiros, deuses mudos e insensíveis, deuses que não se movem e cujo ser não contém força, nem valor, nem efeito algum. Por isso venho vos tirar do engano que ofusca a vossa vida e vos trago uma lei nova, melhor que a vossa, porque é a do verdadeiro Deus, uma lei límpida e clara, sem a menor mácula de engano ou dúvida, isenta da barbárie dos sacrifícios cruéis e abomináveis que usais nos vossos ritos; também venho declarar e dizer que, depois desta vida, há outra que é eterna e sem fim, o que vos será claramente mostrado e ensinado pelos ministros de Deus que vos serão enviados muito em breve pelo senhor em nome do qual aqui estou, a fim de que vos inteirais dos mistérios da nossa Santa Fé Católica; e, assim, rogo-vos firmemente que aceiteis sem temor – posto que manifestais tanta amizade por mim – que quero derrubar estes vossos ídolos, estes que adorais como deuses e que vos mantêm cegos e enganados, porque esse é o principal objetivo da minha vinda. Em segundo lugar, venho ajudar-vos a travar uma guerra feroz contra Montezuma, o vosso inimigo mortal, e vingar as vossas injúrias. E, nessa vingança e nesse castigo, vereis que a minha amizade é firme e verdadeira. E, quando estiverdes vingados dos vossos cruéis inimigos, virei viver descansadamente entre vós, sem nunca vos abandonar; assim, meus generosos senhores, quero persuadir-vos, antes de mais nada, a seguir os preceitos da minha santa religião, a respeitardes a minha lei sagrada e a minha verdadeira fé, que é a do Deus verdadeiro, Nosso Senhor Jesus Cristo, Filho Unigênito de Deus e Salvador do mundo; também gostaria muito que fôsseis batizados com a água do Espírito Santo, para lavar todas as vossas faltas, as vossas culpas e os vossos pecados, e isso será um vínculo de amor que confirmará a sinceridade da vossa amizade e garantirá a sua eterna perpetuação. Então podereis chamar-vos cristãos, como eu e os meus companheiros, e não se pode conhecer maior glória e exibir mais lindo brasão, pois é um nome derivado do santíssimo nome do Filho do Deus verdadeiro, Nosso Senhor Jesus Cristo, Redentor do gênero humano; assim, hão de cessar os sacrifícios cruéis e horrendos e os ritos diabólicos que praticais, e podereis arredar o demônio que vos mantém na cegueira e no erro, renunciareis às ações às quais o inimigo do gênero humano, com suas malícias e astúcias, tem-vos incitado, e já não vivereis nos erros em que vossos ancestrais e vós mesmos tendes vivido até o presente. Sabei esquecer e arrancar do coração essas aberrações, essas ilusões e esses engodos, livrai-vos para todo o sempre da reputação que tendes de idólatras, sacrificadores e antropófagos, comedores da vossa própria carne, bebedores do vosso próprio sangue; esses são pecados nefandos e atrozes, comportamentos infernais, reprovados pela razão humana e pela lei da natureza, porque jamais se viu, ouviu ou conheceu, em todas as nações do Universo, um crime tão pavoroso, um costume tão cruel e abominável, tão monstruoso e ímpio entre os povos da terra, uma tradição tão abjeta e execrável, pois até mesmo os animais selvagens têm repugnância de se devorar entre si, ainda que se governem unicamente pelo instinto natural, como eu vos poderia dizer mais demoradamente, enumerando uma multidão de outros exemplos e argumentos, os quais omito para abreviar a minha resposta. Portanto, senhores e generosos amigos, como perguntastes o motivo da minha vinda e eu vos quis satisfazer, acabo de vos explicar abundantemente, sem esconder coisa alguma e descobrindo inteira e claramente o meu coração. De modo que disso podeis informar as vossas gentes e todos os que quiserem a minha amizade e vierem em paz e se tornarem cristãos e fizerem parte da congregação da Nossa Santa Madre Igreja de Roma, recebendo o verdadeiro batismo que vos livrará do demônio e fará de todos nós, em termos iguais, membros da mesma comunidade. E, quanto a saber se somos deuses ou meros mortais, digo-vos que a única superioridade que temos sobre os outros homens consiste em sermos cristãos e, como tais, servimos a um só e verdadeiro Deus; e a diferença que nos separa é que vós adorais estátuas e imagens do demônio e que nós adoramos a Deus, que criou o céu e a terra como eu vos disse no início do meu discurso". O valoroso capitão concluiu com essas palavras, carregando o semblante de severidade. E os quatro senhores das quatro capitais da senhoria de Tlaxcala ficaram boquiabertos, admirados e surpresos com as coisas que o bom capitão lhes disse e respondeu.

Ouviram com muita atenção aquelas palavras afetuosas, de uma vivacidade e eficácia que lhes penetravam o coração. O Espírito Santo lhes infundiu miraculosamente a sua graça e, naquela bem-aventurada plenitude, responderam àquele discurso profundo com a voz embargada de emoção: "Oh, valoroso capitão, que acima dos homens te eleves! Não podemos deixar de crer que és filho dos deuses, o príncipe mais valente e corajoso da terra, grande senhor dos homens brancos e barbados, o homem mais temível já visto pelos mortais ou ouvido no mundo. Como te atreves a desprezar com tanta audácia a divindade dos nossos deuses, como ousas atacar a soberana majestade daqueles que, das alturas celestes, governam a terra? Porventura não nos diriges palavras cavilosas e matreiras para que ignoremos que vós próprios sois os deuses vindos do céu para a remissão dos homens que vivem na terra? Explica-nos claramente quem sois e não queiras agravar ainda mais, por uma armadilha grosseira, os erros que temos cometido. Dizes que existe apenas um Deus e que todos os outros são fabricados e plasmados pela mão do homem, que eles não falam, não se movem, não passam de estátuas insensíveis e isso é verdade, isso nós te concedemos e confessamos de bom grado. Mas essas estátuas e objetos que adoramos e servimos são as imagens, os retratos e os reflexos dos deuses, que foram homens na terra e, graças aos seus atos heroicos e gloriosos, mereceram subir ao céu onde vivem um repouso eterno, tal como vós, que pareceis deuses; e, deixando as suas estátuas entre nós, foram para as suas moradas gozar uma vida celeste e descansada, enviando-nos, graças a sua influência divina, virtude e grande poder, tudo que nos é necessário na terra, se virem que as suas representações são adoradas pelas gentes; não sabemos, capitão, que objeção podes ter contra eles para nos dizer com tanta severidade que só há um Deus, criador do céu e da terra, que ele é o único verdadeiro e a ele servis e adorais, tu e teus companheiros. Que animosidade te leva a querer nos persuadir a crer nele e a nos dizer que, nele crendo, todos seremos um, e que devemos jogar água na cabeça em nome e virtude desse Deus e em Seu Nome e nos chamar cristãos, e que assim os nossos pecados serão lavados e seremos seus filhos? Por que é necessário, para que tudo isso seja lídimo e tenha efeito, que consintamos antes de mais nada em te deixar destruir e derrubar os nossos ídolos, que são à semelhança dos nossos deuses, os quais os nossos antepassados e nós mesmos adoramos e reverenciamos há tantos séculos, que obedeçamos à sua religião e respeitemos o seu culto? Como queres que os abandonemos tão facilmente, que aceitemos ver as tuas mãos sacrílegas e violentas profanarem os deuses pelos quais temos deferência e respeito? Valoroso capitão, por que agora queres levantar uma questão tão intratável, semear confusão no nosso coração, lançar-te num caso tão difícil e complexo, violar uma lei inviolável? Se perpetrasses um ato tão temerário e estouvado, que seria de nós que vivemos tão sujeitos à vontade dos deuses? Mal teríamos começado semelhante empresa, eles se indignariam contra todo o mundo e o transtornariam e destruiriam com seu poder divino assim que vissem os homens desprezá-los na terra. E enviariam pestes, fomes, calamidades inomináveis, flagelos e desastres, excluindo-nos e expelindo-nos como homens malditos, apartando-nos da sua amizade, recusando-nos a consolação das suas palavras e as respostas que ainda nos dão. O Sol, a Lua e as outras estrelas que cintilam no firmamento se enfadariam conosco, recusar-nos-iam a sua luz e deixariam de nos mostrar a sua claridade. Reflete, pois, senhor e temido chefe dos deuses brancos e barbados, sobre o que queres empreender. Considera que nós te amamos muito e que te rogamos que não o faças, porque te sucederia desgraça. Temos por experiência que, quando um de nós se acerca de uma dessas relíquias de modo insolente e indigno, sobre nós se abatem relâmpagos, raios e trovões para castigar uma tão grande audácia e presunção. Desiste desse negócio dos deuses, pois quanto ao resto não há problema. Se é para assolar e destruir Culhua a ferro e fogo e travar uma guerra total, pouco nos importa estar sob as tuas ordens e entregar-te o comando, isso não é nada em comparação com as tuas exigências quanto à religião. Também aceitamos a tua amizade, aceitamos reconhecer como senhor aquele que te envia e que dizes que se chama Imperador e Monarca do mundo. Vieste de muito longe nos saudar e visitar em seu nome e, para retribuir a uma tão grande mercê, não é demasiado servi-lo com gratidão e dar-lhe toda a ajuda possível como a um verdadeiro senhor e amigo. Vê, pois, em que podemos ser úteis, dize-nos se ele quer alguma coisa desta terra e, em nome da amizade que temos por ele e por ti, nós o faremos sincera e pontualmente, pois esta paz e esta amizade recíproca devem perdurar por toda a eternidade e até o fim dos séculos vindouros. Basta que peças e estaremos prontos a participar de tudo que tiverdes decidido, tu e teus valentes companheiros, seja de paz, seja de guerra, e isso podes dizer ao grande senhor que te enviou".

Tais palavras foram pronunciadas em nome de todos pelo poderoso e grande senhor Maxixcatzin, o mais jovem dos quatro caciques e dono de um espírito judicioso e aguçado. E Cortés, o nosso valoroso e invencível espanhol, replicou com uma intrepidez incrível, movido pelo ardor religioso que animava o seu coração católico e cristão: "Não tardei, meus amigos leais e muito estimados senhores, a me aperceber do amor e da amizade que me tendes, sem a mínima duplicidade, e me sinto obrigado a fazer a vossa vontade, especialmente tratando-se de uma coisa que diz respeito ao vosso interesse próprio. Porque destruir e arrasar este mundo, dizimar todas as nações que nele há, são coisas menos importantes para mim do que o desejo que sinto de vos ver assegurar a vossa salvação e sair do erro em que viveis. Contar convosco como aliados facilitaria muito a minha empresa, mas é um rude empecilho que não sejais cristãos e parte da cristandade. Sendo cristão e filho do Deus verdadeiro, é concebível que eu viva entre gentes que reconhecem e adoram deuses falaciosos e mentirosos? Quanto ao vosso temor de que eles destruam o mundo num acesso de cólera contra os seres humanos, que enviem o fogo do céu, fomes, pestes e outras calamidades, isso não passa de imaginação inconsistente e vã. Assumo essa responsabilidade e me encarrego de resolver a questão com eles, pois não são deuses e não têm nenhum poder. Finalmente, como amigo fiel, rogo-

-vos que sigais o meu conselho e não creiais neles. Ajudai-nos a derrubá-los, a despedaçá-los, a reduzi-los a pó para que até a memória de seu nome desapareça para sempre. Porque é uma grande lástima que senhores tão nobres, ilustres e generosos estejam sujeitos a ídolos abomináveis. Persuadi-vos, queridos amigos, a ser cristãos, não sejais mais incrédulos e não persevereis nos vossos erros. Olhai com os olhos do entendimento o que vos acabo de dizer, porque é a pura verdade: renunciai à obstinação do vosso coração endurecido, decidi-vos a ser filhos de Deus, que vos infundirá sua divina graça e saberá iluminar o vosso espírito para que compreendais melhor o que não vos posso explicar com palavras".

Depois desse discurso inflexível, sem a menor concessão aos usos e costumes tão arraigados em suas tradições, os índios ficaram um longo momento sem poder falar nem responder coisa alguma. Mas, no fim, tendo refletido bem sobre o que o capitão Cortés lhes dissera com tanta profundidade, responderam de comum acordo que, como lhe haviam oferecido a sua amizade e o seu coração, que era o que tinham de melhor, eles se rendiam nesse aspecto e nada tinham que responder; ele que agisse segundo a sua vontade e fizesse o que bem entendesse; que derrubasse os ídolos e não levasse em conta o seu poder; mas, se isso resultasse em desastre, eles não se responsabilizariam; que ficasse claro e entendido que não queriam exasperar os deuses e menos ainda crer neles; desejavam conhecer o Deus verdadeiro dos cristãos, que era o que havia criado o céu e a terra, crer nele e tornar-se cristãos, verter água na cabeça segundo a prática cristã do batismo, respeitar a Sua lei e os Seus mandamentos, como faziam os espanhóis, e seguir em todos os pontos os bons e santos hábitos dos seus amigos. E, para evitar que o povo se insurgisse, queriam falar com eles e explicar-lhes tudo quanto acabavam de aprender, e esperavam que, entrementes, a paz e a concórdia reinassem em todos os corações.

Encarregando-se da questão, os quatro senhores reuniram assembleias nas aldeias, nas cidades e nas capitais, onde informaram minuciosamente as intenções do capitão e seu projeto de destruir e derrubar os deuses: ele vinha não apenas punir os homens injustos, mas também se vingar dos deuses imortais, e dissera-lhes que queria dar-lhes uma lei nova, límpida e boa e, para tanto, pedia-lhes que aceitassem outro Deus. Para compreender bem a expressão "aceitar outro Deus", convém saber que, quando esses povos ouviam falar em qualquer outro deus com propriedades benéficas, eles o aceitavam e recebiam como tal, e outros estrangeiros já lhes haviam levado ídolos no passado, que foram adorados como seus próprios deuses; e era com essa ideia que pretendiam que Cortés lhes desse um novo deus. Também explicaram o modo de o adorar e servir, porque os espanhóis o faziam de maneira muito diferente, não lhes sacrificavam corações humanos – e menos ainda o coração de pessoas vivas –, ofereciam-lhe apenas orações e batismos de água. Tais eram os ritos que eles haviam prometido cumprir a Cortés, e que ninguém o contrariasse nem desafiasse. Era preciso deixá-lo fazer aquilo porque ele vinha ajudá-los e socorrê-los, de modo que não convinha mostrarem-se arrogantes, rebeldes ou traidores. Que Cortés fizesse o que quisesse e assumisse a responsabilidade pelos seus atos, porque era um negócio entre eles; deuses eram uns e outros, que acertassem suas contas como bem entendessem e tratassem eles próprios de defender os seus interesses. Mas, no que lhes dizia respeito, os índios precisavam de Cortés para garantir a sua própria segurança.

Ao ouvir essas duras palavras, os habitantes da República voltaram o rosto para o céu em sinal de muita dor e sentimento e, chorando amargamente, alguns sugeriram aos seus senhores: "Perguntai então ao capitão por que ele quer roubar os deuses que temos e que nós e nossos ancestrais servimos há tanto tempo. Pois, sem os tirar de seus altares sagrados nem os mudar de lugar, eles podem colocar o Deus deles entre os nossos: nós o serviremos e adoraremos, construiremos templos e santuários reservados ao seu culto, ele passará a também ser o nosso Deus, nós o trataremos com todo o respeito por sua divindade e santidade, observaremos suas leis e seus mandamentos, como temos feito com outros deuses que nos trouxeram de diversos lugares". A essas palavras ignóbeis e sem fundamento, os senhores e caciques responderam que não havia mais nada a fazer e que tais proposições não seriam ouvidas, que não havia outra solução a não ser obedecer ao capitão sem remexer na questão; resignando-se ao silêncio, começaram a esconder secretamente estátuas e ídolos, como se percebeu com o tempo, e muitos continuaram a adorá-los e servi-los como no passado: o demônio os exortava a não esmorecer e a não ceder às mentiras dos estrangeiros, manifestando-se em sonhos e outras aparições, principalmente quando bebiam substâncias que provocavam visões e eram reservadas a esse fim, por isso houve tantos corações endurecidos, rebeldes e refratários à conversão. Assim, ainda hoje, neste ano de 1576,[11] vêm pedir a água do batismo muitos dignitários indígenas, agora muito velhos,

11 Muñoz Camargo indica duas vezes, e claramente, que redigiu este capítulo em 1576. Esse dado é confirmado no manuscrito de Glasgow (ed. fac-símile, México, Unam, 1981), fólio 195v°.

que fizeram parte daquela gente sediciosa e hostil ao abandono dos ídolos e depois, por vergonha, não ousaram se batizar; porque, após a conversão maciça do povo, não ficaram sozinhos e confusos, mas, como eram chefes, achavam humilhante pedir o batismo. E, ainda que fossem casados pela Santa Madre Igreja, tivessem nomes cristãos, confessassem e comungassem uma vez por ano, não se atreveram a revelar que não eram batizados, até este ano da graça de 1576, embora tenham sido alcaides e magistrados da nossa República. Vimos isso com os nossos próprios olhos, mas Nosso Senhor foi servido, pois, no fim da vida, reconheceram o erro em que tinham vivido e receberam o santo batismo, terminando catolicamente os seus dias.

Voltando ao nosso assunto, diremos que eles não cessaram de cometer inépcias dessa ordem; tanto que Maxixcatzin, Xicotencatl e os outros caciques e senhores pediram a Cortés que não desse atenção a semelhantes tolices e executasse o seu intento, fazendo absolutamente tudo que lhe parecesse bom, porque eles estavam decididos a crer num único Deus e em Santa Maria, sua Mãe Santíssima, a observar os seus mandamentos sagrados e preceitos divinos, a rejeitar para sempre a lei da idolatria e o erro em que tinham vivido e a cumprir para sempre a nova e muito santa lei; pediram a água do batismo e solicitaram que a cerimônia se realizasse sem demora, pois o tempo urgia e eles queriam que a sua conversão fosse imediatamente do conhecimento de todos.

Vendo que tudo se realizava conforme os seus desejos, Cortés não cabia em si de contente e agradeceu muito a Nosso Senhor os grandes benefícios e os imensos favores que lhe foram concedidos. Porque esse foi o principal motivo da sua vinda, a origem do sucesso e da glória imortal que alcançou nesta vida.

Em meio a longas e solenes manifestações de alegria, os quatro senhores foram batizados pela mão de Juan Díaz, que era o capelão da armada. Uma vez concluída essa conversão pública e geral, para a glória e honra de Nosso Senhor e de sua Mãe, bendita entre todas as mulheres, a Sempre Virgem Maria, Nossa Senhora, muitos outros senhores e caciques da República também pediram o batismo. Em seguida, iniciou-se o trabalho de derrubar os ídolos e as estátuas dos falsos deuses e a profaná-los na presença de todos, continuando sem trégua essa obra de destruição até que os seus nomes desaparecessem e chegasse ao fim aquela funesta idolatria que durante tantos séculos ofuscara o espírito dos povos indígenas. Os padrinhos dos quatro senhores foram dom Fernando Cortés, Pedro Alvarado, Andrés Tapia, Gonzalo de Sandoval e Cristóbal Olid. Xicotencatl tomou o nome de Vicente e depois passou a se chamar dom Vicente; Maxixcatzin escolheu o nome Lorenzo; Citlalpopocatzin e Tlehuexolotzin, Bartolomé e Gonzalo.

Nesse dia de batismo e conversão, organizaram-se muitas festas à maneira castelhana, com iluminação noturna e corridas de cavalo, se bem que com poucos guizos e sinos. Assim, os indígenas puderam ver e conhecer essas demonstrações de alegria e, à sua maneira, fizeram grandes bailes e danças chamados *mitotes*,[12] segundo suas antigas tradições e costumes, prepararam muitas comidas e oferendas, e deram aos espanhóis tecidos, escravos, ouro e pedras preciosas. Não nos prolongaremos a descrever a variedade de iguarias nem o modo de as preparar e servir, porque outros já o fizeram copiosamente. É bem ver-

12 *Mitote*: cf. *Códice Ramírez*, p.275, n.9.

dade que o tema se presta a múltiplos comentários, mas limitar-me-ei a mencionar um único pormenor bastante curioso.

Trata-se da ordem que foi respeitada para batizá-los: um dia foram os homens que se chamariam Juan; no outro batizaram-se as mulheres que se chamariam Ana; no dia seguinte foi a vez dos Pedro, depois das Maria, e assim por diante, de modo que os batizados no mesmo dia recebiam o mesmo prenome. E, para que não esquecessem, distribuía-se uma espécie de certidão em que constava o nome dos batizados naquele dia. Tal costume se prolongou por muito tempo nesta província de Tlaxcala, porque muitas vezes eles esqueciam seu nome e iam procurá-lo nos registros de batismo, e eu mesmo tive oportunidade de constatar que essa medida foi adotada em outras províncias desta terra.

Capítulo V

Tendo levado a bom termo a empresa árdua e heroica de converter por sua própria mão os quatro caciques das capitais de Tlaxcala, Cortés se entregou dali por diante aos negócios referentes à conquista: como e de que modo se podia entrar em México-Tenochtitlan e tomar a cidade, como se podia ganhar as outras cidades e províncias para que os seus habitantes também tivessem o conhecimento de Deus e da verdadeira luz da nossa Santa Fé, fossem batizados e aceitassem fazer a paz sem derramamento de sangue e morte de homens; mas, em caso contrário, se não quisessem se submeter e recusassem a sua amizade, ele castigaria severamente as suas ofensas e aplicaria terríveis represálias, disso eles podiam ter certeza. A partir daquele momento, não se falou de outra coisa senão juntar tropas o mais rápido possível contra os culhuas mexicanos, de modo a prevenir uma eventual retirada de aliança dos tlaxcaltecas; e, para evitar maus pensamentos e outras novos projetos, Cortés não tirou mais os olhos dos seus mais novos amigos e aliados, usando como sempre as suas astúcias e não querendo desperdiçar aquela fortuna que, por ora, lhe era tão favorável.

Os exércitos não tardaram a ser recrutados e espanhóis e tlaxcaltecas começaram a mover tropas bem ordenadas, homens e víveres em quantidade suficiente e capitães ilustres, exercitados na guerra segundo suas usanças e antigos costumes. Entre os capitães, achavam-se Piltecuchtli, Acxoxecatl, Tecpanecatl, Cahuecahua, Cocomitecuhtli, Quauhtotohua, Textlipitl e muitos outros que não citarei por serem em grande número e pela variedade de nomes, restringindo-me a mencionar os mais importantes e os que se mantiveram fiéis a Cortés até o fim.

Eles entraram primeiro pelo lado de Cholula,[13] onde governavam e reinavam dois senhores chamados Tlaquiach e Tlalchiac, nomes que sempre eram usados pelos que ocupavam tais funções e significavam "o maior de cima" e "o maior de baixo". A província de Cholula foi destruída muito rapidamente por causa da conduta inaceitável dos habitantes. Nessa ocasião, houve muitos mortos entre os cholultecas e a notícia se espalhou por toda esta terra até México-Tenochtitlan, onde causou um susto terrível, sobretudo quando se soube que os tlaxcaltecas estavam confederados com os deuses – porque esse era o nome que geralmente davam aos nossos em toda a extensão deste novo mundo, sem que ninguém pudesse usar outro. Os

---

13 *Cholula* ou *Chollollan*: cf. *Códice florentino*, Livro XII, p.101, n.35.

Os preparativos para o sítio de México-Tenochtitlan. Os espanhóis fazem sua artilharia ser transportada de Veracruz.

cholultecas tinham tanta confiança no seu ídolo Quetzalcoatl[14] que acreditavam que nenhuma força humana podia conquistá-los ou lhes fazer mal, e que eles acabariam com os nossos muito rapidamente, primeiro porque eram pouco numerosos, depois porque os tlaxcaltecas haviam armado uma arapuca ao levá-los até lá: de fato, imaginavam que seu ídolo ia fulminá-los e afogá-los nas águas. E isso diziam e divulgavam em altos brados: "Deixai que venham esses estrangeiros recém-chegados, veremos qual é o seu poder, porque o nosso Quetzalcoatl está conosco e os aniquilará num piscar de olhos [...] Deixai que venham esses miseráveis, veremos, riremos de suas ilusões e de seus enganos, eles são loucos e foi neles que esses sodomitas efeminados depositaram a sua confiança – porque não passam de rameiras de seus homens barbados e se renderam por covardia; deixai que venham, esses vendidos, esses mercenários; vede-os, esses vis tlaxcaltecas, esses covardes que receberão o castigo que merecem: como sabem que serão vencidos pelos mexicanos, procuram gente de fora para defendê-los. Como pudestes mudar tão depressa e vos submeter a esses bárbaros estrangeiros, desconhecidos até agora no mundo? Dizei onde encontrastes esses mercenários para a vossa vingança, miseráveis que sujastes a glória imortal dos vossos ancestrais, herdeiros do sangue limpo dos antigos teochichimecas[15] que

14 *Quetzalcoatl*: "a Serpente Emplumada". Cf. *Códice florentino*, Livro XII, p.75, n.13.

15 *Teochichimecas*: "chichimecas divinos" ou ainda "verdadeiros chichimecas", às vezes também *zacachichimeca* ("chichimecas dos campos"). Tribos bárbaras de caçadores e guerreiros nômades das regiões do Norte, dos quais os astecas se orgulhavam de ser descendentes e herdeiros. Cf. também *Anais históricos*, p.228, n.24.

povoaram estas terras inabitáveis. Que será de vós, desgraçados? Muito em breve vereis se abater sobre vós o castigo do nosso deus Quetzalcoatl".

Diziam essas e outras coisas parecidas, porque realmente acreditavam que tanto os nossos quanto os tlaxcaltecas seriam queimados por raios de fogo que cairiam do céu e se afogariam em rios caudalosos que nasceriam e jorrariam de dentro dos próprios templos, e não eram poucos o temor e o espanto dos nossos amigos tlaxcaltecas, certos de que as ameaças dos cholultecas se cumpririam. Diziam e proclamavam isso, especialmente os pregadores do templo de Quetzalcoatl . Mas, vendo que os nossos invocavam Santiago, incendiavam os templos dos ídolos, demoliam as paredes, profanavam os objetos sagrados e nada acontecia, não caíam raios nem jorravam rios de água, eles compreenderam que haviam sido enganados, que suas crenças eram quiméricas e falaciosas, e redobraram a coragem de modo que, naquela cidade, houve a maior carnificina e matança que se pode imaginar. Os nossos amigos tiveram oportunidade de conhecer a valentia dos espanhóis e, dali por diante, não temeram enfrentar os maiores perigos, pois tudo era ordenado pela divina Providência, e Nosso Senhor havia decidido que esta terra seria salva do demônio e arrancada do seu poder.

Antes que a guerra começasse, mensageiros e embaixadores foram enviados a Cholula para solicitar e requerer a paz. Eles explicaram que não lhes queriam mal, e sim aos culhuas mexicanos, que, como já dissemos, assim se chamavam porque vinham de Culhuacan, do lado do poente, e residiam na cidade de México-Tenochtitlan. Os tlaxcaltecas lhes transmitiram uma mensagem de Cortés que lhes recomendava aceitar a paz e não ter nenhum medo dos deuses brancos e barbados: eram gente de grande nobreza, que não lhes fariam nenhum mal e queriam a sua amizade: por isso os tlaxcaltecas lhes rogavam, em nome dessa amizade, que os recebessem com manifestações de paz, pois, se assim agissem, seriam bem tratados, mas, caso contrário, deviam saber que enfrentariam gente impiedosa, intrépida e corajosa, que tinha armas terríveis de metal branco – diziam isso porque não conheciam o ferro, só o cobre –, máquinas de fogo e animais selvagens dominados por cabrestos de ferro; gente que se vestia de ferro da cabeça aos pés, que tinha trazido balestras poderosíssimas, leões e onças ferozes que devoravam gente – queriam se referir aos cães de fila e lebréus, de fato muito ferozes, que os nossos trouxeram e que foram de grande eficácia; portanto, eles não tinham nenhuma escapatória se os deuses se zangassem e valia muito mais a pena submeter-se para evitar males piores, e esse era o conselho que lhes davam como amigos. Mas, fazendo ouvidos moucos, os cholultecas se obstinaram em não se render, preferindo morrer e, em vez de agradecer as recomendações dos tlaxcaltecas, sua resposta foi arrancar a pele do rosto do embaixador Patlahuatzin, pessoa muito ilustre e valorosa; também lhe esfolaram os braços até os cotovelos e lhe cortaram os pulsos e, depois de terminar esse ato bárbaro, mandaram-no de volta assim, com as mãos penduradas nos cotos, dando-lhe este recado: "Vai, refaze os teus passos e dize à gente de Tlaxcala e àqueles outros esfarrapados que os acompanham, homens, deuses ou o que seja, que esta é a nossa resposta". E o pobre embaixador teve de voltar naquele estado lastimável, coisa que provocou dor terrível na República, pois era um dos homens mais bonitos e garbosos do país. Patlahuatzin não sobreviveu e morreu servindo a pátria, deixando um renome eterno que se reflete em enigmas e canções.[16] Esse tratamento infame e vil indignou os tlaxcaltecas, pois ninguém no mundo jamais cometera semelhante barbárie e os embaixadores sempre foram tratados com as maiores honras pelos reis e senhores estrangeiros com os quais discutiam os negócios da paz e da guerra e as outras questões que surgiam entre as províncias e os reinos. Profundamente revoltados, disseram a Cortés: "Senhor, queremos ir contigo para vingar esta obra, esta infâmia e esta crueldade. É preciso devastar e destruir essa nação e província, suprimir gente tão perniciosa, obstinada e endurecida na crueldade e na tirania. Mesmo que não houvesse outro motivo além desse, os cholultecas merecem um castigo eterno, porque, em vez de nos agradecer a cortesia, nos infligem uma afronta humilhante por causa do amor que temos por ti". O destemido Cortés respondeu com a face implacável: "Não temais, prometo-vos uma vingança exemplar". Por causa dessa traição e outras semelhantes, decidiram travar contra os cholultecas uma guerra cruel, na qual eles morreram em massa, como se pode ver na crônica que narra a história dessa terra.

Os cholultecas diziam que os estrangeiros morreriam afogados por intercessão de seu ídolo Quetzacoatl, que era o que

---

16 O episódio das torturas infligidas ao embaixador tlaxcalteca Patlahuatzin parece ser uma invenção fantasiosa de Muñoz Camargo para tentar justificar o massacre de Cholula. Nem Cortés (primeira *Carta de Relación*) nem Bernal Díaz del Castillo (*História verídica*, cap. LXXXI e LXXXII) fazem a menor alusão a ele, sublinhando, pelo contrário, o ódio feroz entre cholultecas e tlaxcaltecas. Por outro lado, o *Códice florentino*, Livro XII, p.101, n.37, deixa bem clara a terrível surpresa dos habitantes de Cholula e o pérfido papel dos tlaxcaltecas no massacre e em seus preparativos.

tinha mais adoradores e o templo de Cholula era considerado o santuário de todos os deuses. Segundo a lenda, quando o revestimento das paredes descascava, começava a escorrer água pelas fissuras; e, para não morrerem afogados, eles sacrificavam crianças de dois ou três anos e, com seu sangue misturado com cal, faziam uma espécie de reboco para tapar as rachaduras. Confiantes nessas superstições, afirmavam que, se sofressem reveses na guerra contra os tlaxcaltecas ou os deuses brancos, removeriam todo o reboco das paredes, e as fontes que jorrariam das fendas afogariam seus inimigos. De fato, foi o que fizeram quando se viram numa situação sem saída, mas não aconteceu absolutamente nada. Desconcertados e desesperados, a maior parte dos que morreram naquela guerra de Cholula foram os artesãos da sua própria morte: eles se jogavam do alto do templo de Quetzalcoatl, o que era uma tradição muito antiga, datada das origens desse povo rebelde e refratário; pois essa gente indômita, de coração tenaz, se vangloriava de não morrer como os outros povos e preferia pôr fim à vida arrebentando o crânio no chão. Nessa guerra, a maioria morreu desesperada e de uma morte por eles mesmos infligida. Depois dessa guerra, os cholultecas compreenderam e reconheceram que o Deus dos homens brancos tinha mais poder que os deles e que seus filhos eram mais fortes que eles. No momento mais crítico da guerra, os nossos amigos tlaxcaltecas invocaram o nome de Santiago, chamando alto: "Santiago, Santiago!". É por isso que, ainda hoje, quando enfrentam uma dificuldade, eles invocam o senhor Santiago. Os combatentes de Tlaxcala usaram um ótimo estratagema ensinado por Cortés para serem reconhecidos e não morrer por engano entre os inimigos, pois suas armas e insígnias eram muito parecidas e difíceis de distinguir e, no fogo da ação, com exércitos tão numerosos, era grande o risco de eles se confundirem e se entrematarem. Por isso, puseram na cabeça uma espécie de guirlanda de cânhamo retorcido e, assim, os nossos eram facilmente identificáveis, coisa que foi de grande utilidade. Depois da destruição de Cholula e da morte de seus habitantes, nossos exércitos seguiram adiante, semeando terror e assombro por onde passavam. A notícia se espalhou pelo país, e as gentes se admiravam ao saber que os cholultecas foram vencidos e aniquilados em tão pouco tempo, que a maioria morrera e seu ídolo Quetzalcoatl não lhes servira de nada. Puseram-se a fazer conjeturas, grandes sacrifícios e oferendas para que não lhes acontecesse a mesma coisa e tanto se queixavam, tantas lágrimas derramavam, que dava pena vê-las: tudo isso não lhes serviu de nada, ao contrário, não fez senão aumentar o pavor geral, pois a derrota dos cholultecas desalentara todos os seus vizinhos e ninguém entendia por que haviam merecido um tão grande castigo dos deuses. Dali por diante, viviam inquietos, à espera das consequências da chegada daqueles estrangeiros, e escondiam seus filhos, mulheres e bens nos lugares mais profundos e obscuros da terra.

Capítulo VI

Após a grande vitória e a tomada de Cholula, os espanhóis e os tlaxcaltecas, que por misericórdia não arrasaram completamente a cidade, prosseguiram viagem na direção de México-Tenochtitlan, aonde chegaram em poucos dias e onde o capitão Cortés foi muito bem recebido pelo grande senhor e rei Montezumatzin e por todos os senhores mexicanos; e, deixando o relato dessa gloriosa história para os que dela trataram nas suas crônicas, direi que Cortés saboreou na cidade do México o mais belo triunfo que um príncipe ou capitão pode conhecer neste mundo, e que não havia píncaro mais elevado ao qual sua fortuna o pudesse alçar quando, subitamente, lhe trouxeram a notícia da chegada de Pánfilo de Narváez, que o vinha atacar por ordem de Diego Velázquez, então governador da ilha de Cuba. Tal fato o obrigou a descer do seu pedestal e ir pessoalmente tratar dessa grave ameaça à sua empresa, porque as coisas deste mundo são tão instáveis que um contratempo ou uma dificuldade podem interromper inesperadamente os maiores prazeres e as maiores alegrias desta vida: ele deixou então México-Tenochtitlan e rumou para Cempoala, sem perder um instante, porque o assunto era de grande importância. Mas, sem querer renunciar a uma das maiores e mais heroicas empresas de todos os tempos, deixou Pedro de Alvarado na cidade e despediu-se de Montezuma e dos outros caciques e senhores mexicanos sob o pretexto de ir punir alguns ladrões e corsários que haviam acabado de desembarcar com a intenção de lhes fazer mal e a toda a terra, e dizendo que ia resolver a questão. Com esse desígnio, o valente capitão deixou México-Tenochtitlan e passou por Tlaxcala, onde foi muito bem recebido; explicou aos seus leais amigos o assunto de que ia tratar, e estes lhe forneceram um grande número de homens para acompanhá-lo e servi-lo. Ele chegou em poucos dias a Cempoala, onde, com a sua costumeira habilidade, prendeu Pánfilo de Narváez e lhe furou um olho. Depois de colocá-lo a ferros, soube ganhar seus homens com os presentes que deu e outros que prometeu, o que lhe foi de grande utilidade, porque foi com aquela gente que ele fez toda a conquista desta terra; e, deixando alguns homens de confiança para manter a ordem em Cempoala, retornou o mais depressa possível a México-Tenochtitlan, pois fora informado que os habitantes se haviam insurgido contra os espanhóis.

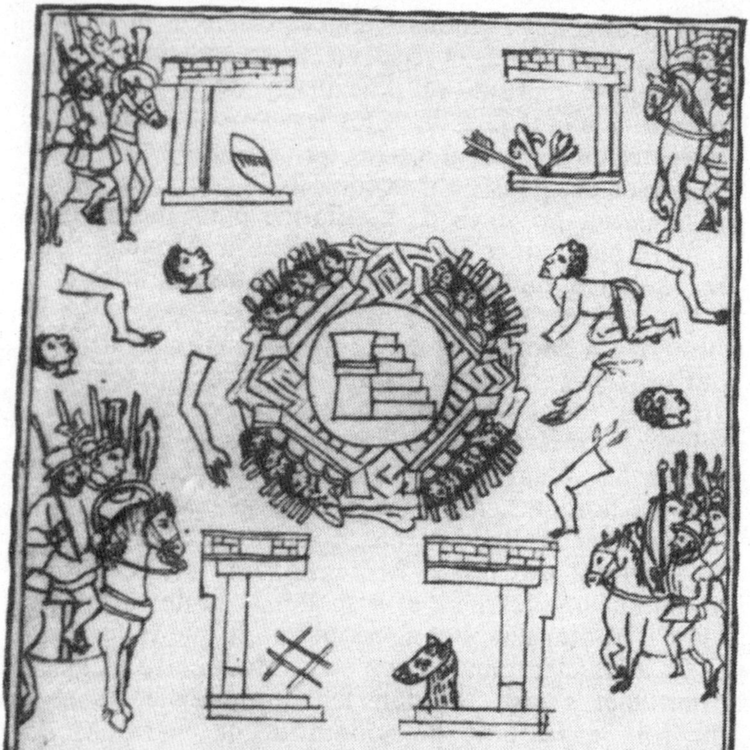

Os espanhóis surgem no caminho de Tenayuca e Tepeyac durante o cerco de México-Tenochtitlan.

Quando chegou a México-Tenochtitlan e entrou na cidade, Cortés encontrou os seus homens sitiados no palácio de Montezuma, em situação muito crítica. Pediu aos caciques mexicanos, com grandes súplicas e admoestações, que mudassem de atitude porque ele viera punir os soldados que os ofenderam; queria-os como amigos e seus homens, por inexperiência, haviam cometido um erro que ele mesmo se encarregaria de castigar, como todos veriam. Mas seus discursos de nada serviram e, certo dia, Montezuma em pessoa acabou subindo numa açoteia para pedir ao povo que acalmasse a sua ira e cessasse de afrontar os estrangeiros; era melhor deixá-los ir, pois o que eles queriam era partir para a sua terra. Mas a intervenção foi inútil, e, teimando em sua impudência, eles se sublevaram contra o rei, chamando-o de sodomita, frouxo e covarde, cobrindo-o de insultos e xingamentos, e, sem a menor consideração, começaram a atirar dardos e flechas, depois, servindo-se de uma funda, que era a arma de combate mais temida dos mexicanos, mataram-no com uma pedrada na cabeça.[17] O infeliz monarca governou este novo mundo com a maior prudência que se pode imaginar, foi o senhor mais temido, reverenciado e adorado de toda a sua linhagem, o que é público e notório em toda a máquina deste novo mundo. Sua morte pôs fim à dinastia dos culhuaques mexicanos e ao seu poder no momento de maior esplendor de sua monarquia.[18] E, assim, não convém

17 Muñoz Camargo adota a versão espanhola da morte de Montezuma, contradizendo todas as outras versões indígenas. Cf. *Códice florentino*, Livro XII, p.142, n.77, assim como *Códice Ramírez*, cap. IX, p.278, n.10.

18 Erro de Muñoz Camargo, porque Cuitláhuac e depois Cuauhtémoc continuariam reinando até a queda de México-Tenochtitlan.

se fiar nas coisas desta vida, mas unicamente em Deus. Muitos dos conquistadores que conheci afirmam que, na agonia da morte, ele pediu a água do batismo, foi batizado e morreu cristão, ainda que haja muitas dúvidas e opiniões contrárias acerca desse ponto. Mas foram homens fidedignos, tendo feito parte dos primeiros conquistadores desta terra, que nos informaram e asseguraram que ele morreu batizado e cristão, e que os padrinhos de batismo foram Fernando Cortés e dom Pedro de Alvarado. Esse nome Montezumatzin significa literalmente "senhor bem-amado dos seus", mas, em sentido moral, quer dizer "senhor muito severo e austero", "homem irritável e colérico que se enfurece repentinamente sem quê nem porquê".[19]

Com a morte do desafortunado rei, no qual os nossos depositaram toda a sua esperança, tentou-se romper aquele cerco terrível, pois os víveres começavam a escassear e os espanhóis bebiam uma água fétida e salobra tirada de poços cavados por eles mesmos e que lhes fazia muito mal. Vendo-se perdidos e constrangidos pela necessidade, os sitiados decidiram sair de lá antes que todos perecessem. Ordenaram seus esquadrões numa noite em que tudo estava quieto e sossegado e as sentinelas dormiam profundamente e puseram-se em marcha tomando as maiores precauções para não serem ouvidos. Foram pelo caminho de Tacuba na maior ordem possível, mas, logo depois, foram vistos por uma velha que naquela hora vendia provisões para os viajantes e estrangeiros. Tinha sua banca no

---

Cf. *Códice florentino*, Livro XII, p.179, n.110 e *Códice Ramírez*, p.279, n.12, e p.281, n.13.

19 *Motecuhzoma*: "aquele que se zanga como Senhor". Grande parte da interpretação de Muñoz Camargo é altamente fantasiosa.

bairro de Ayotzapagres, lá onde ficam as casas construídas por Juan Cano e em frente às de Ortuño de Ibarra, que depois foi genro de Montezumatzin, casas que hoje são propriedade de Hernando de Rivadeneyra, depois de terem pertencido a Juan de Espinosa Salado.

E essa velha, que devia ser o demônio, começou a gritar: "Eia, mexicanos!. Que fazeis? Dormis tanto que deixais ir embora os deuses que estavam cativos? Que fazeis, homens negligentes? Cuidai para que não fujam, intervinde, matai-os, liquidai-os, do contrário, assim que restaurarem as suas forças, eles voltarão com mão armada para atacar a nossa cidade!". E, como todos estavam em armas, os mexicanos, alertados pelos brados da velha, correram tão rápido e furiosamente, em tão tremendo ímpeto e tumulto que parecia o fim do mundo. Em um instante, as praças, as ruas e as açoteias se encheram de gente e houve um tal amontoamento que foi a coisa mais espantosa e horrível que já se viu: a palavra ou a pena são incapazes de transcrever as vociferações que havia naquele momento na cidade do México ou descrever a multidão de gente que, na escuridão, se entrematava sem querer. Os mexicanos arremeteram contra os nossos com tanta crueldade e tanta ira, com tanto ímpeto, coragem e fúria que pareciam leões ferozes e famintos. Os nossos se defendiam como podiam naquela confusa refrega que foi uma das batalhas mais sangrentas já vistas neste mundo, porque se travou na escuridão da noite, no meio de canais e lagoas, brejos, pântanos e diques alagados. Em face de adversários tão superiores em número, era inevitável que os nossos fossem destroçados e, embora, para sair daquele aperto, tivessem de redobrar a coragem e de se defender com a energia do desespero, sua saída ocasionou grandes perdas: na batalha, mais de quatrocentos e cinquenta espanhóis perderam a vida, assim como um número incalculável de tlaxcaltecas, que alguns dizem terem sido quatro mil. Mas também custou caro aos mexicanos, que conheceram de perto a coragem espanhola, porque os cadáveres se amontoavam nos canais, nas ruas e nas passagens inundadas, e a água das lagoas e dos pântanos se tingiu de sangue. Apesar de perseguidos e enfraquecidos, os nossos continuaram avançando até o fosso onde Alvarado deu o seu heroico e temerário salto, tão incrível que sou obrigado a citá-lo aqui. O sol já estava alto e os nossos amigos, maravilhados com tão grande façanha, prostraram-se e, diante de um ato tão prodigioso,[20] que nunca viram nenhum homem realizar, puseram-se a adorar o Sol, arrancando o mato e comendo grandes punhados de terra, enquanto exclamavam: "Verdadeiramente, esse homem é filho do Sol". Esse ritual de comer terra[21] e arrancar o mato era uma superstição muito usada entre os indígenas quando lhes sucedia alguma coisa estranha ou faziam um pedido solene aos deuses. Nessa ocasião, pois, todos se prostraram, pegando terra em grandes punhados e enfiando-a na boca, arrancando tufos de mato e oferecendo-os aos seus ídolos com os olhos no céu e pronunciando estas palavras: "Oh, deuses soberanos e poderosos que ocupais as nove abóbadas celestes, até a mais alta e suprema dentre elas,

---

20 Episódio devido a uma tradição apologética da historiografia da conquista, sem nenhum fundamento documental sério; Muñoz Camargo o retoma com um esforço de imaginação muito pessoal.

21 *Ontlalquaque*: "Eles comeram terra", cerimônia de uso frequente entre os astecas para demonstrar respeito. Cf. *Códice florentino*, Livro XII, p.75, n.12. A descrição é altamente fantasiosa em razão dos exageros de Muñoz Camargo. Na realidade, os astecas simplesmente tocavam a terra com o dedo e em seguida o levavam aos lábios.

aquela onde reside o deus que tem poder sobre todos vós, *Tloque Nahuaque*" – que significa na nossa língua "aquele que é acompanhado por todos os outros deuses"[22] –, "nós nos encomendamos a vós, vinde em nosso socorro e auxílio, não nos desampareis nesses perigos e sofrimentos, pois tendes poder e superioridade sobre todos os homens. Também invocamos a ti, claro e resplandecente Sol *Nahui-Ollin*" – que significa "quarto nome"[23] –, "e a ti, Lua, esposa luminosa e bela do claro Sol, e a vós, estrelas do céu, e a vós, brisas do dia e da noite, para que com a vossa ajuda saiamos desse aperto e dos perigos dessa guerra que travam contra nós".

Pudemos reconstituir essa prece por meio de certas averiguações que fizeram na cidade de Tlaxcala os herdeiros de dom Pedro de Alvarado, que queriam provar os méritos de seu pai. Havia ali capitães gloriosos, que participaram de todos os episódios da guerra. Achava-se entre eles um certo dom Antonio Calmecahua, ilustre chefe militar de Maxixcatzin que esteve ao lado de Cortés em todos os momentos e vive até hoje: afirmam que tem 130 anos e conserva toda a lucidez e razão, respondendo com muita lógica a todas as perguntas; apesar da surdez, conta maravilhas sobre a vinda de Cortés e dos outros

22 *Tloque Nahuaque*: "o Mestre da proximidade e do que está dentro do anel"; quer dizer o Mestre do mundo (*Cemanáhuac*: "o que é circundado pelo anel de água", ou seja, o Universo), figura de estilo ou difrasismo que designava a divindade suprema na sua presença permanente.

23 *Nahui-Ollin*: "Quatro-Movimento" ou "Quatro-Tremor de terra", signo e símbolo do Sol em movimento, quinta idade do Universo cujo fim também cairá precisamente num dia de signo "Quatro-Movimento".

capitães, lembra-se de seus gloriosos feitos militares e considera uma felicidade ter recebido o batismo e se tornado cristão: chora muito o tempo em que foi idólatra e se arrepende do erro em que viveu e em que viveram os seus antepassados. Dizem a mesma coisa de outro célebre capitão natural desta província, Antonio Temazahuitzin, que nasceu na aldeia de Hueyotlipan e ao qual se atribui ter salvado Cortés de um grave perigo, pois os mexicanos já o estavam levando para sacrificá-lo aos seus deuses. De fato, durante a batalha, o capitão espanhol se enfiou num pântano onde os índios o capturaram com a intenção de imolá-lo. Segundo certas versões, uma velha mexicana se atirou sobre ele para afogá-lo com seu peso no lamaçal do qual ele não conseguia sair, quando então chegaram os tlaxcaltecas com Cristóbal de Quiñones, que o salvou do perigo. Outros afirmam que foi Cristóbal de Olea quem correu a socorrê-lo e foi morto pelos mexicanos: o capitão Temazahuitzin se apresentou então com o seu esquadrão e tirou Cortés do brejo naquele que foi o último episódio da batalha de México-Tenochtitlan, perto do canal que os habitantes chamam de Toltecapan; assim, com a ajuda desse leal capitão, houve tempo para que Francisco de Olea, criado de Cortés, viesse em sua ajuda e cortasse os pulsos dos que o prendiam; nesse momento, chegou outro espanhol, um certo Antonio de Quiñones, que, agarrando Cortés pelo braço, arrancou-o dos inimigos. Um cavaleiro que tentou abrir caminho na multidão também foi morto pelos índios, e Cortés, montando num cavalo que lhe trouxeram, reuniu os seus e conseguiu escapar daquele sério perigo.

Durante aquela saída, perderam-se grandes riquezas em ouro e pedras preciosas provenientes do tesouro de Montezuma. Após a morte deste, Cortés mandou fundir a maior parte, pois as peças e joias de outro lavrado faziam muito volume e era mais conveniente transformá-las em barras e lingotes. Foi assim que medalhas, braceletes, colares e brincos foram fundidos e se juntaram aos lingotes já existentes, que representavam uma fortuna imensa. No momento de evacuar o palácio de Montezuma, os espanhóis confiaram a maior parte daquele tesouro aos amigos tlaxcaltecas, e nós já contamos como eles encontraram a morte e como o ouro se perdeu. Tudo isso é relatado pelo capitão dom Antonio Calmecahua, que foi um dos guardas encarregados de escoltar o tesouro mexicano de Montezuma, pela conservação do qual morreu a maior parte dos espanhóis. E, retornando ao ponto de partida, diremos que, depois de transpor o fosso, dom Pedro de Alvarado tratou de reunir tanto quanto possível os feridos, ensanguentados e martirizados da retaguarda e, com seus companheiros e os tlaxcaltecas, seguiu os passos do general, que se dirigia a Tlacopan, Teocalhincan e Tzacuhyocan, onde hoje fica o santuário de Nossa Senhora dos Remédios. Perseguidos pelos inimigos, seguiram adiante, defendendo-se com muito ânimo, e as escaramuças só cessaram nos arredores desse lugar, que, em ação de graças, foi batizado Nossa Senhora dos Remédios e até hoje continua sendo um lugar de peregrinação frequentado com muita devoção.

Ao chegar ali, os nossos se sentiram aliviados, pois já estavam fora das lagoas, dos pântanos e dos outros perigos de México-Tenochtitlan. Orientados e guiados pelos tlaxcaltecas, haviam contornado montanhas e lagos, rumando dezenove léguas para o norte de México-Tenochtitlan e então seguindo viagem até a província de Tlaxcala, que o pequeno número de cristãos sobreviventes já consideravam pátria, morada, amparo e socorro. Mas, ao chegar às planícies de Otompan – também chamadas Planícies de Aztaquemecan –, eles viram surgir inúmeros esquadrões enfileirados para a batalha, compostos de tropas descansadas, com valorosos e nobres guerreiros da província de Texcoco, os acolhuaques do reino governado pelo ilustre Nezahualpiltzintli,[24] estirpe da dinastia dos reis de Texcoco, como explicamos mais pormenorizadamente no início da nossa história. Cansados, feridos, destroçados, os nossos corriam um grande perigo: trataram de se agrupar e, formando um conselho de guerra, decidiram avançar em filas bem formadas, sem que ninguém fosse autorizado a sair da sua ordem ou arremeter contra o inimigo, fossem quais fossem os motivos ou o modo de fazê-lo, até que já não houvesse nenhuma dúvida sobre a conduta a adotar. Porque a intenção era preservar-se ao máximo, evitando todo enfrentamento que arriscasse provocar novas baixas e chegar a Tlaxcala para refazer as forças. Mas, ao fim e ao cabo, foram obrigados a atacar impetuosamente os exércitos dos acolhuaques e não tiveram saída a não ser bater-se com tanto denodo como se não tivessem passado por nenhuma crise ou revés da fortuna; de modo que o choque foi tão violento que, num lapso incrivelmente breve, os campos ficaram juncados de cadáveres e banhados de sangue. Só um milagre pode explicar a vitória, e os nossos tiveram ocasião de se convencer disso, pois a situação parecia desesperada: nossas defesas iam se afrouxando e perdíamos terreno cada vez que novos esquadrões vinham reforçar, em ondas sucessivas, o exército dos acolhuaques, de modo que os nossos homens tiveram a maior das dificuldades para resistir e acabaram abandonan-

---

24 *Nezahualpiltzintli*: cf. *Códice Ramírez*, p.263, n.4.

do qualquer esperança de escapar de tantos e tão encarniçados inimigos em sua cruel resolução.

Diante de situação tão grave, vendo que os nossos começavam a ceder e todos seriam aniquilados, o nosso capitão Hernando Cortés resolveu se precipitar, com uma lança em punho, bem no meio de um esquadrão, atacando e ferindo os inimigos por todos os lados, matando e atropelando tudo à sua passagem. O pânico se apossou do campo inimigo, e Cortés se saiu tão bem, com a ajuda de Deus Nosso Senhor e de sua Santíssima Mãe, que, tendo atropelado, como dissemos, todos os esquadrões, conseguiu atacar o general em chefe e, atingindo-o com a lança do alto da sua montaria, matou-o e arrancou-lhe a insígnia de ouro e rica plumagem que os indígenas chamavam de Tlahuizuntlazopilli. Ele decidiu guardar esse troféu, considerando-o uma de suas mais gloriosas conquistas, e, posteriormente, deu-o de presente ao seu amigo Maxixcatzin, senhor de Tlaxcala, da capital de Ocotelulco, porque o tomou com a lança dele, que estava a seu serviço.

Depois da morte desse capitão, que por causa de sua insígnia era chamado Maxatlopille, mas cujo nome próprio era Cihuacatzin e era natural de Teotihuacan, de um distrito que ficava abaixo de Teacalco e perto de Aztaquemecan,[25] no curso dessa mesma batalha Cortés atingiu com a sua lança outro senhor, chamado Tochtlahuatzal, mas este não morreu e viveu muito tempo. E, assim como dissemos, a célebre senhora María de Estrada também participou desses combates, com seu cavalo e sua lança, como se fosse um dos homens mais valentes do mundo.

---

25 Frase manifestamente incompleta no texto original.

Os otompanecas alegam que aqueles guerreiros não tinham a intenção de travar batalha com os espanhóis nem de os matar, mas que talvez estivessem comemorando uma das suas costumeiras festas anuais. Armados para a parada, teriam decidido atacar de improviso os espanhóis, que vinham derrotados e feridos de México-Tenochtitlan, sem ter recebido nenhuma instrução dos mexicanos, coisa que, na minha opinião, não passa de uma falsa desculpa. Mas o fato é que os guerreiros inimigos se dispersaram em desordem e, em pouco tempo, não restava ninguém para impedir o caminho dos nossos soldados, que dominaram o campo de batalha. Eles seguiram adiante, pois, se bem que alguns capitães inimigos insistissem em persegui-los, impelidos pela raiva cruel de ter perdido tanta gente, mas incapazes de obstruir o avanço da marcha [...]. No curso dessa batalha, os índios viram nitidamente como um soldado montando um cavalo branco, que não fazia parte da companhia, os atacava com tanta violência que era impossível defender-se ou esquivar-se de seus golpes. Em memória desse milagre, construiu-se um santuário ao apóstolo Santiago na aldeiazinha de Tenexalco, na região de Otompan. Muitos conquistadores afirmam que o cavalo montado por Hernando Cortés nesse confronto era uma besta de carga que servia, quando muito, para o transporte de fardos. Na falta de outro, mandou selá-lo e Deus quis que ele realizasse grandes feitos. Parece incrível que semelhante cavalgadura se tenha mostrado tão notável que lhe atribuíram todo o mérito da vitória, pois, apesar da fadiga e da magreza, dava saltos e coices tão violentos que os inimigos não se atreviam a aproximar-se. Utilizada durante a conquista de México-Tenochtitlan, essa besta de carga foi morta no decurso da última batalha, quando Olea deu sua montaria a Cortés, como narramos acima.

Tendo escapado desse grave perigo e de outros reveses da fortuna, os nossos passaram pelos plainos de Apam, Temalacatillan e Almoloyan, obrigados a repelir os ataques constantes dos índios, que arremetiam contra eles toda vez que atravessavam uma nova aldeia dos acolhuaques. Afinal, acabaram chegando à cidade de Hueyotlipan, que pertence à província de Tlaxcala e onde foram recebidos com muito aplauso e honras e providos de todo o necessário, como se tivessem chegado à sua pátria e à sua terra natal.

Capítulo VII

Informados da derrota espanhola, os quatro senhores de Tlaxcala enviaram um grande número de guerreiros para socorrê-los e defendê-los, em especial Maxixcatzin, a quem se deve todo esse bem. Foi ele quem mais se ressentiu do tratamento infligido aos seus amigos e o triste fim de Montezumatzin e armou mais de duzentos mil homens para ajudar Cortés em Hueyotlipan: ainda que não houvessem chegado a tempo, foram de grande utilidade na perseguição dos adversários até expulsá-los das suas terras e jogá-los fora das suas fronteiras, ação essa que foi de grande eficácia. Os acolhuaques e os mexicanos ficaram desconcertados ao constatar que tamanha multidão se havia reunido em tão pouco tempo para apoiar estrangeiros desconhecidos e se perguntaram com perplexidade por que motivo nasceram aquela amizade e aquela colusão com os recém-chegados. No entanto, a notícia da derrota espanhola se espalhou por todo o reino dos mexicanos e eles tiveram certeza de que aquela violência sediciosa e culpada atrairia pronta vingança.

Os combates nas ruas em México-Tenochtitlan.

Depois de alguns dias de tranquilidade e descanso, os nossos aceitaram o convite de Maxixcatzin e partiram rumo a Tlaxcala, que ficava a quatro léguas de Hueyotlipan. Os que, devido aos ferimentos, não podiam ir a cavalo ou a pé foram levados nas costas ou em redes, com muita atenção e cuidado. E, quando começaram a se aproximar da cidade e nela entrar, as gentes saíam de casa para vê-los e, como estavam muito maltratados, sentiram muita comiseração; e as mulheres, no alto das açoteias, gritavam-lhes entre soluços: "Como vos foram enganar e atrair a México-Tenochtitlan, infelizes, àquele ninho de traição e perfídia. Pobres de vós, quem vos tratou assim? Sede bem-vindos na vossa terra e nas vossas casas. Esquecei os vossos sofrimentos, recobrai a calma e o repouso, não temais aqueles velhacos cruéis". Todos tentavam reconfortá-los com palavras cheias de compaixão e ternura, e as gentes os consolavam da melhor maneira possível. Prosseguindo o seu caminho, chegaram ao palácio de Maxixcatzin, no bairro de Ocotelulco, onde foram recebidos e hospedados com grandes honras e ali passaram alguns dias à espera de que Deus tratasse e curasse suas feridas.

A República mexicana enviara, como já dissemos, embaixadores aos quatro senhores de Tlaxcala com a missão de propor-lhes que, em troca de grandes vantagens, rejeitassem a amizade dos espanhóis e os matassem. A proposta agradou a um cacique chamado Axayacatzin Xicotencatl, filho de Xicotencatl, o Velho, que fora feito seu marechal e recebera de suas mãos o governo da capital. Esse jovem cacique aceitou, pois, o plano de extermínio dos espanhóis; porém, como era de opinião contrária, Maxixcatzin se encolerizou e, furibundo, pôs-se a injuriá-lo, chamando-o de covarde e efeminado, traidor, falso, depois o empurrou sem piedade escada abaixo. Esse gesto de Maxixcatzin foi muito celebrado, porque podia inspirar certa moderação a outros jovens que porventura se sentissem tentados a seguir o exemplo de Xicotencatl Axayacatzin, o qual era considerado um desmiolado pouco recomendável, de humor cambiante e fautor de transtornos na República. Naquelas circunstâncias, e tendo em conta o estado de guerra que reinava entre eles e sabendo que os mexicanos eram homens desleais e não mereciam confiança, os tlaxcaltecas rejeitaram suas proposições e ofertas e se alinharam majoritariamente à opinião de Maxixcatzin. E Axayacatzin Xicotencatl morreu no patíbulo, pois Cortés mandou enforcá-lo com o consentimento da República de Tlaxcala, quando se achava em Texcoco após a derrota em México-Tenochtitlan, como relatamos.

Tendo atravessado tão duras provações e sofrido reveses da fortuna, Cortés desejava concluir de uma vez por todas a sua empresa e tornar-se senhor de todo este novo mundo; e, um dia, convocou o seus amigos, os quatro senhores das quatro capitais de Tlaxcala, e, explicando-lhes o seu projeto com um ar apreensivo, declarou que tinha a intenção de ordenar a conquista da cidade do México e queria destruí-la e metê-la a fogo e sangue, tão furioso estava com aquele reino de Culhua; tinha necessidade da ajuda e do apoio deles para tomar vingança cruel daquela gente tão falsa e traiçoeira; para bem realizar sua empresa, também precisava chamar os soldados de Cempoala, seus melhores homens e mais aguerridos, que ficaram naquela cidade para manter a retaguarda. Assim que recebesse aquele reforço indispensável, reorganizaria as suas tropas e marcharia contra os mexicanos de Tenochtitlan. O nome dessa capital significa "o lugar da tuna de pedra" e há diversas derivações que o explicam: alguns dizem que um dia uma tuna[26] nasceu de uma pedra nua, sem que nela houvesse um único punhado de terra e, como aquilo lhes pareceu sobrenatural, deram o nome desse cacto à cidade do México. Outros afirmam que foi no alto do Grande Cu[27] da cidade, isto é, no templo principal, que brotou de uma pedra dura essa tuna, que dá as frutas chamadas *nochtli*, e que os espanhóis chamam de tuna porque é a palavra utilizada pelos índios de Cuba e São Domingos. Admirados com o caso tão inaudito de uma planta nascer numa rocha seca, sem umidade nem terra, os indígenas o tomaram por um prodígio e, desde então, deram seu nome à cidade, que eles chamavam com mais solenidade de México-Tenochtitlan. E interpretaram esse fato como presságio da eternidade de sua permanência na cidade, pois, se as plantas se arraigavam na pedra seca e dura, com muito mais razão os homens lá haviam de se arraigar e permanecer para sempre. Também se conta que, primeiramente, México-Tenochtitlan se chamava Quauhnochtitlan, que significa "a tuna da águia", porque, antigamente, uma águia costumava pousar naquela tuna e, a partir dali, atacava as aves dos senhores de México-Tenochtitlan, que ostentavam grandeza com uma casa de aves de todos os tipos. Em virtude da sua muita antiguidade, o nome Quauhnochtitlan se perdeu e se corrompeu para Tenuchtitlan ou Tenochtitlan. Há ainda os que pretendem que a tuna em questão não dava frutos comestíveis, mas uns frutos selvagens que os índios chamam de *tenochtli* porque são duros como pedra e incomíveis: e é por isso que México

26 *Tuna*: palavra caraíba que designa a figueira-da-índia.

27 *Cu*: nome dado pelos espanhóis aos templos e oratórios pré-colombianos.

se chama Tenochtitlan, que significa "o lugar das tunas duras como pedra". Também se diz que esse cacto era um dos que os índios de Cuba e São Domingos chamam de *pitahoria*, e os mexicanos, de *teonochtli*, isto é, "tuna de Deus". E que se deu o nome de Tenochtitlan à cidade porque a planta brotou na base da pedra em que os indígenas costumavam fazer os seus sacrifícios idólatras, do mesmo modo que o nome México deriva, como já dissemos, do nome do deus Mexi.[28]

Retomando o fio da nossa narrativa, diremos que Cortés prosseguiu a exposição do seu plano de aniquilação dos mexicanos explicando que, para transportar as munições, os canhões, a pólvora e todo o material de guerra indispensável à ação, tinha necessidade da ajuda deles e rogou que lhe fornecessem carregadores para trazer tudo de Cempoala. Ele estava muito ressentido e irado com os culhuas mexicanos por causa da duplicidade, da traição e da audácia, e convinha que aquela conduta inadmissível não ficasse impune. Pois se revelaram traidores e inimigos mortais, quando eles ainda estavam tranquilos e confiantes e não se preocupavam com nada, já que estavam sob a sua proteção e os consideravam amigos. E, como paga daquela maldade e traição, ele queria puni-los cruelmente e fazer a guerra, considerando-os os seus principais inimigos, como eles não tardariam a ver. "E por isso, meus amigos leais

28 *Tenochtitlan*: "o lugar do *tenochtli*" (*tenochtli*: *Tuna lapidea*, espécie de cacto "nopal" ou figueira-da-índia que nasce nos interstícios das rochas). Ademais, *Mexitl* seria outro nome do grande deus asteca Uitzilopochtli, cujo símbolo é uma águia. Também é possível que a etimologia de México provenha de *meztli* ("a Lua") e de *xictli* ("o centro") e, portanto, significaria "(a cidade) no centro (da lagoa) da Lua".

e fiéis", concluiu, "rogo-vos que me ajudeis em toda circunstância e sobretudo nesta ocasião em que as nossas causas e os nossos respectivos interesses se confundem, porque, da minha parte, não vos abandonarei."

Depois desse discurso, Hernando Cortés prometeu e garantiu aos tlaxcaltecas que, se Deus Nosso Senhor lhe desse a vitória, eles teriam uma parte do butim, do ouro e de todas as outras riquezas pertencentes às províncias e aos reinos que eles ganhassem por direito de conquista, e em particular à cidade de Cholula e às províncias de Huexotzinco e Tepeyacac; e foi assim que, como amigos fiéis e leais, eles o ajudaram a subjugar e vencer toda a máquina deste novo mundo, com muito amor e vontade. Cortés os encontrou ao seu lado em todas as ocasiões, determinados a acompanhá-lo até na morte ou alcançar a vitória contra gentes da sua raça, alinhados ao lado dos espanhóis, que eram tão diferentes deles e estrangeiros à sua nação, coisa que parece mais devida à vontade de Deus que à dos homens mortais.

Também lhes disse que gentes tão desconhecidas e distantes deviam servir para exaltar a Santa Fé Católica; e, quando Hernando Cortés terminou o discurso, como já relatamos, os quatro senhores das quatro capitais de Tlaxcala lhe responderam. Antes de mais nada, concederam tudo quanto ele pedira, confirmando e ratificando a sua leal amizade, sem se opor a nada; deram-lhe tudo quanto havia pedido e numerosos guerreiros partiram rumo a Cempoala, comandados por capitães que conheciam bem a região e eram experimentados na arte militar, com a missão de trazer todo o armamento necessário à guerra com México-Tenochtitlan; e isso fizeram com muita precaução, prestando um dos serviços mais louváveis dos tlaxcaltecas à Real Coroa de Castela e a Hernando Cortés em seu nome.

Feita e concluída a jornada com decisão e brevidade, Cortés pôs fim aos negócios pendentes e convocou uma reunião de consulta sobre as medidas que devia tomar e a escolha de uma estratégia para se apoderar de México-Tenochtitlan. Assistiram à reunião os quatro senhores das quatro capitais, Maxixcatzin, Xicotencatl, Citlalpopocatzin, Tlehuexolotzin e muitos outros caciques, senhores e capitães ilustres da República. Comunicou-lhes a sua decisão de arrasar e destruir a cidade, e a grande conveniência de construir bergantins para atacar os mexicanos por terra e água. E, assim, treze bergantins foram construídos no distrito de Atempa, perto do santuário de São Boaventura, sob o comando de Martín López, auxiliado por N. Gómez. Depois de fabricados por ordem de Cortés e testados no rio Zahuapan de Tlaxcala, cujo curso foi represado para a ocasião, tornaram a desmontar os bergantins para levá-los nas costas desde Tlaxcala até cidade de Texcoco, onde os lançaram na lagoa e os armaram com artilharia e munição. Para guardar os bergantins, mais de dez mil homens de guerra, com os mestres-carpinteiros das embarcações, fizeram a viagem e os remontaram na lagoa de México-Tenochtitlan, ação de importância capital para a tomada da cidade: e Cortés lhes disse que os havia chamado para expor-lhes seus planos, pois não queria empreender nada sem o acordo deles, mas, pelo contrário, comunicar-lhes os projetos e discuti-los antes de começar o que quer que fosse, sobretudo num negócio de tanta importância, porque ele imaginava como seria duro e sangrento o combate contra os culhuas mexicanos e, por um lado, sentia pena, dor e piedade por eles, mas, por outro, imaginava a ignominiosa traição que haviam usado contra ele e os seus amigos, massacrando-os sem nenhuma piedade; e os impetuosos espanhóis não viam a hora de se lançar contra os mexicanos para se vingar do delito atroz que cometeram contra eles com tão temerária audácia. Por forte e inexpugnável que fosse México-Tenochtitlan, ele não estava preocupado, pois estava persuadido, ao contrário, de que era fácil atacá-la e subjugá-la, tão grandes eram a sua resolução e energia, assim como as dos seus espanhóis, que já estavam como leões e tigres feros e famintos por despedaçar os mexicanos entre as suas mãos. Movido pela piedade, e sabendo que não era justo se deixar guiar e governar pela vontade dos seus, ele queria evitar grandes danos e procurava o mal menor: conteria, pois, os braços e imporia por disciplina que fossem piedosos e moderados e não toleraria o uso da crueldade [...]. "É por isso, meus amigos", disse para terminar, "que quero saber a vossa opinião antes de me lançar nessa empresa e gostaria de fazer essa expedição com a maior temperança possível para evitar, com a inspiração divina, o máximo de mortes. Porque não venho matar gente nem fazer inimigos, mas fazer amigos e dar-lhes uma nova lei e uma nova doutrina em nome do imperador, que é o grande senhor que me envia."

Após essas palavras e outras que lhe pareceram convenientes à circunstância, dizem os tlaxcaltecas que os quatro senhores responderam resolutamente que ele podia iniciar a guerra e conduzi-la como quisesse: no que lhes tocava, eles o ajudariam e seguiriam a toda parte. De fato, os tlaxcaltecas se atribuem a glória dessa expedição e do seu desenrolar, porque, se lhes dermos crédito, foi a opinião deles que triunfou. Depois que Hernando Cortés discorreu longamente sobre aquela guerra com o máximo de solenidade possível e cada um deu o seu parecer, uns contrários aos outros, os senhores de Tlaxcala tomaram a palavra: era melhor, segundo eles, começar pela conquista da província de Tepeyacac e de toda a sua região, depois as outras províncias submetidas ao poder mexicano; agir assim seria como desmembrar e cortar as raízes da árvore e, quando ela ficasse sem força alguma, seria facilmente abatida; convinha primeiro vencer os súditos mais fracos do Império de modo a isolar México-Tenochtitlan. Sem que lhe pudesse entrar nenhum socorro de parte alguma, ela não se sustentaria muito tempo e acabaria caindo, sem perdas inúteis entre os habitantes; e, uma vez tomada a capital, o resto seria conquistado com facilidade. Se não se fizesse assim, seria necessário expugnar a cidade ao preço de mortes inumeráveis, pois eles oporiam uma resistência feroz e a guerra duraria muito tempo: todas as províncias e todos os reinos eram efetivamente governados por senhores mexicanos e seus habitantes seriam obrigados a socorrer a sua pátria e o seu rei. Os tlaxcaltecas garantem que cabe a eles o mérito dessa opinião e desse conselho e, de fato, foi esse plano heroico e inteligente que se adotou. Eles começaram atacando as cidades e províncias do reino que se situavam ao redor de México-Tenochtitlan e, em especial, as que se presumia que lhe pudessem prestar socorro; depois, toda a máquina deste novo mundo foi progressivamente conquistada e pacificada, para a honra e glória de Deus Nosso Senhor, como contam com mais elegância os autores das crônicas às quais me refiro.

DIEGO DURÁN

HISTÓRIA DAS ÍNDIAS DA NOVA ESPANHA E DAS ILHAS DA TERRA FIRME

Escrita conforme os códices e relatos mexicanos
e concluída em 1581

Capítulos LXI a LXXVIII

Texto espanhol da *Historia de las Indias de Nueva España e Islas de la Tierra Firme*,
Ed. Angel María Garibay K
Segundo o manuscrito autógrafo de Madri,
México, Editorial Porrúa S.A., 1967, p.459-576

Capítulo LXI: De como o rei Texcoco, Nezahualpiltzintli[1] avisou Montezuma de que a chegada dos espanhóis era iminente e só poucas vezes ele teria a vitória contra os seus inimigos.

Já mencionamos muitas vezes que o rei Nezahualpilli, de Texcoco, era reputado bruxo ou feiticeiro, e a opinião mais verdadeira que encontro entre os índios é que ele tinha feito pactos e alianças com o diabo, o qual lhe declarava coisas obscuras e futuras que ele sabia interpretar por conjeturas e informações que tinha sobre cada caso. E, assim, um dia em que o grande rei Montezuma estava com o espírito livre de inquietações, informaram-no da chegada do rei de Texcoco, Nezahualpilli.

1 *Nezahualpiltzintli*: soberano de Texcoco de 1473 a 1515. Cf. *Códice Ramírez*, p.263, n.4.

Admirado com aquela visita tão repentina e imprevista, saiu de seus aposentos privados para recebê-lo e, depois das saudações habituais, entraram juntos na câmara em que Montezuma costumava se trancar. E, quando este quis saber o motivo daquela visita, Nezahualpilli respondeu:

"Poderoso e grande senhor, gostaria muito de não inquietar o teu coração magnânimo, tranquilo e sereno, mas a obrigação que tenho de te servir me força a fazê-lo. Devo te informar de uma coisa estranha e maravilhosa que, por ordem e vontade do senhor dos céus, da noite, do dia e do ar, há de acontecer durante o teu reinado; uma coisa da qual deves ser avisado e informado e que vai te causar preocupação. Eu soube de maneira indubitável que, daqui a alguns anos, as nossas cidades serão arrasadas e destruídas; nós e os nossos filhos, mortos; e os nossos vassalos, abatidos e dizimados. E disso não deves ter a menor dúvida. E, para que te convenças da verdade do que te digo, saibas que jamais sairás vitorioso de uma guerra contra os huexotzincas, os tlaxcaltecas ou os cholultecas; pelo contrário, os teus serão vencidos com grandes perdas de soldados e oficiais. E mais: daqui a alguns dias, verás no céu sinais que serão prognóstico do que te digo. Nem por isso te desassossegues nem te inquietes, pois é impossível esconder o rosto daquilo que há de suceder. Mas uma coisa me consola, é que não verei essas calamidades e desgraças, porque os meus dias já estão contados. Por isso, antes de morrer, quis te prevenir como um filho muito querido."

Choraram os dois, e Montezuma começou a fazer súplicas aos deuses e a pedir que acabassem com os seus dias para que ele não visse as catástrofes que haviam de afligir o seu reino. Contudo, agradeceu a Nezahualpilli e, quando este retornou à

O rei de Texcoco anuncia a Montezuma a chegada dos espanhóis.

sua cidade, o rei Montezuma ficou muito aflito e atemorizado, guardando no peito tudo que lhe fora anunciado sem partilhar com ninguém o seu segredo.

Quis em seguida verificar se aqueles presságios eram verdadeiros e, mandando mobilizar suas tropas e preparar todas as cidades do Império para entrar em guerra com Tlaxcala, enviou mensageiros com ordens a todo o país. Os diversos corpos do exército fixaram quartel-general em Auayucan, onde travaram uma batalha rude e feroz que terminou com a derrota dos mexicanos. A maioria deles acabou morta ou presa, ficando todos os senhores e oficiais do exército nas mãos dos inimigos. Montezuma soube da derrota do seu exército e também que, durante todo o tempo em que puderam se defender dos assaltos dos tlaxcaltecas, os mexicanos fizeram quarenta prisioneiros; as gentes de Texcoco, vinte; os tepanecas, quinze; e os tlatelolcas, somente cinco. Ao receber essa notícia, Montezuma se levantou do assento e gritou muito irado:

"Que dizeis? Sabeis o que dizeis? Acaso os mexicanos já não têm coragem e honra? Quando aconteceu de regressarem sem vigor nem força, feito mulherzinhas? Agora têm medo de brandir a espada, de empunhar o escudo, o arco e a flecha? De que serviram, então, os longos anos decorridos desde a fundação desta gloriosa cidade? Para empobrecer o nosso sangue, para fazer de nós afeminados, para que eu seja o escárnio do mundo inteiro? Que foram lá fazer tantos e tão valorosos senhores e capitães, tão exercitados e experimentados nas artes da guerra? Será possível que esqueceram como se formam e consolidam esquadrões para romper a melhor defesa? Só posso acreditar que dormiram de propósito para me dar essa bofetada e zombar de mim!"

Montezuma mandou convocar o *cihuacoatl*[2] e outros membros do conselho e lhes deu a notícia. Considerando-se humilhado, ordenou que não se preparasse a acolhida dos que voltassem daquela guerra, que não se tocasse a concha nem qualquer outro instrumento, e que nenhum homem ou mulher saísse às ruas para ver a sua chegada, que ninguém exibisse luto ou tristeza pelos mortos nem alegria pelos sobreviventes. E foi assim que, quando se deu a notícia da sua chegada, a cidade mergulhou num silêncio pesado. E não se viu ninguém nas ruas e nos templos, nem homem, nem mulher, nem sacerdote, nem ninguém que lhes pudesse explicar o motivo de coisa tão inusitada. Eles foram ao templo para as cerimônias habituais, depois quiseram beijar a mão do rei. As portas permaneceram fechadas e eles foram ignominiosamente expulsos do palácio real, e, assim envergonhados, só lhes restou ir para casa ou para as suas cidades.

No dia seguinte, o "grande senhor irado"[3] – pois este era o significado do seu nome – reuniu todos os seus conselhos e, sem dissimular o furor da sua alma, disse-lhes toda a sua vergonha e o desejo de dar o exemplo castigando os seus capitães, chefes de campo, velhos soldados e guerreiros ilustres para que carregassem para sempre o peso da sua desonra. Porque lhe parecia que se estava introduzindo uma grande tibieza na condução das coisas da guerra.

Todos concordaram com o parecer e aprovaram o seu zelo. Montezuma mandou chamar os homens de justiça e as pes-

---

2 *Cihuacoatl*: "Mulher-Serpente", espécie de vice-imperador, primeiro personagem do Estado depois do soberano. Cf. *Códice florentino*, Livro XII, p.79, n.18.

3 *Montezuma*. Cf. Muñoz Camargo, *História de Tlaxcala*, p.338, n.19.

soas encarregadas de executar as penas e ordenou que fossem sem tardança às casas dos capitães e dos chefes militares, lhes tosquiassem o crânio, lhes tirassem as insígnias que davam fé de sua coragem e lhes confiscassem as armas e as divisas que lhes foram concedidas quando foram feitos cavaleiros; deviam, sob pena de morte, desvestir as suas roupas de algodão e usar apenas fibra de agave como os homens vis e de baixa classe, e ficavam proibidos de calçar sapatos de senhor e transpor as portas do palácio por um ano. Com muito desgosto e tristeza, os homens de justiça foram executar a sentença e a ordem do rei, não podendo fazer outra coisa, e alguns se dirigiram a Santiago de Tlatelolco e outros à cidade de México-Tenochtitlan. E assim se castigou um grande número de gentes.

Acabei concluindo que a dor que demonstravam quando eram condenados a raspar a cabeça tinha origem numa antiga concepção de honra, que se arrimava no corte de cabelo correspondente à classe e ao grau hierárquico de cada um. E o crânio tosquiado era um castigo e uma desonra que os fazia perder toda a glória precedentemente adquirida.

Os executores da justiça retornaram para comunicar ao rei que as ordens haviam sido cumpridas e falar das tristes lamentações que se ouviam em toda parte, nas ruas desertas porque todos os chefes e príncipes se haviam trancado em casa e porque ninguém mais passeava na cidade outrora animada e alegre. Sem mostrar a menor insatisfação, o rei deu a impressão de simplesmente ter esquecido a existência daquela gente durante todo o ano que durou a pena. E, naquele ano, todos os condenados andaram como gente baixa, vil e coberta de opróbrio.

Decorrido aquele período, Montezuma declarou guerra a Tlaxcala para que os oficiais penitenciados, se quisessem, pudessem recuperar a honra e o prestígio no campo de batalha. Não mandou avisá-los, não ordenou que fossem ou não fossem, como se não fizesse caso deles, ainda que na verdade tivesse outra intenção. Mas todos se prepararam para o combate e participaram da guerra como soldados rasos. Fizeram o possível para recuperar a honra e combateram os tlaxcaltecas com tanta valentia que, embora sem vencedores nem vencidos, os mexicanos e o seus adversários tiveram as mesmas perdas e mostraram a mesma coragem.

Montezuma recebeu a notícia com muito contentamento e deixou que transparecesse em seu semblante. E, cobrindo-se com um manto ornado de águias, mandou chamar o *cihuacoatl* e os demais senhores e lhes comunicou a sua alegria, pois os mexicanos haviam combatido os tlaxcaltecas com bravura, os dois exércitos se retiraram sem que um tivesse vencido o outro ou um tivesse se mostrado mais valente do que o outro, e traziam muitos prisioneiros inimigos, apesar da morte de muitos mexicanos, texcocanos e tepanecas, que iam gozar de uma morte rosada e feliz. Com essa notícia, houve muito regozijo na cidade e nos templos, muito rufar de tambores e tocar de cornetas, conchas e todos os outros instrumentos que se usavam em tais comemorações.

Os mexicanos foram recebidos na cidade com todas as honras da vitória, cantos e danças e incensos, com muitas orações e longos e elegantes discursos de felicitação. Diante do templo, fizeram o gesto ritual de comer terra,[4] depois todos, sem exceção, foram visitar o "grande senhor irado". Este os recebeu muito bem e, com ar alegre e benévolo, mandou chamar todos

4 Cf. *Códice florentino*, Livro XII, p.75, n.12.

os que havia punido e castigado. Restituiu-lhes todas as prerrogativas e privilégios, devolveu-lhes as armas e as condecorações, elogiou-os e agradeceu-lhes os feitos militares, posto que muitos haviam morrido na guerra por querer recuperar o que haviam perdido.

É coisa comum e frequente entre os que caem de uma posição de honra morrer para reconquistar o que perderam. Atitude que mostra que, apesar da sua infidelidade, esses povos faziam muito caso das coisas de honra e, quando caíam do ápice em que se encontravam, arriscavam a vida para voltar a subir.

Depois das festas solenes e alegres que acompanharam a cerimônia de reabilitação, o rei Montezuma mandou celebrar as exéquias dos mortos das famílias mais prestigiosas e importantes, e ordenou que depois das exéquias – pois se aproximava a festa da mãe dos deuses – todos os cativos trazidos de Tlaxcala fossem reunidos para serem conduzidos ao sacrifício. Acontecimento que será objeto do próximo capítulo.

Capítulo LXII: Como os tlaxcaltecas foram cruelmente sacrificados na festa da deusa Toci[5] e como os huexotzincas, irritados ao saber disso, queimaram o templo da deusa.

Na segunda parte deste livro,[6] descrevi demoradamente a festa da deusa Toci, que essa nação, na sua infidelidade, cele-

5 *Toci*: "nossa ancestral". Assim se designava *Teteo innan*, "a mãe dos deuses", que protegia as práticas médicas. Ela tinha um grande templo em Tepeyacac, ao norte de México-Tenochtitlan, hoje Guadalupe. A festa de *Toci* era celebrada no primeiro dia do undécimo mês (*Ochpaniztli*), e nela se sacrificava uma mulher.

6 Durán fala nela no capítulo XV do Livro I e na descrição do undécimo mês do ano no Livro II.

brava todos os anos com muita solenidade e um grande número de cerimônias, porque ela era considerada a mãe dos deuses. Tratava-se, na realidade, se não foram esquecidas as minhas explicações, da filha do rei de Culhuacan, que os mexicanos recém-chegados a esta terra pediram em casamento para o seu deus. Ela foi morta e esfolada e a sua efígie foi adorada como uma divindade, o que provocou guerra e inimizade entre os mexicanos e os colhuaques.

Quando chegou essa festa, tão importante para eles, o rei Montezuma mandou reunir os prisioneiros de Tlaxcala para sacrificá-los naquela ocasião solene. Começaram então os preparativos para a festa. Chegado o dia esperado, uma parte dos prisioneiros foi sacrificada à faca, seguindo o ritual ordinário de abrir-lhes o peito, arrancar-lhes o coração e jogar a vítima do alto da escadaria do templo. Outros sofreram o suplício do fogo: eles os queimavam no braseiro divino, depois retiravam das brasas os corpos anelantes e quase sem vida, abriam-lhes o peito e arrancavam-lhes o coração como aos primeiros. Era o que chamavam de "sacrifício do fogo". Os últimos foram levados ao templo da deusa, que ficava às portas da cidade, onde hoje se encontra a primeira cruz na saída da cidade do México. E, perto do templo, sobre uma plataforma de madeira grossa e sólida, foi armado um tablado muito bem-feito no qual ficava a estátua da deusa. Todos foram cruelmente empalados e flechados. Tal foi o sacrifício que fizeram em honra dessa deusa para comemorar os muitos mexicanos que, perseguidos por soldados colhuaques que lhes lançavam revoadas de flechas, se esconderam nos pântanos e nos juncais para tentar escapar da morte. E, em memória desse triste episódio ocorrido por causa da deusa, ofereciam-lhe em sacrifício homens mortos a flechadas e empalados.

Cruel sacrifício à deusa Toci e incêndio do seu templo pelos huexotzincas.

Quando os sacrifícios e as outras cerimônias terminaram, Montezuma ficou muito contente e alegre e mandou divulgar imediatamente a notícia. A crueldade com que trataram os prisioneiros provocou muita indignação entre as gentes de Huexotzinco, apesar de que elas próprias não se mostravam mais piedosas quando os mexicanos caíam em suas mãos. No entanto, desejando atrair as boas graças de Tlaxcala e já esquecidos da sua recente amizade com México-Tenochtitlan, uma noite eles foram e queimaram o templo da deusa e também os quatro madeiros altos que sustentavam o tablado onde ficava a estátua da deusa e que, assim como escrevi na passagem da segunda parte desta história dedicada aos ritos e sacrifícios, eram feitos com as árvores mais sólidas e mais altas que havia na floresta. Ao amanhecer, era tudo cinzas e destruição.

Quando os mexicanos viram aquilo, logo ao raiar do dia, o alvoroço e o medo se espalharam pela cidade e Montezuma se encheu de uma fúria violenta, considerando o fato uma injúria contra a sua pessoa e um mau agouro. Ordenou que todos os sacerdotes dos templos fossem presos em jaulas cujo assoalho fosse cheio de lâminas de facas e objetos cortantes, e de lá só sairiam mortos. Lá ficaram e dormiram, lá comeram a magra ração que lhes davam, e acabaram perecendo. Montezuma os visitava diariamente para repreendê-los e perguntar-lhes qual era o seu ofício senão o de vigiar dia e noite os templos e os deuses, assim como o capitão e o soldado na guerra devem velar para não sofrer um assalto do inimigo; como eles foram capazes de se entregar ao sono com tanto descuido que não viram uma coisa tão assustadora e espantosa como o incêndio de um templo e a destruição de uma deusa soberana, que devia estar iradíssima contra eles? Os desfortunados sacerdotes ouviam os reproches com muita humildade e paciência, conscientes da gravidade do seu crime.

Montezuma enviou emissários às cidades de Texcoco, Chalco, Xochimilco e Tierra Caliente e a toda a nação tepaneca para tentar saber quem eram os autores de tão horrendo sacrilégio. A investigação foi feita com a máxima diligência possível e, no fim, soube-se pela boca de um tlaxcalteca que estava preso em Tlatelolco que os responsáveis eram de Huexotzinco, e que tinham ido se vangloriar em Tlaxcala esperando obter a gratidão dos habitantes. Informado disso, Montezuma mandou construir uma nova plataforma com madeiros ainda mais altos e sólidos para erigir um templo maior e mais bonito e maior. Depositou ali muitos objetos de grande valor, nomeou novos sacerdotes e um pelotão de guardas que ganhavam soldo e então ordenou o recrutamento de tropas e pôs todas as cidades em estado de alerta, porque queria travar guerra com Huexotzinco e trazer prisioneiros para serem sacrificados na inauguração do novo templo. Assim satisfaria o seu desejo de vingança contra gentes que o haviam injuriado gravemente e perpetrado um ato horrivelmente sacrílego.

Terminados os preparativos da campanha e recrutados soldados tão numerosos e aguerridos quanto possível, aos quais o rei prometeu grandes prerrogativas e privilégios em caso de vitória, os diversos exércitos se concentraram nos vales de Atlixco, onde se travou uma batalha de vários dias, com elevadas perdas em ambos os lados. Apesar das admoestações dos huexotzincas, os mexicanos rejeitaram toda e qualquer proposta de trégua, empenhados que estavam em matar e capturar os soldados inimigos até ter o número suficiente de cativos para um sacrifício que apaziguasse a alma do grande rei irado.

E, assim, durante todos os dias que durou aquela guerra, os tlatelolcas se distinguiram pela coragem e eficácia, pois, fossem para o combate sozinhos ou acompanhados, não havia um dia que não retornassem com prisioneiros, deixando para trás muitos inimigos mortos ou malferidos. E, quando os mexicanos consideraram que tinham cativos suficientes para satisfazer a sede de sangue do rei irado, que desejava tanto fazer sacrifício de índios, levantaram acampamento e tomaram o caminho de volta a México-Tenochtitlan, onde foram bem recebidos pelo rei e pela cidade, e onde os feridos puderam ser tratados. As gentes de Tlatelolco entregaram 120 prisioneiros a Montezuma para que deles fizesse o que quisesse. O rei agradeceu e ordenou-lhes que os mantivessem em seu poder até que ele os pedisse. Foi assim que Montezuma passou a ter inúmeros escravos à sua disposição em diferentes cidades e províncias e, quando um grande senhor falecia ou uma cidade vizinha celebrava uma festa importante, ele os enviava como presente aos poderosos ou oferenda aos mortos.

Os reis de Texcoco e Tacuba[7] agiam do mesmo modo, porque, em suas terras, eram reis tão grandes quanto Montezuma e tinham templos tão esplêndidos ou às vezes até mais que os de México-Tenochtitlan, e celebravam as suas festas com os mesmos ritos, a mesma solenidade, as mesmas cerimônias e os mesmos sacrifícios humanos. E o poder de Nezahualpilli era, de fato, tão considerável que o próprio Montezuma, rei de México, mostrava-lhe respeito e quase sujeição – tal como tento mostrar e dizer neste ponto da minha história –, e entendo que

7 *Tacuba*: nome dado pelos espanhóis à cidade tepaneca de Tlacopan. Cf. *Códice Ramírez*, p.279, n.11.

era por que o consideravam um homem de faculdades sobre-humanas, porque podia prever o futuro, e acreditavam que ele recebia instruções do céu e essa era a origem do seu saber.

Os huexotzincas quiseram espiar e descobrir o que fora feito dos seus prisioneiros. E o que se fez deles foi que uma parte foi esfolada viva e seu couro serviu aos mendigos para pedir esmola de porta em porta, até que ao cabo de quarenta dias os que o vestiam já não podiam suportar o fedor; outros foram queimados vivos; e os últimos, crivados de flechas no sacrifício de inauguração do novo templo. Tendo visto o que haviam feito da sua gente, os huexotzincas convidaram o rei de México-Tenochtitlan a uma festa que queriam celebrar em honra a seu deus Camaxtli,[8] que esse era o seu nome. Não querendo ir, Montezuma enviou príncipes do seu *entourage* e, na sua presença, muitos mexicanos foram sacrificados ao referido deus, uns esfolados, outros queimados vivos ou flechados com a mesma crueldade que usaram com eles. E, entre os mortos, havia numerosos príncipes mexicanos, coisa que suscitou grande compaixão.

Ao saber do sucedido, Montezuma exclamou: "Que pensais disso? Foi para isso que nascemos e fomos para o campo de batalha, e essa é a morte bem-aventurada que os nossos antepassados nos ensinaram a prezar?". Depois mandou chamar os de Tlatelolco para recompensar a sua conduta. Quando eles se perfilaram à sua frente, ordenou que lhes dessem escudos de diversas divisas, armas de diversas cores, joias, tecidos e outras coisas de valor, com as quais os tlatelolcas ficaram muito contentes e satisfeitos, agradecendo muito ao rei. E, no momento da despedida, disse que não lhes fazia aqueles favores para

8 *Camaxtli*: nome sob o qual os huexotzincas e os tlaxcaltecas adoravam o deus Uitzilopochtli.

que relaxassem, mas, pelo contrário, para que redobrassem a coragem e o esforço. E eles, prometendo servi-lo com todas as forças, foram para as suas províncias.

Capítulo LXIII: Acerca do aparecimento de um cometa no céu e do desassossego que Montezuma sentiu. E de como mandou chamar o rei de Texcoco para que lhe explicasse o significado do acontecimento.

A história conta, neste ponto, que em cada templo da cidade havia um índio que devia representar a figura do deus. Ele ficava sentado num aposento especial, era reverenciado e servido como o próprio deus ou ídolo e tinha serviçais particulares e uma guarda pessoal formada por gente chamada *mocexiuzauhque*, que significa "aqueles que faziam penitência e se abstinham de frequentar mulheres e ofender o deus durante um ano".

No templo de Uitzilopochtli, achava-se, em representação do deus, um generoso rapaz chamado Tzocotli. Tendo levantado por volta da meia-noite para satisfazer uma necessidade do corpo e erguendo a vista para o céu, viu aparecer no oriente um gigantesco cometa que, com seus raios, ameaçava diretamente a zona em que ele se encontrava. Atemorizado, o jovem procurou seus serviçais e sua guarda e disse: "Despertai e vereis uma coisa pavorosa e maravilhosa, nunca vista nestes lugares". Todos se levantaram, olharam para o oriente, viram o espetáculo do cometa e, sem voltar a se deitar, aguardaram a alvorada para ver aonde ele se dirigia. E, depois de uma longa espera, puderam ver que ele se deteve bem acima da cidade do México e, tendo chegado àquele ponto, começou a se dissipar na luz da manhã e acabou desaparecendo.

Montezuma fica apreensivo com o aparecimento de um cometa.

Com a chegada do dia, o homem que era a representação do deus saiu do templo acompanhado da sua gente e foi ao palácio real, onde anunciou a sua chegada. Montezuma o recebeu com as honras devidas ao seu título, mandou-o sentar e perguntou a razão da visita. O rapaz lhe contou que tinha visto no céu o que acabamos de relatar. O rei se atemorizou e, recusando-se a acreditar, perguntou se ele não havia sonhado. O jovem respondeu que ele e todos os que estavam ao seu serviço o tinham visto, bastava mandar chamá-los para ver que ele não mentira em nada. Montezuma os convocou e indagou o que tinham visto. Eles fizeram o mesmo relato e se despediram. Profundamente apreensivo, o rei aguardou que a noite caísse e toda a gente estivesse recolhida em seus aposentos para instalar-se numa açoteia, onde passou toda a noite velando a sós. E, à meia-noite, quando viu aparecer o cometa com uma cauda luminosa e bela, foi como se tivesse sido fulminado e, recordando as palavras de Nezahualpilli, pensou, tomado de pavor, que era chegada a sua hora.

No dia seguinte, Montezuma mandou chamar o rapaz que representava o deus Uitzilopochtli e lhe contou que, querendo verificar as suas palavras, tinha visto o cometa naquela noite; pediu-lhe que explicasse do que se tratava e o que significava. O outro respondeu que ele não passava de um pobre rapaz ignorante que nada sabia das coisas do céu, pois não era astrólogo, nem feiticeiro, nem adivinho; o rei que mandasse chamar os astrólogos, os adivinhos e aqueles cujo ofício era se interessar pelas coisas noturnas.

Montezuma mandou chamar os astrólogos, áugures, adivinhos, feiticeiros e encantadores, todos os que havia na cidade do México, aos quais, quando estavam na sua presença, indagou se tinham visto um novo sinal que aparecera no céu. Todos responderam que não. Indignado com a resposta, o rei lhes disse: "Como assim? Não é vossa tarefa velar sobre as coisas da noite? Para que tenho astrólogos, feiticeiros, áugures e adivinhos no meu reino? De que me servis? Falai, respondei. Não vistes o sinal que apareceu no céu?". Todos tornaram a responder que não o tinham visto. Então, ainda mais irado, Montezuma lhes disse: "Pois para que não vivais com tanto descuido, eu vos farei dormir". E, ato seguido, chamou os seus homens de justiça e ordenou-lhes que os jogassem em jaulas e cárceres, proibindo sob pena de morte que lhes dessem de comer, mas que os deixassem morrer de fome. E, atrás das grades de suas jaulas, eles choraram e suplicaram que os matassem imediatamente para que não morressem em agonia.

Montezuma mandou imediatamente uma embaixada a Nezahualpilli, o rei de Texcoco, para lhe suplicar que viesse escutar o relato do que ele vira no céu. Nezahualpilli chegou, foi recebido com todas as honras devidas à sua posição e conduzido aos aposentos reais, onde Montezuma lhe contou a sua experiência e falou da inquietude em que estava mergulhado; e, como aquele era o seu ofício e ele tinha recebido por graça e dom divino o poder de penetrar aqueles mistérios, rogou-lhe que revelasse o que significava aquela coisa tão nova.

O rei de Texcoco respondeu: "Por certo, senhor, foi bem grande o descuido dos teus vassalos, astrólogos, áugures e adivinhos, pois, tratando-se de um sinal celeste tão velho e tão antigo, tu hoje o apresentas como coisa nova. Acreditei que os teus astrólogos já te houvessem informado e explicado esse mistério. Mas, como me dizes que só agora o viste, deves saber que já faz muito tempo que essa estrela luminosa apareceu no firmamento, e que ela nasce no oriente e desaparece sobre México e todas as nossas terras. E deves saber que o que ela prognostica diz respeito aos nossos reinos, nos quais hão de se produzir coisas horrendas e de grande estupefação. Haverá grandes calamidades e desastres em todos os nossos territórios e domínios; não restará uma só pedra em pé; haverá mortes inumeráveis; todos os Estados estão condenados a ser destruídos e perdidos, e o senhor das alturas celestes, do dia, da noite e dos ares nada fará para se opor a tal coisa; tu serás testemunha dessas desgraças, vê-las-ás com os teus olhos e é no teu tempo que elas sucederão, porque eu, logo que me afastar da tua presença será para morrer; e podes ter certeza de que não me verás mais, que este é o nosso derradeiro encontro neste mundo, pois vou me enterrar longe dos sofrimentos e aflições que te aguardam. Não te deixes vencer pela desânimo, a aflição e o desespero: mostra um coração generoso, firmeza e coragem varonil diante das adversidades da fortuna".

Montezuma derramou lágrimas amargas e disse: "Oh, senhor de todas as coisas criadas! Oh, deuses poderosos que sobre nós tendes poder de vida e morte, como permitistes que, tendo passado tantos reis e senhores poderosos, coubesse justamente a mim a desgraça de presenciar a destruição de México, de me ver espoliado dos meus reinos e das minhas posses, dos meus vassalos e de tudo quanto os mexicanos conquistaram e ganharam pela força dos seus braços, pelo seu valor e coragem? Que farei? Onde me esconderei? Em que recanto hei de desaparecer? Oh, se neste momento eu pudesse virar pedra ou pau, me transformar em qualquer outra matéria vil para não ver o que aguardo com tanta inquietude... Mas que hei de fazer, poderoso rei, senão me resignar com o que me anuncias? Agradeço-te e beijo-te as mãos, lamentando não poder tornar-me um pássaro para voar na direção das montanhas e me esconder no mais amargo exílio". E, com isso, diz a história que eles se despediram com muita tristeza.

Depois que os dois monarcas se separaram, um para voltar à sua terra e o outro permanecendo na sua cidade, Montezuma reuniu todos os grandes do reino, mandou chamar os executores da justiça e lhes disse: "Já sabeis como noutro dia queimaram o templo da deusa Toci, por culpa dos sacerdotes que não tiveram a vigilância e o cuidado que temos o direito de lhes exigir, que não cumpriram os exercícios de penitência noturna aos quais são obrigados e dormiram com tanto descuido, em vez de velar nos templos, coisa que podia ter causado grandes danos à nossa cidade, pois podiam nos ter matados a todos sem aviso ou incendiado a cidade, já que de noite não há quem vele por ela. Também sucedeu nestes dias que, por negligência dos astrólogos, adivinhos, feiticeiros e encantadores, não fomos avisados de uma coisa prodigiosa que apareceu no céu há muito tempo já, a qual suponho que ignorais porque não houve quem fosse capaz de vigiar tais coisas e nos prevenir. Por isso vos dou a ordem de matar, sem demora, todos os astrólogos, feiticeiros, encantadores e adivinhos, e, depois de mortos, ide sem mais delonga e atraso às casas de todos eles e levai todos os moços e meninos que encontrardes, e que suas casas sejam roubadas e saqueadas de tudo quanto tiverem, e seus filhos e mulheres eu os dou como escravos perpétuos a quem a sorte designar para os levarem. Que suas casas sejam arrasadas e não reste um só vestígio de sua memória, porque parecem querer zombar de mim e fazer pouco das minhas instruções e das obrigações que lhes incumbem, sem demonstrar por mim o respeito que me devem".

Uma vez pronunciada a sentença, os homens de justiça foram executá-la: cingindo uma corda no pescoço de cada um, levaram-nos arrastados pelas ruas da cidade, onde morreram amargamente; em seguida, foram buscar um grande número de meninos nos colégios e escolas e ordenaram que saqueassem as casas dos condenados. E, assim, em meio aos clamores e gritos dos agressores, elas foram totalmente pilhadas sem que restasse um só objeto no seu interior. As famílias nobres repartiram entre si as mulheres e os filhos como escravos perpétuos, e as paredes das casas foram demolidas para que não restasse memória de seus habitantes. Esse foi o crudelíssimo castigo que Montezuma infligiu a todos os que se haviam descuidado de seu dever ou desobedecido a suas ordens, e por isso era tão temido e tão diligente e pontualmente obedecido.

Depois que eles sofreram o seu suplício, Montezuma foi notificado de que suas ordens foram cumpridas e se fizera justiça contra os que não o serviram como deviam. E ele disse: "Escutai, irmãos: morrer é coisa natural e eu e vós também morreremos, eu sei bem disso; esses homens que morreram apenas nos precederam em um ou dois anos; mas ajo assim para que entendais que faço o bem aos bons e lhes dou a recompensa e o prêmio que seus serviços merecem, mas também tenho a intenção de punir os maus e apagar a sua memória para que já não reste um só vestígio de sua passagem pela terra. Esses traidores fingiam ser astrólogos, adivinhos e encantadores e nos enganaram e seduziram a todos com suas falsidades e mentiras. Era justo que eu os fizesse pagar o preço de suas falsas profecias para que outros não se atrevam a se fingir aquilo que não são".

Depois Montezuma mandou procurar outros astrólogos, adivinhos, áugures e profetas para que assumissem os encargos daqueles justiçados, e muitos tomaram novamente o cuidado de observar as estrelas de noite e fazer prognósticos sobre o cometa, uns prometendo epidemias, mortes, fomes e guerras; outros, a morte de príncipes e grandes senhores; enfim, cada qual segundo o que sabia ou o que o diabo os fazia saber. Porque, evidentemente, todos aqueles conhecimentos se deviam mais ao demônio que à ciência natural. Pois, mesmo que existissem grandes astrólogos conhecedores das estrelas e do cálculo dos tempos, eram, na maior parte, feiticeiros, impostores, magos, adivinhos e endemoninhados. E a história conta que, quando a notícia do aparecimento do cometa finalmente se espalhou por todas as províncias do reino, os índios foram tomados de tanto pavor e espanto que todos os dias, ao nascer do sol, homens e mulheres se juntavam, e os clamores e gritos que subiam ao céu eram tão grandes, horrendos e terríveis que parecia que tudo ia acabar e era chegado o fim do mundo.

Capítulo LXIV: Da morte de Nezahualpilli, rei de Texcoco, e da eleição do novo rei, chamado Quetzalacxoyatl.

Esta história menciona tão raramente o rei de Tacuba, sua grandeza e as coisas notáveis do reino tepaneca, que eu mesmo me espanto do pouco caso que dele se faz; só lhe é feita alusão para contar como Montezuma e os outros reis do passado o convocavam para os conselhos de guerra, dele exigiam tropas ou lhe pediam o seu voto, e não se diz nada mais, coisa que me parece impossível, convencido de que, se eu me dirigisse às gentes de Tacuba, elas pintariam um quadro das excelências do seu reino, fazendo empalidecer as de Montezuma. E isso me atou as mãos e a vontade de escrever a história de cada cidade e de cada povo como eu poderia, porque o mais humilde dos lugarejos ou o mais miserável dos povoados se atribuiria todas as proezas de Montezuma, pretendendo que era isento de imposições e tributos, ostentava armas e insígnias reais e saíra vitorioso de todas as guerras e conflitos. E falo por experiência, pois querendo saber, em certa vila do Marquesado,[9] de seus antigos privilégios e títulos, eles subiram nas nuvens e não tardariam a desaparecer além das estrelas se, ao fim e ao cabo, retendo-os pela capa, eu não lhes tivesse conseguido arrancar, com palavras hábeis, que eram vassalos e tributários do rei de Texcoco, Nezahualpilli, submetidos e vencidos em boa guerra. E era uma das cidades mais importantes do Marquesado. Ora, não quero que o leitor me atribua essas fabulações e me acuse de mentir, uma vez que me atenho à rigorosa verdade.

Contentar-me-ia, pois, com o que esta história conta, e quando ela silencia sobre alguma coisa, penso que o melhor é segui-la sem mais.[10] Porém vejo que, a cada passo e em cada ocasião, ela se estende nas excelências do reino de Texcoco e no grande poder do rei Nezahualpilli, a ponto de sugerir que o rei Montezuma o tratava com deferência e humildade e não ousava contradizer nenhuma de suas recomendações. É assim que, neste lugar, a história conta a sua morte da maneira mais sentida possível e afirma que foi mais chorada em México-Tenochtitlan que em Texcoco. Eis, pois, o que ela diz.

---

9 Marquesado do Vale de Oaxaca, título e domínio concedido a Cortés por Carlos V em 1529.

10 Frei Diego Durán faz alusão à história original manuscrita em língua nauatle, a famosa *História mexicana*, que foi denominada a *Crônica X* e à qual ele segue passo a passo em muitíssimas passagens deste relato. Se dermos crédito ao que diz o próprio Durán nas linhas a seguir, esse documento primário seria de origem texcocana, dada a insistência em realçar Texcoco e seu soberano Nezahualpilli.

Morte do rei de Texcoco.

Tendo-se inteirado pelos seus mensageiros da morte de Nezahualpilli, rei de Texcoco,[11] Montezuma derramou lágrimas amargas, vestiu roupas de tristeza e luto e disse: "Já empreendeu a horrenda viagem que todos vamos empreender, essa pessoa real que para mim era um pai e um amigo verdadeiro, e foi juntar-se aos seus ancestrais no descanso da outra vida, retirando-se das inquietudes e dos sobressaltos deste mundo". E, chorando, mandou chamar os mensageiros e lhes disse que agradecessem em seu nome os senhores que ele ia enviar às exéquias e, ordenando-lhes que lhes dessem o necessário para a viagem, despediu-os.

Depois, chamando o *cihuacoatl* e outros grandes senhores, anunciou que Nezahualpilli morrera e que eles deviam representá-lo nas exéquias. Carregando vinte escravos com joias, ricos tecidos, uma coroa de ouro, numerosos ornamentos para orelhas, nariz, braços e pés, plumas esplêndidas e tudo quanto se oferecia para os funerais dos reis e dos príncipes, eles foram a Texcoco e, quando estavam na presença do corpo, o grande príncipe *cihuacoatl* segurou a mão do defunto, pronunciou palavras eivadas de solenidade e lhe ofereceu joias e tecidos, acrescentando às diversas oferendas os vinte escravos para que o fossem servir no outro mundo. A seguir, um após o outro, os diversos príncipes mexicanos fizeram plangentes discursos, dando-lhe os pêsames como se estivesse vivo, e cada um, segundo as suas possibilidades, ofereceu-lhe joias e pequenos presentes.

O rei de Tacuba mandou os seus escravos e ofereceu joias e tecidos reais, e o rei de Chalco, os senhores do Marquesado e os de Xochimilco fizeram o mesmo. Enfim, representantes de

11 Em 1515, ou seja, quatro anos antes da chegada de Cortés.

toda a terra acudiram ao enterro, carregados de joias e preciosos adornos e com grande número de escravos. Fizeram-lhe os maiores e mais solenes funerais que já se haviam feito a rei ou senhor, avantajando-se as gentes de Texcoco nas demonstrações do amor que tinham pelo seu rei. Porque ele soubera manter a paz e a tranquilidade durante os 41 ou 42 anos do seu reinado. E não se omitiu nenhum dos ritos funerários em uso entre eles.

Durante os oitenta dias que duraram o luto e o jejum de suas mulheres, filhos e parentes, a república de Texcoco fez grandes e esplêndidos gastos com os senhores que assistiram às exéquias e à incineração do corpo; junto com ele morreram muitos escravos e escravas, corcundas e anões que o iam servir no outro mundo: com a vã ilusão de que lá iam se transformar em senhores da corte real, eles morriam de bom grado e muito contentes... Mas, na verdade, iam gozar *in aeternum* das chamas infernais com o seu senhor! Após os funerais, os nobres mexicanos voltaram para junto do seu rei e relataram o cuidado que se tivera com as cerimônias, do sentimento de solidão e aflição que reinava na cidade e da tristeza dos senhores que se viam sem chefe nem mestre que lhes consolasse o coração.

Montezuma enviou os seus mensageiros a Texcoco e consultou os mais ilustres senhores daquele reino para informar-se das suas preferências na nova eleição. Recebeu-os com todas as honras que mereciam e lhes perguntou o nome do filho de Nezahualpilli em idade para reinar e governar. Eles responderam que eram cinco a compartir seu sufrágio: que qualquer um deles podia aspirar ao trono com o seu consentimento e acordo, mas que, à parte aqueles cinco, rejeitavam qualquer outro pretendente. Montezuma quis saber os nomes e eles responderam que se chamavam Tocpaxochiuh, Coanacoch, Tlauitol,

Ixtlilxóchitl e, o último, Quetzalcxoyatl. Ouvidos os nomes dos pretendentes, Montezuma quis saber para qual daqueles cinco eles se inclinavam. Mas os senhores declararam que elegeriam aquele que sua Majestade escolhesse, que ele o nomeasse e todos o aceitariam com satisfação.

Constatando a sua boa vontade, Montezuma lhes pediu que elegessem o príncipe Quetzalcxoyatl, por quem tinha grande amizade, e elogiou suas numerosas e nobres virtudes. Eles prometeram elegê-lo porque também era de sua decisão e escolha. Com essa determinação, retornaram a Texcoco e submeteram a proposição de Montezuma ao conselho reunido. Eles se alinharam todos a esse parecer e convocaram uma assembleia dos senhores vassalos da coroa real de Texcoco para proceder à eleição. Então, Quetzalcxoyatl, filho de Nezahualpilli, foi eleito rei e todos os grandes de México e Tacuba assistiram à sua coroação. Eles o coroaram e ungiram, cortaram-lhe o cabelo segundo o uso reservado aos reis e o entronizaram perto do braseiro ou fogão divino com os mesmos ritos já descritos a propósito da coroação de Montezuma.

Um dos principais senhores mexicanos pronunciou um longo e retórico discurso, exortando-o a zelar pelos negócios do governo e pelo estado da sua república seguindo os passos de seu pai; falou-lhe do amor e da fraternidade que devia mostrar para com os grandes do reino para ser obedecido e amado, na vigilância que devia demonstrar em todas as coisas necessárias à república, no cuidado de seus vassalos e dos pobres órfãos e viúvas, velhos e velhas, recomendando-lhe sobretudo o culto divino, a reverência e a honra que devia aos sacerdotes, lembrou-o de se ocupar das semeaduras e dos lavradores, dos montes, dos vales, das fontes, dos rios e dos caminhos. Por fim, convidou-o a mostrar todas as qualidades de um homem de

Estado, a não se descuidar de nada e a se ocupar de tudo. Depois da cerimônia, os senhores mexicanos voltaram para casa, deixando a cidade contente e feliz com o seu novo rei, e fizeram a Montezuma o relato dos acontecimentos, dizendo como Quetzalcxoyatl subiu ao trono de Texcoco para satisfação de todos; Montezuma se alegrou muito e agradeceu aos eleitores, enviando joias, tecidos e plumas, todas coisas de grande valor, ao novo rei de Texcoco para felicitá-lo pela eleição e manifestar a alegria que ele próprio e a cidade do México sentiam.

Esse novo rei, segundo esta história e a de Texcoco que eu consultei, viveu apenas alguns dias, sem fazer nenhuma façanha nem coisa notável no pouco tempo que reinou, e, assim, vi seu retrato somente com um manto branco sem nenhuma divisa, como têm os outros reis. Após a sua morte, elegeram seu irmão Tlauitoltzin, que também viveu poucos anos, e depois foi eleito seu terceiro irmão, chamado Coanacochtzin, durante o reinado do qual os espanhóis desembarcaram.[12]

---

12 A história da sucessão de Nezahualpilli aqui narrada por frei Diego Durán (que diz seguir a sua fonte habitual, mais "*a de Texcoco que eu consultei*") está em completo desacordo com as informações fornecidas pela documentação disponível e pelas crônicas texcocanas. Na verdade, elas nunca fazem menção a um rei Quetzalacxoyatl. Pelo contrário, parece comprovado que, quando da morte de Nezahualpilli, Montezuma, o soberano de México-Tenochtitlan, impôs a eleição de Cacamatzin, filho natural de Nezahualpilli e da princesa de Xilomenco, que era irmã do próprio Montezuma. E isso contra a vontade de um filho legítimo do falecido rei, o príncipe Ixtlilxóchitl, que então decidiu pegar em armas. Cf. *Códice Ramírez*, p.261-2, n.1 e 2. Depois da morte de Cacamatzin, em junho de 1520, durante a "Noite Triste", seu irmão Coanacochtzin o sucederia no governo de Texcoco e depois, por ordem de Cortés, seria executado por ocasião da expedição das Hibueras, em companhia de

Nenhum desses senhores de Texcoco, os filhos de Nezahualpilli, teve muita sorte: morreram em muito pouco tempo, sem gozar de seu reinado; é o que se vê muito claramente na história, pois ela conta que Nezahualpilli morreu dez anos antes da vinda dos espanhóis[13] e que durante esses dez anos houve três eleições em Texcoco e que, a seguir, depois da chegada do Marquês, subiu ao trono o quarto filho, Ixtlilxóchitl, que realizou grandes proezas durante o sítio de México-Tenochtitlan com uma espada que o capitão Cortés, de feliz memória, lhe havia dado; e mesmo que não se tivesse conduzido com bravura, o governo lhe era de direito por ser filho de Nezahualpilli. Porque, naquele tempo, os filhos de rei recebiam o trono uns dos outros, apesar de que, segundo esta história, não havia herança nem sucessão, mas só aquele que os eleitores escolhiam, contanto que fosse filho ou irmão do defunto, ou mesmo sobrinho ou primo de segundo grau – essa é a ordem que eles parecem respeitar em cada eleição desse tipo. É por isso que esses que hoje querem se beneficiar do direito de herança e reclamam territórios, porque, em sua infidelidade, seus pais foram reis e senhores, não me parece que peçam justiça, pois pela lei antiga as eleições prevaleciam sobre heranças e sucessões.

Só encontro um caso em que aquela lei antiga afirmava o direito de herança e era o de certos ofícios ou funcionários de mando, que eles chamavam *topixques* ou *tequitlates*, e o dos diversos corpos de ofício. Pois me parece que era lei que o pai ensi-

---

Cuauhtémoc. Finalmente, Cortés pôde impor Ixtlilxóchitl como último rei de Texcoco. Além disso, um pouco mais adiante, frei Diego Durán se contradiz (cf. cap. LXXVII, p.511, n.44).

13 Erro cronológico manifesto, uma vez que Nezahualpilli morreu em 1515.

nasse ao filho o ofício que sabia para que, na república, sempre houvesse número suficiente de especialistas de todo gênero de ofícios. Mas, em todos os outros cargos, só encontro a vontade dos eleitores, de modo que nunca lhes podia faltar um rei da mesma linhagem até o fim do mundo, se fosse necessário, já que, se um dia escolhessem um irmão, no dia seguinte poderiam eleger o neto e, em outra ocasião, o sobrinho, e assim prosseguir sem jamais esgotar toda a linhagem real.

Capítulo LXV: De como as gentes de Coaixtlahuac iam levando seu tributo a México-Tenochtitlan quando as de Tlachquiauhco as emboscaram e roubaram no caminho. E da guerra que Montezuma travou contra elas para depois sacrificá-los em México-Tenochtitlan.

Neste ponto, a história conta uma iniciativa temerária das gentes da província de Tlachquiauhco que os faria passar para a posteridade, se tivessem sabido levá-la a bom termo, mas essa nação sempre superou as dificuldades iniciais com uma audácia e uma ousadia notáveis para depois, no momento de concluir, não mostrar senão languidez e fragilidade. E isso é o que prova a história: com que intrepidez matavam e trucidavam os mensageiros reais ou os mercadores que se aventuravam fora das províncias mexicanas! Bastava ver com que ânimo barravam os caminhos, entrincheiravam-se em suas cidades e desafiavam os reis de México-Tenochtitlan, Texcoco e Tacuba, e depois, no momento em que era mister mostrar coragem e determinação [...], perdiam o ânimo e se deixavam matar e prender como bestas de carga, sem opor a resistência que a sua própria iniciativa os obrigava a opor.

A emboscada que armaram para as gentes de Coaixtlahuac.

Só encontro esse espírito de resistência nos tlaxcaltecas, nos huexotzincas, nos cholultecas, nos atlixcas e nas províncias de Michoacan e Metztitlan, porque, quando desafiavam os mexicanos ou por eles eram desafiados, mantinham bravamente as suas posições e se defendiam com todas as forças, de modo que não havia vencedores nem vencidos. E, mesmo quando as suas perdas eram superiores, pelo menos não se deixavam sujeitar e destruir como os bárbaros de que falo neste capítulo, que, na primeira escaramuça, fugiam espavoridos e, com as mãos cruzadas no peito, vinham oferecer a sua pessoa, pagar tributos e, prostrados no chão, reconhecer a sua submissão de humildes vassalos.

Convém saber que quando os da província de Coaixtlahuac estavam a caminho de México-Tenochtitlan, com todos os consideráveis e preciosos tributos que eram obrigados a dar a Montezuma, e chegaram aos territórios de Tlachquiauhco, deram com uma numerosa tropa comandada por um capitão que lhes perguntou aonde iam. Eles responderam que iam à cidade do México pagar seu tributo ordinário. Os soldados os exortaram a não ir lá, prometendo ajuda e apoio se passassem para o seu lado e se sublevassem contra os mexicanos. Os de Coaixtlahuac e os *calpixque*[14] de México-Tenochtitlan, que escoltavam o tributo, acusaram-nos de dar conselhos funestos, sabendo que era inútil resistir aos mexicanos.

Diante dessa recusa, eles se apoderaram do tributo à força, desancando-os violentamente e ferindo-os sem piedade. Alguns morreram no caminho e os outros chegaram a México-

14 *Calpixque*: intendentes, mordomos. Literalmente "os que guardam a casa".

-Tenochtitlan com o crânio ensanguentado e cobertos de feridas e assim se apresentaram ao rei irado. Movido de compaixão diante do espetáculo, ele lhes pediu que contassem a sua desventura. Disseram-lhe que estavam trazendo o tributo, como era a sua obrigação, quando foram assaltados e atacados pelas gentes de Tlachquiauhco, que lhes haviam roubado as riquezas que traziam.

Montezuma os consolou e, com consideração e diligência, ofereceu-lhes um alojamento onde poderiam descansar e curar as suas feridas. Em seguida, sem tergiversar, mandou chamar o rei de Texcoco e o de Tacuba, recebeu-os em consultação e ordenou-lhes que preparassem tropas para sufocar aquela rebelião, pedindo-lhes para mobilizar os seus melhores homens, pois a audácia daquele ataque de surpresa o fazia temer uma resistência mais feroz do que a que encontrou na realidade. E, assim que retornaram a suas cidades, os dois reis se ocuparam em pôr em pé de guerra um exército numeroso e aguerrido. E, enviando alguns príncipes e capitães valorosos, informaram ao rei de México-Tenochtitlan que eles estavam prontos para o combate. Como os mexicanos também se achavam em pé de guerra, Montezuma ordenou aos capitães que, se encontrassem uma forte resistência, lhes dessem uma boa lição matando a metade dos habitantes da província, tanto homens quanto mulheres, mas, se os rebeldes se rendessem imediatamente, que se contentassem em levar alguns prisioneiros para imolá-los na festa dos Esfolados, que se aproximava.

Tendo recebido essas ordens rigorosas, os três exércitos partiram, cada qual pelo seu lado, e juntaram-se perto da capital da província, onde instalaram o quartel-general. Toda noite, os atacantes ouviam cantos, danças, rufar de tambores, clamores e gritos na cidade, e pensavam que todo aquele alarido era produzido pela guarnição encarregada de impedir um assalto-surpresa, já que eles conheciam os ardis dos mexicanos. Reunidos, os capitães e generais decidiram enviar espiões sob segredo. Alguns soldados experimentados nesse gênero de ações foram incumbidos de descobrir a origem daqueles clamores e prestar conta do que vissem e ouvissem. Esse plano foi levado a cabo sem nenhum temor e, entrando na cidade por diferentes pontos, chegaram sem ser notados ao lugar em que ressoavam os cantos e os gritos.

E, aproximando-se do templo, viram que todos os sacerdotes e muitos velhos e nobres estavam cobertos do sangue que lhes escorria das orelhas e das coxas, da língua e dos músculos, fazendo em si mesmos cruéis sacrifícios e implorando aos deuses que lhes entregassem os mexicanos. Às preces e súplicas mesclavam-se cantos, danças e alaridos pedindo a vitória, e todos os outros habitantes dormiam sem sentido nem juízo, entregues à embriaguez provocada pelas copiosas libações que acompanhavam aquelas cerimônias. De volta às suas linhas, os mexicanos contaram com muitos risos e gracejos o que tinham visto, afirmando que poderiam ter tomado a cidade sozinhos, se quisessem [...]. Estimando que os mixtecas haviam zombado deles, oficiais e capitães soaram logo ao amanhecer o alerta de combate imediato. Os soldados entraram na cidade e, uns dirigindo-se ao templo, outros ao palácio real, sem encontrar vivalma nem o menor sinal de guerra, surpreenderam todos os senhores dançando alegremente no palácio. Depois de capturar os dançarinos e incendiar o palácio e o templo, eles começaram a saquear a cidade e a prender ou massacrar os habitantes, depois se espalharam por toda a região, roubando, pilhando e tudo destruindo à sua passagem.

Vendo a sua ruína e miséria, os mixtecas tomaram a dianteira de alguns capitães que iam despreocupadamente atrás de seus soldados e, prostrando-se diante deles com as mãos cruzadas no peito, suplicaram-lhes que ordenassem o fim da destruição e do massacre. E, constatando a sua submissão, os oficiais mexicanos mandaram cessar as perseguições e o saqueio. Os soldados baixaram as armas, pois obedeciam com disciplina às ordens dos superiores, e todos voltaram para a capital da província, onde os mexicanos foram alojados no palácio principesco e recebidos com muita honra – mais por medo que por respeito. Eles exigiram a devolução do butim, e os mixtecas devolveram peça por peça o tributo de Coaixtlahuac, que estava guardado em lugar seguro e do qual não faltava nada.

Depois, para que não houvesse mais demora, os vencidos perguntaram aos mexicanos que gênero de tributo desejavam receber, e estes responderam que queriam armas, escudos, plumas, joias e toda sorte de pedras preciosas. Os mixtecas aceitaram o tributo tal como foi fixado e prometeram pagar. E lá deixando homens para cobrar o imposto e um nobre mexicano para manter a ordem e garantir a submissão dos habitantes, eles deixaram Tlachquiauhco com um longo cortejo de escravos cobertos de correntes e cordas. Mandaram à frente quatro personagens ilustres para anunciar a Montezuma a debelação da revolta, a recuperação do tributo e a captura de muitos prisioneiros; os mexicanos se haviam apoderado de um importante butim, os soldados estavam ricos e contentes, tudo isso sem perder um único homem, porque não houve combate nem adversários que combater; a conduta ridícula dos mixtecas quase os enganara, mas pagaram caro por ela, porque foram surpreendidos totalmente bêbados, dançando alegremente, e deixaram--se prender, matar e roubar como bárbaros idiotas.

Os mensageiros chegaram a México-Tenochtitlan e deram a boa notícia a Montezuma, que, alegre e admirado, mandou rufarem os tambores e soarem as trompas, sinal habitual, como eu já disse, dos regozijos e das festas organizadas para comemorar as vitórias. Também ordenou que os soldados fossem recebidos com grandes demonstrações de alegria, que se dessem aos prisioneiros rosas e rolos de fumo às portas da cidade e que se fizesse uma entrada grandiosa, em meio a cantos e danças.

Quando os soldados entraram a cidade, os sacerdotes os acolheram solenemente, entoando hinos e queimando incenso, os músicos tocaram os seus instrumentos e os prisioneiros receberam rosas e rolos de cheiro, cuja fumaça eles aspiravam cantando e dançando. Ao chegar diante do templo dos deuses, todos cumpriram o rito de comer terra, depois se dirigiram ao palácio real para saudar o rei irado, que os recebeu com a habitual gravidade e serenidade e, depois de cobri-los de elogios e felicitações, mandou-os descansar, não sem antes ter posto os prisioneiros sob forte custódia por serem muitos.

E, como o dia da chamada festa dos Esfolados se aproximava, Montezuma mandou iniciar os preparativos. E todos os que iam participar daquelas cerimônias puseram-se a ensaiar o seu papel: tratava-se, como ficou dito antes, de amarrar o pé de um prisioneiro no meio de uma enorme pedra redonda e chata, reservada a esse tipo de sacrifício, com corda suficiente para que pudesse correr do seu algoz, mas sem sair da da pedra. Para defender o corpo completamente nu, tinha à guisa de armamento um escudo de papel pintado e uma espada de pau. E eram quatro os algozes designados para o sacrifício: dois vestidos de águia e dois de tigre. Naquele dia, mil índios mixtecas foram sacrificados do modo como contei mais demoradamente nos capítulos anteriores ou como se verá no livro dos ritos, festas e cerimônias. Muitos príncipes de todas as províncias e também os senhores das cidades inimigas de México-Tenochtitlan, isto é, Michoacan, Metztitlan, Tlaxcala, Cholula, Huexotzinco e outras assistiram à festa. Fizeram-se fastuosas despesas à altura da magnificência que Montezuma ostentava em tais ocasiões, oferecendo presentes suntuosos aos seus vassalos, motivo pelo qual, apesar de temido por todos, ele era muito querido, amado e reverenciado.

E esta história conta que, uma vez terminada a solenidade, estando todos fartos de carne humana e cansados de ver derramarem tanto sangue dos miseráveis índios, Montezuma reuniu aqueles seus vassalos que haviam ido àquela guerra, especialmente os que se destacaram pela coragem ou trouxeram prisioneiros para o sacrifício em honra dos deuses. Isso foi apregoado em toda a cidade, e os soldados e os nobres se concentraram nos lugares que lhes eram reservados segundo a sua dignidade e condição. Quando todos ocuparam os seus lugares, Montezuma mandou tirar dos seus tesouros mantos, joias, plumas, armas e escudos e distribuiu-os aos vassalos segundo a sua condição, porque eles tinham um respeito escrupuloso pelas diferenças de hierarquia e linhagem. Retribuiu-lhes assim o trabalho que tiveram e a satisfação que haviam dado aos deuses e aos príncipes, que estavam todos de barriga cheia e saciada de carne humana.

E conta-se que esse rei, desde que subiu ao trono, não passou um único dia sem comer carne humana, isso porque tinha muitos escravos e, cada dia, matava ou mandava matar um para comer e oferecer aos convidados ou às gentes do seu *entourage*. E aquela era a iguaria mais apreciada que se servia à sua mesa.

Feitas tais mercês aos seus e a todos os que haviam participado daquela guerra. Montezuma mandou proferir um discurso que lhes desse a entender com que fim se outorgavam aquelas recompensas e as insígnias e divisas quando ele os armavam cavaleiros. Assim, declarou-se-lhes que eles não deviam se orgulhar em vão daqueles presentes e distinções, mas que ficassem permanentemente prontos para serem chamados para as guerras e dispostos a dar a vida, sem a menor hesitação, pela sua cidade, pelo seu rei e em defesa da pátria. E eles aceitavam aquilo com alegria no coração e tendo-se por felizes e bem pagos pelo seu sofrimento e premiados pelo seu rei, cujas grandes demonstrações de amizade e amor tinham por único objetivo exaltar-lhes a fidelidade e a coragem, principalmente desde que Nezahualpilli anunciara que ele seria vencido pelos inimigos. Esse mau presságio não cessava de atormentá-lo, razão pela qual instituiu que, antes de cada ação militar, houvesse oráculos, longas e prolixas súplicas aos deuses e muitos sacrifícios e oferendas em que os próprios sacerdotes derramassem o sangue das vítimas.

E, assim, quando havia declaração de guerra, o rei em pessoa subia a escada do templo e, erguendo as mãos para o céu ou cruzando-as no peito, ou ainda se sentando nos calcanhares – que era o modo deles de se ajoelhar –, fazia longas preces, decapitava com as próprias mãos um grande número de codornas e fazia oferendas de tecidos, joias e plumas, declarando aos deuses que sabia perfeitamente que aquelas coisas não lhe pertenciam e que as devia à sua soberana benevolência, mas, neles reconhecendo os seus verdadeiros deuses, fazia-lhes oferenda delas e esperava que eles lhe fossem favoráveis nos percalços da guerra.

Depois dos oráculos e das orações, Montezuma fazia os anciãos e os sacerdotes antigos comerem cogumelos verdes e ingerirem poções mágicas, na tentativa de saber, graças à embriaguez que aquelas comidas e bebidas provocavam, se ele teria a vitória ou não. E ai de quem anunciasse um malogro, pois era executado sem remissão. E assim escaldados e receosos, os velhos, os sacerdotes e os feiticeiros nunca diziam verdadeiramente o que o diabo lhes mostrava nos círculos mágicos que eles traçavam no chão ou nos sonhos que tinham. Mas se porventura aqueles feiticeiros e adoradores do demônio respondessem com uma mentira ou fingissem nada saber porque o diabo nada quisera revelar, o tirânico rei irado os condenava igualmente à morte, alegando que os deuses infernais já não faziam caso da pessoa deles e nada lhes diziam por causa de sua vida e de seus costumes depravados. E mandava matá-los e dizimar as suas gerações e destruir as suas casas.

Quando a festa terminou, as recompensas foram distribuídas e os convidados retornaram a suas terras e casas, Montezuma reuniu os senhores do México e lhes falou da inquietude que sentiu durante a festa, ao ver que a pedra do sacrifício era muito pequena para o deslocamento das vítimas. E que ele decidira substituí-la por outra, ampla e vasta, para que os sacrificados tivessem espaço suficiente. Todos concordaram com a ideia e se foram depois de ter tomado a decisão de trazer uma pedra nova, que se mandou procurar em toda a província e cuja descoberta será narrada no próximo capítulo.

Capítulo LXVI: De como Montezuma mandou procurar a maior pedra que se pudesse encontrar para o sacrifício dos Esfolados, e sobre o que aconteceu durante seu transporte a México-Tenochtitlan.

Montezuma sempre quis que os seus atos superassem os do passado pelo renome em todo o mundo, e tudo quanto os outros reis haviam feito parecia-lhe insignificante e de pouco brilho em comparação com os ambiciosos desígnios do seu coração magnânimo. Foi por isso que, achando que a pedra sacrificial instalada pelo seu avô não era suficientemente grande para a solene autoridade de México-Tenochtitlan nem correspondente aos seus próprios critérios, mandou chamar todos os senhores do seu conselho e com eles decidiu trocá-la por uma nova, a maior e a mais espaçosa que se pudesse encontrar em toda a província, para a festa dos Esfolados.

Uma vez aprovada a decisão, Montezuma mandou chamar todos os talhadores de pedra da cidade, comunicou-lhes a sua vontade e ordenou-lhes que percorressem imediatamente todo o país em busca da maior e mais vasta pedra que havia e que a lavrassem em forma de *temalacatl*[15] – o que na nossa língua significa "pedra redonda" – para o sacrifício dos Esfolados, porque a atual já não o satisfazia. Obedecendo a suas ordens, os talhadores se espalharam por todas as regiões onde supunham poder encontrá-la e, tendo chegado à província de Chalco, numa aldeia chamada Aculco, que se acha no caminho de Tepelula, perto de um rio que desce de Amequemecan, encon-

15 *Temalacatl*: "mó de pedra" dos sacrifícios ditos "gladiatórios". Cf. *Códice florentino*, Livro XII, p.173-4, n.105.

traram no alto de uma colina uma pedra imensa, perfeitamente apropriada ao projeto do rei. E o informaram do seu achado.

Montezuma pediu aos habitantes de Xochimilco, Cuitláhuac, Itztapalapan, Colhuacan, Mexicatzinco e Huitzilopochco que unissem esforços para levar a pedra com cordas e alavancas. Indicou-lhes o lugar aonde deviam ir e deu-lhes em abundância os víveres necessários para todo o tempo que demorassem transportando a pedra. Os talhadores foram ao lugar, começaram a soltá-la e, uma vez terminado esse trabalho preliminar, avisaram ao rei que mandasse os trabalhadores. Ele enviou o máximo possível das regiões acima citadas, que chegaram com seus rolos de corda, suas alavancas e todos os instrumentos necessários àquele trabalho.

E, para que em tais circunstâncias não faltassem superstição nem idolatria, Montezuma enviou todos os sacerdotes do templo com os seus incensórios, papel, copal, bolinhas de goma e codornas. Também enviou cantores encarregados de cantar e dançar diante da pedra durante o seu transporte, assim como muitos chocarreiros e histriões para festejar a pedra com as suas graças e chocarrices, como uma coisa divina que vinha por um divino ministério.

Chegou a inumerável multidão de índios incumbidos de puxar a pedra, e os sacerdotes, envergando as suas vestes cerimoniais, pegaram o papel que haviam trazido e com ele cobriram toda a pedra; espalharam incenso diversas vezes, verteram copal derretido e goma e sacrificaram as codornas, aspergindo a pedra com o seu sangue. Os cantores entoaram os seus cantares jubilosos, os chocarreiros e histriões iniciaram espetáculos e farsas que desencadearam risos e bom humor. E, enquanto

Transporte da pedra do sacrifício dos Esfolados.

isso, as gentes de Xochimilco amarraram na pedra uma corda comprida e grossa, bem como as de Cuitláhuac, Mizquic, Colhuacan, Itztapalapan, Mexicatzinco e Huitzilopochco. E, encorajados pelos brados dos companheiros, começaram a puxar. Mas, depois de redobrar o esforço para tentar deslocá-la sem o menor resultado, todas as cordas se partiram como se fossem feitas do mais frágil algodão.

Vendo aquilo, os homens encarregados de transportar a pedra e os talhadores incumbidos de talhá-la informaram Montezuma. Este rogou ao rei de Texcoco que lhe enviasse homens para lhe dar uma ajuda, e este aquiesceu. Os sacerdotes repetiram a cerimônia já realizada na véspera, amarraram-se cordas novas na pedra e todo mundo, inclusive as gentes de Texcoco, se pôs a puxar. À custa de violentos esforços com alavancas e cordas, conseguiram movê-la e arrastá-la até Tlapechhuacan.

E diz a história que ela parecia ter lançado raízes profundas e dava a impressão de não querer se mover apesar dos terríveis esforços de inumeráveis índios que viam suas grossas cordas rebentarem em pedaços. Informado da dificuldade, Montezuma enviou todos os otomis da província de Cuautlalpan. Eles não tardaram a chegar com todo um arsenal de cordame e alavancas para ajudar os que penavam para arrastar a pedra. Dobraram as cordas e começaram a puxar com muitos assobios e gritos que subiam até o céu. E, em meio àquele obstinado esforço, ouviram uma voz que saiu de dentro da pedra e disse:

"Pobres de vós, gente desventurada, por que persistis em querer levar-me à cidade do México? O vosso trabalho é inútil porque eu não vou chegar lá, não é a minha vontade ir para lá. Mas, já que tanto teimais, puxai, pois, e eu irei, para o vosso mal, até aonde me parecer bom ir". E a voz se calou, deixando todos atônitos e amedrontados com semelhante prodígio, nunca visto nem ouvido.

E, quando eles reiniciaram o esforço, a pedra se deslocou com tanta facilidade que quase não lhe sentiram mais o peso, de modo que chegaram naquela mesma noite a Tlapitzahuayan, de onde enviaram mensagens a Montezuma informando-o do prodigioso acontecimento e das declarações da pedra. Este mandou jogar os mensageiros na prisão, convencido de que estavam zombando dele. E, imediatamente, enviou um dos príncipes da corte para se informar da verdade dos fatos. E, tendo tomado conhecimento do ocorrido, ele retornou e disse a Montezuma que a história era verdadeira e que todos os que trabalhavam no transporte da pedra a tinham ouvido. Então Montezuma mandou soltar os presos. Pediu reforços ao rei de Azcapotzalco e, quando eles chegaram com seus rolos de corda e suas ferramentas, todos começaram a puxar, mas a pedra, sem se mover nem dar sinal de ter semelhante intenção, fez uma vez mais com que ouvissem a sua voz:

"Pobres infelizes, por que trabalhais em vão? Eu não vos disse que não chegarei a México-Tenochtitlan? Ide e dizei a Montezuma que já não é tempo; que ele tardou demais a se decidir e devia tê-lo feito antes, se queria me levar; que eu não tenho mais necessidade de ir para lá, porque outra coisa foi determinada pela vontade divina. Ele que não queira se opor ao destino. Por que eu iria para lá? Para logo conhecer a ruína e o desprezo? Avisai-o que o seu poder e o seu reino estão chegando ao fim, que em breve ele próprio verá e provará o fim que lhe está reservado por ter querido ser maior que o próprio deus que determina as coisas. Deixai-me, pois, porque, se eu me puser em movimento, será para o vosso mal."

Montezuma não quis dar crédito ao relato que lhe fizeram, ainda que começasse a sentir certo temor. Muito encolerizado e irritado, voltou-se contra os mensageiros e, fazendo-lhes grandes ameaças, mandou que retornassem de onde vinham e que trouxessem a pedra e cumprissem as suas ordens. As gentes tornaram a esticar as cordas e a pedra se deslocou com tanta facilidade que parecia que vinte índios a traziam, pela velocidade em que vinham, e naquele dia chegaram a um lugar chamado Techichco, bem perto de Itztapalapan e, na manhã seguinte, retomaram o trabalho, e a pedra se pôs em movimento sem o menor esforço dos que a puxavam em meio a tanta alegria de cantos e danças, ao som das trompas e conchas, aos espetáculos e risos dos chocarreiros, ao incenso e aos sacrifícios dos sacerdotes. Chegaram a Atocititlan – que ficava no lugar onde hoje se encontra a primeira cruz na saída de México-Tenochtitlan. Montezuma foi avisado e mandou todos os habitantes da cidade irem receber a pedra com rosas e defumadores, enfeitá-la e festejá-la da melhor maneira possível. A ordem foi cumprida com toda a diligência e solenidade próprias às coisas divinas.

Os príncipes e os talhadores repetiram para Montezuma as palavras da pedra e o mau agouro que havia anunciado e contaram que ela dissera que não chegaria até México-Tenochtitlan. Mas, obstinando-se em ver as suas opiniões triunfarem, ele ordenou que se realizassem novos sacrifícios, que lhe fizessem oferendas suntuosas e, assim, apaziguassem a sua ira, se é que ela estava irada. Depois, uma vez que tudo isso foi feito, o rei deu ordem de fazê-la entrar na cidade. Quando começaram a puxá-la, a pedra se deslocou com velocidade e chegou até o canal que agora é o de San Antón. Lá Montezuma mandou pôr muitas vigas entre as duas margens e construir uma ponte sólida e firme para que ela passasse para o outro lado. Terminado esse trabalho, o cortejo avançou sobre o tabuleiro e, bem no meio, com um enorme estrondo de vigas partidas, a pedra caiu no canal que, dizem, era muito fundo naquela época, arrastando na sua queda o grande número de índios que seguravam o cordame. E os que não morreram esmagados ou afogados ficaram muito malferidos e lesionados.

Os príncipes que presenciaram a cena ficaram aterrorizados e, vendo que as palavras da pedra dizendo que ela não chegaria a México-Tenochtitlan se revelaram verdadeiras, foram dar a notícia a Montezuma, que foi ao local do acidente em companhia dos grandes do reino. Constatando o estrago, o desastre e a morte de tantos índios causada pela pedra, mandou buscar imediatamente todos os mergulhadores de Xochimilco, Cuitláhuac e Mizquic. Quando estes chegaram, ordenou-lhes que mergulhassem sem demora e descobrissem onde a pedra se havia assentado, pois queria saber se ela se encontrava num lugar acessível, não renunciando, apesar de todos os obstáculos, a realizar o projeto da sua vontade. Os mergulhadores entraram na água, procuraram a pedra desde o meio-dia ao anoitecer e, desanimados, foram dizer a Montezuma que não a haviam encontrado em parte alguma do canal, que era preciso procurar em outro lugar, pois não havia um único vestígio dela na água; ela devia ter seguido caminho, talvez tivesse retornado ao seu ponto de partida, já que dissera que vinha a contragosto.

Achando a coisa possível, Montezuma enviou mensageiros ao lugar de onde a pedra fora arrancada, e foi lá que a encontraram, ainda coberta de papéis coloridos, do sangue dos sacrifícios e das cordas que a prendiam quando ela caiu. Admirados e espantados, os mensageiros se apressaram a voltar e contar a Montezuma aquela coisa admirável e assustadora, relato esse que provocou um grande pavor na alma do rei. Tanto que, deixando México-Tenochtitlan, ele foi pessoalmente ver a pedra, em companhia dos grandes senhores do reino. E dizem que diante dela fez sacrifícios, oferendas e orações, e também que imolou vários escravos.

Concluídas essas cerimônias, Montezuma voltou a México-Tenochtitlan e disse aos príncipes e aos senhores: "Verdadeiramente, meus amigos, agora estou convencido de que os nossos sofrimentos e aflições serão terríveis e que nos resta pouco tempo de vida. Também decidi deixar-me morrer. Que seja feito de mim o que foi feito dos meus ancestrais e que o senhor do universo faça o que quiser da minha pessoa".

E, chamando os talhadores de pedra, ordenou-lhes que lavrassem a sua estátua em Chapultepec, onde estavam as dos seus antepassados. E assim, pois, ele foi esculpido numa penha daquele morro, com as insígnias e as armas que costumava usar. Foi ver a estátua quando lhe anunciaram que estava pronta e começou a chorar e se lamentar:

"Se o nosso corpo fosse tão durável nesta vida e tão perpétuo quanto será a efígie esculpida nesta penha, que há de durar para sempre, quem temeria a morte? Mas eu vejo bem que hei de morrer e de mim só restará esta memória."

Depois, voltando-se para os talhadores de pedra, agradeceu e mandou pagar-lhes o salário. Deram-lhes muitas cargas de milho, feijão vermelho e pimenta, mantos e camisas para as suas mulheres e filhos. Também lhes deram algumas cargas de cacau, para que as repartissem entre si, e a cada um deles um escravo que o servisse. Os talhadores ficaram satisfeitos com o pagamento, que lhes recompensava tanto a tentativa de transportar a pedra quanto a escultura da efígie do rei Montezuma.

Logo que voltou ao palácio, Montezuma sentou-se com os seus principais dignitários e participou-lhes as declarações de Nezahualpilli, o rei de Texcoco, o negro futuro que ele prognosticara e as suas afirmações a respeito do cometa. A seguir, referindo-se ao episódio da pedra e aos discursos que ela havia proferido, pôs-se a chorar amargamente, e eles com ele. E, diante das tentativas de confortá-lo, Montezuma exclamou:

"Meus irmãos, como posso me consolar se me vejo cercado de angústias e tormentos? Acaso sou mais que Nezahualpilli, que era profeta e sabia e declarava as coisas futuras e, apesar de toda a sua ciência, morreu? Sou mais que meu parente tão próximo, o grande Tzompantecutli, senhor de Cuitláhuac, que conhecia 610 ciências de profecia e as praticava com grandíssima facilidade? E ele também morreu! Pois que será de mim, que sou ignorante e sem nenhuma ciência? Como poderei fugir da calamidade e do mal que me esperam?"

Os senhores o consolaram o melhor possível, dizendo-lhe que depositasse a sua esperança no senhor das alturas celestiais e nos deuses, já que ele estava sentado no trono das divindades e exercia a soberania em seu nome, pois elas haviam de favorecê-lo. Tais palavras lhe proporcionaram certa consolação, posto que esse alívio tenha durado muito pouco, como veremos nos próximos capítulos. Os senhores se despediram e foram para casa.

Capítulo LXVII: De como Montezuma tomou a decisão de abandonar a capital e esconder-se num lugar onde não fosse descoberto; e acerca de um mau presságio que teve antes de realizar o projeto.

Montezuma estava tão intranquilo e com o coração de tal modo sobressaltado que, toda vez que via o cometa ou ouvia o alarido dos índios quando este aparecia, não lograva, apesar da sua bravura e rara virtude, sossegar o coração. E assim, um dia, estando pensativo e agoniado, chamou os corcundas e anões que o serviam no palácio e, começando por preveni-los de que deviam, sob pena de morte, guardar segredo e silêncio absoluto, fez-lhes estas confidências:

"Deveis saber que vivo na tristeza e na inquietude desde que me anunciaram as catástrofes que hão de se abater sobre mim e ameaçam o meu reino. Por isso decidi esconder-me numa gruta na montanha, para nunca mais reaparecer. E, se aceitardes ir comigo, ficarei agradecido e vós me fareis companhia."

Os corcundas e anões responderam que ele era o senhor e podia ordenar-lhes o que bem lhe aprouvesse, que eles obedeceriam e iriam aonde o seu rei os quisesse levar. Diante da boa vontade dos seus servidores, Montezuma agradeceu e pediu-lhes que aguardassem: primeiro ia procurar o lugar de refúgio e depois os avisaria no momento oportuno, mas, até lá, que guardassem o segredo que ele lhes havia confiado.

E, neste ponto, a história conta que: quando Montezuma estava refletindo e procurando onde se ocultar, ocorreu uma coisa prodigiosa a um índio da província de Texcoco, natural da aldeia de Coatepec, e foi que, estando ele a lavrar com toda a tranquilidade as suas milpas – ou roças, pois esse é o significado da palavra *milpa* –, uma águia enorme desceu sobre ele e, apanhando-o pelo cabelo com a suas poderosas garras, subiu-o tão alto no ar que os que presenciaram a cena quase o perderam de vista. Levou-o ao cume de uma montanha, colocou-o no interior de uma gruta muito escura e, tomando a palavra, declarou: "Poderoso senhor, cumpri as tuas ordens e aqui está o lavrador que me mandaste trazer". O infeliz, sem saber quem falava, ouviu uma voz que disse: "Sede bem-vindo, trazei-o aqui". Uma mão invisível tomou a dele e o conduziu a um aposento claro, no qual se achava Montezuma, como se estivesse adormecido e quase fora do seu estado natural, e fez o lavrador tomar assento ao seu lado. Deram-lhe rosas e um daqueles rolos cuja fumaça eles costumam aspirar e disseram-lhe:

"Toma isto e descansa e olha para esse miserável Montezuma, que está sem sentido, embriagado e inchado de soberba, ele que despreza o mundo inteiro. E, se quiseres ver o quanto essa arrogância o deixa fora de si, toca-lhe a coxa com esse rolo ardente e verás que ele nada sente."

Como o índio não se atrevesse a tocar nele, tornaram a repetir: "Toca-o, não tenhas medo". O índio encostou o rolo fumegante na pele do rei e a efígie de Montezuma não se mexeu nem sentiu a queimadura.

Então a voz que lhe falava disse: "Vês como ele está insensível e entorpecido e ébrio? Pois sabe que é por isso que aqui te trouxeram por ordem minha: anda, vai, volta ao lugar de onde vieste e dize a Montezuma o que vistes e o que te mandei fazer. E, para que ele reconheça a verdade das tuas palavras, pede-lhe que mostre a coxa, aponta o dedo para o lugar em que encostaste o rolo, e ele encontrará a marca do fogo. E dize-lhe que o

Montezuma abandona a capital.

deus da criação está zangado e que ele próprio desencadeou as desgraças que o vão atingir e que seu poder e sua soberba estão chegando ao fim; que aproveite bem o pouco que lhe resta e que tenha paciência e resignação, pois ele mesmo é a causa do seu infortúnio". E, ditas essas palavras, chamou a águia que o havia trazido e mandou-a levá-lo de volta à sua roça. A águia veio e tornou a agarrá-lo pelo cabelo com as unhas e o levou ao mesmo lugar onde o apanhara e, deixando-o, disse: "Não temas, homem baixo e roceiro, e faze corajosamente o que o senhor te ordenou, sem esquecer nenhuma das palavras que deves proferir". E, com isso, tornou a subir aos ares e desapareceu.

O pobre lavrador, como que despertando de um sonho, ficou espantado e admirado com o que vira. E, assim como estava, com a *coa* na mão, colocou-se perante Montezuma e, pedindo-lhe uma audiência, que lhe foi concedida, prostrou-se diante dele e disse:

"Poderoso senhor, eu moro em Coatepec e, quando estava lavrando a minha roça, uma águia desceu sobre mim e me levou a um lugar onde estava um grande e poderoso senhor, que me mandou descansar; e, dirigindo o olhar a um lugar luminoso e claro eu te vi sentado ao meu lado. Então, dando-me rosas e um rolo ardente para que eu aspirasse a fumaça, no mais forte da sua combustão, ele me ordenou que te queimasse a coxa, e eu obedeci, sem que tu te mexesses nem sentisses o fogo. Dizendo-me que os teus sentidos estavam entorpecidos pelo orgulho, que o fim do teu reino era iminente e que, em breve, se abaterão sobre ti várias desgraças provocadas pela tua mão e merecidas por causa das tuas obras ruins, ele me ordenou que voltasse à minha casa e viesse imediatamente dizer-te tudo quanto vi. E, agarrando-me pelo cabelo, a águia me levou de volta ao lugar onde me apanhara, e eu venho te dizer o que me ordenaram."

Lembrando-se de que na noite anterior sonhara que um homem de condição vil lhe feria a perna com um rolo ardente, Montezuma olhou para a coxa e nela encontrou uma marca muito dolorosa, na qual não ousou tocar. E, sem fazer nenhuma outra pergunta ao índio, chamou os guardas e os carcereiros e ordenou que o jogassem na prisão sem lhe dar de comer para que morresse de fome.

O índio foi jogado no cárcere e lá ficou esquecido, sem que ninguém lhe desse de comer. E, como Montezuma tivesse cada vez mais dor na coxa, foi obrigado a passar alguns dias de cama, tratado com muita diligência por seus médicos. Uma vez curado, chamou os corcundas e pediu a presença dos feiticeiros e magos conhecidos como *tequitque*.[16] Ordenou que esfolassem imediatamente dez homens e lhe entregassem o couro deles, pois lhe era necessário. Quando lhe levaram os restos de pele humana, ele mandou os seus servidores entrarem nos seus aposentos e, chamando dois corcundas a um canto, disse-lhes que já havia encontrado o lugar em que se ia esconder: chamavam-no Cicalco, que significa "o país das lebres",[17] era muito agradável e aprazível, e lá os homens viviam eternamente, sem morrer; segundo o relato que lhe haviam feito, tratava-se de um lugar de águas cristalinas e muita fertilidade de todo gênero de culturas, refrescado por flores e rosas, e ele decidira ir para lá.

16 *Tequitque*: "os que carregam alguém".

17 Erro de frei Diego Durán. Trata-se de *Cincalco*, a "Casa do Milho". Cf. *Códice florentino*, Livro XII, cap. IX, p.96.

Mas queria que os corcundas fossem saudar o senhor do lugar, que se chamava Uemac, e em seu nome lhe oferecessem aquele couro humano. Deviam dizer-lhe que o rei Montezuma lhe suplicava que o recebesse a seu serviço, porque ele o desejava muito, a fim de escapar daquilo que Tzompantecutli, senhor de Cuitláhuac, e o rei de Texcoco anunciaram antes de morrer, e porque já vira tantos sinais no céu e prognósticos e presságios na terra que estava convencido de que era verdade. Pedia-lhe que tivesse a piedade de admiti-lo entre os seus servidores. E Montezuma recomendou-lhes veementemente não contar nada a ninguém e lhes deu tudo quanto podiam precisar na viagem.

Os corcundas e os *tequitque* foram procurar a gruta de Cicalco com as informações que o próprio Montezuma lhes havia dado sobre a sua localização – segundo alguns relatos, ficava entre México e Coyoacan, num lugar chamado Atlixuacan, onde os velhos contavam que um fantasma aparecia todas as noites e se apoderava do primeiro homem que encontrasse e nunca mais o devolvia a esta vida, motivo pelo qual todo mundo evitava aquele caminho à noite. Foi para lá que Montezuma enviou os seus mensageiros. Estes, ao entrar na gruta que lá havia, deram com um homem muito preto que trazia um báculo na mão e se chamava Totec. Ele lhes perguntou o que queriam e eles responderam que vinham falar com o senhor da gruta. Tomando-os pela mão, Totec os conduziu ao interior da gruta e os apresentou a Uemac, que tinha um aspecto feroz. Prostrando-se diante dele, ofereceram-lhe as dez peles humanas que traziam e transmitiram-lhe a mensagem de Montezuma e o seu desejo de se colocar ao seu serviço. Ele respondeu:

"Perguntai a Montezuma por que quer vir para cá. Ele pensa que neste lugar há joias e ouro e pedras preciosas e plumas e mantos ricos, como aqueles de que goza no mundo? Dizei-lhe que está enganado; melhor seria continuar gozando de suas riquezas enquanto é tempo e ficar quieto. Porque ninguém pode fugir do que foi determinado. Dizei-lhe que os que estão em minha companhia foram, como ele, ricos e poderosos e agora padecem mil misérias. Olhai-os e vede como o seu aspecto é diferente do que era; ele que não imagine que aqui estamos contentes e felizes, porque só conhecemos a maldição dos tormentos e das dores, e não viemos para cá por vontade própria, mas trazidos à força, por decreto do altíssimo. Como ele pode desejar vir para aqui?"

Os corcundas e os magos saíram da gruta com essa resposta e, diante de Montezuma, repetiram as palavras de Uemac. Furioso com resposta tão negativa, mandou executá-los imediatamente, depois enviou novos emissários com dez outras peles humanas e matou-os da mesma forma quando retornaram com a mesma resposta. Então chamou dois príncipes do seu *entourage* mais próximo, confiou-lhes sob o selo do segredo a intenção que tinha e, prometendo favores e privilégios a eles e aos seus filhos, pediu-lhes que fossem à gruta, submetessem o seu pedido e a sua súplica e obtivessem de Uemac que ele o tomasse a seu serviço.

Os príncipes, obedecendo ao seu senhor, foram importunar o demônio – pois era ele que lhes falava, graças às evocações dos feiticeiros –, e este respondeu que eles consolassem Montezuma e lhe explicassem que, se ele queria entrar naquele lugar e realizar o seu desejo, tinha de fazer penitência durante oitenta dias, não tocar em pratos reais nem bebidas delicadas, mas comer apenas sementes de acelga desfeitas em água e beber somente água quente, apartar-se das suas mulheres e não as frequentar; durante aqueles oitenta dias, não podia sentar-se no trono e nos assentos reservados aos senhores nem vestir o rico manto real, mas o simples hábito de penitente. E, ao cabo dos oitenta dias, que eles voltassem para receber novas instruções.

Os mensageiros retornaram com essa resposta ao rei, que, extremamente alegre e satisfeito, os recebeu muito bem, fez questão de afagá-los com mercês e ofertas e dar-lhes um lugar no conselho. Ato seguido, iniciou a penitência com toda a austeridade requerida e, dirigindo-se aos velhos aios de suas mulheres e a todas as amas que as guardavam, proibiu-os de deixá-las transpor a sua porta; e, se elas quisessem casar e achassem pretendente, que celebrassem as bodas imediatamente. Encerrou-se em seus aposentos e passou aqueles oitenta dias numa penitência rigorosa e terrível, sem comer nem beber o que quer que fosse saboroso e sem tomar água que não tivesse sido aquecida ao fogo. Decorridos os oitenta dias, tornou a enviar os dois príncipes àquele lugar para que comunicassem a Uemac que ele havia cumprido a penitência e esperava novas instruções.

Uemac felicitou-o e pediu-lhe que aguardasse a sua chegada, pois no quarto dia ele ia instalar-se no morro de Chapultepec; quando o avistasse, Montezuma devia embarcar numa canoa e ir a um lugar chamado Tlachtonco; ele mesmo lá estaria e o levaria consigo. Que decorassem aquele lugar da melhor maneira possível. Tendo ouvido essa resposta, Montezuma saiu a público e começou a pôr ordem nas coisas da república e dar as instruções que lhe pareciam necessárias, tudo com muita cautela e segredo para não ser descoberto. Deu alguns presentes aos seus achegados e parentes e mandou os escravos enfeitarem Tlachtonco durante a noite. Coisa que fizeram ornando-o com muitos ramos de sapotizeiro e confeccionando vários assentos com feixes de folhas da mesma árvore.

Quando tudo ficou pronto, Montezuma embarcou muito secretamente na sua canoa e, perscrutando a escuridão, viu o morro de Chapultepec se iluminar e aparecer uma gruta tão resplandecente que, com a sua luz, se enxergavam as coisas da cidade, dos montes e das árvores como se fosse pleno dia. Compreendendo que era Uemac que o vinha buscar, ordenou aos seus corcundas que remassem a toda pressa. E, ao chegar a Tlachtonco, ele e seus corcundas vestiram roupas reais e Montezuma pôs os seus braceletes e grevas de ouro, o cocar de plumas na cabeça, colares de ouro e pedras preciosas no pescoço e sentou-se num daqueles assentos de folhas e, junto dele, todos os seus corcundas ficaram à espera da chegada de Uemac.

No entanto, como não se pode fugir dos decretos do destino, o *texiptla* do templo – que representava o deus – ouviu durante o sono uma voz dizer: "Desperta, *texiptla*, vê como o teu rei Montezuma foge para a gruta de Uemac". O *texiptla* abriu os olhos, viu uma grande claridade, como se fosse dia, e tornou a ouvir a voz informá-lo da deserção de Montezuma – que estava à espera de Uemac no lugar chamado Tlachtonco – e exortá-lo a levar o rei de volta à sua cidade e repreendê-lo pela leviandade e frivolidade de sua conduta. O *texiptla* saiu sozinho do templo e, achando uma canoa à beira da água, saltou para dentro e, empunhando o remo que lá estava, dirigiu-se rapidamente a Tlachtonco, onde surpreendeu Montezuma e os corcundas, todos, como eu disse, muito bem vestidos e enfeitados. E, aproximando-se do monarca, disse:

"Que é isso, poderoso senhor? Que frivolidade espantosa é essa, de uma pessoa de tanto valor e peso como a tua? Aonde vais? Que dirão as gentes de Tlaxcala e Huexotzinco, as de Cholula e Tliliuhquitepec, as de Michoacan e Metztitlan? Que opinião terão de México, que é o coração de toda a terra? Por certo será uma grande vergonha para a tua cidade e para todos os que nela ficamos se a notícia da tua fuga se publicar e espalhar. Se morresses e te víssemos morto e enterrado, seria coisa natural, mas fugir? Que diremos? Que responderemos aos que nos perguntarem pelo nosso rei? Seremos obrigados a responder com muita vergonha que ele fugiu. Volta para o teu Estado e o teu trono, não te entregues a semelhante leviandade, olha a desonra que nos fazes a todos!"

E, agarrando o cocar de plumas, arrebatou-o da cabeça do rei e fê-lo levantar-se do assento.

Montezuma, envergonhado e confuso, exalou um suspiro e, erguendo a vista em direção ao morro de Chapultepec, viu que a luz, que era a que ele esperava, desaparecera completamente. Então, suplicou ao *texiptla* que não divulgasse a sua covardia, voltou com ele a México-Tenochtitlan e muito furtivamente ao palácio real. O *texiptla* entrou no templo pé ante pé e então acordou a guarda: "É assim que zelais pela minha segurança! Passei a noite toda fora e bem me podia ter acontecido uma desgraça". Desconcertados, os guardas lhe imploraram que não contasse nada a Montezuma, pois ele os mataria imediatamente.

Ao amanhecer, logo ao despontar do sol, o *texiptla* saiu do templo e foi ao palácio em busca de notícias do rei. Os guardas e porteiros disseram que ele ainda não tinha levantado. E, sorrindo, ele declarou: "Deve estar cansado da noite ruim que teve". Sem entender o que o *texiptla* dizia, os guardas e porteiros se entreolharam.

Mas Montezuma não quis se mostrar a ninguém durante quatro dias, os quais passou trancado e sem aparecer, envergonhado da sua conduta e sem coragem de encarar o *texiptla*. Mas, no quarto dia, este o procurou e lhe rogou que se mostrasse aos príncipes da corte, que o aguardavam e desejavam vê-lo. Ele saiu, dirigiu algumas palavras aos senhores e voltou a se recolher no seu refúgio em companhia do *texiptla*, que o consolou com palavras reconfortadoras e trazendo-lhe à memória a grandeza dos seus antepassados e os sofrimentos que haviam suportado. O rei chorou nos seus braços, suplicando-lhe que mantivesse em segredo aquela aventura, coisa que o índio prometeu fazer. Assim, todos os dias, Montezuma convidava o *texiptla* à sua mesa e com ele comia. E, quando ia se recrear, também o chamava a certos lugares de relaxamento, e sempre o convidava a todo gênero de conversa e regozijo, desde o dia em que o encontrou na lagoa.

Montezuma também o chamava para lhe confiar segredos e tinha por ele tanta amizade e lhe mostrava tanto amor que eles quase formavam um só coração e uma só vontade, tudo fundado no interesse, pois o rei temia que o *texiptla* não guardasse silêncio sobre a sua tentativa de deserção, ato que agora lhe parecia uma grande baixeza. E o *texiptla* foi tão prudente e ajuizado que, diante das honras que recebia e para não cair em desgraça, nunca traiu o seu rei, se bem que me parece que assim procedeu mais por medo de ser morto e de que toda a sua geração fosse dizimada.

Capítulo LXVIII: De como Montezuma mandou todos os prepósitos da cidade indagar entre os velhos e velhas a respeito de todos os sonhos acerca da vinda de estrangeiros e outras coisas prodigiosas com ela relacionadas, e dos muitos que ele mandou executar por terem revelado sonhos contrários às suas expectativas.

Montezuma andava tão desassossegado que não conseguia serenar o coração e, em parte, desejava que as profecias se cumprissem sem demora para que aquela incerteza chegasse ao fim. E, assim atormentado, mandou chamar todos os prepósitos e guardiães de bairro e lhes perguntou se acaso tinham tido algum sonho acerca da chegada daquelas gentes que eles esperavam ou do que havia de acontecer; eles deviam revelá-los mesmo que fossem funestos para a sua pessoa, porque o seu único desejo era ter alguma certeza sobre uma questão tão debatida e tão carregada de maus presságios, e a sua única intenção era pôr a salvo os seus filhos, que eram o objeto principal da sua dor e da sua compaixão.

Os *calpixque* responderam que nunca haviam sonhado, visto ou ouvido nada importante a esse respeito. Montezuma lhes disse: "Rogo-vos, meus amigos, que ordeneis a todos os velhos e velhas dos vossos bairros que, doravante, me informem de todos os sonhos que tiveram ou venham a ter, ainda que me sejam desfavoráveis. Recomendai também a todos os sacerdotes que interroguem todos os espectros e outras visões que eles costumam ter à noite, nas montanhas ou em lugares tenebrosos, e que lhes perguntem quais acontecimentos sucederam em breve. Encomendai a mesma coisa a todos os que têm o hábito de andar à noite e dizei-lhes que, se toparem com aquela mu-

Montezuma recebe os anciãos.

lher que, segundo dizem, chora e geme em suas andanças noturnas, perguntem porque é que tanto chora e geme e o façam de modo a saber o máximo de coisas possíveis acerca disso".

Todos prometeram obedecer e, assim, de volta aos seus bairros informaram todos os velhos e velhas do que o seu rei e senhor mandava e desejava saber. Notificou-se a mesma coisa às gentes que velavam à noite e aos sacerdotes que, de noite e de dia, tinham o costume de fazer suas petições ordinárias nos montes e nas cavernas. E, a partir desse dia, todo mundo se pôs a escrutar os seus sonhos e tentar guardá-los na memória para poder contá-los ao rei. Velhos, sacerdotes e adivinhos cuidaram de cumprir as ordens reais concernentes à declaração dos sonhos, e alguns anciãos foram dizer aos prepósitos e aos *tequitlatos*[18] que haviam tomado conhecimento de sonhos terrificantes e prodigiosos tidos por parte de alguns deles, sonhos que os levaram a conceber grandes temores e grandes inquietudes e dos quais queriam que o rei fosse avisado e informado.

Os prepósitos foram ter com Montezuma, explicaram-lhe que, em cumprimento das ordens reais, alguns idosos vieram declarar o que haviam sonhado e perguntavam se ele queria fazê-los comparecer diante dele. O rei, desejando saber o que haviam sonhado, mandou trazer primeiro os homens. Quando eles chegaram, ordenou-lhes que contassem o que haviam visto em sonhos e os velhos disseram com muita humildade e reverência:

"Poderoso senhor, não queremos ofender as tuas poderosas orelhas nem infligir ao teu coração uma emoção que te possa causar algum mal, mas, forçados pela tua suprema ordem,

---

18 *Tequitlato*: "o que distribui o trabalho ou o imposto", empregado encarregado de distribuir os encargos e as tarefas na cidade.

somos obrigados a te obedecer, cumpre-nos dizer o que sonhamos. Deves saber que, nestas noites passadas, os senhores do sonho nos mostraram o templo de Uitzilopochtli ardendo em grandes e rubras chamas e desfazendo-se pedra por pedra, e caía sem que nada restasse em pé, e vimos o próprio Uitzilopochtli caído e derrubado no chão, e foi isso que sonhamos."

Montezuma mandou isolá-los numa sala e ordenou que trouxessem as anciãs para que declarassem o sonho que haviam sonhado. E elas, sentadas diante dele, disseram: "Meu filho, não te inquietes nem perturbes o teu coração com o que te queremos dizer, pois isso nos infundiu grande temor e espanto. Deves saber que estes foram sonhos que estas tuas mães sonharam: elas viram um rio caudaloso varrer as portas do teu palácio e como as torrentes furiosas derrubavam as paredes da tua casa e as arrancavam dos alicerces, carregando madeiras e pedras, sem que nada ficasse de pé, e que chegava ao templo e com o mesmo furor o deitava por terra. Apavorados, os grandes e os senhores desertavam a cidade e fugiam para as montanhas. E eis o que temos a te dizer".

Montezuma, que ouvira com atenção o que os velhos e as velhas lhe disseram, vendo que nada lhe era favorável e tudo, pelo contrário, reforçava os maus presságios anteriores, foi tomado de raiva e furor demoníacos e deu ordem de jogarem velhos e velhas em prisão perpétua e lhes restringir a comida até que morressem. Os sacerdotes dos templos, aos quais também se havia ordenado guardar memória dos sonhos que sonhassem, das visões que tivessem nas montanhas, nas encostas e nas cavernas, nos rios ou nas fontes, vendo o que acontecera aos idosos e idosas, tendo sonhado muitas coisas e visto e ouvido outras tantas nos seus oráculos e sacrifícios, consultaram-

-se e decidiram não declarar coisa nenhuma, temendo que lhes ocorresse a desventura.

O rei, vendo que eles não vinham lhe contar nada, mandou chamá-los. Recebeu-os primeiro com palavras benévolas: "Será possível que não tenhais visto nada, sonhado nada?". Eles responderam que não. Montezuma replicou que lhes dava um prazo de quinze dias para consignar tudo quanto sonhassem, vissem ou ouvissem. Eles, depois de se haverem concertado, decidiram novamente não fazer nenhuma declaração, por mais que o rei os ameaçasse.

Decorridos os quinze dias, Montezuma mandou chamá-los e, muito temerosos, eles se apresentaram. Ele lhes disse: "Fizestes o que lhes pedi?". E esta foi a resposta que lhe deram: "Poderoso senhor, se por desobedecer uma ordem tua nós merecemos ser mortos e aniquilados por tua poderosa mão, quanto mais mereceríamos se, ofendendo tuas orelhas, te disséssemos uma mentira! O que te podemos dizer e certificar é que não vimos, não ouvimos nem sonhamos nada que toque a tua pessoa, nada do que desejas saber".

Montezuma lhes respondeu com cólera e fúria estampadas na fisionomia: "Isso não é possível! O fato é que não quereis dizer a verdade, ou porque não respeitais as minhas ordens, ou porque não fazeis caso das obrigações do vosso ofício, que são vigiar e estar atentos às coisas da noite". E, chamando os carcereiros, ordenou que todos fossem acorrentados e jogados em jaulas e que os deixassem morrer de fome.

Prostrados diante dele, os sacerdotes suplicaram que lhes tirasse a vida de uma vez, sem permitir que o seu corpo fosse tão atormentado. Apiedando-se deles, Montezuma mandou soltá-los dos grilhões e confiná-los numa sala da qual não podiam sair enquanto não fosse essa a sua vontade. Naquele clima de medo, ninguém se atrevia a falar nem a declarar sonhos, receando as mortes cruéis e atrozes que o rei infligia quando os sonhos não eram do seu agrado.

Vendo que os habitantes da cidade já não faziam declaração nem diziam mais nada, Montezuma mandou chamar os seus mensageiros e os enviou a todas as províncias litorâneas para que convocassem os governadores e, simultaneamente, ordenou a todos os senhores de vilas e cidades do Marquesado que comparecessem diante dele. Vindo o mais depressa possível, eles receberam ordem de procurar todos os feiticeiros, encantadores e sortílegos que houvesse em suas cidades e vilas e informá-los da sua vontade de saber de prodígios, prognósticos ou presságios, entendidos ou sabidos pelas estrelas, pela água, pelo fogo, pelo ar e pela sorte ou por qualquer outra via e ciência que tivessem e principalmente por sonhos e visões.

Os governadores e os chefes de aldeia voltaram a suas cidades e procuraram com toda a diligência as gentes que Montezuma pedia. Enviaram-lhe muitos adivinhos, sortílegos, feiticeiros e encantadores, que, apresentando-se diante dele, disseram: "Senhor, aqui viemos a teu chamado para saber a tua vontade e ver o que queres". Ele respondeu: "Sede bem-vindos. Deveis saber que a razão pela qual vos chamei é para saber se vistes ou ouvistes ou sonhastes alguma coisa sobre o meu reinado e a minha pessoa, pois sois hábeis em sondar os espaços noturnos, percorrer os montes, penetrar os mistérios das águas e escrutar os movimentos do céu e o curso das estrelas. Rogo que não escondais nada e me faleis abertamente". Eles responderam: "Senhor, quem teria a audácia de mentir na tua presença? Nós não vimos nem ouvimos nem sonhamos nada relacionado com o que perguntas".

Encolerizado, Montezuma lhes disse: "Pois o vosso ofício é embaucar e enganar, é fingir ser homens científicos e conhecer coisas futuras, enganar a todos afirmando que sabeis tudo quanto ocorre no mundo, que tendes acesso ao que está dentro das montanhas e no centro da terra, que vedes o que está debaixo da água, nas cavernas e nas fendas da terra, nos buracos e mananciais das fontes. Vós vos pretendeis filhos da noite, e tudo é mentira e falsidade". E, com uma cólera terrível, chamou os seus homens de armas e ordenou que eles os jogassem em jaulas vigiadas por muitos guardas para que não pudessem fugir.

No cárcere, adivinhos e feiticeiros não demonstraram nenhum desespero, mas, ao contrário, alegria e contentamento, e não paravam de rir uns para os outros. Informado disso, Montezuma enviou os seus oficiais para lhes pedir que contassem o que sabiam, prometendo-lhes a liberdade. Os feiticeiros responderam que, como ele insistia tanto em conhecer o seu infortúnio, contariam o que souberam pelas estrelas do céu e por todas as outras ciências que conheciam: ele seria vítima de um prodígio tão extraordinário que nenhum homem jamais conheceu destino semelhante. E, descarregando a sua raiva, um dos mais velhos que lá estavam gritou diante de todos: "Que Montezuma saiba que quero lhe dizer com uma frase o que há de ser dele. Já estão a caminho aqueles que nos vingarão das injúrias e dos sofrimentos que ele nos infligiu e inflige. E não quero dizer mais nada, pois me contento em esperar o que muito em breve há de acontecer".

Tudo isso foi notificado e informado a Montezuma e ele, sem manifestar a mínima aflição, mostrando, pelo contrário, uma fisionomia alegre e serena, na esperança de deles tirar tudo quanto sabiam, disse aos oficiais: "Rogo-vos que lá retorneis e lhes perguntei quem são as gentes que estão para chegar, que via ou caminho trilham e quais são as suas intenções".

Eles foram executar a ordem e, chegando à prisão, não encontraram ninguém. Vendo que os prisioneiros haviam fugido, deixando o cárcere trancado, as pedras no lugar e o ferrolho passado, os carcereiros, receosos da ira do rei, foram prostrar-se diante dele para mostrar que eram inocentes e que a fuga não se devia a uma negligência da sua parte, mas às artes e às manhas dos prisioneiros.

Montezuma pediu-lhes que se levantassem, afirmando que não precisavam temer castigo. Depois ordenou que fossem a todas as cidades onde moravam aqueles feiticeiros e lhes derrubassem as casas, matassem as suas mulheres e filhos e cavassem as fundações dos prédios até que delas jorrasse água; todos os seus bens deviam ser saqueados, os moços sequestrados e, se encontrassem ou descobrissem algum adivinho num templo, eles deviam ser apedrejados e jogados às feras. E as suas ordens foram prontamente cumpridas. As mulheres e as crianças foram arrastadas pela cidade com cordas amarradas no pescoço; bens foram saqueados, moços foram levados das cidades onde moravam; casas foram derrubadas e os antigos sítios foram cavados até que se achasse água. Tudo isso foi relatado a Montezuma. Mas, apesar da diligência com que foram procurados, os feiticeiros nunca foram encontrados nem nunca se teve notícia deles.

A partir desse dia, no coração de Montezuma reinou tanta tristeza e aflição que nunca mais se viu sinal de alegria em seu semblante; fugindo de toda conversação, ele se fechava nos seus aposentos com o *texiptla*, comunicando-lhe o que os feiticeiros e adivinhos lhe haviam revelado, consumido pelo remorso e pela angústia por causa da fuga deles, convencido de que, se os tivesse por mais tempo no cárcere, teria conseguido arrancar deles tudo quanto queria saber, arrependido de ter mandado matar as suas mulheres e os seus filhos, que não eram culpados de nada e não o ofenderam de modo algum.

Capítulo LXIX: De como um navio vindo de Cuba fundeou nestas terras, de como Montezuma disso foi avisado e como procurou saber quem era aquela gente e outras coisas que aconteceram.

Não muitos dias depois que adivinhos, feiticeiros, sortílegos e encantadores fugiram da prisão, quando o rei Montezuma ainda estava dominado pela ira e atormentado pelas ameaças que lhe foram feitas, um índio foi até ele e, com muita reverência, disse que queria lhe falar. O rei o encarou e viu que lhe faltavam as orelhas e os polegares das mãos e dos pés. Pensando que não se tratava de um ser humano, perguntou-lhe de onde era e quem o enviava. O índio respondeu que era dos montes infernais[19] e vinha por vontade própria para servi-lo e contar o que vira. Montezuma quis saber o que era. O índio respondeu que, passeando na praia, vira surgir perto dos rochedos que se encontram à beira-mar um outeiro redondo que ia e vinha de um lugar a outro no meio da água. E que nunca vira coisa semelhante, tão espantosa e extraordinária. O rei mandou que ele descansasse e tomasse fôlego, pois tinha intenção de enviar alguém para verificar se era verdade e, chamando guardas e carcereiros, mandou prendê-lo e jogá-lo na cadeia.

19 Interpretação fantasiosa de Durán. Trata-se, na realidade, de *Mictlanquauhtla*: "Floresta da Morada dos Mortos", aldeia no litoral do Golfo do México. Cf. *Códice florentino*, Livro XII, p.74, n.10.

Chega um navio de Cuba.

E, tendo chamado um nobre *teuctlamacazqui*,[20] Montezuma ordenou que ele fosse ao porto com um escravo seu chamado Cuitlalpitoc para ver se o que aquele índio dizia era verdade e repreender os senhores e governadores de Cuetlaxtlan e da costa por terem descurado da missão de observação da qual os encarregara.

O príncipe e o escravo deixaram México-Tenochtitlan e em pouco tempo chegaram a Cuetlaxtlan, onde o primeiro, apresentando sua embaixada ao governador Pinotl, reprochou-lhe a negligência e ordenou, em nome do rei, que fosse imediatamente averiguar se era verdade que aparecera um outeiro na água que já estava perto dos rochedos do porto. O senhor de Cuetlaxtlan despachou mensageiros que voltaram espantados, afirmando que o que dizia o *teuctlamacazqui* era verdade e que uma coisa assustadora estava no porto, uma coisa grande, redonda, no meio da água, e que andava de lá para cá sobre as ondas, e que dentro dela havia gente que se mostrava de quando em quando.

O *teuctlamacazqui* e o seu companheiro Cuitlalpitoc decidiram assegurar-se daquilo com os seus próprios olhos, de modo a fazer uma relação exata ao seu senhor Montezuma. Dirigiram-se ao porto e, chegando aos penhascos, esconderam-se para que os espanhóis não os vissem e constataram que era tudo verdade. Treparam numa árvore alta para observá-los e examiná-los melhor. De lá viram os espanhóis jogar um bote na água, saltar a bordo e pescar perto da margem até o anoitecer, depois voltar ao navio com a pesca. Tendo observado tudo

20 *Teuctlamacazqui*: "senhor sacerdote".

aquilo, os dois retornaram apressadamente a México-Tenochtitlan para relatar ao seu senhor que haviam visto.

Quando chegaram diante de Montezuma, o *teuctlamacazqui* lhe disse: "Poderoso senhor, podes muito bem nos matar e jogar no calabouço que será o nosso túmulo. Mas o que te disse o índio, teu prisioneiro, é verdade e deves saber, senhor, que fiz questão de vê-lo com os meus próprios olhos. Eu e Cuitlalpitoc, teu escravo, subimos no alto de uma árvore para melhor observar o que era, e deves saber que vimos uma casa na água da qual saem homens brancos, de rosto e mãos brancas, com barbas muito compridas e abundantes e vestimentas das mais diversas cores: brancas, amarelas, vermelhas, verdes, azuis e violeta, enfim, de todas as cores; e trazem na cabeça uma cobertura redonda e põem na água uma canoa bem grande e alguns pulam dentro dela, aproximam-se dos recifes e passam o dia todo a pescar e, ao anoitecer, voltam a sua casa e ali ficam recolhidos. Essa é a relação que te podemos fazer do que vimos".

Montezuma baixou a cabeça e, sem dizer palavra, levou a mão à boca e ficou muito tempo como morto ou mudo, sem poder falar nem responder. Saindo finalmente desse silêncio, exalou um longo e doloroso suspiro e disse ao príncipe que lhe fizera o relato: "Em quem posso depositar mais confiança do que em ti? De que me servirá tornar a enviar mensageiros se viste com os teus olhos o que me contas? Melhor será procurar uma solução".

E, tendo dito essas palavras, chamou um secretário e ordenou que soltassem o índio preso que viera da costa e se dizia oriundo dos montes infernais. O servidor foi cumprir a ordem, mas na jaula onde estava encarcerado não encontrou o índio nem vestígio da sua partida. Informado do desaparecimento,

Montezuma disse que de fato desconfiara que fosse um bruxo ou feiticeiro; que ele se alegrava com a fuga do índio, embora a sua intenção fosse gratificá-lo, já que dissera a verdade. E, chamando um de seus secretários, ordenou-lhe com muito segredo, sob pena de perder a própria vida e a de sua mulher, a de seus filhos, a de seus pais e de se expor à destruição de todos os seus bens, que trouxesse dois ourives, dois lapidadores e dois plumaceiros.

O secretário cumpriu a ordem e, quando os artífices chegaram, Montezuma lhes forneceu ouro, plumas e pedras preciosas e mandou-os começar a trabalhar imediatamente: cabia aos ourives lavrar aceleradamente joias de ouro das mais diversas formas; aos lapidadores, facetar todo gênero de pedras preciosas; e aos plumaceiros, fazer os mais elegantes penachos e cocares. Tudo isso seria feito com um fim determinado e em sigilo absoluto, sem que ninguém pudesse desconfiar da atividade. E, assim, no próprio palácio, com toda precaução necessária, os primeiros fizeram muitas joias de ouro e braceletes, brincos e labretes; os segundos lavraram muitas gemas verdes e toda sorte de pedras preciosas, e os últimos confeccionaram belíssimos penachos e cocares. Quando terminaram, Montezuma pagou-lhes o trabalho em mantos, comida e outras recompensas, como sempre fazia aos que o serviam e agradavam. E, recomendando-lhes segredo, chamou o *teuctlamacazqui* que fora ao porto confirmar a chegada dos espanhóis e lhe disse:

"Aqui estão joias, pedras e plumagens que deves dar de presente aos que acabam de desembarcar na nossa terra. Desejo muito que saibas quem é o seu senhor e te encarrego de lhe entregar tudo quanto levares e descobrir com toda a certeza se é aquele que os nossos ancestrais chamavam Topiltzin ou

Quetzalcoatl,[21] que as nossas histórias dizem que se foi desta terra prometendo voltar para retomar o seu trono, ele ou seus filhos, e para se apropriar do ouro, da prata e das joias que deixou enterrados nos montes e de todas as outras riquezas que nós agora possuímos. E, se for mesmo ele, tu o saudarás da minha parte e lhe darás estes presentes. E mais, mandarás da minha parte o senhor e governador de Cuetlaxtlan preparar uma grande quantidade de vitualhas, aves, caças assadas e cozidas, todos os gêneros de pão e bolos, frutas e muitas xícaras de cacau, e que ele ponha tudo isso à beira do mar. Tu e teu companheiro Cuitlalpitoc, que irá contigo, levareis tudo isso ao barco ou casa onde moram e o dareis de presente em meu nome para que comam, ele, seus filhos e seus companheiros.

"Observa bem se ele come com gosto ou não, porque, se comer e beber o que ofereceres, é seguro e certo que se trata de Quetzalcoatl, pois ele conhece as comidas desta terra, lembra-se dela e voltará a tomar gosto por ela. Dize-lhe que suplico que me deixe morrer, que me faça esse benefício e que, depois da minha morte, bem-vindo seja na sua terra e recupere o seu reino, porquanto lhe pertence e foi deixado sob a guarda dos meus antepassados. Mas, como o recebi emprestado, que me deixe acabar o meu reinado e depois volte e goze do seu reino em paz. E não tenhas medo ou sobressalto nem lamentes morrer nas suas mãos, porque te prometo, e te dou a minha fé e palavra, que honrarei os teus filhos, dar-lhes-ei terras e casas e nomeá-los-ei grandes do reino. E, caso ele não queira comer o alimento que levas e prefira a carne humana, deixai-vos comer

21 *Topiltzin Quetzalcoatl*: "Nosso Senhor Serpente Emplumada", o divino rei de Tula. Cf. *Códice florentino*, Livro XII, p.75, n.13.

de bom grado, porque cumprirei a minha promessa no que concerne a vossas mulheres, a vossos filhos e a vossos pais."

O *teuctlamacazqui* respondeu que ia com prazer. E assim, carregados de joias e plumagens, sem que ninguém na cidade soubesse aonde iam, eles deixaram México-Tenochtitlan e dirigiram-se a Cuetlaxtlan, onde ordenaram ao governador e aos senhores do lugar que preparassem todo tipo de iguarias, aves e caça, guisados bem cozidos, pão branco e todas as variedades de frutas. Quando tudo ficou pronto, um grande número de índios transportou as vitualhas até o porto onde os espanhóis estavam ancorados. Ocultando-se para não serem vistos, puseram a comida um pouco afastada do mar, e o *teuctlamacazqui* disse aos carregadores que podiam ir embora.

Uma vez sozinhos, ele e o seu companheiro Cuitlalpitoc subiram na árvore em que já haviam subido antes e viram que os espanhóis continuavam lá, ocupados em pescar no seu bote. Como já era tarde, os dois preferiram não se mostrar e aguardar a manhã seguinte. Uma hora antes do amanhecer, levaram as vitualhas até a beira da água, puseram-nas nos rochedos, no lugar onde os espanhóis pescavam, e sentaram-se ao lado. Assim que amanheceu, as gentes do navio começaram a sair para o convés, viram os dois índios sentados na orla e, imediatamente, enviaram quatro espanhóis. Eles se encontraram, mas, não podendo se entender, não sabiam o que dizer. Por meio de sinais, o *teuctlamacazqui* explicou que desejava ir ao navio levando toda aquela comida e bebida. Os espanhóis compreenderam, vieram para terra e, com a ajuda dos dois índios, embarcaram os pratos e as frutas e depois, quando terminaram, fizeram sinal para que eles remassem.

Os espanhóis chegaram ao navio, carregaram os alimentos e as bebidas para bordo e, quando foi a vez dos índios, estes ficaram surpresos ao ver uma embarcação tão espaçosa, com todas aquelas pontes, corredores e cabines, e pareceu-lhes que se tratava de um verdadeiro prodígio, uma obra mais divina que humana. Eles perguntaram quem era o chefe e capitão de toda aquela gente e uma índia que entendia a língua espanhola e a mexicana apontou para um dos espanhóis. O índio inclinou-se diante do capitão e entregou-lhe todas as joias, pedras e plumagens; e a história diz que, ao abrir os cestos que continham tudo aquilo, os espanhóis olharam com alegria e êxtase para aquele tesouro, passando as peças de um a outro; depois a índia perguntou quem as enviara. O índio respondeu que fora o seu senhor, o grande e poderoso rei Montezuma, que do seu palácio lhe enviava saudações.

A índia quis saber de onde ele vinha. O *teuctlamacazqui* respondeu: da grande cidade do México. "Que desejais?", indagou ela. "Senhora, venho perguntar a esse senhor a razão da sua vinda, aonde vai, qual é o seu intento e o que procura." Ela respondeu: "O senhor destas gentes diz que vem ver o teu rei, Montezuma, e o seu único desejo é ir a México, saudá-lo e agradecer-lhe estes presentes e a honra que lhe faz". O índio declarou que o seu senhor ficaria muito contente, mas suplicava que ele lhe concedesse a graça de deixá-lo terminar o seu reinado em paz e que voltasse depois da sua morte, pois ele encontraria o seu reino e a sua terra como os deixou, e pedia que ele saboreasse o alimento que trazia da parte do seu senhor. A índia respondeu: "Esses deuses dizem que lhe beijam as mãos e vão comer. Mas, como não estão acostumados a essas comidas, pedem que vós as comeis primeiro e eles as comerão a seguir".

Os índios começaram a provar e comer e, à medida que saboreavam a comida, os espanhóis petiscavam aquelas aves assadas, molhavam o pão nos molhos e comiam com muito regozijo, dando risadas e demonstrando muita satisfação. Quando chegou a vez do cacau – bebida muito apreciada pelos índios –, eles ficaram com medo e os dois índios, vendo que os estrangeiros não ousavam beber, trataram de esvaziar alegremente as jarras. Ao ver isso, os espanhóis também começaram a refrescar-se com o cacau, que, na verdade, é uma bebida fresca. Quando terminaram de comer e beber, o senhor dos espanhóis perguntou, por intermédio da índia, qual era o nome do príncipe mexicano. Este respondeu que se chamava Tlillancalqui, o seu título era o de *teuctlamacazqui*, e que o seu companheiro se chamava Cuitlalpitoc.

A índia prosseguiu: "Pois bem, este senhor afirma que eles tiveram muito prazer em comer convosco e agora vos convida a saborear o seu próprio alimento, ainda que seja muito diferente do que trouxestes". Serviram-lhes bolacha, toucinho e alguns pedaços de carne defumada. Eles comeram uma parte e guardaram o resto para mostrar a Montezuma. Depois deram-lhes vinho. Sentindo o coração alegrar-se, os dois declararam que lhes beijavam as mãos, que aquela bebida era suave e muito boa, e passaram a noite no navio, pois, com todo o vinho que beberam, não conseguiriam sair de lá.

Na manhã seguinte, pediram licença ao senhor do navio para ir prestar contas da missão ao seu senhor e levar-lhe a resposta que receberam. O general pegou um colar de contas de vidro e alguns brinquedos e entregou-os a Tlillancalqui para que os desse de presente a Montezuma e, pegando outros, ofereceu-os a ele e ao seu companheiro. Em seguida, por intermédio da índia, disse-lhes que beijava as mãos do seu rei, desejando-lhe um longo e feliz reinado, e que ele próprio vinha de uma terra longínqua, à qual regressava sem tardança, e, quando retornasse, esperava encontrá-lo vivo para retribuir dignamente os presentes e mimos que lhe havia dado. Os dois índios o saudaram respeitosamente e, deixando o navio, embarcaram no bote que os levou a terra firme. Uma vez a sós, confabularam e decidiram subir na árvore em que sempre subiam e lá ficaram a observar o que se passava para relatar ao seu senhor. Viram como os espanhóis estenderam grandes panos nos mastros do navio e, pouco depois, deixaram o porto e partiam. Ficaram olhando para aquela coisa misteriosa, para aquele navio que andava sozinho em cima da água, e só saíram do seu observatório quando o perderam de vista, então desceram e rumaram para Cuetlaxtlan, onde foram bem recebidos e providos de todo o necessário para a viagem. Os senhores de Cuetlaxtlan ofereceram-lhes presentes e eles partiram para fazer ao seu senhor uma relação completa dos acontecimentos.

Uma vez na sua presença, contaram-lhe tudo que a história relatou: como chegaram e ofereceram as joias, a comida e as bebidas, e como os espanhóis beberam e comeram; que eles foram convidados por sua vez e que a bebida deles era tão boa e suave que não tardou a lhes enlevar a alma. Contaram que o capitão prometera partir e lhe desejara felicidade e descanso, afirmando que regressavam à sua terra distante e que, mesmo que retornassem, não seria para breve. Em seguida eles deixaram o navio trazendo-lhe algumas amostras de comida, caso as quisesse ver.

Deram-lhe alguns pedaços de bolacha e Montezuma disse que parecia tufo calcário. Mandando trazer uma daquelas pedras, comparou as duas coisas e, vendo que uma era pesada e a outra tão leve, chamou os bufões e mandou que provassem a bolacha. Eles declararam que era doce e suave, mas, temendo comê-la, o rei disse que era coisa dos deuses, que não queria cometer nenhum sacrilégio e, convocando os sacerdotes, ordenou-lhes que a levasse com grande pompa à cidade de Tula e a enterrassem no templo de Quetzalcoatl, pois eram os seus filhos os que tinham vindo. Os sacerdotes pegaram a bolacha e, colocando-a numa rica jarra dourada e coberta com tecidos bordados, levaram-na em procissão a Tula, agitando incensórios e cantando hinos apropriados à solenidade de Quetzalcoatl, de quem, segundo acreditavam, ela era o alimento. E, uma vez em Tula, enterraram-na solenemente no templo.

Montezuma perguntou a Tlillancalqui se os vira partir. Ele respondeu que sim, que não quiseram ir embora sem assistir à sua partida nem descer da árvore antes de perdê-los de vista. Só então abandonaram o seu posto e vieram dar a notícia. E, pegando o colar de vidro, entregou-o dizendo que o estrangeiro lhe enviava aquele presente porque não tinha outra coisa que oferecer. Ele o tomou e, pensando que se tratasse de uma coisa admirável e divina, declarou: "Recebo a oferenda e o benefício do deus". E, mandando enterrá-lo aos pés do deus Uitzilopochtli, disse que ele não era digno de usar semelhante joia. Enterraram-no solenemente ao som de trompas e defumado pelos incensários, como se fosse uma coisa divina.

Montezuma agradeceu calorosamente a Tlillancalqui, devolveu a liberdade ao escravo e mandou-os descansar em casa. Uma hora depois, providenciou para que eles recebessem ricos mantos e *huipils*,[22] cacau, algodão, milho, feijão e outros grãos

22 *Huipil*: *uipilli*, espécie de vestimenta feminina, corpete, camisola ou camisa, que ficava solta sobre a saia e cobria a parte superior do corpo até os quadris e tinha gola bordada.

e, para servi-los, três escravos, um homem e duas mulheres. Sentindo-se profundamente reconhecidos, eles enviaram agradecimentos ao rei pelos benefícios. Montezuma se perguntou como poderia saber quem era e de onde vinha aquela gente. Decidiu mandar procurar, por todos os meios à sua disposição, velhos índios que lhe pudessem informar, sob o maior sigilo. Porque não havia homem na cidade, nem mesmo entre os nobres, que soubesse que estrangeiros fundearam no porto. E os que tinham conhecimento do fato estavam sob ameaça e temor de penas terríveis, como a morte e a destruição de seus bens e linhagens. De modo que tudo estava tão oculto e secreto, cercado de tanto silêncio, que era como se nada houvesse acontecido. O segredo durou até que o bom marquês dom Hernando Cortés retornou com três navios em sua última viagem.[23]

Capítulo LXX: De como Montezuma mandou um pintor retratar os espanhóis conforme o relato de Tlillancalqui e como, tomado de inquietude, tentou reunir informações sobre a gente que havia desembarcado em suas terras.

Depois que Tlillancalqui o informou de tudo quanto contamos no capítulo anterior, uma grande inquietude se apoderou de Montezuma. Ele queria saber sobretudo que aparência tinham aqueles que haviam aportado na sua terra e de onde

23 Aqui frei Diego Durán mistura três expedições em uma só viagem: a de Hernández de Córdoba a Iucatã em março-junho de 1517, a de Juan de Grijalva ao litoral do México em maio-novembro de 1518 e o desembarque de Cortés na costa de Veracruz em abril de 1519, levando Malintzin como intérprete.

vinham, quem eram os seus pais ou ancestrais e se pretendiam voltar. Foi assim que mandou chamar Tlillancalqui e que, encerrando-se com ele, confiou-lhe o desejo de contemplar a figura daqueles que ele tinha ido visitar; rogou-lhe que os pintassem lá, na sua presença, pois não queria que ninguém soubesse de nada.

O nobre aceitou com prazer realizar os retratos e cumprir a ordem. Convocou o melhor pintor que havia em México-Tenochtitlan, um homem já muito velho, e Montezuma avisou-o para não revelar nada do que lhe encomendassem nem do que fizesse, sob pena de ver a sua geração e a sua memória varridas para sempre da superfície terrestre. Aterrorizado, o pintor afirmou que um ser tão insignificante como ele não podia revelar o segredo de um tão alto e poderoso senhor. Trouxeram-lhe todas as cores e, na presença de Tlillancalqui, que lhe dava as instruções, ele desenhou o navio tal como o nobre mexicano o havia visto e os espanhóis com as suas longas barbas, o rosto branco, a roupa multicolorida, o chapéu e o gorro na cabeça e espada à cinta.

Ao vê-los, Montezuma ficou mudo de admiração, observou-os demoradamente, considerando-os com muita atenção e, depois de tê-los examinado bem, disse a Tlillancalqui: “Esta pintura corresponde ao que viste?”. Ele respondeu: “Sim, senhor; é assim, sem mentir nem acrescentar coisa alguma”. Montezuma mandou pagar o pintor e perguntou: “Irmão, eu te peço que respondas sinceramente à pergunta que te vou fazer. Acaso conheces algo disto que acabas de pintar? Teus ancestrais deixaram algum retrato ou descrição desses homens que devem chegar e desembarcar nesta terra?”. E o pintor respondeu: “Poderoso senhor, não posso mentir para ti nem enganar-

-te, tu que és a imagem dos deuses. Sabe, pois, que os meus antepassados e eu nunca tivemos outra ciência que não a da pintura; eles não deixaram outra memória senão a das pinturas reais e contentaram-se em realizar as obras que lhes encomendaram. De modo que não sei nada do que me perguntas e, se eu dissesse o contrário, estaria mentindo".

Montezuma o encarregou de perguntar a seus confrades, sob o selo da confidência, se acaso um deles havia recebido de ancestrais um retrato ou uma descrição de gentes que deviam desembarcar nestas terras e se apossar delas. O pintor aceitou a missão e, saindo do palácio, dedicou muitos dias à averiguação e, como a sua pesquisa não resultou em nada, mandou avisar Montezuma que ele não havia achado nenhuma resposta verdadeira ou satisfatória às suas perguntas.

Diante desse fracasso, Montezuma mandou chamar e reunir os pintores mais idosos de Malinalco, do atual Marquesado e de Chalco. Quando estavam na sua presença, ele lhes pediu que dissessem se tinham alguma ideia das gentes que iam desembarcar, de sua origem e aparência, e se seus ancestrais lhes haviam transmitido uma descrição, pinturas ou efígies que os representassem.

Ao ver o que o rei lhes perguntava, os pintores de Malinalco pegaram um quadro e o mostraram; representava homens com um olho no meio da testa, como ciclopes, que, segundo haviam dito os seus antepassados, viriam apoderar-se destas terras. Também mostraram gentes com um só pé. Os do Marquesado exibiram o retrato de uns homens meio peixes, da cintura para baixo, e disseram que eram esses os que deviam vir. Outros ainda mostraram seres meio homens, meio cobras; em suma, ninguém mostrou nada parecido com o que ele procurava.

Dispensando-os, Montezuma mandou buscar os de Cuitláhuac e Mizquic, homens de grande ciência, descendentes dos antigos toltecas, que, na sua opinião, deviam saber alguma coisa. Fez-lhes a mesma pergunta. Eles trouxeram pinturas antigas e contaram que, segundo os seus ancestrais, os filhos de Quetzalcoatl voltariam a esta terra, tomariam posse dos seus antigos territórios e de tudo quanto haviam escondido nas montanhas, nas colinas e nas cavernas. Mostraram-lhe a figura desses homens, que não se pareciam em nada com o retrato que ele tinha. Agradecendo-lhes as declarações, mandou-os de volta para casa.

Em seguida, Montezuma convocou os pintores de Xochimilco, mas Tlillancalqui, que estava presente, tomou a palavra: "Senhor todo-poderoso, não te canses interrogando todos esses artistas, porque nenhum te poderá revelar melhor o que desejas do que um velho de Xochimilco, uma pessoa muito idosa que conheço. Chama-se Quilaztli e é um homem muito douto e competente em antiguidades e pinturas. Se quiseres, eu o trarei à tua presença, explicar-lhe-ei o que desejas saber e pedir-lhe-ei que traga as suas pinturas antigas".

Montezuma agradeceu e disse-lhe que fosse logo. Tlillancalqui partiu e, no dia seguinte, voltou com o velho artista, que trazia todas as suas pinturas. O rei recebeu-o com muita cortesia, porque era um velho muito venerável e de nobre presença. Às suas perguntas sobre os homens que haviam de aportar nesta terra, o velho Quilatztli respondeu: "Poderoso senhor, se por dizer a verdade devo merecer a morte, eis-me na tua presença: és livre para agir segundo a tua vontade".

Antes de desenrolar os seus papéis, explicou que, segundo as notícias que tinha, nesta terra haviam de aportar uns homens que viriam montados num morro de madeira tão grande que serviria de casa a muitos homens, onde eles poderiam comer e dormir, cozinhar na parte de trás, caminhar e jogar como em terra firme; que seriam homens brancos e barbados, vestidos de diferentes cores, com uma cobertura redonda na cabeça, acompanhados de outros homens montados em animais semelhantes a cervos e águias voando no leito do vento; que eles deviam conquistar esta terra e povoar todas as suas cidades e aldeias, crescer e multiplicar-se, apropriar-se do ouro, da prata e das pedras preciosas. "E, para que creias na verdade das minhas palavras", disse ele, "aqui está esta pintura deixada pelos meus antepassados." A pintura era velhíssima e representava gentes vestidas como as que o rei mandara desenhar; também se viam cavaleiros sobre cavalos e homens voando sobre águias, todos vestidos de diversas cores, de chapéu na cabeça e espada à cinta.

Ao vê-los tão parecidos com os que Tlillancalqui vira e mandara pintar, Montezuma ficou petrificado e, atormentado pela angústia, começou a chorar. Revelando o segredo do seu coração ao velho artista, disse: "Deves saber, meu irmão Quilaztli, que agora vejo que os teus antepassados eram verdadeiramente doutos e sábios, porque, não faz muito tempo, esses homens que tens em retrato desembarcaram na nossa terra, do lado do nascente, e chegaram nessa casa de madeira de que falas, vestidos como dizes, e os podes ver aqui nesta pintura que mandei fazer. Mas uma coisa me consola: enviei-lhes presentes e supliquei que partissem em paz, e eles me obedeceram e se foram sem que eu saiba se hão de voltar".

Então o velho Quilaztli retomou a palavra: "Será possível, poderoso senhor, que tenham vindo e tornado a partir? Pois escuta o que te quero dizer e, se os acontecimentos me desmentirem, apaga-nos da terra, a mim, a meus filhos e a toda a minha geração, aniquila-nos e extermina-nos a todos. E é que dentro de dois anos, ao mais tardar três, eles voltarão a desembarcar na nossa terra, porque agora simplesmente vieram explorar e conhecer a rota para poder retornar, e, por mais que tenham dito que regressariam ao seu país, não deves crer, porque não irão até lá, darão meia-volta na metade do caminho".

Tendo escutado as palavras pouco reconfortantes do velho, Montezuma manifestou a sua vontade: um homem sábio como Quilaztli não podia partir, ao contrário, devia ficar para sempre ao seu lado. Mandou que dessem casas e terras na cidade do México, para ele, para seus filhos e seus parentes, e manteve-o sempre perto dele, não fazendo nada sem o seu conselho. Enviou mensageiros a todos os portos do levante e ordenou que vigiassem atentamente o mar e o avisassem imediatamente se vissem alguma coisa flutuando e andando na água.

A partir daquele momento, construíram-se na costa observatórios, atalaias e grandes baluartes para espionar o mar; passou-se um ano, depois outro, e, como não veio ninguém, Montezuma recuperou a sua disposição endemoninhada, um orgulho tão desmedido que não receava nem mesmo o poder dos deuses. Foi assim que começou a exercer a sua tirania sobre as cidades e aldeias, dar senhorios a parentes seus em detrimento dos herdeiros legítimos. Um filho do seu irmão, um que se chamava Oquiz, foi feito senhor de Azcapotzalco, e esse sobrinho governou e administrou a província espoliando o verdadeiro senhor dos seus direitos. Outro, chamado Uanitl, foi nomeado senhor de Ecatepec. Um terceiro, Omacatl, reinou sobre Xochimilco, e um de seus filhos, Yacamapich, recebeu o título de príncipe de Tenayuca, província cujos habitantes foram obrigados a lhe jurar fidelidade. E ele pensava tão pouco no eventual retorno dos espanhóis, havia-se esquecido tão completamente dessa questão, que matava, perseguia e destruía tudo quanto podia. Mas Deus soube dar fim à sua arrogância, e a história conta que, ao cabo do terceiro ano, quando Montezuma se achava totalmente despreocupado, trouxeram-lhe a notícia de um novo outeiro que aparecera no mar e se deslocava sobre as ondas, depois lhe disseram que eram dois, depois três, e que permaneciam ao largo sem aportar nem lançar âncora. Assombrado, ele voltou a se inquietar e temer o que havia de lhe acontecer e que nós contaremos no próximo capítulo.

Capítulo LXXI: De como o felicíssimo dom Hernando Cortés chegou ao porto de Chalchihuicueyecan, e como Montezuma recebeu a notícia e lhe enviou provisões e presentes.

Estando o coração de Montezuma tão descuidado, como acabo de dizer, convencido de que os espanhóis nunca mais voltariam a esta terra da Nova Espanha e haviam partido para sempre e regressado ao seu país, eis que, ao cabo de três anos completos,[24] eles tornaram a aparecer no porto. Obedecendo às ordens do rei, o senhor e governador de Cuetlaxtlan havia construído observatórios e atalaias para vigiar a costa e ver se um navio surgia ao largo. E, um dia, os espias avistaram as naus bordejando para acostar. Avisado sem demora, o governador foi averiguar e tratou de mandar mensageiros dizerem a Montezuma que as naves dos deuses haviam voltado e andavam de um lado para outro no mar com a intenção de aportar.

---

24 Confusão cronológica evidente, porque, naquele exato momento, a viagem de Hernández de Córdoba não podia datar de mais de dois anos.

Chegada de Cortés.

Os mensageiros foram tão rápido, marchando dia e noite sem parar, que em quatro dias a notícia chegou a México-Tenochtitlan. A história conta que, ao recebê-la, Montezuma ficou como morto, incapaz de proferir uma palavra sequer, e que, ao cabo desse prolongado silêncio, disse ao mensageiro: "Transmita o meu agradecimento ao governador; e diga-lhe que fique atento para me enviar uma nova mensagem se eles entrarem no porto; e que ponham postas ao longo de todo o caminho para que eu seja avisado sem demora".

No caminho de volta a Cuetlaxtlan, esse mensageiro se deteve em todas as aldeias por que passou para pedir que criassem postas e estivessem alerta e prontos para que a notícia do desembarque dos estrangeiros fosse transmitida a Montezuma assim que chegasse. E, uma vez em Cuetlaxtlan, levou as ordens do rei ao seu senhor. E, cumprindo essas ordens, no mesmo dia em que os navios ancoraram no porto de Chalchihuicueyecan, ele despachou mensageiros para informar do desembarque. Pois essas eram as instruções. A notícia foi transmitida de posta em posta, de modo que no terceiro dia ela chegou a Montezuma. Sem esperar mais, este ordenou que, se eles descessem à terra, deviam ser supridos de todo o necessário, tanto de comida quanto de tudo o mais de que precisassem, e que não faltassem nem galinhas, nem peixes, nem ovos, nem pão, nem frutas, e, ao contrário, que tudo fosse fornecido em abundância.

Os mensageiros tornaram a partir em sentido inverso, rumo a Cuetlaxtlan, e informaram o seu senhor da vontade e das ordens do rei. Ele os recebeu muito bem e mandou preparar todo o necessário em grande abundância. Foi assim que juntaram muitas galinhas e caça, pão e *tamales*, ovos e frutas diversas, cacau moído para preparar-lhes bebidas, e todos os habitantes da região foram alertados para que estivessem prontos para o dia em que lhes coubesse servir e dar de comer aos espanhóis, que eles chamavam de "deuses".

Enquanto estava ocupado providenciando para que se desse todo o necessário aos deuses, Montezuma chamou Tlillancalqui, o príncipe que visitara os espanhóis, e disse-lhe: "Deves saber, Tlillancalqui, que os deuses voltaram e fundearam no porto de Chalchihuicueyecan, e não sei quem eu poderia enviar até eles com a confiança de que se desincumbiria tão bem da missão como tu".

Tlillancalqui respondeu: "Poderoso senhor, não te inquietes por isso. Para te servir, irei e farei tudo que ordenares, porque não convém que envies alguém que te afronte e não cumpra seu dever à altura da tua pessoa e do teu mandado real". Montezuma agradeceu e pediu que ele fosse ter, da sua parte, com o senhor de Cuetlaxtlan, ordenando que ele preparasse todas as provisões. Ele devia apresentá-las pessoalmente e perguntar aos deuses se tinham a intenção de ir a México-Tenochtitlan para lhes preparar uma recepção digna de sua altíssima divindade. Se dissessem que sim, que pretendiam ir a México-Tenochtitlan, que o príncipe, na viagem de volta, mandasse limpar os caminhos e pedisse em todas as cidades e aldeias que providenciassem grandes provisões de aves, pão, frutas e caça; também deviam ter prontos lenha, carvão e *ocote* (que são as velas que eles usam para iluminar), varrer e arrumar as casas em que os deuses fossem descansar e dormir, recebê-los com muito amor e dedicação, dar-lhes presentes e fornecer carregadores para as suas cargas.

O príncipe Tlillancalqui partiu e, marchando dia e noite, chegou a toda a pressa a Cuetlaxtlan, onde foi muito bem recebido. Ordenou ao governador que preparasse as vitualhas e este respondeu que já estava tudo pronto. Ele foi ao porto com um grande número de servos que levavam pratos e bebidas e, ao chegar, viu que todos os espanhóis já estavam em terra. Acercando-se do Marquês dom Hernando Cortés, que era quem os comandava, saudou-o e pôs em torno do seu pescoço um colar de ouro e pedras preciosas de grande valor. O Marquês retribuiu a saudação e chamou Marina, pois esse era o nome da intérprete que o acompanhava. Ela se dirigiu ao índio: "Meu pai, este deus quer saber quem és". O príncipe respondeu: "Senhora, já te esqueceste de Tlillancalqui? Sou aquele que se apresentou a vós sob o título de *teuctlamacazqui*, há três anos, quando vos vim visitar da parte do meu senhor Montezuma, o rei de México-Tenochtitlan.[25] É ele que me envia uma vez mais e me encarrega da mesma missão. Recebei, pois, estas provisões e pedi tudo quanto quiserdes". Fez que apresentassem a comida e todo o necessário para os cavalos. Tal era a simplicidade daquela gente que davam uma galinha ao soldado e outra ao seu cavalo, um cestinho de tortilhas ao amo e outro à cavalgadura, até que lhes disseram que a comida daqueles animais era o milho e o capim, os quais, a partir de então, eles passaram a fornecer em grande cópia.

Quando os trezentos homens que haviam chegado, sem contar os criados e os escravos negros, receberam toda a comida e as bebidas, eles se puseram a saciar-se com muito regozijo e alegria. Depois desse grande festim, o Marquês mandou dizer a Tlillancalqui que muito lhe agradecia, assim como ao seu se-

25 Frei Diego Durán ou suas fontes fazem uma evidente confusão. Tlillancalqui não pode ter visitado Cortés e Malintzin em 1516.

nhor, o rei Montezuma. O príncipe explicou que seu senhor o incumbira de lhe perguntar se a sua vontade era ir à cidade do México, capital do reino que ele governava em seu nome. Que o avisasse, para que ele pudesse dispor do seu trono, pois este lhe pertencia; Montezuma era o seu vassalo e estava à sua espera como se espera o seu senhor.

A intérprete traduziu tais palavras ao Marquês, depois transmitiu a resposta: "Este Deus beija as mãos do teu senhor Montezuma e pede que lhe digas que a sua vontade e desejo é ir a México, ver e gozar da sua presença, coisa que não poderá fazer prontamente, pois deve primeiro pôr a sua gente em ordem e descarregar os navios. Mas irá assim que for possível e roga ao teu rei que lhe envie alguns embaixadores que o guiem e lhe mostrem o caminho".

O príncipe se despediu do Marquês e de todos os outros, e chegou a México-Tenochtitlan com essa mensagem. Em todas as cidades pelas quais passou e pelas quais os espanhóis haviam de passar, deixou instruções, da parte do seu senhor, para que tudo estivesse pronto para receber os deuses: não podia faltar nada, sob pena de morte, que fosse necessário à alimentação dos espanhóis ou dos seus cavalos, os quartos tinham de estar arrumados e os carregadores a postos para transportar a bagagem. Tudo se fez para cumprir tais instruções com a maior diligência e, de fato, os próprios espanhóis, apesar da ingratidão e do escasso reconhecimento, confessaram ter recebido uma acolhida calorosa ao longo de todo o caminho: os índios os serviam com todos os seus bens e recursos, ofereciam-lhes até mesmo as suas filhas e irmãs, como diremos mais adiante. Tais eram as ordens do grande e poderoso rei Montezuma, que até morrer desejou a paz e a concórdia, colocando-se a serviço da fé e de sua Majestade, e ofereceu aos espanhóis um coração sincero e afável, sem nenhuma duplicidade.

Ao chegar a México-Tenochtitlan, Tlillancalqui informou o seu senhor do zelo com que cumprira a sua vontade. Os mesmos homens da vez anterior haviam acabado de desembarcar, acompanhados de gentes novas e da mesma índia que lhe havia servido de intérprete.[26] O seu desejo, tal como eles lhe declararam, era ir a México-Tenochtitlan. O chefe queria ver a sua pessoa e o seu reino e, não podendo empreender a viagem de imediato, suplicava que Montezuma lhe enviasse dois príncipes que o guiassem e mostrassem o caminho.

Tendo ouvido a resposta, Montezuma disse ao jovem príncipe: "Sê bem-vindo, eu te agradeço o que fizeste, posto que me agradarias mais se tivesses trazido a notícia da sua partida, como da outra vez. Mas, já que este é o meu destino e que o senhor de todas as coisas se voltou contra mim, seja feita a sua vontade, eu não posso fugir".

E pronunciou estas palavras entrecortadas de lágrimas: "Eu, no entanto, quero fazer-te uma súplica: quando os deuses vierem e me matarem – porque sei que eles vão me matar – cuida dos sete filhos que deixo sob a tua guarda, cuida deles e ampara-os. Protege-os e esconde-os dos olhos desses deuses e dos mexicanos, que sabes como são maus e perversos, e, acreditando que os entreguei aos invasores, hão de vingar-se na minha mulher e nos meus filhos; é por isso que te imploro, não te esqueças de cuidar da segurança deles. Recorda que te tratei como o meu verdadeiro filho, que em ti depositei toda a minha confiança e te outorguei todas as honras possíveis en-

26 Durán persiste no erro.

quanto durou o meu reinado. E de uma coisa te quero avisar: é que, sem dúvida alguma, nós todos seremos mortos e destruídos por esses deuses e os sobreviventes serão seus escravos e vassalos. Eles hão de reinar, e eu sou o derradeiro rei da nossa nação nesta terra, porque, mesmo que alguns dos nossos filhos e parentes venham a ser governadores ou recebam a administração de uma província, na verdade, não serão nem reis nem príncipes, mas meros prepostos encarregados de coletar encargos e tributos, como esses que meus ancestrais e eu tivemos, e terão de contentar-se em obedecer ordens. Pois esse é o destino que me foi reservado: ser expulso do trono que os meus antepassados me legaram, para que nenhum dos meus filhos e parentes o recupere nem se sente nele". E, dizendo isso, chorou com muita amargura.

Tlillancalqui tentou consolá-lo por todos os meios possíveis, chamando-lhe a atenção para a benevolência dos deuses que iam chegar, para a afabilidade com que os tratavam, acariciavam e abraçavam, e para o grande amor que manifestavam; não devia temer que lhe fizessem mal; mas, se não confiava nele, que visse então o que fazer para agradá-los mais e ser-lhes ainda mais simpático, para que não tivessem nenhum motivo de insatisfação ou cólera que os levasse a renegar sua amizade. Imaginando que assim lhes seria agradável e os serviria, Montezuma ordenou que levassem imediatamente dez escravos, sacrificassem-nos diante do Marquês e apresentassem-lhe o coração das vítimas como a um deus, pois tinha os espanhóis por deuses. E foi o que se fez. Primeiramente, ofereceram-lhe muitas joias, plumas e outras riquezas em nome de Montezuma, depois começaram a dançar diante dele e a querer sacrificar os escravos. O Marquês e os seus homens os impediram de fazê-lo e até mesmo, segundo outras relações e outras pinturas, deu ordem de executar os sacrificadores que já estavam prestes a cumprir o seu ofício. Esta história se atém à primeira versão, que me parece mais verdadeira, pois, mesmo que o ato fosse ruim e condenável, a intenção de quem mandava sacrificar era de agradar e servir, e ele não podia suspeitar que não fosse assim.

Os espanhóis se haviam alojado em Cempoala, nas maiores e mais belas moradas da cidade, e foram recebidos com prazer e alegria pelos habitantes. Montezuma, sempre devorado pelo tormento que lhe afligia o coração e temendo a realização dos oráculos que anunciavam a perda do reino e a sua própria morte, chamou o seu secretário Tlillancalqui e disse-lhe: "Não sei a que meios recorrer para fazer tudo que está ao meu alcance para impedir os deuses de chegarem à cidade e me verem o rosto. E não vejo nada melhor do que procurar todos os encantadores e feiticeiros, os que provocam sonhos e mandam nas cobras, nos escorpiões e nas aranhas, para que os encantem e adormeçam, mostrem-lhes visões e mandem esses animais picá-los e matá-los. Por isso decidi enviar missões a Yauhtepec, Oaxtepec, Malinalco e Tepuztlan para que todas as pessoas experimentadas nas artes da magia venham imediatamente e os façam perecer com seus encantamentos". Tlillancalqui respondeu: "Senhor todo-poderoso, essa me parece uma boa resolução, mas, se eles forem deuses, quem os poderá atingir? No entanto, não perdemos nada tentando e vendo se esses feiticeiros são capazes de fazer alguma coisa com seus sortilégios".

Então Montezuma mandou buscar todos os feiticeiros e encantadores que se pudessem achar naquelas regiões. Depois, quando eles chegaram, ordenou que fossem a Cempoala e, fingindo lá estar para servir os espanhóis, usassem muito dissimuladamente todos os seus recursos e artes para fazê-los perecer. Deviam enviar sono a uns, visões e imagens horrendas a outros, jogar neles, enquanto dormiam, cobras, escorpiões, aranhas e outros bichos maléficos, como lacraias e lagartos, ou os encantarem entorpecendo-lhes o coração e provocando-lhes abscessos e outras doenças.

Compelidos por seu rei, eles foram a Cempoala e esgotaram todos os seus conhecimentos demoníacos e fabulosos e, ao cabo de muitos dias de obstinação e vãos esforços para matar os espanhóis com seus poderes mágicos, voltaram a Montezuma. Disseram-lhe que, como os recém-chegados eram deuses, suas artes e feitiçarias não os afetavam: tudo quanto eles fizeram para adormecê-los tinha fracassado, os espanhóis velavam a noite inteira, de modo que fora impossível entrar para jogar bichos peçonhentos sobre eles; tampouco haviam conseguido encantá-los, pois lhes enviavam visões e eles zombavam delas; se uma simples pulga os picasse, eles se levantavam para matá-la, passavam a noite falando sem cessar e já estavam de pé assim que amanhecia, pegavam as armas e montavam nos cavalos. Tratava-se de uma gente muito diferente deles em composição e humor. A carne daqueles deuses era dura, nenhuma arte de magia lograva penetrá-la e causar-lhe a menor impressão, porque não lhes podiam atingir o coração. Os deuses tinham as entranhas e o peito muito escuros, nos quais não conseguiam detectar a carne para lhes fazer mal. Bem que tentaram enviar-lhes sono quando quiseram carregá-los e jogá-los num rio ou precipitá-los num abismo, mas, como o pássaro pousado no galho de uma árvore, eles acordavam e abriam os olhos. Além disso, muitos soldados ficavam passeando durante a noite enquanto os outros dormiam. Depois de quatro noites de trabalho e esforço, eles estavam de volta, confessavam a sua impotência e esperavam a morte, pois não podiam fazer nada além do que já haviam feito.

Montezuma ficou aflito e triste ao ver que sua decisão e seu desejo tiveram tão pouco efeito. Disse aos encantadores e aos outros: "Como fizestes tudo que era possível fazer, agora descansai. Talvez, quando estiverem aqui, vossos encantamentos, se neles vos exercitardes continuamente, tenham um resultado melhor. Deixai-os entrar na nossa cidade, nós tentaremos encontrar um meio de destruí-los e realizar o meu desejo: que não escape nenhum e que nenhuma notícia deles chegue ao lugar de onde vieram. É por isso que agora vos peço que retomeis a prática de vossas artes e dediqueis todo o vosso tempo à vossa ciência".

Com isso, todos retornaram a suas terras e casas, esperando a sequência dos acontecimentos e as ordens do seu senhor quando fossem chamados.

Capítulo LXXII: De como Montezuma enviou um dignitário para acompanhar o Marquês e como esse guia os conduziu por um despenhadeiro abrupto e perigoso, no qual caíram dois cavalos e morreram dois espanhóis. De como esse dignitário asteca fugiu e depois foi executado por ordem de Montezuma.

Quando viu o pouco efeito das manobras dos encantadores e dos feiticeiros sobre os espanhóis, Montezuma não desanimou, muito embora sua vontade fosse não os deixar chegar à cidade do México e dificultar a sua marcha. Coisa que poderia ter feito muito facilmente se Deus não lhe tivesse embotado o entendimento, porque a sua divina vontade tinha de se cumprir. Então, dirigindo-se aos magos, ele disse: "Preparai-vos para o momento em que eles entrarem na cidade, porque, uma vez aqui, é impossível que escapem da morte, pelas vossas mãos ou pelas nossas. Que venham, pois, e entrem na cidade".

No entanto, apesar dessas ameaças, Montezuma tinha o coração tão pusilânime e acovardado que não soube achar ou inventar traição alguma, muito embora nesse domínio fosse tão sub-reptício e sagaz quanto o mais fino ladino; mas o seu cérebro entorpecido foi incapaz de maquinar conluios. Ele pediu a presença de um dignitário que se chamava Motelchiuh e possuía o título de *uitznahuatl*.[27] Mandou-o ir ao encontro do Marquês em Cempoala e retornar com ele, cuidar para que o espanhol fosse perfeitamente servido e não lhe faltasse nada, e trazê-lo a México-Tenochtitlan negociando com a mulher que lhe servia de intérprete. "E dize da minha parte que sou eu que te envio para recebê-lo, que espero que a sua chegada ocorra sob os melhores auspícios e que aqui fico aguardando. E não lhe digas mais nada, vejamos o que ele responde".

O *uitznahuatl* Motelchiuh deixou México-Tenochtitlan com essas instruções e viajou muito às pressas, acompanhado de outros nobres que desejavam ver aqueles deuses tão temidos e falados. Chegou a um lugar chamado Chichiquila, onde encontrou o Marquês com a sua gente e, no mesmo instante, dirigiu-se diretamente a ele. Fazendo-lhe a devida reverência, saudou-o e, segundo o seu costume, ofereceu-lhe rosas e outros presen-

27 *Uitznahuatl*: título dos ministros e juízes dedicados ao deus dos escravos destinados ao sacrifício.

O Marquês é conduzido por um dignitário asteca a uma cilada.

tes; porque, quando vão visitar ou cumprimentar alguém, nunca se apresentam de mãos vazias, pois isso seria considerado uma ofensa pelas duas partes. E assim, tendo feito as saudações em nome do rei, Motelchiuh disse: "Senhor e verdadeiro deus, sê muito bem-vindo na tua terra e no teu domínio".

O Marquês respondeu por intermédio da intérprete e perguntou-lhe de onde era. Motelchiuh respondeu que era de México-Tenochtitlan e vinha por ordem de seu poderoso rei, Montezuma, o qual lhe beijava as mãos e o recebia com muito prazer, mas recomendava-lhe não se apressar excessivamente e cuidar da saúde; ele era esperado e a sua chegada à cidade e ao palácio era muito desejada. Marina traduziu tais palavras ao Marquês e, em seguida, este a mandou perguntar: "Meu pai, esse deus quer saber como se chama a sua graça". Ele respondeu: "Senhora, eu me chamo *uitznahuatl* Motelchiuh". "Pois, senhor, esse deus diz que agradece muito a teu rei Montezuma o cuidado que teve de mandar que o recebessem e tratassem tão bem; já estou a caminho e me aproximo da cidade do México para gozar da presença de um homem que me faz tanto bem e me acolhe e a quem me sinto tão obrigado."

O dignitário respondeu: "Senhora, dize a esse deus que os seus desejos serão satisfeitos; assim será porque o rei Montezuma quer servi-lo e deu ordens estritas e rigorosas às aldeias da província e da região, sob pena de morte, de recebê-los, a ele e aos outros deuses seus companheiros, com o melhor tratamento que puderem, com todo o regozijo e contentamento possíveis, pois são os seus vassalos, e de lhes dar todo o necessário, sem que haja carência do que quer que seja, e espero que até agora tenha sido assim, coisa que eu gostaria de saber para poder comunicar ao meu senhor e rei".

Marina respondeu: "*Uitznahuatl*, o deus aqui presente, agradece, a ti e ao teu senhor, a vossa cortesia e graça. Pouco a pouco ele há de se dirigir a México e te roga que retornes para junto do teu rei e senhor e lhe agradeças em seu nome. Que ele não se dê ao trabalho de enviar guia porque aqui temos quem nos oriente e mostre o caminho".

Vendo que o Marquês não queria que ele o acompanhasse como seu senhor havia ordenado, o *uitznahuatl* se despediu e voltou a México-Tenochtitlan, recomendando aos habitantes de todas as aldeias por onde passava ter todo o necessário à disposição dos estrangeiros e recebê-los com alegria, aplauso e regozijo. Chegando à cidade do México, transmitiu a resposta ao rei: "Poderoso senhor, fiz o que mandaste e fui à presença do deus e, por intermédio daquela mulher, disse-lhe que lhe beijavas as mãos, que desejavas muito vê-lo e aguardavas a sua ditosa chegada. Ele respondeu que beijava as tuas régias mãos, que não tardaria a chegar e agradecia muito a tua atenção, a tua acolhida e os teus presentes; disse que vinha pouco a pouco para não cansar nem fatigar os que transportavam a bagagem e as provisões. E estava feliz por te ver e gozar da tua presença em breve. Foi o que me respondeu". Montezuma lhe disse: "Que assim seja e que tudo corra pelo melhor; que venha quando quiser, nós estamos à sua espera, pois não podemos fazer outra coisa nem fomos capazes tramar para que voltassem à sua terra, como na primeira vez que vieram três anos atrás".

Entrementes, o Marquês chegou a uma aldeia chamada Nauhtla, cujo chefe, de nome Coatlpopoca, o recebeu muito bem e com alegria, cobrindo-o de presentes. O Marquês lhe agradeceu os favores e, em recompensa, deu-lhe um rosário de contas de vidro azuis, que o chefe apreciou muito. Depois de lá pernoitar, o Marquês lhe perguntou o caminho mais curto para a cidade do México. Esquecendo-se do presente das contas de vidro e do tratamento gentil do estrangeiro, que lhe endereçara palavras amistosas e benevolentes, o chefe de aldeia disse que ele mesmo os guiaria e os levaria por um caminho muito bom e rápido que lhe permitiria chegar facilmente a México. E isso não passava de malícia e maldade incitada pelo demônio e pelo desejo de ver todos se despenharem. Acreditando na retidão e na franqueza do chefe e confiando em suas palavras, o Marquês mandou os seus homens estarem prontos antes do amanhecer, porque queria aproveitar a madrugada para chegar cedo, evitar o sol e descansar da viagem.

Os espanhóis estavam prontos no alvorecer e saíram da aldeia conduzidos pelo chefe Coatlpopoca. Este os fez entrar numa região tão acidentada e tão repleta de pedregais e ravinas que os cavalos e os soldados a pé não tardaram a se esgotar, e, como ainda estava escuro, ninguém enxergava onde pisava. Vendo que aquele caminho era o mais escarpado de todos os que havia percorrido até então, o Marquês perguntou ao chefe por que o fazia ir por uma trilha tão perigosa. Ele respondeu que aquilo era um atalho que acabaria em breve e já estavam chegando ao fim daquele incômodo. E os levou a uns rochedos íngremes e despenhadeiros, onde dois cavaleiros que iam adiante, na tentativa de descer, degringolaram e acabaram morrendo com as montarias. Percebendo a maldade do índio e o dano que lhe havia causado, o Marquês ordenou que o prendessem. Mas o outro, tendo realizado o seu plano e vendo que ia ser castigado, escondeu-se de tal modo que não foi possível encontrá-lo.

O Marquês esperou que clareasse e, desandando parte da senda percorrida, encontrou outros índios que o conduziram ao bom e verdadeiro caminho de México-Tenochtitlan. E mandou dizer a Montezuma que estava muito zangado com ele, pois decerto era por ordem sua que o chefe de aldeia tivera a audácia de lhe armar aquela traição; que fazia melhor conceito dele e outra ideia da sua pessoa; dois espanhóis haviam morrido naquela cilada e o rei devia assumir a sua responsabilidade; por isso rogava que encontrassem aquele índio, do contrário teria certeza que ele agira por ordem do seu rei.

Deram a notícia a Montezuma, assim como a mensagem do Marquês, informando-o das queixas e da suspeita do espanhol. Ao ouvir aquilo, o rei se enfureceu e mandou descobrirem imediatamente o paradeiro do chefe índio e o entregarem ao Marquês para que fizesse dele o que quisesse e castigasse a sua traição. O fugitivo foi procurado com diligência, encontrado e levado a Cortés, que, ao ouvir o índio confessar as suas más intenções e inocentar Montezuma, mandou agrilhoá-lo e mantê-lo muito bem vigiado para que não fugisse, pois queria entregá-lo ao rei para que Montezuma em pessoa ditasse a sua sentença. E, de fato, logo que chegou a México-Tenochtitlan, ele o entregou a Montezuma, que mandou cortá-lo em pedaços, provando assim a sua inocência no caso.

Naquele dia, o Marquês chegou a Tecoac, aldeia que se encontrava sob a jurisdição de Tlaxcala, mas as mensagens de Montezuma haviam chegado primeiro, anunciando aos aldeões que os deuses pernoitariam na terra deles; que os fossem acolher e preparassem o necessário. O senhor de Tecoac, que se chamava Tocpaxochiuh, ouviu as explicações dos mensageiros sobre a recepção que devia organizar para os deuses e os seus cavalos. Ordenaram-lhe que mandasse preparar galinhas, ovos, pão e frutas, e também capim e milho para os animais, e que varressem todas as casas e moradas que ficariam à disposição dos estrangeiros. Ele deixou os mensageiros falarem, depois se levantou do seu assento com grande ira e fúria, exclamando: "Por acaso somos vassalos desses deuses ou de Montezuma para que venham aqui nos dar ordens como aos criados? Eu não quero, e não é da minha vontade, recebê-los nesta cidade nem lhes dar coisa alguma".

E, chamando os seus vassalos e as figuras mais importantes da aldeia, fez este discurso: "Chichimecas e vós, valorosos tecoacas: pegai vossas armas, vossas espadas e vossas flechas, e defendei vossa liberdade. É preciso aniquilar e destruir esses deuses que acabaram de chegar e cuja simples visão paralisa de espanto e medo todas as nações. Vejamos o que de fato valem esses seres que apareceram nas nossas terras; vejamos se porventura somos seus vassalos ou tributários, se lhes devemos fornecer todas as provisões necessárias. Preparai-vos imediatamente, saiamos ao encontro deles, infligamos-lhes uma derrota sangrenta e celebremos a glória e a virtude do nosso nome".

A essa ordem, toda a população pegou em armas, a passagem e a entrada do Marquês na cidade de Tecoac foram proibidas e, num instante, os campos se cobriram de índios armados e em pé de guerra. O Marquês, cujos homens estavam sempre vestidos para o combate, alinhou para a batalha e dividiu em esquadrões os trezentos soldados que trazia consigo, de modo a não se deixar cercar nem expor a sua retaguarda. Mas via com preocupação a imensa multidão à sua frente, especialmente quando eles começaram a formar esquadrões à sua maneira e, depois do posicionamento das alas, viu se adiantar uns grandalhões muito robustos e armados até os dentes, levando no braço escudos revestidos de placas de ouro finamente lavradas, com a cabeça e os ombros cobertos de ricas plumas e emblemas. E, a julgar pela atitude e o ar de desdenhoso orgulho, davam a impressão de ser homens intrépidos e corajosos. Quando o exército se colocou em ordem de combate, as linhas se abriram para que dois valentes índios avançassem com os escudos luzidios e as espadas em punho, desafiando os espanhóis para o combate.

Abatidos e perturbados – para não dizer mortos de medo –, os espanhóis viram a bela presença dos índios, tão numerosos que cobriam o sol, e consideraram que aquele era o seu primeiro enfrentamento, que eram poucos e estavam mediocremente armados, num reino estranho e bárbaro, com a retaguarda pouco segura e às voltas com inimigos que eram mais numerosos que a areia do mar e podiam matá-los com piparotes. E ouvi um conquistador religioso, que na época era leigo e participou daquela batalha,[28] contar que muitos ficaram com lágrimas nos olhos e teriam dado muito para nunca terem nascido, maldizendo o Marquês por tê-los colocado numa situação tão perigosa e difícil.

Mas o audacioso capitão, porque nunca lhe faltava audácia nem coragem em semelhantes tribulações, ordenou a dois cavaleiros que arremetessem a galope contra os dois índios que

---

28 Trata-se de frei Francisco de Aguilar, soldado de Cortés que, no fim da conquista, teve uma hospedaria durante quatro anos, depois, arrependido de suas atividades militares, ingressou no convento dos dominicanos em 1529. Durán, que era da mesma ordem, conviveu com ele entre 1560 e 1565, quando frei Francisco de Aguilar estava redigindo uma *Relação breve da conquista da Nova Espanha*, que era uma versão dos acontecimentos baseada em suas recordações.

haviam tomado a dianteira e sobre os quais, na sua opinião, se apoiavam os outros, e que os matassem. Os dois soldados a cavalo avançaram impetuosamente e, como ergueram o braço para trespassá-los com a lança, no momento exato em que os iam golpear, um dos índios saltou para o lado direito com tanta destreza que, com um só golpe de espada, cortou a parte posterior das patas do cavalo, que se arrojou ao chão com o cavaleiro, e o segundo, saltando para o lado oposto e esquivando-se do espanhol que o ia ferir, deu com o gume da espada no meio do pescoço do animal, a ponto de quase o separar da cabeça, que ficou pendurada nas rédeas enquanto cavaleiro e montaria rolavam no chão.

E, querendo voltar-se contra eles para prendê-los vivos, o Marquês mandou disparar uma colubrina, cuja metralha matou um grande número de índios, abrindo uma brecha em suas fileiras e permitindo que os cavaleiros espanhóis se levantassem e empunhassem a espada. Eles começaram a se defender dos assaltos dos inimigos que, misturando gritos de guerra com o fragor de cornos, tambores, conchas e outros instrumentos, os bombardeavam com pedras, flechas e diversos projéteis lançados com fundas e outras armas de arremesso. E, entrando e saindo das linhas, dando de quando em quando tiros de arcabuz ou colubrina, disparando flechas com as balestras e os arcos de ferro, os espanhóis começaram a ganhar terreno. Depois, apoderando-se de uma construção que dominava uma pequena colina ao lado da aldeia e devia ser ou um *cu* ou um templo, a julgar pelos vastos e numerosos salões que a compunham, lá se entrincheiraram, consolidando suas posições, mas constantemente acossados pelos índios durante os dez ou doze dias que durou o sítio.

Montezuma forneceu-lhe mantimentos, que nunca faltaram, e o Marquês fez o possível para romper o cerco, propondo-lhes muitas vezes a paz e convidando-os a cessar as hostilidades e se sujeitar à coroa espanhola, pois eles não vinham para os matar nem lhes fazer mal. Mas, vendo que tudo era em vão, Cortés decidiu armar uma cilada e dar cabo deles. Foi assim que, uma noite, fingindo ir dormir como de costume, mas ficando despertos, os espanhóis esperaram que as luzes das sentinelas e dos guardas se apagassem e, quando tudo ficou em silêncio no campo inimigo, saíram furtivamente de suas posições em grupos de dez e dispersaram-se seguindo o plano do bom capitão. Encontraram todos dormindo, em particular os oficiais, que estavam deitados num casarão e dormiam a sono solto e sem o menor cuidado.

O Marquês havia ordenado que não os matassem nem lhes fizessem mal. Prenderam todos e levaram-nos manietados para as suas linhas, também sem matar os guardas e as sentinelas. O Marquês os fez ver, por intermédio de Marina, que eles não precisavam se inquietar nem se lançar naquelas aventuras, pois os espanhóis não lhes queriam nenhum mal. Podiam ver por experiência própria que ele podia perfeitamente matá-los todos, mas preferiu não fazer nada. E, para que os índios se convencessem ainda mais das suas boas intenções e de que seu único desejo era tê-los por irmãos e amigos, ele os soltaria diante de todo o exército assim que amanhecesse e os deixaria livres e salvos. E, de manhã cedo, quando as tropas inimigas retornaram às suas posições habituais de combate e notaram a ausência dos chefes e dos capitães que os estimulavam e orientavam, o Marquês fez os prisioneiros avançarem e mostrou aos guerreiros índios como eles haviam cuidado mal da segurança de seus oficiais, pois ele os podia ter matado, se quisesse; mas não estava lá para matar nem destruir e só lhes pedia que os deixassem entrar na cidade para descansar. Em seguida libertou todos os prisioneiros, e os índios, vendo a boa disposição dos espanhóis, suspenderam o cerco e, depois das negociações de paz, abriram as portas da cidade para eles.

Tudo que acabo de narrar eu ouvi da boca de um conquistador que presenciou tal episódio, mas esta história diz o contrário:[29] que eles entraram em Tecoac à força, matando uma multidão de índios. Mas as duas versões não são incompatíveis, porque é evidente que, durante todo o tempo que durou o cerco, eles mataram um grande número de índios com seus arcabuzes e colubrinas, já que havia combates diariamente. E foi este o rumor que se espalhou em todas as cidades e aldeias da terra: que os deuses fulminavam raios de fogo e, a cada golpe, matavam muita gente.

Os índios ficaram com tanto medo que já não ousavam se mexer, e era tamanha a sua covardia que fugiam dos espanhóis e se enfiavam em cavernas, grutas e montanhas, preferindo precipitar-se no abismo a vê-los. E essa é uma atitude que conservam até hoje, porque mesmo dos religiosos que se estabeleceram entre eles e os tratam com amor e caridade eles fogem e se escondem como se fossem inimigos mortais. E, como prova do temor que os espanhóis lhes inspiraram, quero contar o que fizeram os tlaxcaltecas depois da submissão de Tecoac ao Marquês e à coroa real da Espanha, em nome da qual ele agia.

---

29 Quer dizer, o manuscrito original em língua nauatle, a *História mexicana*, que é principalmente a que Durán costuma seguir.

Capítulo LXXIII: De como os tlaxcaltecas tiveram junta e conselho sobre a conveniência de receber o Marquês e lhe entregar a cidade e da grande recepção que lhe reservaram.

Depois da rendição de Tecoac, da submissão de seus habitantes ao serviço do rei e do Marquês e do juramento de nunca mais se rebelarem contra eles, a história conta que Cortés levou como prisioneiro o senhor daquela cidade, que, como eu já disse, se chamava Tocpaxochiuh. Em seguida, dirigiu-se à província de Tlaxcala e, aproximando-se das suas fronteiras, chegou a uma aldeia chamada Tzopachtzinco. Nesse momento, vendo que os deuses já estavam às portas da cidade, os tlaxcaltecas reuniram uma assembleia de todos os notáveis da região e da província – que é muito grande, muito povoada e dividida em quatro circunscrições, cada qual governada por um senhor.

E, durante essa assembleia geral, um dos senhores fez uma longa arenga para expor o seu ponto de vista: "Senhores e cidadãos chichimecas[30] da grande Tlaxcala: como vós sabeis, uns deuses acabaram de desembarcar no nosso país e surgiram do lado do sol nascente, entre os vapores e a escuridão do mar, dentro de outeiros e casas de madeira. É um mistério que vem de muito alto, permitido pelo senhor de tudo que foi criado, do céu e da terra, da noite e do dia. Também sabeis que eles avançam em direção às nossas fronteiras. Vede o que, em vossa opinião, convém fazer, se organizamos a resistência ou

---

30 *Chichimecas* ("linhagem de cães") designava as tribos bárbaras do Norte, das quais os tlaxcaltecas, os texcocanos e os mexicanos se orgulhavam de ser descendentes. Cf. *Anais históricos*, p.228, n.24, bem como Muñoz Camargo, *História de Tlaxcala*, p.329, n.15.

Os tlaxcaltecas recebem o Marquês.

não. Já pudestes constatar como os de Tecoac, com coragem audaciosa, quiseram proibir-lhes a entrada na cidade e como tanta gente pereceu na guerra, fulminadas pelo fogo divino. Ora, creio que se podia ter evitado tais desgraças e, se quiserdes a minha opinião, aconselho-vos a ter piedade dos vossos filhos e dos vossos irmãos, dos velhos, das velhas e dos órfãos que vão morrer sem responsabilidade nem culpa alguma, simplesmente porque quisemos nos defender e organizar uma resistência que não servirá de nada e não terá nenhum efeito. Assim, pois, o melhor será recebê-los em paz, acolhê-los na nossa cidade e dar-lhes tudo quanto necessitarem, tanto comida como tudo o mais".

Todos concordaram com esse parecer e decidiram ir imediatamente prostrar-se ante o Marquês, colocar-se a seu serviço e oferecer-lhe muitos presentes. E não tardaram a levar a cabo o que pensaram e decidiram. Cercados de vários príncipes e carregados dos mais belos presentes que puderam encontrar, foram ter com ele. Uma vez na sua presença, fizeram-lhe grandes reverências, ofereceram-lhe os presentes, puseram colares de rosas no pescoço com palavras de boas-vindas e proferiram um longo discurso que Marina se encarregou de traduzir ao Marquês. Colocaram sua pessoa e seus bens a serviço dele e, principalmente, ao de sua Majestade, porque o Marquês sempre se abrigava atrás da sua autoridade e do seu nome diante de todas as nações, rogando-lhes que se submetessem a seu serviço e obedecessem às coisas da nossa fé católica. E os tlaxcaltecas afiançaram imediatamente a sua sujeição, prometendo obediência em nome de sua Majestade e reconhecendo-se como vassalos, coisa que foram e continuam sendo até hoje.

O Marquês quis saber de onde eram; responderam que eram de Tlaxcala, vinham pôr-se a seu serviço, reconhecê-lo como senhor e trazer-lhe tudo quanto lhe fosse necessário. E começaram a depositar à sua frente uma grande abundância de aves, pão, frutas e toda sorte de comida. O Marquês agradeceu com muita cortesia e perguntou-lhes se eram submissos ao poder de México-Tenochtitlan e se pagavam tributo a Montezuma ou a outro senhor da terra.

Eles responderam: "Senhor, somos livres e não tributários, não somos sujeitos de ninguém. Quanto a esse grande senhor que mencionas, é o rei de México e nosso inimigo mortal. Travamos guerras perpétuas contra ele e os seus vassalos; eles vêm morrer aqui e nós na terra deles, nas mãos dos sacrificadores, e a inimizade que nos opõe é tão profunda que o maior prazer de uns e de outros é ter gentes do campo inimigo para sacrificar e matar".

O Marquês, que havia encontrado o que desejava, ou seja, aquela discórdia, decidiu se aliar aos tlaxcaltecas para o caso de um dia vir a precisar de apoio contra México-Tenochtitlan. E, entrando em Tlaxcala, foi muito bem recebido pelos habitantes, com danças e espetáculos, hospedado na mais bela morada da cidade, que era, segundo esta história, a de Xicotencatl, um dos senhores que assim se chamava. Depois de haver descansado, o Marquês solicitou carregadores para a sua bagagem e rogou aos senhores que lhe dessem homens que servissem de escolta a ele e à sua gente, e algumas mulheres que lhes preparassem a comida.

Os tlaxcaltecas o fizeram com muita boa vontade e diligência, dando-lhe um grande número de guerreiros e carregadores e apresentando-lhes mulheres que os soldados aceitaram com prazer para serem servidos por elas. E a história conta que, a partir desse dia, aonde quer que fossem, os senhores lhes ofereciam suas filhas, índias jovens e bonitas para servi-los. Isso ocorreu em especial na cidade de Amequemecan, para onde se dirigiu o Marquês quando deixou Tlaxcala pelo caminho real que leva à Venta de Chalco. Lá as gentes de Amequemecan foram ao seu encontro e, além de ricas oferendas, joias de ouro, pedras preciosas, plumas e braceletes finamente lavrados, tecidos e *huipils* esplendidamente bordados, ofereceram-lhes um grande número de moças muito jovens e formosas, todas muito bem vestidas, asseadas, graciosamente maquiadas, com ricas plumagens nas costas, o cabelo puxado na nuca e a face encantadoramente empoada. Os soldados receberam esse presente com grandes manifestações de gratidão e alegria. Profundamente reconhecido, o Marquês passou vários dias nessa província de Chalco, porque todas as aldeias da região enviavam delegações com homenagens e presentes em sinal de submissão. E ele e os seus recebiam tudo de muito bom grado, sobretudo as joias, o ouro e as pedras preciosas, que tanto lhes satisfaziam o apetite de riquezas.

Quando soube que o Marquês estava tão perto de México-Tenochtitlan, Montezuma enviou uma embaixada ao rei de Texcoco e ao de Tlacopan, rogando-lhes que viessem imediatamente para que os três recebessem os deuses, que estavam chegando e já se achavam quase às portas da cidade. Achando o pedido justo, eles não tardaram a acudir. Montezuma os recebeu no palácio real e, após as saudações de praxe, começou a pronunciar estas palavras entrecortadas de lágrimas: "Poderosos senhores, em primeiro lugar, quero dizer-vos que é justo que nós três recebamos os deuses e que depois eu me console convosco, vos saúde e me despeça, tentando tranquilizar o vosso coração desafortunado. Vedes quão pouco gozamos dos nossos reinos e senhorios, os quais nos deixaram os nossos antepassados, reis e grandes senhores que partiram desta vida na paz e na concórdia, sem desgosto nem tristeza... Mas nós, infelizes que somos!, que merecemos? Em que ofendemos a Deus? Como foi acontecer isso? De onde nos vêm essas calamidades, essas angústias e esses tormentos? Quem são esses que vêm chegando? De onde vêm? Quem os conduziu a este lugar? Por que isso não aconteceu no tempo dos nossos ancestrais? Não há outro remédio, senhores, senão decidirdes o vosso coração e a vossa alma a sofrer com paciência o que há de vir, porque eles já estão às nossas portas".

Os dois reis começaram a chorar em sua companhia e, consolando-se uns aos outros, despediram-se com abraços e muita tristeza. E a história diz que Montezuma foi até os seus oráculos e, diante dos deuses, queixou-se lamentosamente, acusando-os de o terem colocado numa situação tão difícil, ao passo que ele os havia servido com toda a atenção possível, fomentando o seu culto e a sua veneração. Fez essa lamentação e esse discurso amargo diante dos dois reis e de todo o povo reunido, derramando copiosas lágrimas e revelando a todos o quanto a vinda dos estrangeiros o afetava. Suplicou aos deuses que se apiedassem dos pobres, dos órfãos e das viúvas, das crianças e dos velhos, fazendo-lhes muitos outros pedidos, oferecendo sacrifícios e oferendas com muita devoção e muitas lágrimas, mortificando-se e tirando sangue dos próprios braços, orelhas e pernas, para mostrar a sua inocência e a dor que sentia pela chegada dos espanhóis. Depois, de volta ao palácio, despediu-se das suas mulheres e dos seus filhos com um sofrimento enorme e uma profusão de lágrimas, recomendando aos seus servos e favoritos que cuidassem deles, como um homem prestes a morrer e, de fato, ele via a sua morte certa e a tinha constantemente diante dos olhos.

Enquanto isso acontecia em México-Tenochtitlan, o marquês del Valle chegou a Coyoacan, onde foi muito bem recebido e com tanta solenidade e aplauso quanto nas outras cidades. Toda a nação tepaneca, conduzida por seus senhores, foi visitá-lo e saudá-lo e oferecer-lhe muitos e preciosos presentes de tecidos, joias, plumas, pedras, tudo coisa de grande valor, e prometer-lhe obediência e sujeição em nome de sua Majestade. Obediência e sujeição que eles retiravam de Montezuma e da nação mexicana, voltando-se contra eles e pondo-se a favor do Marquês, ao qual prometeram toda ajuda.

Doravante a serviço de sua Majestade, os tlaxcaltecas, os tepanecas e os chalcas alertaram o Marquês para não confiar em Montezuma e em sua gente, todos eles seres malvados e desleais, tiranos e belicosos; e, quando os visse mais próximos e amistosos e se mostrassem mais afáveis do que nunca, então que neles confiasse ainda menos.

O Marquês agradeceu o conselho e pediu que alguns fossem com ele para cuidar da sua segurança pessoal, coisa que todos fizeram de bom grado, destacando guerreiros de cada nação para escoltá-lo. Montezuma e todos os mexicanos viram com muita dor todos aqueles povos se afastarem e mudarem de campo, alinhando-se aos espanhóis e desamparando-os. No entanto, esses antigos aliados nunca abandonaram certa posição de neutralidade, pois não ousavam se declarar abertamente inimigos dos mexicanos nem verdadeiros amigos do Marquês, por mais que o servissem e fornecessem, com manifestações de afeição e alegria, todas as provisões de que careciam.

Ao saber que o Marquês estava em Coyoacan, Montezuma preparou uma grande e solene recepção, para a qual convocou todos os cavalheiros e os grandes da corte, assim como os senhores das cidades vizinhas. Mas o Marquês, um homem matreiro e sagaz, tratava, antes de deixar as cidades que encontrava no caminho, passar alguns dias ali para descansar e ganhar a confiança dos índios. Cobria-os de elogios e dava grandes demonstrações de amor, tentava convencê-los a se tornarem seus amigos, porque ele não lhes vinha causar danos nem fazer mal, e sim livrá-los da tirania e da opressão de Montezuma, prometendo libertá-los da escravidão em que estavam.

Quando achava que havia conseguido persuadi-los, o Marquês fazia os preparativos para a partida e seguia o seu caminho. Sabendo que agora a cidade do México estava muito próxima, mandou anunciar a Montezuma a sua presença em Coyoacan, o seu desejo de vê-lo e de saber quais eram as ordens do rei a esse propósito.

O rei Montezuma recebeu muito bem os mensageiros e mandou responder ao Marquês que os espanhóis estavam em casa em México, que ele já os estava esperando e desejava vê-lo; que viesse quando quisesse. A única coisa que o aborrecia era o fato de o Marquês vir acompanhado pelos tlaxcaltecas, que eram seus inimigos, e os fizesse entrar nas suas fronteiras e na sua capital: tratava-se efetivamente de inimigos mortais e os habitantes de México-Tenochtitlan estavam muito exaltados e irritados e temiam que houvesse atritos com os tlaxcaltecas, já que entre os dois povos havia uma inimizade feroz.

O Marquês respondeu que não trazia nenhum guerreiro, somente carregadores para as provisões, a bagagem dos soldados e os esplêndidos presentes que lhes haviam oferecido nas diversas cidades que atravessaram. Eram tantas vestes e adornos de homens e mulheres que só para transportar aqueles tecidos ricos e suntuosos até México-Tenochtitlan, onde os pretendia distribuir entre os seus homens, ele tinha de utilizar um grande número de índios. Uma vez na cidade, de fato ele realizou a distribuição dos presentes, coisa que foi fatal para alguns, pois, recusando-se por cobiça a abandoná-los quando precisaram fugir da capital, foram mortos e perderam ao mesmo tempo a vida e o resto. E talvez – ou sem talvez – a alma *in aeternum*.

Capítulo LXXIV: De como o Marquês foi recebido em México-Tenochtitlan por Montezuma e seus grandes com muita solenidade e alegria, os espanhóis foram hospedados nos palácios da cidade e muito bem servidos, e como Montezuma foi preso.

Nunca foi meu intento ou desejo, nem o é agora, escrever e contar novamente a história da chegada dos espanhóis a esta terra, nem celebrar os seus feitos heroicos e as suas ousadas proezas de guerra, nem lhes outorgar os elogios excepcionais que merecem, pois certamente foram dignos de eterna memória, nascidos do seio e do coração de seres mais que humanos, motivo pelo qual o mundo sempre louvou, gabou e glorificou a coragem que os espanhóis mostraram em empresas tão audaciosas como esta que vimos relatando. E, como digo, minha intenção não é tratar de suas grandezas e façanhas, nem trazer novamente à memória como o marquês del Valle voltou ao porto e afundou as suas naus para tirar de seus homens qualquer esperança de retorno, de modo que, tendo renunciado a deixar o solo mexicano, eles vendessem caro a sua vida e corajosamente; tampouco quero contar como eles se conjuraram para assassiná-lo nem em que circunstâncias e com que explicações ele se safou daquela difícil situação, porque tudo isso já é mais que sabido e foi escrito por muitos autores.

Montezuma recebe o Marquês na cidade do México.

Além dessa razão, devo respeitar a verdade e seguir as relações e os memoriais dos índios, e nesse caso a própria história me obrigaria a consignar, entre muitos feitos nobres e heroicos, as crueldades atrozes e os atos de selvageria inumana que foram cometidos e eu correria o risco de ofender e contrariar a quem desejo servir e contentar com o meu livro. E ainda a caminho, antes de chegar à cidade do México, perpetrou-se um grande número de atrocidades que preferi omitir e calar, especialmente a que se cometeu na cidade de Cholula, onde o Marquês foi alojado num templo: imaginando que os criados que levavam água e lenha para os espanhóis e capim para os cavalos, além de outras provisões ao pátio do templo, fossem na verdade guerreiros que tramavam alguma traição, e vendo-os tão numerosos, ele mandou matar todos e nenhum ficou com vida. E eu poderia citar muitos outros exemplos parecidos. Mas, como não é esse o meu intento, contentar-me-ei, até chegar ao fim e à morte de Montezuma – pois são sua história e sua vida que escrevo –, em mencionar todos os acontecimentos cujo relato se impõe para narrar o fim de um rei tão poderoso, temido, obedecido e servido em toda a extensão deste novo mundo, o qual veio a ter um fim tão lamentável e vil que, mesmo no seu enterro, não houve quem o chorasse ou lhe prestasse tributo fúnebre; aliás, cercado de inimigos, não lhe deram sequer o direito a uma sepultura, a um homem de cujo nome a mera menção fazia toda esta terra tremer.

E assim, retomando o nosso propósito e o fio da história, convém saber que, ao sair de Coyoacan, o marquês del Valle tomou o caminho de México-Tenochtitlan, acompanhado de muitos grandes senhores que constituíam o seu séquito, tanto os de Coyoacan como os outros das províncias mexicana, tlaxcalteca, xochimilca, tepaneca e chalca; e também havia muitas outras gentes, tanto nobres quanto plebeias, que vinham somente para assistir ao espetáculo da recepção em México-Tenochtitlan.

Quando soube da partida do Marquês, Montezuma reuniu todos os grandes do reino, os nobres e os outros reis que estavam com ele e, sentado numa suntuosa rede que costumava usar, coberto de ricos e belos mantos, mandou que o transportassem até a saída da cidade sobre os ombros de certos príncipes, mostrando assim a sua autoridade e a majestade do seu poder, precedido e seguido de um cortejo de senhores que levavam rosas e oferendas para dar aos espanhóis, que eles tomavam por deuses. Chegando a um lugar chamado Tocititlan – que não ficava muito longe da primeira cruz que se encontra ao sair de México-Tenochtitlan –, ele fez todos pararem e ficou à espera da chegada do Marquês.

Quando anunciaram que esta era iminente, Montezuma mandou que o pusessem sobre os ombros dos príncipes, como tinha vindo, e foi ao seu encontro. Depois, tendo avistado o Marquês, saiu da rede e pisou no chão. Vendo isso, dom Hernando Cortés apeou-se da montaria em que vinha e foi abraçá-lo, fazendo-lhe grande reverência. O rei Montezuma fez o mesmo e deu-lhes as boas-vindas com humildade e deferência. E, tomando da mão de um dos grandes do reino um riquíssimo colar de ouro, feito de muitas peças de ouro e incrustado de pedras preciosas, pendurou-o no seu pescoço e colocou-lhe na mão um estranho e magnífico penacho lavrado à maneira de uma rosa. Além disso, enfeitou-lhe o pescoço com uma guirlanda de rosas e a cabeça com uma coroa de rosas, depois, dando-lhe a mão, conduziu-o ao santuário da deusa Toci, que se achava à beira do caminho, e lá o poderoso rei e o Marquês tomaram os assentos preparados para eles. Depois se apresentaram os outros dois reis, o de Texcoco e o de Tacuba, que, um após o outro, beijaram as mãos do Marquês e lhe ofereceram colares e rosas, conforme a qualidade de suas pessoas. E, depois deles, vieram todos os grandes do reino e fizeram-lhe as mesmas cerimônias e as mesmas reverências que faziam ao seu deus Uitzilopochtli.

E, uma vez terminada essa longa e minuciosa saudação, Montezuma se dirigiu ao Marquês, por intermédio de Marina, e desejou-lhe as boas-vindas à sua cidade: alegrava-se muito com a sua presença e visão e lembrava-se de que ele o substituíra no trono e governara o reino que seu pai, o deus Quetzalcoatl, deixara, mantendo, sem ser digno, as rédeas do poder e recebendo, em seu nome, a lealdade dos seus vassalos; e, se agora o deus vinha recobrar seu trono, ele se punha a seu serviço e abdicava de bom grado, pois era isso que anunciavam e prometiam as profecias e relações de seus ancestrais; que ele recuperasse seus direitos, se assim desejasse, Montezuma se submetia ao seu poder; mas, se tivesse vindo apenas visitá-lo, ele agradecia muito sinceramente e afiançava que isso o fazia sentir, no fundo do coração, um grande prazer e uma alegria extrema: que descansasse e pedisse o que necessitava, seu vassalo tudo lhe forneceria em grande cópia.

O Marquês respondeu com muita urbanidade e cortesia, tirando o gorro ou chapéu da cabeça e inclinando-a em sinal de reverência e gratidão, e mandou dizer que vinha em nome de um poderoso rei e senhor, do qual era criado, que estava na Espanha e regia e governava grande parte do mundo; solicitava que Montezuma se sujeitasse e prestasse obediência àquele poderosíssimo senhor, do qual receberia os maiores benefícios e que, ao mesmo tempo, os mexicanos se convertessem à fé católica de um Deus e Senhor verdadeiro; se o rei mexicano prometesse obediência àqueles dois senhores, primeiro ao Senhor Supremo, sujeitando-se à sua fé, e depois ao senhor da terra, sujeitando-se ao seu serviço, teria nele um amigo e um servidor perpétuo e a garantia de que Montezuma e a sua gente nunca sofreriam a menor ofensa e o menor ultraje, porque ele não lhes viera fazer mal.

Montezuma afirmou sua obediência, colocando-se nas mãos de Cortés e a serviço de sua Majestade a partir daquele instante e manifestou o desejo de ser instruído na santa fé católica. E assim, depois daquela demorada estada no santuário ou pequeno templo, eles partiram para a cidade do México, o Marquês a cavalo e o poderoso rei irado na sua rede, tal como viera, sobre os ombros dos seus nobres.

E, segundo as relações e as pinturas de certos velhos, Montezuma já teria saído do santuário com grilhões nos pés, e foi assim que o vi numa pintura que encontrei em poder de um nobre muito idoso na província de Texcoco; Montezuma ia a ferros, dentro de um manto carregado por nobres. Tive certa dificuldade para crer, porque não encontrei nenhum conquistador que confessasse tal infâmia. Mas, como eles negam outras ainda mais claras e evidentes e as calam em seus relatos, histórias e relações, também hão de negar e calar esta, por ser uma das mais atrozes e injustas já perpetradas. Se bem que um conquistador religioso[31] sustente que, se Cortés agiu assim, decerto foi para assegurar que ele e os seus não fossem mortos.

31 O dominicano frei Francisco de Aguilar. Cf. n.28.

Também aprisionaram os outros reis de Texcoco e Tacuba, bem como o senhor de Xochimilco, que era tão importante quanto os outros dois e um dos validos mais íntimos de Montezuma, motivo pelo qual era muito respeitado.

Chegaram a México-Tenochtitlan precedidos de danças e espetáculos muitos alegres e variados. Os sacerdotes vieram recebê-los com incensários, trompas e conchas, pintados de vermelho e envergando vestes sacerdotais, depois desfilaram os veteranos a serviço dos capitães e chefes militares, todos fantasiados de águias e tigres, empunhando bastões e escudos. E, em meio ao aplauso geral, o Marquês entrou solenemente em México-Tenochtitlan e hospedou-se no palácio erguido para servir de residência ao primeiro Montezuma, avô do atual:[32] palácio vastíssimo, com numerosos salões e aposentos, situado onde agora fica o palácio real. Foi lá, pois, que ele se alojou com os seus, e para onde as diversas aldeias da região lhes enviam copiosamente tudo de quanto necessitavam, por ordem de Montezuma. E este era prisioneiro com todos os outros senhores num salão guardado por três soldados que se revezavam a cada três dias, e o próprio rei e os outros monarcas e senhores foram acorrentados e tinham grilhões nos pés.

Há quem diga que, durante os oitenta dias que lá passaram, um padre que viera com os espanhóis ensinou-lhe os artigos da fé e que ele recebeu a água do santo batismo. A história não faz alusão e nada conta a esse respeito. Mas, por ter ouvido tal coisa de pessoas fidedignas, eu a anoto. E, para satis-

32 *Montezuma, o Velho*, ou ainda *Montezuma Ilhuicamina* ("o Arqueiro que Flecha o Céu"), quinto soberano asteca, reinou em México-Tenochtitlan de 1440 a 1469.

fazer a minha curiosidade, fiz a pergunta ao já referido frade conquistador,[33] e ele me disse que não o viu ser batizado, mas que supunha que tivesse recebido efetivamente o batismo durante aqueles dias de prisão; se bem que os soldados e o capitão que se haviam instalado no palácio estavam mais preocupados em procurar o tesouro de Montezuma, e o santo padre com eles, do que em lhe ensinar a doutrina e os artigos de fé. E, se prefiro acreditar e transcrever uma versão mais do que a outra, é porque, da boca de um conquistador religioso, recebi confirmação do cuidado e do afinco com que eles se puseram a explorar a câmara do tesouro real até que, um dia, a cobiça e a obstinação fizeram com que notassem uma pequena porta baixa que acabara de ser emparedada e caiada numa câmara secreta; e, pensando que podia muito bem ocultar algum mistério, mandaram derrubá-la e, tendo transposto aquela porta estreita e baixa, deram com um belo e amplo salão, no centro do qual se achava um amontoado de ouro, joias e pedras preciosas tão alto que um homem, por corpulento que fosse, podia facilmente esconder-se atrás dele.

E, se quisermos saber o que representava o dito amontoado, esta história revela que não se tratava das riquezas adquiridas por Montezuma ou das quais ele podia usufruir, pois aquele era o tesouro que todos os outros reis seus antepassados haviam acumulado e do qual o novo monarca não podia dispor; assim, quando um rei morria, no próprio dia da sua morte, todo o tesouro de ouro, pedras, plumas e armas deixado por ele, assim como todo o seu guarda-roupa, era depositado e encerrado naquela sala, onde ficava guardado com muito cuidado,

33 Frei Francisco de Aguilar.

como coisa sagrada e divina; e o soberano que subia ao trono empenhava-se em acumular riquezas por sua vez, para que não dissessem que ele se servia das que outro adquirira anteriormente. De modo que o que se conservava naquela câmara era como o tesouro da cidade e sinal da sua grandeza.

Naquele aposento, também havia uma pilha de belos tecidos e roupas de mulher; pendurados nas paredes, viam-se escudos, armas e insígnias finamente lavrados e pintados de diversas cores; e havia muitas pilhas de vasilhas de ouro, pratos e tigelas feitos à maneira deles, nos quais o rei comia, e, em particular, dois imensos pratos fundos de ouro maciço, cinzelados com arte, do tamanho de escudos grandes e cobertos de uma grossa camada de pó que indicava que havia muito tempo não se servia nada neles. Lá também havia muitas xícaras de ouro com pé ou sem pé, próprias para beber cacau e eram feitas e lavradas como cabaças; nos cantos, achavam-se grandes quantidades de pedras preciosas, ainda não lapidadas, de todas as variedades possíveis. Naquele aposento estava, enfim, a maior riqueza que já se tinha visto. Deslumbrados e estupefatos, os espanhóis correram dar a notícia ao Marquês, levando-lhe os pratos de ouro para que visse a grande riqueza que lá havia. Ele os seguiu à sala secreta e, vendo que finalmente haviam descoberto o fabuloso tesouro que procuravam, proibiu todos, sob pena de morte, de se aproximarem do lugar, mandou emparedar a porta novamente e ordenou que os soldados montassem guarda em nome de sua Majestade, pois era um butim imenso, do qual cabia um quinto ao rei da Espanha. Por isso a câmara foi emparedada e vigiada para que ninguém se atrevesse a entrar.

Mas os espanhóis, sempre tão atormentados por uma sede de riquezas que nem mesmo a descoberta daquele tesouro lograra aplacar, não deixaram uma só câmara nem recanto sem ser explorado ou vasculhado de ponta a ponta e, assim, acabaram descobrindo um aposento secretíssimo, no qual se encontravam as esposas de Montezuma, em companhia das damas e amas que as serviam e olhavam por elas. Ela se haviam refugiado naquela câmara por medo dos espanhóis.

Outros dizem que eram apenas moças enclausuradas dos templos, que, tal como as conventuais, faziam seus votos sob a vigilância de amas que as governavam como abadessas. E que estavam encerradas naquele aposento do palácio por medo de ser violadas e brutalizadas pelos espanhóis, que começavam a dar sinais e provas de sua incontinência. E assim ouvi dizer, embora não figure nesta história, que Montezuma e os demais senhores da província prometeram ao Marquês e aos outros dar-lhes imensas riquezas, contanto que eles voltassem para a sua terra, tudo que um navio pudesse levar como carga.

Mas, como dom Hernando Cortés, bom cristão que era, tinha como único intento a salvação das almas, que também era o propósito dos seus companheiros, eles desprezaram questões de lucro para glorificar a fé de Cristo e converter aqueles bárbaros, tão enceguecidos pelas suas idolatrias, e também para que eles mesmos se elevassem, e decerto o teriam conseguido, se tivessem tido mais tempo. Mas, no que lhes diz respeito, pode-se dizer que "bens mal ganhos a ninguém enriquecem". E, assim, presenciei a sua perdição, e vi seus filhos morrerem de fome e suas posses nas mãos de outros. E, como prova da verdade das minhas palavras, invoco como único testemunho o do desgraçado tempo presente, no qual aos filhos dos conquistadores já não falta senão mendigar de porta em porta a bebida e a comida, pois disso às vezes carecem. E a razão desse mistério só a Deus convém deixar.

Capítulo LXXV: De como o capitão Pánfilo de Narváez chegou ao porto e como o Marquês o aprisionou, tornou a embarcá-lo e voltou a México-Tenochtitlan com seus homens; e também por que os índios se rebelaram contra os espanhóis.

Já vimos como os espanhóis descobriram o grande tesouro de México e como acharam as câmaras secretas e dissimuladas onde ficavam as sacerdotisas e as moças que serviam os deuses. E, embora a história não o conte, duvido que a virtude dos nossos fosse tão grande que os fizesse aconselhar as moças a persistir na castidade, na honestidade e no recolhimento em que eles as encontraram. E, se se tratasse das esposas de Montezuma, tampouco se pode crer que se mantivessem fiéis a um príncipe que os havia coberto de presentes e oferendas, mas agora estava a ferros e acorrentado.

Os espanhóis estavam nesse descanso e bem-estar, comendo e bebendo sem sombra de preocupação, quando avisaram o Marquês que Pánfilo de Narváez estava no porto, saltara a terra e alojara-se nas casas de Cempoala, ele, sua gente e sua artilharia, e que pretendia, a partir daquela cabeça de ponte, vir prendê-lo sob o pretexto de ter vindo sem permissão e não ter aguardado instruções do seu general.

Desgostoso e sobressaltado, o Marquês, homem astuto e manhoso que era, deixou Pedro de Alvarado à frente dos seus homens em México-Tenochtitlan e, acompanhado de uma centena de soldados, dirigiu-se a Cempoala; marchou dia e noite com uma tropa de cavaleiros, todos enfarpelados até o pescoço com roupas que lhes dissimulavam a aparência para que não se espalhasse a notícia de que era ele quem chegava; e, embora já fosse bem conhecido, os índios não suspeitaram, graças a esse disfarce, de que era ele quem passava. E, por isso, mesmo tendo ouvido boatos de sua chegada, Pánfilo não lhes deu importância, seguro que estava de seu próprio valor militar e do de seus soldados e convencido de estar num bastião sólido, defendido por toda a sua artilharia, assestada e pronta para abrir fogo das portas das casas onde estava alojado com homens de prontidão. Mas, como aquele negócio lhe importava muitíssimo, o marquês del Valle não pensou em dormir nem se distrair, de modo que, enquanto Pánfilo o supunha recém-saído de México-Tenochtitlan, ele já estava às portas de Cempoala com seus homens; mas não nos estenderemos nos pormenores, pois a história é bem conhecida.

Vendo como eles estavam distraídos, o Marquês esperou que o artilheiro se afastasse um pouco de suas peças e, assim que isso aconteceu, dez soldados se apoderaram delas e as cravaram no chão. E, para tanto, ele havia postado uma parte de seus homens em emboscada, e eles trabalharam tão rápido que inutilizaram a artilharia. Em seguida, sem perder um instante, uma multidão de soldados e o próprio Marquês subiram pelo muro, espada em punho, enquanto outros pegavam as lanças e alabardas que estavam encostadas nas paredes por descuido dos soldados de Narváez e começaram a dar estocadas a torto e a direito, fazendo uma grande carnificina. E foi então que o capitão Narváez quis resistir com um punhado de homens e recebeu uma lançada no olho que o arrancou do crânio. Em seguida, foi aprisionado, e os outros soldados e guerreiros de Narváez, acreditando que o Marquês havia trazido todos os seus e seu fim estava próximo, trataram de fugir, uns pelos muros, outros pelas portas e outros, enfim, escondendo-se

Revolta dos índios contra os espanhóis.

dentro da casa, e os que não tiveram outra solução, lançaram-se aos pés do bom Marquês para que tivesse misericórdia e lhes concedesse a sua graça. Por isso, não admira que os índios viessem, com as mãos cruzadas no peito, pedir misericórdia. O Marquês os recebeu com muita bondade, e todos, vendo a sua mansidão, começaram a se aproximar pouco a pouco e acabaram se unindo a ele, colocando-se sob a sua autoridade e bandeira, em nome de sua Majestade. Ele mandou pôr grilhões nos pés de Narváez, embarcá-lo e despachá-lo a Santiago de Cuba, de onde viera.

Com a partida de Narváez, o Marquês reuniu a sua gente e voltou a México-Tenochtitlan com mil homens a mais e, se quiséssemos julgar o modo como eles se conduziram com o seu capitão, poderíamos citar o comportamento de Gonzalo Pizarro para com o seu rei e senhor na província do Peru; mas dizem com razão que, "quando o interesse e a cobiça estão em jogo, não há lei nem amizade". E foi assim que eles rumaram para a cidade do México com o Marquês, que, ainda no caminho, foi informado de que os seus estavam numa situação difícil e que os índios haviam começado a massacrá-los.

Essa notícia era falsa e mentirosa e fora fomentada por dom Pedro de Alvarado para perpetrar o crime que maquinara e decidira, e que era de uma crueldade atroz e tirânica. O Marquês retornou então a México-Tenochtitlan com tropas frescas e forças novas, mostrando-se muito mais seguro de si e menos timorato do que até então. Assim revigorado, tendo ganhado segurança e audácia, arriscou-se a seguir o conselho que lhe deram dom Pedro de Alvarado e os outros de matar todos os dignitários e principais capitães e grandes senhores da cidade. Então organizaram uma traição, pois esse é o nome que esta história lhe dá em bom castelhano, embora seja escrita por um índio.[34]

Convém saber que, naqueles dias, os índios estavam celebrando a grande festa de *Toxcatl*, que era a festa de translação do ídolo Uitzilopochtli, muito importante e solene, celebrada durante os oito dias que a precediam e os oito dias seguintes, como se verá na relação das solenidades.[35] E, como todos os dias, durante esses preparativos, os índios cantavam e dançavam, o Marquês pediu a Montezuma que lhe explicasse o significado daquelas danças e daquelas festas, mas que tomasse cuidado para não cometer nenhuma traição, pois nem ele nem os seus lhe queriam mal. Em resposta, o rei asteca assegurou que não cultivava tais ideias nem tinha contato algum com os seus, já que era prisioneiro, mas que eles não podiam ter semelhantes intenções; que o Marquês sossegasse, porque aqueles cantos e danças faziam parte da festa do deus, que era celebrada antes e depois.

O Marquês rogou,[36] já que era assim, que Montezuma lhe fizesse o favor de mandar que todos os senhores e príncipes da província se juntassem no pátio do templo para a festa e que

---

34 Durán se refere ao manuscrito original em língua nauatle, a *História mexicana*, ainda que sublinhe que, aqui, o autor índio escreveu excepcionalmente a palavra "traição" em bom castelhano, a bem da clareza e para dar mais peso à sua denúncia.

35 Essa festa é descrita no Livro II de sua obra, acerca do quinto mês do ano.

36 O papel atribuído aqui a Cortés no massacre perpetrado em 22 de maio de 1520 no pátio do templo, durante a festa de *Toxcatl*, não é verossímil e contradiz todos os outros relatos indígenas. Para todos (o Livro XII do *Códice florentino*, os *Anais históricos*, o *Códice Aubin* etc.), Pedro de Alvarado foi o organizador e o inspirador da ma-

também estivessem presentes todos os homens mais valentes, pois ele queria ver o esplendor da nobreza de México-Tenochtitlan e desejava que todos os grandes participassem dos cantos e das danças para ter o prazer de vê-los. Isso era um pretexto e uma traição para matá-los todos, como de fato aconteceu, porque o Marquês começava a suspeitar que todas aquelas danças e festas tinham o objetivo de matar os espanhóis e se rebelar contra a sua autoridade. E a origem dessa suspeita era o que havia dito dom Pedro de Alvarado, induzido pelos índios tlaxcaltecas, que não queriam nenhum bem aos mexicanos, ou dominado pela ferocidade de sua própria natureza e pela alegria cruel que sentia quando se imaginava senhor daquele lugar, mesmo que ao preço de muitas vidas, se necessário. E li diversos testemunhos sobre a sua ambição e crueldade.

Com um espírito sincero e simples, no qual a malícia não tinha lugar, Montezuma, que estava longe de suspeitar semelhante atrocidade, mandou chamar os seus nobres e lhes disse que os espanhóis queriam se regozijar vendo a grandeza e a excelência de México-Tenochtitlan e da sua nobreza. Que, no dia da festa do deus Uitzilopochtli, também chamada *Toxcatl*, todos os grandes senhores dançariam com os seus melhores adereços e riquezas, em companhia dos homens mais valorosos da cidade e todos os nobres, exibindo a grandeza de México-Tenochtitlan nos seus adornos e ornamentos para o prazer e a satisfação do Marquês e dos outros – muito embora sua amabilidade estivesse fadada a receber péssima recompensa e paga, como veremos adiante. Essa ordem foi transmitida a toda a

---

tança, e isso na ausência de Cortés, que se ausentara para prender Pánfilo de Narváez.

cidade, e todos os senhores, os grandes capitães e as pessoas ilustres começaram a se preparar para participar do espetáculo no dia designado para a festa.

Nesse dia, sem a menor desconfiança, todos foram honrar solenemente o ídolo e exibir a grandeza de México-Tenochtitlan, como lhes fora ordenado, esplêndidos nos seus ricos adornos e trajando os seus mais belos mantos. E oito ou dez mil homens ilustres, todos membros da nobreza e de grande renome, puseram-se a dançar.

Então, quando todos dançavam com enorme prazer, o Marquês, a conselho de Pedro de Alvarado, ordenou a quarenta soldados que se postassem nas quatro portas do pátio, à razão de dez por porta, para que ninguém pudesse sair, e ordenou a dez outros que fossem ao lugar onde estavam os que tocavam tambor e onde, na sua opinião, estavam reunidas as pessoas mais ilustres, e matassem o tocador de tambor e todos ao seu redor. O que fizeram imediatamente aqueles "pregadores do Evangelho de Jesus Cristo", ou melhor dizendo, aqueles "discípulos da iniquidade": arremetendo contra os infelizes mexicanos, desprotegidos e seminus, com as carnes cobertas somente por um manto de algodão, carregando apenas as rosas e as plumas com que dançavam, eles apunhalaram a todos. E aqueles que, diante de semelhante espetáculo, tentaram fugir foram mortos pelos soldados que guardavam as portas. De modo que, querendo se refugiar e se esconder nos salões para escapar daqueles ministros do demônio, todos foram massacrados e o pátio se cobriu do sangue daqueles desafortunados, de tripas e cabeças decepadas, mãos e pés cortados, enquanto outros tinham as entranhas arrancadas por facas e gládios, e foi a maior dor e miséria que se podem imaginar, reforçadas pelos gemidos de dor e pelas lamentações que se ouviam no pátio, sem que ninguém pudesse acudir, nem socorrer, nem fazer nada pelas vítimas.

Houve tamanho tumulto e clamor na cidade e uma gritaria tão ensurdecedora de mulheres e crianças que as montanhas ressoavam e as pedras se quebraram de dor e piedade ao ver os oito ou dez mil senhores que constituíam a nobreza mexicana mortos e despedaçados no pátio do templo sem ter feito nada nem cometido nada que justificasse tal carnificina, mas, muito pelo contrário, por lhes ter dado bens e propriedades e lhes haver fornecido comida e bebida em abundância, como já contamos.

Os sacerdotes, vendo a violência cometida contra os seus e notando que os espanhóis tentavam abrir caminho até a escadaria do templo, compreenderam que os vinham matar e derrubar o ídolo e se armaram em defensiva. Depois, reparando que três ou quatro espanhóis – cujos nomes não quero citar aqui – começaram a subir, eles pegaram uma viga enorme e a jogaram contra eles com toda a sua força, fazendo-a rolar escada abaixo. Mas ela parou de través nos primeiros degraus e ficou retida. Alguns quiseram ver nisso a mão da Divina Providência e eu sou dessa opinião, porque ela, na sua bondade, não podia permitir que os autores de um crime tão horrendo fossem diretamente para o inferno com suas vítimas e lhes reservou a possibilidade de uma grande penitência. Mas a sua insensibilidade foi tão grande que, sem se dar conta do benefício e da graça que Deus lhes concedera ao livrá-los de um perigo tão grande, eles chegaram ao alto da escada e mataram todos os sacerdotes e, depois de muito esforço, derrubaram o ídolo, sem falar em todas as outras crueldades que cometeram, chegando ao ponto de acreditar que assim estavam prestando um grande serviço a Deus!

E dizem que, naquele momento, alguns capitães, ouvindo os clamores e o pranto das mulheres e das crianças e o tumulto e os brados da cidade, começaram a recitar a romança que diz:

> Da Rocha Tarpeia,
> Nero vê Roma queimar.
> Choram crianças e velhos
> E ele se embriaga do aroma... etc.

E tudo isso eu encontrei num tratado que se referia a esse massacre como uma das barbáries mais atrozes cometidas nesta terra, porque nela a flor da nobreza de México-Tenochtitlan encontrou a morte, assim como tantos homens ilustres e valorosos.

Constatando a traição dos espanhóis e o modo como o haviam enganado, Montezuma começou a chorar amargamente e pediu aos seus guardas que o matassem, porque os mexicanos eram maus e vingativos e, se acreditassem que ele participara daquela traição ou até a tivesse aconselhado, eles o matariam, assim como a seus filhos e mulheres. E, com a mesma veemência, todos os prisioneiros rogaram que os matassem. E tudo aconteceu como ele havia pensado, pois, mais tarde, os mexicanos e os tlateloltecas se confederaram e elegeram rei o senhor de Tlatelolco, que se chamava Cuauhtémoc, um rapaz de dezoito anos, sobrinho do rei Montezuma, e, conjurando-se contra ele, mandaram matar todos os seus filhos e mulheres. A ordem foi cumprida, se bem que algumas pessoas se apiedaram e esconderam alguns em casa e os fizeram sair da cidade às ocultas, levando-os a aldeias longe de México, onde ficaram escondidos até que a terra recuperasse a calma e a paz.

Mas o novo rei,[37] transtornado com a morte de seus parentes e familiares assassinados no templo, ordenou que toda a cidade se armasse e cercasse as casas em que os espanhóis estavam alojados. E uma multidão de índios se lançou ao assalto dos prédios, descarregando uma avalanche tão violenta de pedras, lanças e flechas que nenhum espanhol podia se aproximar das janelas, das portas ou das açoteias, e os pátios das casas se encheram de grandes pedras arremessadas com fundas; eles demoliam as paredes a pedradas e, pelas brechas abertas, atiravam uma profusão de flechas e lanças, e eram tantos os lampiões, candeeiros e fogueiras acesos que parecia dia claro em plena noite, de modo que não os deixavam nem mesmo descansar ou dormir. E, então, os espanhóis se viram num aperto e numa aflição tão terríveis que o Marquês e todos os outros começaram a se arrepender de ter seguido um conselho tão funesto.

Tratando de não permitir que a cidade ficasse desprovida de homens armados e determinado a fazer que os espanhóis morressem, Cuauhtemoctzin mandou alertar todos os povos de sua jurisdição, e em particular os que não conheciam o Marquês e os seus homens e jamais os haviam visto, tais como os da cordilheira de Tenayuca, Cuauhtitlan, Tula e Tulantzinco e toda a província de Jilotepec, mais a de Cuauhtlalpan, todos os povos otomis, toda a província matlatzinca e muitos outros povos da província de Texcoco, e ordenou-lhes que estivessem prontos para responder quando fossem chamados. E, assim,

37 Evidente confusão de frei Diego Durán. Cuauhtémoc só foi eleito e entronizado rei em 25-29 de janeiro de 1521, ao passo que os acontecimentos aqui narrados se deram em maio-junho de 1520. Além disso, o verdadeiro sucessor de Montezuma, Cuitláhuac, só seria entronizado no dia 7 de setembro de 1520.

tanta gente acorreu que, se Deus, na sua misericórdia, não tivesse ajudado e socorrido os que o chamavam em prantos, nenhum teria sobrevivido. Porque era tal a necessidade em que estavam tanto de víveres quanto de esperança de socorro que, como quem está olhando a morte nos olhos, não eram poucos os que preferiam sair e morrer lutando; mesmo porque não tinham como fugir, pois a cidade era toda sulcada de canais, e uma ponte muito estreita ligava uma casa a outra, e os canais eram profundos, de modo que não se podiam utilizar os cavalos, e mesmo os peões, quando arriscavam a vida tentando pôr um pé do lado de fora, eram logo obrigados a retroceder diante da chuva de pedras, arpões e lanças que os recebia. E, quando eram atingidos por uma dessas armas, não conseguiam arrancá-la, a não ser fazendo-a sair pelo outro lado, por causa das linguetas e farpas que lhe muniam as pontas, e foi assim que muitos deles, tendo recebido ferimentos graves, se viram em grande perigo.

E durante aquele tempo que os espanhóis andavam em tão má posição que não se arriscavam a sair, Cuauhtemoctzin, o novo rei, irritou-se por ver que eles estavam muito bem entrincheirados, pois a artilharia instalada no vão das portas transformava o palácio num bastião inexpugnável. E mandou chamar todos os anciãos da província, encantadores e feiticeiros, para que mandassem visões noturnas capazes de gelar o sangue dos espanhóis e fazê-los morrer de espanto. E tais foram as instruções que lhes deu quando chegaram. E foi assim que, toda noite, eles lhes mandavam visões e coisas que os aterrorizavam; umas vezes, viam cabeças humanas saltando no pátio; outras, um pé e uma coxa andando ou cadáveres rolando; ou então ouviam gritos e gemidos, de modo que no fim já não os podiam suportar. E foi um conquistador religioso que me falou dessas visões, bem antes que esta história me informasse delas, ainda se assustando com as coisas que viu e incapaz de explicar a proveniência daquele mistério.

Os espanhóis, afligidos por tantos sofrimentos e misérias, não sabiam que decisão tomar e mais que ninguém o Marquês, que não deliberava nada, contentando-se em aguardar os acontecimentos, animando-os com grandes esperanças de socorro e recomendando-se a Nossa Senhora dos Remédios para que o viesse auxiliar. Nela depositando todas as suas esperanças de salvação, um dia resolveu exibir Montezuma em público para que ordenasse e rogasse aos mexicanos que se acalmassem e cessassem os ataques. E, enquanto os mexicanos se encarniçavam contra o palácio como se estivessem dispostos a demoli-lo a pedradas, o Marquês e um de seus homens, um deles com uma couraça e o outro com um escudo de aço para se proteger das pedras e das lanças, fizeram Montezuma subir numa açoteia do palácio que dava para o lugar onde os índios estavam concentrados e, resguardando-o, levaram-no até o parapeito da açoteia. Com um gesto, o bom Montezuma fez sinal para que cessassem a gritaria porque ele queria falar. Então a turba fez um breve silêncio e parou de bombardear o palácio. Afastando o escudo e a couraça que o protegiam, ele lhes suplicou chorando que deixassem de atacar os espanhóis e ordenou que não lhes fizessem mal.

Os capitães que estavam nas primeiras fileiras começaram a insultá-lo com palavrões, dizendo-lhe que era a mulher dos espanhóis e que, como tal, a eles se aliara para que matassem, como mataram, os seus grandes senhores e os homens mais destemidos do reino. Já não havia quem o reconhecesse como rei, ele já não era o seu senhor, por isso iam matá-lo juntamente com os seus filhos e as suas mulheres para apagar para todo o sempre a sua memória e a do seu sangue e, ao mesmo tempo, acabariam com todos os espanhóis, canalhas e pérfidos, que lhes haviam feito tão grande traição. A essas palavras, antes que pudessem cobrir Montezuma com o escudo e a couraça, alguém atirou uma pedra que o atingiu na testa, quase no alto do crânio, mas ocasionando apenas um ferimento leve, não mais que um arranhão. Outros dizem que uma flecha lhe trespassou o pé. Mas esta história não conta o episódio da flechada, que, no entanto, se acha em diversos autores.

O rei ferido foi levado para baixo, sem que o seu aparecimento produzisse o menor resultado, em virtude da grande ira e cólera que os mexicanos sentiam pelos espanhóis, animados que estavam pelo bravo Cuauhtemoctzin, que, apesar de tão moço, estava diariamente no seu posto de combate, de arma em punho, para encorajar a sua gente. E, quando um tlaxcalteca tinha a infelicidade de cair nas mãos dos mexicanos, não havia chance alguma de escapar. De fato, os dessa nação estavam numa situação tão difícil quanto os espanhóis, e pode-se dizer que depois ficaram com a pior parte, pois, como veremos adiante, foram poucos os que voltaram a Tlaxcala.

Capítulo LXXVI: De como os mexicanos perceberam que dom Hernando Cortés, marquês del Valle, saiu do palácio real, e dos muitos espanhóis e índios que perderam a vida nessa ocasião.

Já vimos como era desastrosa a situação imposta pelos mexicanos aos espanhóis e ao Marquês, cuja "aflição atormentava o entendimento", como diz o provérbio, em busca de um meio, fosse qual fosse, de fugir daquela armadilha e libertar os seus companheiros da angústia que os afligia, sem outra perspectiva senão serem mortos e comidos pelos inimigos; porque todo dia os agressores vociferavam ameaças raivosas e juravam que lhes iam comer a carne e nenhum deles escaparia; e muitos espanhóis, chorando amargamente, acusavam dom Pedro de Alvarado, a quem culpavam pelo cruel massacre de toda a nobreza de México-Tenochtitlan.

E digo que culpavam dom Pedro de Alvarado porque um dos primeiros conquistadores me contou que foi na ausência do Marquês, quando este estava em Veracruz para prender Narváez, que dom Pedro de Alvarado perpetrou aquela carnificina atroz. Mas penso que se tratava de uma pessoa movida pela amizade, que não queria atribuir semelhante crueldade ao homem que merece ser louvado e celebrado entre os mais valorosos, os mais nobres e os mais elegantes da terra.[38] O que me leva a supor e pensar que o Marquês não podia estar ausente, pois os índios se rebelaram contra os espanhóis e os cercaram logo depois do massacre. Ora, como é possível que, numa ocasião em que nem mesmo um pássaro conseguia atravessar as fileiras de índios sem ser visto, tal era a vigilância dos sitiadores, o marquês del Valle conseguisse entrar numa cidade inteiramente sublevada e, ainda por cima, com os homens de Narváez, se naquele momento ele estivesse fora dos muros? E, mesmo que chegasse com um exército numeroso, os índios estavam tão furiosos e encolerizados, preferindo muito mais

38 Cf. n.36.

a vingança à própria vida, que estou persuadido de que o seu retorno seria absolutamente impossível.[39]

Porque México-Tenochtitlan era totalmente construída na água e canais faziam as vezes de ruas, com uma pontezinha muito estreita permitindo a passagem de uma casa a outra, de modo que a cidade era inexpugnável. E, quando aleguei isso, meu informante respondeu que Cortés chegou no mesmo dia do massacre, ou no seguinte, antes que os índios se revoltassem. Em todo caso, o certo é que todos lamentavam amargamente o seu crime, porque até então tinham vivido em paz, com comida e bebida à vontade, e agora estavam numa situação crítica, sofrendo cruelmente de fome, cercados por índios mais numerosos que formigas, que os ameaçavam das piores represálias e passavam os dias e as noites a berrar terrivelmente. E, vendo que sair era impossível e as armas e os cavalos de nada serviam, eles já se incluíam entre os defuntos e pensavam que as visões que atormentavam as suas noites eram maus presságios, arautos da morte.

Mas nosso Deus, que, na sua bondade e misericórdia, fecha os olhos para as nossas maldades e prefere socorrer caridosamente aqueles que invocam o seu nome com os braços abertos, teve piedade dos espanhóis e, em especial, de alguns dos que não consentiram nem concordaram com aquela odiosa atrocidade. E a isso se somou a divina vontade, que era a de salvar e libertar aquelas miseráveis nações da idolatria intolerável que as cegava. Consequentemente, ele respondeu como um pai misericordioso ao apelo do bom Marquês e de todos

39 Cf. a versão dos acontecimentos proposta pelo *Códice florentino*, Livro XII, cap. XXII, p.137-41.

Os mexicanos tentam deter a fuga de Cortés.

os que, com coração sincero, pediram o seu socorro, e escutou sobretudo a bendita intercessão da mãe dos pecadores e nossa advogada, Rainha dos Anjos e Nossa Senhora dos Remédios, a quem o bom capitão implorou a sua graça e que nos acudiu como verdadeira remediadora das nossas aflições. Graças à sua intercessão, a ira divina se aplacou e, naquela noite, quando a situação já se tornava insustentável, Ele enviou um aguaceiro tão terrível, com tamanhas trombas de água, vento e granizo, que a tempestade apagou as tochas dos guardas e das sentinelas e os mexicanos tiveram de levantar o cerco e abrigar-se em casa.

Compreendendo que aquilo era obra do Altíssimo e Misericordioso Senhor e de Nossa Senhora dos Remédios, a quem o bom capitão se encomendara, o marquês del Valle ordenou que todos saíssem em ordem e no mais absoluto silêncio, seguindo as orientações dos tlaxcaltecas e dos outros índios amigos. Aproveitando a ocasião favorável, a escuridão da noite e a abençoada chuva que não parava, eles começaram a sair. O Marquês havia ordenado que ninguém levasse tesouro nem tentasse pegar ouro, joias ou o que quer que pudesse estorvar a fuga, pois dava por perdido quem se estorvasse com as riquezas e o tesouro que havia no palácio; valia mais a pena deixar tudo onde estava, aguardando o seu retorno; aconselhou-os a levar muito pão, que lhes seria mais proveitoso que todo o ouro e todas as riquezas do mundo.

Com isso, o Marquês, seguido por seus homens, procedeu a uma saída ordenada, silenciosa e discreta. Todos os que seguiram o seu conselho iam carregados de pão e provisão de boca, ao passo que os outros teimaram em pegar todo o ouro e joias que pudessem carregar os cavalos de que dispunham, os índios e índias que lhes serviam de carregadores e a si próprios até não mais poder. E, quando quiseram deixar o palácio com o seu carregamento de ouro, já não o puderam fazer tão discretamente que um índio e uma índia que estivessem numa açoteia não pudessem ouvi-los; o alarme foi dado a altos brados: "Vinde, mexicanos, pois os traidores estão fugindo! Apressai--vos, que já se vão!".

Ouvindo os gritos, os mexicanos e todos os guerreiros das outras províncias que se achavam na cidade apareceram, fazendo um alarido que seria capaz de paralisar de medo os corações mais prevenidos, quanto mais os desprevenidos, desarmados e carregados de ouro. Eles ficaram tão apavorados que alguns tentaram retroceder e voltar aos aposentos de onde haviam saído e se entrincheirar novamente, enquanto outros, que já haviam transposto algumas pontes levadiças, não puderam voltar, porque os índios as levantaram. Eles atacaram os espanhóis com tanta fúria e raiva que não sobrou nem um vivo, tanto entre os que se refugiaram no palácio como entre os que foram surpreendidos do lado de fora. Nessa ocasião, o Marquês perdeu setecentos homens, que os índios cortaram em pedaços sem nenhuma piedade, abarrotando os canais de cadáveres de homens, cavalos, índios e índias, assim como do ouro e das joias que os desinfelizes quiseram levar na fuga, tecidos, plumas e todo gênero de riquezas.

O marquês del Valle, apressando-se a atravessar todas as pontes, estava a salvo com os seiscentos homens, espanhóis e índios, que haviam sobrevivido. E tratou de pôr ordem nas tropas, porque os mexicanos os perseguiam com gritos, pedradas, flechadas e lançadas. E, num movimento de retirada bem ordenado, conseguiram chegar a um lugar hoje chamado Nossa Senhora dos Remédios; achavam-se tão cansados, abatidos e maltratados que muitos deles, tendo perdido os sapatos no caminho, estavam com os pés ensanguentados, outros, sem capacete, traziam a cabeça queimada de sol, outros ainda tinham ferimentos horríveis produzidos pelas pedras e lanças com que os inimigos os atingiram.

O marquês del Valle, vendo o grande número de homens que lhe faltavam, sentiu tanta dor e lástima que esteve a ponto de voltar para socorrer os eventuais sobreviventes, mas sabia que todos estavam mortos, mesmo que (assim conta esta história e dizem alguns) os que voltaram a se embarricar no palácio tenham conseguido resistir alguns dias e se defender bravamente; mas, privados da opinião, do conselho e da coragem do bom capitão, acabaram morrendo nas mãos dos índios. E queira Deus que tenham sido os que preconizaram o massacre dos senhores e foram responsáveis por aquela atrocidade, por isso Deus os cegou para que pagassem tão cruel felonia.

Depois da fuga de uma parte e da morte da outra, esta história diz que os mexicanos entraram no palácio à procura do rei Montezuma, ao qual reservavam um tratamento não menos cruel que o dispensado aos espanhóis. Mas acabaram encontrando apenas o seu corpo, com uma corrente nos tornozelos e cinco punhaladas no peito, cercado de muitos cadáveres de príncipes e senhores, todos apunhalados pelos que estavam fugindo do palácio real.

Ora, se esta história não me dissesse e se eu não tivesse sob os olhos as ilustrações que o confirmam, para mim seria difícil acreditar, mas, como decidi me ater ao que dizem, escrevem e desenham os autores desta história, aqui dou a sua versão. E, para que não me acusem de defender uma tese de que nunca se ouviu falar, algo que nenhum conquistador deixou dito nem escrito, porque a opinião corrente é que Montezuma morreu em consequência de um ferimento na cabeça, insisti com os autores, sustentando fortemente que os índios o mataram com uma pedrada. Eles não cederam e afirmaram que o ferimento na cabeça foi insignificante e, aliás, estava quase cicatrizado quando encontraram o seu corpo lacerado de punhaladas.[40] E dizem que esse foi o triste fim e morte de Montezuma e dos outros reis e senhores que estavam presos com ele nos *calpulli*;[41] assim se cumpriram os prognósticos e as profecias que ele mesmo havia enunciado sobre o seu destino, coisa admirável e assustadora que só pode ter acontecido com o consentimento expresso do Altíssimo. E convém salientar que o Senhor, sem dúvida, quis puni-lo com rigor por seu comportamento tirânico e cruel e pelos vícios nefandos e sujos em que ele se deleitava mais abominavelmente que qualquer outra pessoa na terra. E, ao contrário do que afirmam alguns acerca do enterro solene e rico que lhe reservaram e das exéquias que teriam durado vários dias e contado com a presença de numerosos senhores e nobres, esta história se restringe a dizer que o seu corpo e o dos outros foram queimados e reduzidos a cinza, sem honras nem cerimônias,[42] e que, para coroar sua vingança, os índios saíram à procura dos seus filhos e mulheres para trucidá-los.

---

40 A versão da morte de Montezuma, dada pelo manuscrito original em língua nauatle consultado por Durán, é própria dos relatos indígenas da conquista. Assim, cf. *Códice Ramírez*, cap. IX, p.276, e *Códice florentino*, Livro XII, p.142, n.77.

41 *Calpulli*, aqui aumentativo de *calli* ("casa"), ou seja, "casa grande, vasto salão".

42 Sobre o funeral de Montezuma, cf. as versões do *Códice florentino*, Livro XII, cap. XXIII, p.141, e do *Códice Aubin*, p.247.

Esse poderoso e irado rei – ainda que desditoso – reinou dezesseis anos e meio e morreu no ano em que os espanhóis desembarcaram nesta terra.[43] E, em virtude de sua prisão e morte, foi substituído por seu sobrinho Cuauhtémoc, filho do senhor de Santiago, o qual, devido à morte de seu pai, governava Tlatelolco nessa época. Mesmo vendo que aquele cerco surtira algum efeito e que mais da metade dos espanhóis estavam mortos, ele repreendeu os seus homens pela precipitação com que correram para o palácio, sem deixar guardas suficientes para impedir a fuga dos inimigos. Enviou mensageiros às cidades vizinhas para lhes pedir que, em companhia dos mexicanos, interceptassem o caminho dos sobreviventes do exército espanhol e os liquidassem ali mesmo, se tentassem passar, pois haviam tomado o rumo de Tlaxcala. Ao receber essa mensagem real, todos os índios da região de Otumba e Teotihuacan, bem como os otomis que viviam naquela região, enviaram um exército tão numeroso que chegava a cobrir o sol nas planícies de Otumba. E os espanhóis, abatidos e tristes, desconsolados e temerosos, doentes e descalços, destroçados e mortos de fome e sede, deixaram o lugar que hoje se chama Nossa Senhora dos Remédios, nome que lhe foi dado pelo Marquês em honra à bem-aventurada Senhora que, no seu entender, o socorrera e remediara.

Os soldados e índios amigos que haviam fugido com ele empreenderam marcha e, ao chegar à região de Otumba, acreditaram que podiam prosseguir mais tranquilamente, já que

43 Evidente confusão de Durán. Os espanhóis desembarcaram em abril de 1519 e Montezuma morreu em junho de 1520. Além disso, o sucessor de Montezuma não foi Cuauhtémoc, e sim Cuitláhuac.

haviam saído da província do México, mas deram com grandes esquadrões de índios posicionados em toda a extensão da planície, vociferando ameaças e imprecações, fazendo caretas horrendas e dando grandes saltos de um lado para o outro. E brandiam espadas e atiravam lanças e pedras.

Paralisados de terror, os espanhóis olharam para aquela multidão inumerável e acreditaram que a hora da sua morte havia chegado. Mas o valoroso dom Hernando Cortés, repreendendo-lhes a covardia, mostrando um ânimo sobre-humano, convenceu-os de que Aquele que os havia livrado dos sofrimentos anteriores também podia tirá-los do aperto em que se achavam, animou-os e consolou-os com suas palavras benignas e amorosas.

Assim, atacados por todos os lados, eles formaram um quadrado compacto, procurando manter uma atitude mais defensiva que ofensiva. Súbito, o Marquês viu um pequeno morro que dominava a campina, no alto do qual, postado junto a uma bandeira içada, um valoroso capitão, que, a julgar pelas insígnias, armas e riqueza dos adornos, devia ser um glorioso chefe militar, encorajava os seus homens como se nele residisse toda a força do exército índio que tão cruelmente os assediava. E, subindo num potro semisselvagem, arisco e fogoso, que um soldado espanhol trazia consigo, o Marquês agarrou uma lança e, encomendando a alma a Deus, arremeteu sozinho contra os índios com uma coragem invencível que a todos pareceu temeridade. Atravessando as linhas inimigas, chegou ao morro onde estava o capitão índio com a bandeira e, sem que ninguém o pudesse deter, transpassou-o com a lança. Ao vê-lo cair morto, seus homens debandaram e fugiram às pressas do campo de batalha.

O Marquês se voltou, e com um sinal da mão, ordenou aos seus homens uma carga de cavalaria para alcançar os fujões e completar a vitória. Ali morreu uma multidão de índios otomis e das gentes de Tula, Otumba, Cuauhtitlan, Tenayuca e Tlanepantla, que haviam ido ao encontro dos espanhóis. Ora, sem dúvida alguma, se o Marquês não tivesse agido como agiu, o exército espanhol teria corrido um perigo extremo. Porque Cuauhtémoc, já havia ordenado aos chalcas, aos tepanecas e à gente de Texcoco que fossem imediatamente, sob pena de morte, reforçar as tropas de Cuauhtlalpan e todos os que haviam partido ao encontro dos espanhóis. E foi uma ordem tão imperativa e rigorosa que eles não puderam fazer outra coisa senão obedecer. Assim, na mesma manhã em que iam ter com os seus companheiros, chegou-lhes a notícia de que eles tinham sofrido uma dura derrota, que os espanhóis se instalaram em Otumba e esperavam um importante reforço de Tlaxcala. Ao saber disso, todos se desmobilizaram e voltaram para casa.

Cuauhtémoc foi coroado em México-Tenochtitlan com muita pompa, e todos os habitantes juraram-lhe fidelidade, ainda que a cerimônia tenha sido um pouco menos solene que de costume: porque a cidade estava de luto e toda a região dividida entre os partidários de uma paz imediata e os favoráveis a uma guerra a todo custo. E estes se incitavam a destruir os espanhóis, concentravam forças, acumulavam material militar, construíam paliçadas e defesas, ao passo que aqueles se conservavam tranquilos, desejavam a calma, a paz e a salvaguarda de suas vidas e de seus bens.

Os espanhóis passaram mais de um ano em Tlaxcala, recobrando as forças, procurando meios de voltar à cidade do México e reconquistá-la, esperando os navios espanhóis que todo dia entravam no porto, para poder combater os índios que os atacavam com violência tão feroz. E Cuauhtémoc utilizou todo esse tempo para aprofundar os canais, construir muralhas altas e largas, incitar as outras nações à revolta. Chegou até a enviar mensagens a Tlaxcala em várias ocasiões para pedir aos nobres daquela cidade que retirassem a confiança que tinham nos espanhóis, organizassem uma conspiração e os matassem e expulsassem de sua terra. Tanto e tão bem que alguns senhores tlaxcaltecas, um tanto convencidos, incitavam os demais a obedecer às injunções de Cuauhtemoctzin. Informado disso, o Marquês foi se queixar com outros senhores, envolvendo todo mundo no complô. E, para escapar dessa acusação, três senhores entregaram aquele que era favorável ao massacre dos espanhóis.

O Marquês o jogou na prisão e creio que o acabou executando. Compreendendo que o esforço era inútil e que, daquela maneira, não conseguiria convencer os tlaxcaltecas a se livrar dos espanhóis, Cuauhtémoc os ameaçou com terríveis represálias em caso de vitória e, ao mesmo tempo, procurou atrair os chalcas, os tepanecas, a gente de Xochimilco e Texcoco. Mas o bom Marquês também não desistiu de ganhar essas nações e enviou embaixadas e missões para lhes dizer que ele estava lá para livrá-las da tirania e do jugo mexicano e, como a sua aliança com México nunca havia sido voluntária, mas forçada, eles preferiram a amizade dos espanhóis, confiando que estes lhes dariam a liberdade e os tirariam da escravidão em que se encontravam.

Cuauhtémoc soube que os espanhóis estavam recebendo reforços, que o Marquês pedira socorro e se preparava para tomar de assalto a capital. Como, além disso, as gentes de Texcoco e Xochimilco se haviam aliado aos espanhóis, assim como os chalcas e os tepanecas, ele decidiu consolidar ao máximo a guarnição da cidade, recrutando os homens mais valorosos e destemidos que podia encontrar. Depois lhes declarou que os seus antigos aliados haviam passado para o campo inimigo e não havia mais nada que esperar, mas era preciso se empenhar simplesmente em vencer ou morrer. E, lançando um apelo de ajuda, recebeu entre os muros da cidade muitos e corajosos soldados de Cuauhtlalpan e das cidades dos arredores de Cuauhtitlan, pois era a única região que, com a região tlalhuica, a saber, o Marquesado e as Terras Quentes, se opunha à presença espanhola: havia, pois, gentes de Yacapichtlan, Huaxtepec, Yauhtepec, Tepoztlan, Cuauhnahuac, Tlayacapan e Tololapan.

Essas cidades sempre foram hostis aos espanhóis, e o Marquês teve de submetê-las uma a uma, pois não quiseram se render antes de ver as tropas espanholas saquear a terra e dizimar as populações, exterminando todos os que caíam nas suas mãos e obrigando-os a abandonar as suas casas para se refugiar nas montanhas. Mas, como tudo isso se situa depois da conquista e da sujeição de México-Tenochtitlan, contaremos como o Marquês, tendo tropas novas e contando com o apoio da maior parte dos povos do país, voltou a México-Tenochtitlan e apoderou-se da cidade. Coisa que veremos no próximo capítulo.

Capítulo LXXVII: De como o Marquês voltou de Tlaxcala a Texcoco para construir os bergantins e, de lá, foi a México-Tenochtitlan, onde o rei Cuauhtémoc se defendeu e resistiu bravamente.

Cuauhtémoc era tão circunspecto e vigilante que não se descuidava de nada. Tendo sabido por espiões e mensageiros da determinação dos espanhóis e, informado de que se preparavam para marchar sobre México-Tenochtitlan, ele não se contentou em chamar as diversas nações em seu socorro, mas fez, com todos os mexicanos, grandes sacrifícios aos deuses. Pediam-lhes favor e vitória contra os espanhóis e seus outros inimigos. Mas não era mais tempo, pois já nem recebiam resposta dos deuses nos oráculos e pensavam que estes estavam mortos ou mudos, ou que os novos deuses recém-chegados lhes haviam tirado a força, a virtude e todo o poder. Eles choravam amargamente, mas estavam decididos a morrer ou defender a cidade.

E os índios têm esta característica: quando decidem fazer uma coisa e começam a desprezar e desdenhar a vida, não temem mais nada e perseguem o seu projeto até a morte ou a vitória. E, se for preciso dar prova do que digo, nada é mais fácil, porque se pôde verificar nas nossas audiências – e nós que estamos em contato com eles vemos isso diariamente – que, se uma aldeia tem um litígio qualquer com outra, ou os povoados com a capital, ou a plebe ou os vassalos com o seu senhor, eles persistem na contenda até a morte ou o triunfo das suas teses, por mais insensatas e injustas que sejam, porque são muito teimosos e, quando enfiam uma ideia na cabeça, não conhecem mais nem pai, nem irmão, nem parente, nem amigo, e, durante o tempo que dela se ocupam, não aceitam nem admitem nenhuma ponderação ou razão.

Assim, Cuauhtémoc, desejando reinar e provar a sua coragem, tomou a resolução de defender a cidade até a morte. E não quis admitir ou aceitar as mensagens e rogos que o Marquês fazia chegar a ele para que se sujeitasse ao serviço de Deus e de sua Majestade e, assim, evitasse a destruição e as mortes que haviam de decorrer da sua rebelião e das suas más intenções. E tais rogos lhe foram transmitidos muitas e muitas vezes.

Construção dos bergantins.

Constatando que Cuauhtémoc não queria admitir nem ceder à razão, o Marquês decidiu ir a Texcoco para iniciar a construção dos bergantins que lhe permitiriam invadir a cidade pelo lago. Decisão que, no meu entender, foi a principal razão de sua vitória, porque a cidade do México era toda água e canais e grandes remansos, coisa que tirava toda a eficácia da cavalaria. Dom Hernando Cortés saiu, pois, de Tlaxcala com toda a sua gente e os seus aliados tlaxcaltecas, huexotzincas e cholultecas, todos inimigos dos mexicanos. Também participaram da viagem os texcocanos, doravante confederados com os espanhóis, que levaram a bagagem e toda a madeira necessária à construção dos bergantins. E dizem que ao todo havia mais de dez mil índios carregados de madeira e provisões.

O Marquês chegou pela montanha ao lugar hoje chamado Tezmeluca, na província de Chalco, cujos habitantes o receberam com grandes honras e lhe entregaram víveres em abundância e presentes de joias, tecidos e plumas riquíssimas. E os chalcas se confederaram com os espanhóis, prometendo ajudá-los na conquista de México-Tenochtitlan. O Marquês agradeceu, prometeu grandes recompensas e lhes disse que ia a Texcoco para construir os bergantins; que lhes ficaria muito grato se fornecessem carpinteiros, pois ele desejava terminar esse trabalho o mais rápido possível. Eles prometeram ajudá-lo e, de fato, enviaram-lhe carpinteiros. De lá, o Marquês seguiu para Texcoco, onde foi bem recebido, com muitas honras e solenidades. Descansou e admirou a bela e populosa cidade de Texcoco, com sua arquitetura imponente e serena, seus templos magníficos, seus requintados palácios reais e senhoriais, com lagos e parques tão agradáveis para o passeio e a recreação, uma cidade, enfim, da qual os antigos reis e senhores tinham razão de se orgulhar.

O Marquês se hospedou, pois, em Texcoco, onde foi recebido e servido com reverência e respeito por um irmão do rei Coanacochtzin, filho de Nezahualpilli, que se chamava Ixtlilxóchitl, o qual agradou e serviu o Marquês com tal diligência que este tomou por ele tanto amor e afeição que não o deixava afastar-se, dando-lhe muitos sinais de afeto e honrando-o como ele merecia por ser filho de um príncipe tão grande e irmão de outro não menos valoroso, sendo ele próprio reputado um dos homens mais corajosos de Texcoco. O Marquês se sentiu muito honrado em levá-lo consigo a México-Tenochtitlan e deu-lhe uma espada dourada e um escudo que lhe pertenciam. Com essas armas, o dito Ixtlilxóchitl fez tantas e tais maravilhas durante a conquista de México-Tenochtitlan que, à simples menção do seu nome, os mexicanos corriam tão espavoridos quanto o diabo ao ouvir o nome de Jesus Cristo. Vendo essas belas proezas e a ajuda que lhe havia prestado na conquista, o Marquês fez que ele fosse nomeado rei de Texcoco depois da morte de Coanacochtzin, seu irmão, e lhe deu o reino. E, tendo-se em conta as tradições que os povos do país tinham naquela época, ele era senhor de direito e herdeiro legítimo da coroa.[44]

O Marquês passou lá vários meses, até que os bergantins ficassem prontos. E, durante esse tempo, outros espanhóis chegaram ao porto, o que muito o alegrou porque a sua ajuda não seria de pouca valia. Uma vez construídas as embarcações sob a direção de Martín López, o Marquês começou a organizar a

44 Sucessão de Texcoco conforme os conhecimentos atuais. Portanto, Durán contradiz aqui sua primeira versão do capítulo LXIV, p.386, n.12.

partida para México-Tenochtitlan, dividindo as tropas em quatro companhias: uma, dirigida por ele mesmo, tomaria o caminho de Coyocan; outra, sob o comando de Pedro de Alvarado, passaria por Nossa Senhora dos Remédios, ou seja, por Tacuba; a terceira iria pelo caminho de Nossa Senhora de Guadalupe; e a quarta embarcaria nos bergantins. Nessa ordem, ele partiu para México-Tenochtitlan, depois de ter distribuído entre as quatro companhias os seus diferentes aliados: tlaxcaltecas, huexotzincas, cholultecas, texcocanos, chalcas, xochimilcas e tepanecas, todos bem equipados e disciplinados, como gente que ia lutar contra os seus antigos amos e senhores e temia, caso a empresa fracassasse, ter um fim desastroso e cruel e voltar a ser escrava para sempre.

Vendo todo o país se erguer contra ele, e que se acercava o momento em que não teria necessidade só de mãos, mas também de resolução e coragem para combater, Cuauhtemoctzin, o rei de México, dirigiu-se aos seus nestes termos: "Valorosos mexicanos, podeis ver que todos os nossos vassalos se revoltaram contra nós: doravante, temos por inimigos não só os tlaxcaltecas, os cholultecas e os huexotzincas, como também os texcocanos, os chalcas, os xochimilcas e os tepanecas, que nos abandonaram e agora marcham contra nós nas fileiras espanholas. Lembrai-vos, eu vos rogo, da bravura e da valentia dos mexicanos chichimecas, nossos ancestrais, que, apesar de pouco numerosos, ousaram invadir este país povoado por milhões de pessoas e sujeitaram, pela força dos seus braços, todo este novo mundo e todos os seus habitantes, não deixando a menor nesga de litoral ou a mais longínqua província fora do seu domínio, pondo em jogo, sem hesitação, sua vida e seus bens somente para engrandecer sua glória e seu nome.

"Graças a eles, o nome mexicano conquistou a excelência que hoje tem e é respeitado e temido em todo o vasto mundo. Portanto, ó valorosos mexicanos, não esmoreçais nem vos acovardeis; empregai o vosso coração intrépido e valente para triunfar na empresa mais importante que já tivestes de enfrentar. Considerai que, se fordes vencidos, caireis na escravidão perpétua, assim como vossas mulheres e filhos, e vossos bens vos serão tomados e roubados. Tende piedade dos velhos e das velhas, das crianças e dos órfãos que, se não fizerdes o que deveis ao vosso próprio valor e à defesa da pátria, ficarão por vós desamparados e entregues sem defesa aos nossos inimigos para ser escravizados e cortados em pedaços. Não considereis a minha pouca idade e a minha inexperiência, considerai que o que vos digo é verdade e que sois obrigados a defender uma cidade e uma pátria que eu juro que não abandonarei até morrer ou salvá-la."

Todos, com enorme fervor, prometeram fazer o mesmo. Mas, ainda que aquele valoroso rapaz mostrasse o inegável heroísmo de preferir a morte à escravidão ou à rendição e tivesse tido a inteligência de encher a cidade de homens em armas, ele não pensou em armazenar em quantidade suficiente a comida necessária à sobrevivência de um tão grande número de pessoas. Porque, como os espanhóis e os seus aliados tomaram todas as passagens e caminhos, tanto terrestres quanto lacustres, faltaram-lhes mantimentos no momento crucial, e a fome fez mais vítimas que o ferro e o fogo. E ouvi certificarem que davam um punhado de ouro ou pedras preciosas em troca de um punhado de milho, e, assim, certos príncipes das províncias vizinhas vinham, às escondidas, trocar milho pelas joias da cidade do México. Foram em especial os de Cuitláhuac, Colhuacan, Mizquic e Xochimilco, que a penúria em que se encontravam os mexicanos transformou em homens ricos, donos de muito ouro, joias, pedras e plumas. E, assim, o inimigo mais cruel dos mexicanos foi a fome, contra a qual tiveram de travar as mais rudes batalhas. Pouco a pouco, os guerreiros das outras nacionalidades foram obrigados a sair da capital e voltar a suas terras, deixando o rei sozinho com seus mexicanos, os quais agora eram pouco numerosos e estavam macérrimos por falta de alimento. Pois, como não comiam mais até se fartar, a fome os transformou na nação mais macilenta da terra.

O Marquês e os outros capitães chegaram a México-Tenochtitlan ao mesmo tempo, cada qual pelo caminho que lhe fora indicado, e os mexicanos, com ânimo valoroso, trataram de defender a cidade: guerreiros armados protegiam as fortificações; outros, em canoas, percorriam os canais à espera dos espanhóis, sem mostrar o menor sinal de medo; e o rei Cuauhtémoc, que era o general em chefe do exército, também havia dividido as suas tropas em quatro companhias para responder à tática do Marquês e fazer que os espanhóis encontrassem resistência mexicana em cada ponto escolhido para a invasão. E ele ia a toda parte, voando de um lugar a outro em sua pequena canoa, a espada e o escudo à mão, para acompanhar o andamento das operações e o comportamento dos homens. E os espanhóis atacaram, demolindo, quando puderam, as fortificações que margeavam os canais e usando as pedras, os torrões e o mato dos muros, bem como os tijolos das casas, para entulhar os canais. Mas a diligência e a energia dos mexicanos eram coisa estranha, pois, por mais que os espanhóis cegassem um canal para que os cavalos pudessem passar, logo ao amanhecer, encontravam-no mais profundamente escavado que antes, de modo que, durante a noite, perdiam todo o terreno que haviam obtido e conquistado na véspera.

Neste ponto do meu relato, convém mencionar que, vendo-se assediados por todos os lados e acossados por tropas inumeráveis, os mexicanos decidiram armar uma cilada para os espanhóis para tomar pelo menos de uma das portas da cidade e, assim, ter acesso a reforços e suprimentos. E convieram que a melhor era a de Tacuba, porque era nessa região que contavam com mais amigos propensos a ajudá-los; fizeram diversos planos e, por fim, resolveram construir uma ponte falsa, de modo que os espanhóis e seus aliados passassem por ela e, quando chegassem ao outro lado, fossem ferozmente atacados e exterminados pelos mexicanos. E, assim que tomaram a decisão, começaram a levar o plano a cabo.

Convém saber que, lá onde hoje fica a ermida de Santo Hipólito e a casa convalescente, havia um canal largo e profundo, do qual certo dia os espanhóis se apoderaram e entulharam. Naquela noite, os mexicanos desfizeram a obra dos inimigos e aprofundaram ainda mais o canal. Em seguida, construíram por cima dele uma ponte falsa de madeiros e tábuas, mas de modo que o lugar parecia tal como os espanhóis o haviam deixado na véspera; e, nas imediações, entre os caniços e juncos da margem, uma multidão de guerreiros se atocaiou em canoas, todos armados de espadas, escudos, lanças e, muitos deles, dos piques e espadas dos espanhóis que haviam matado. E, do outro lado da ponte falsa, posicionaram muitos guerreiros mexicanos que começaram a chamar os espanhóis e a provocá-los, apupando-os grosseiramente e endereçando-lhes afrontas e injúrias, desafiando-os com gestos e meneios do corpo.

O Marquês havia proibido os seus de avançarem antes que ele desse o sinal, mas dom Pedro de Alvarado não conseguiu aturar durante muito tempo as impertinências e grosserias dos índios, e sem esperar o som da trombeta, deu ordem de atacar: espanhóis e tlaxcaltecas precipitaram-se sobre a ponte, os mexicanos fizeram menção de fugir e, querendo persegui-los, quarenta soldados de infantaria, todos jovens e valentes, alguns cavaleiros, o capitão dom Pedro de Alvarado e, com eles, uma multidão de índios arremeteram impetuosamente. E, quando toda essa gente estava na ponte, os índios emboscados puxaram as canoas em que a ponte falsa se estribava, fazendo com que todo o madeiramento desabasse na água e a multidão de espanhóis e índios que nela estava caísse no canal. E, aos grito de: "México, México, avançai, valorosos mexicanos!", eles se precipitaram sobre o inimigo. Os espanhóis queriam tornar a subir na ponte, mas deram com seus escombros flutuando ao seu redor e com 1 milhão de índios em canoas a lhes impedirem a retirada. Debatendo-se no canal, sem poder receber ajuda dos companheiros impotentes na margem, todos caíram nas mãos dos inimigos, salvo dom Pedro de Alvarado, que escapou como pôde, fincando a ponta da lança nos cadáveres que obstruíam o canal e dando um salto que o projetou na outra margem. E foi esse o famoso "Salto de Alvarado" de que tanto se fala.

Os quarenta espanhóis aprisionados foram despidos ali mesmo e, completamente nus, tiveram de subir a escada do templo maior; diante de todo o exército espanhol, que não tinha como os socorrer, foram sacrificados, abriram-lhes o peito e arrancaram-lhes o coração para oferecê-lo aos ídolos; depois, empurraram os cadáveres escada abaixo até o pé do templo. E os espanhóis, num clamor imenso e deplorável, imploravam à misericórdia divina que ajudasse os seus companheiros, mas nada se pôde fazer por eles.

Querendo ver o que era aquele tumulto, o marquês del Valle avançou com seus homens até o canal. Mas essa decisão quase lhe foi fatal, pois, como os índios montados nas suas canoas faziam uma grande carnificina de seus homens, ele quis socorrer um soldado que, na água e gravemente ferido, continuava a se defender dos seus agressores; nesse instante, dois ferozes guerreiros saltaram violentamente sobre ele, um agarrando-o por trás, o outro tentando golpeá-lo, e começaram a arrastá-lo na correnteza. De pronto, um dos seus pajens, natural de Biscaia, investiu e, desferindo um golpe da sua espada nua no primeiro índio, decepou-lhe um braço; vendo isso, o outro largou o Marquês, que, assim, conseguiu escapar. Porém muitos índios cercaram o biscainho e cortaram-no em pedaços, sem que o Marquês o pudesse socorrer. Vendo que aquela sangrenta escaramuça arriscava acabar muito mal, o Marquês mandou recuar. Então os espanhóis se retiraram, deixando o terreno para os índios vitoriosos, e por pouco o Marquês não mandou enforcar ou decapitar dom Pedro de Alvarado para punir a condenável desobediência que mostrou ao ordenar o ataque antes do sinal combinado.

Terminado o combate, espanhóis e índios se retiraram, cada qual para o seu lado. E os índios levaram alguns espanhóis que haviam capturado vivos nos canais. Entre eles, ia um generoso rapaz que, segundo a relação dos conquistadores, era de origem sevilhana, de aparência amável e feições regulares, que, balestra na mão, lutara bravamente; e, no dia seguinte, fizeram-no sair no meio dos guerreiros índios, com a sua balestra, e obrigaram-no a atirar nos espanhóis. Mas ele, com o seu aspecto nobre, armava a balestra e disparava a flecha para o alto para evitar atingir um companheiro. Irritados, os índios cortaram-no em pedaços ali mesmo e com muita crueldade; em homenagem ao seu heroísmo, os espanhóis construíram naquele lugar uma ermida batizada "Os Mártires", cujas paredes ainda estão de pé.

Se Deus aceitou aquele martírio ou não, só Sua Divina Majestade o sabe, porque eu, cá comigo, acho um pouco excessivo pregar de espada em punho, tirando à força o bem de cada um.

E, como a minha vontade não é senão falar da nação mexicana, das suas proezas e do seu desastroso e triste fim, não convém que me detenha para contar minuciosamente o que se passou durante o tempo que os espanhóis levaram para conquistar a cidade, que foram oitenta dias. Direi tão somente duas coisas: a primeira é que, segundo esta história, o Marquês ficou surpreso com a resistência encarniçada dos mexicanos e, vendo que ela se prolongava, pediu aos tlaxcaltecas que reunissem o maior número de guerreiros possível e, assim que eles chegaram, lançou-os ao assalto da cidade; mas, depois de um dia inteiro de tenaz combate, não conseguiram entrar. No dia seguinte, Cortés enviou os texcocanos, e também eles foram obrigados a desistir. No terceiro dia, mandou chamar os chalcas e, por intermédio de Marina, disse-lhes:

"Valorosos chalcas, já vistes que nem os tlaxcaltecas nem os texcocanos lograram vencer os mexicanos; rogo-vos que hoje tomeis a empresa em mãos e façais tudo o que estiver ao vosso alcance para entrarmos na cidade e, pelo menos, tomarmos posição no templo maior de Uitzilopochtli. Essa é a missão que vos confio, porque vos considero soldados de valor, de coração intrépido e ardentes no combate."

Essa exortação inflamou a coragem dos chalcas. Ixtlilxóchitl, senhor de Texcoco, uniu-se a eles e, com a sua espada dourada, assumiu o comando do exército, que entrou com tanta fúria nas fileiras mexicanas, apoiados pela artilharia, os arcabuzes e as balestras dos espanhóis, que, transpondo muitas pontes e abrindo caminho, eles conseguiram chegar ao grande templo da cidade e instalar-se nele, assim como no palácio, que tiveram de abandonar um dia.[45] Posicionaram sentinelas para o caso de Cuauhtémoc tentar sitiá-los novamente, mas o rei mexicano já não contava com homens nem forças suficientes para se defender. Muitos tinham sido mortos, outros o abandonaram, fugindo da cidade por causa da fome que passavam. Entretanto, ele decidiu não demonstrar fraqueza e, pelo contrário, querendo que acreditassem que não lhe faltavam homens nem forças para se defender, pediu às mulheres da cidade que vestissem roupas masculinas e, desde o amanhecer, empunhassem armas e escudos, subissem em todas as açoteias das casas e endereçassem gestos de desprezo aos invasores. Depois, o destemido Cuauhtémoc, cujas tropas haviam sido dizimadas, foi desafiar os espanhóis com todos os habitantes de Tlatelolco.

Foi com estupor que o Marquês viu aquela enorme multidão nas açoteias das casas e nas ruas da capital. Chegou até a recear não poder ganhar a cidade sem grandes perdas no lado espanhol. Mas, recorrendo uma vez mais a chalcas, texcocanos, tlaxcaltecas e tepanecas, exortou-os a pôr fim de uma vez por todas à resistência mexicana. De volta ao combate, eles viram que só havia mulheres nas açoteias e informaram o Marquês, lançaram-se à perseguição dos tlatelolcas, crivando-os de injúrias e insultos, e mataram um grande número deles. Mas estes resistiram bravamente e mataram muitos índios amigos e alguns espanhóis, entre os quais, um jovem porta-bandeira, do qual arrebataram o estandarte e o rasgaram perante todo o

45 O papel heroico aqui atribuído a Ixtlilxóchitl parece confirmar uma vez mais a origem texcocana do manuscrito nauatle acompanhado por Durán.

exército. Isso aconteceu num lugar hoje chamado bairro de San Martín. Também encontrei em outra relação que eles rasgaram quatro bandeiras espanholas e mataram um capitão chamado fulano de Gusmán; e a gente de Tlatelolco conquistou grande glória naquela ocasião.

Mas, ao fim e ao cabo, os espanhóis, com o auxílio e o apoio dos índios amigos, venceram e afugentaram os mexicanos; e o intrépido rei Cuauhtémoc, disfarçado com uma esteira, embarcou numa canoazinha conduzida por um único remador e saiu da cidade. Detido pelos espanhóis que se achavam num bergantim, foi levado à presença do Marquês.

Admirado com a sua juventude e a delicadeza da sua fisionomia, posto que viril, o Marquês disse à sua intérprete: "Pergunte a Cuauhtémoc por que permitiu a destruição da cidade e todo esse derramamento de sangue, todos esses mortos nos dois campos, se tantas vezes lhe apresentei propostas de paz".

O valoroso rapaz respondeu: "Dize ao capitão que cumpri simplesmente o meu dever, defendendo a minha cidade e o meu reino, como ele defenderia o seu, tenho certeza, se eu os fosse tomar do seu rei. Mas, como não consegui e ele me tem em seu poder, que tome este punhal e me mate". E, estendendo o braço, pegou um punhal que levava à cinta e o pôs na mão do Marquês, suplicando-lhe que o enterrasse no seu coração. Perturbado, o Marquês empalideceu. Mas não se moveu do seu assento e, em vez de obedecer ao jovem príncipe, disse-lhe palavras brandas e amorosas e convidou-o a sentar-se ao seu lado.

O Marquês tomou posse da cidade e alojou-se no palácio real de Montezuma, que hoje é propriedade sua, tendo a precaução de garantir a segurança da cidade, e deu liberdade a Cuauhtemoctzin para que fosse aonde lhe aprouvesse; rogou-

-lhe que pedisse o que quisesse, assegurando antecipadamente que o seu pedido seria atendido. Cuauhtémoc rogou-lhe que libertasse todos os homens, mulheres e crianças que haviam sido aprisionados pelos espanhóis quando tentaram fugir da cidade que os matava de fome. O Marquês mandou anunciar em toda a cidade: que, sob pena de passar pelo fio das armas, todos e cada um libertassem os prisioneiros mexicanos que tivessem em seu poder, tanto homens quanto mulheres. A ordem foi cumprida imediatamente, e todos os fugitivos voltaram à cidade e tornaram a povoá-la como antes. No entanto, mais de quarenta mil homens e mulheres pereceram naquele dia, inclusive todos os que, fugindo da batalha e da morte cruel que os espanhóis e seus aliados lhes infligiam, preferiram jogar-se nos canais com seus filhos e filhas a se ver em poder dos espanhóis. E houve uma pestilência de cadáveres em decomposição que ninguém podia suportar e, por mais que se empenhassem em removê-los e jogá-los fora da cidade, não viam o fim da tarefa, sufocados que estavam por um fedor repugnante que demorou muitos dias a se dissipar.

Capítulo LXXVIII: De como o marquês del Valle, dom Hernando Cortés, depois de ter conquistado México-Tenochtitlan, lá deixou uma guarnição e foi pacificar as outras províncias, enviando seus exércitos a todo o país; e da morte de Cuauhtémoc.

O valoroso Marquês dom Hernando Cortés tomou a cidade do México no dia de Santo Hipólito, que foi três dias antes da Assunção da Santíssima Virgem Maria, Nossa Senhora, a qual dizem que apareceu durante essa conquista a favor dos espanhóis e ao lado de Santiago, o glorioso padroeiro da Espanha; e pode-se encontrar um testemunho dessas aparições nas pinturas da igreja de Tlatelolco, cidade cujos habitantes confessam ter visto o glorioso Santiago no momento em que os espanhóis estavam numa situação muito ruim, durante a grande refrega de que falamos, e acabavam de passar a vergonha de ver todas as suas bandeiras capturadas e rasgadas pelo inimigo; foi então que, por permissão divina, o seu santo padroeiro os favoreceu e afugentou os índios. Tão logo México-Tenochtitlan foi conquistada em nome de sua Majestade, o bom Marquês começou a destruir os templos e a quebrar os ídolos, entulhar os canais, remover os escombros, repartir os terrenos, ordenando aos chalcas, aos texcocanos, aos xochimilcas e aos tepanecas que trouxessem estacas, pedra, terra e outros materiais necessários para cegar as lagoas e remansos e edificar novas casas; e traçou o plano das ruas e dos bairros da melhor maneira que podia, preferindo reconstruir a cidade naquele mesmo lugar, em meio aos lagos, a fazê-lo em outra parte, como se lhe apresentou a possibilidade; porque pensava que, assim, seria mais fácil manter todos os índios submissos, pois a mudança podia revoltá-los e levá-los a tomar o caminho da sedição.

Enquanto se faziam esses trabalhos e o Marquês descansava, os espanhóis começaram a procurar o tesouro que haviam encontrado na câmara secreta e que os tlaxcaltecas, por ordem do seu senhor, esconderam num profundo remanso de água que havia na cidade, alimentado, segundo a superstição e a fé dos mexicanos, pela fonte que fora descoberta por seus antepassados e possuía águas vermelhas e azuis com peixes brancos e rãs e cobras da mesma cor. E esse remanso os espanhóis nunca viram antes e ninguém sabia onde ficava. Muito embora o Marquês houvesse jogado índios ao fogo, dado outros aos cães e enforcado os terceiros para que revelassem o segredo, até hoje ninguém pôde descobrir a localização do remanso e por certo ninguém mais a descobrirá, porque todos os que podiam ter essa informação já morreram e desapareceram. Os únicos que podiam saber eram os senhores de Tlatelolco, pois o tesouro estava em seu poder quando desapareceu. E, por esse ouro, os conquistadores derramaram mais lágrimas do que por todos os males que cometeram.

Eles também vasculharam os canais onde se afogaram os espanhóis carregados de ouro, mas, como os índios limparam e cavaram os canais para a defesa da cidade, também os limparam do ouro e de tudo o mais que encontravam; todavia, a maior parte dos espanhóis que se carregaram de ouro conseguiu se entrincheirar no palácio, especialmente um que ia a cavalo e levava no arção da sela um cofre cheio de ouro e joias, ao qual se agarrou com mais fervor e vontade que à própria cruz de Cristo. E ouvi um conquistador dizer que, ao ver os índios arremeterem contra eles, esse homem começou a chorar porque lhe aconselharam a largar o cofre e pegar a espada para se defender. De fato, apesar do perigo extremo em que se encontrava, ele não quis soltar o cofre e colocou-o debaixo do braço antes de sacar a espada: não pôde, evidentemente, esgrimi-la com a facilidade necessária e lá morreu, abraçado ao cofre, merecendo que se lhe aplique o provérbio: "o dinheiro é causa da perdição". Pescando, por assim dizer, "em águas turvas", os índios tiraram o ouro, recuperaram-no, esconderam--no e repartiram-no entre si.

À medida que a situação na cidade começava a retomar o curso normal, e os espanhóis a edificar casas novas, o cristia-

Cortés pacifica as províncias mexicanas.

níssimo marquês del Valle passou a se preocupar em instruir as gentes deste país nas coisas da fé e mandou desimpedir os lugares das igrejas; pediu que pusessem cruzes e imagens de santos na cidade e pregassem a doutrina aos índios, ensinando-lhes os artigos da nossa santa fé católica. Foi disso que se incumbiu um reverendo padre presbítero que o Marquês trazia consigo e que, no mínimo, devia ser irregular, suspenso, proibido e excomungado, porque entendo que lavava as mãos no sangue dos inocentes com mais frequência do que Pilatos na água quando da morte de Jesus.

Mas, deixando de lado esses escrúpulos por ora, é bem verdade que os espanhóis começaram a se ocupar da conversão dos indígenas. E, para melhor fazê-lo, enviaram uma nau à Espanha para informar a cesariana majestade do imperador Carlos V, de feliz memória, que naquele tempo era rei da Espanha, que esta terra fora conquistada em nome de sua Alteza Sereníssima. Embora eu tenha ouvido de uma pessoa digna de fé que muitos espanhóis aconselharam o Marquês a não o fazer e coroar a si próprio rei do novo mundo, prometendo que lhe prestariam voto de obediência e juramento de fidelidade. Mas ele, um verdadeiro vassalo de sua Majestade, jamais quis consentir ou se prestar a qualquer coisa que pusesse em dúvida a sua lealdade.

Ao mesmo tempo, solicitou padres para administrar os sacramentos. Os quais foram escolhidos com diligência e cuidado de modo que, três anos depois da conquista, chegaram ao país doze religiosos da gloriosa Ordem de São Francisco, que levaram uma vida tão edificante e santa, digna dos verdadeiros apóstolos, cujos passos eles seguiam em todas as coisas, pregando e batizando em todas as províncias com devoção apostólica, cheios do espírito e do fervor divinos, indo as todas as partes a pé e descalços, mostrando tantos exemplos de virtude, que atraíam para si o coração dos índios, convencidos pelas palavras, obras e penitências que os viam fazer

Dois anos depois da chegada desses santos homens, ou seja, cinco anos depois da conquista, aqui desembarcaram os religiosos da ordem do nosso glorioso pai São Domingos, não menos santos que os primeiros nem menos zelosos da glorificação de Deus e da salvação das almas. Vinham da ilha de São Domingos, também chamada a Espanhola. Para cumprir sua missão de evangelização, uns e outros tentaram obter privilégios e isenções para a sobrevivência dos indígenas, protegendo-os da grande e desumana crueldade que os espanhóis mostravam para com eles, posto que os crimes mais graves já tivessem sido consumados e perpetrados.

Após a capitulação de México-Tenochtitlan, o Marquês tratou de conquistar as outras províncias e regiões que ainda não estavam subjugadas, principalmente a que agora chamamos de Marquesado. Tendo pegado em armas, seus habitantes resistiram durante muito tempo sob o comando do senhor de Yacapichtlan, que era filho ou neto do destemido Tlacaelel,[46] do

---

46 *Tlacaelel* (1398-1478 ou 1480): provavelmente o verdadeiro fundador do império asteca no século XV. Sobrinho do soberano Itzcoatl, irmão do rei Montezuma, o Velho, foi a alma da resistência mexicana à hegemonia de Azcapotzalco em 1428. Sucessivamente conselheiro supremo e *cihuacoatl* (vice-imperador) durante mais de cinquenta anos, sob três reis de México-Tenochtitlan (Itzcoatl, Montezuma Ilhuicamina e Axayácatl), comandou a expansão asteca de 1428 até a sua morte, por volta de 1478-1480. Também teria sido o organizador e o fundador do ideal místico-guerreiro dos astecas e da explicação cosmogônica que o sustentava. Sua reputação entre os mexicanos antigos era tal que Tezozómoc, na *Crônica Mexicáyotl*, lhe deu o título de *in cemanáhuac Tepehua* ("conquistador do Universo"). Durán fala disso nos capítulos anteriores de sua *História*.

qual esta história falou há muito tempo, bem como de seus feitos, e do qual descendem os senhores de Yacapichtlan. Eles estavam solidamente entrincheirados em seus penhascos, ao redor de Tlayacapan, Totolapan e Tepoztlan; mas, quando a artilharia entrou em campo e começou a desalojá-los das suas posições, eles fugiram às pressas para as montanhas. E, à medida que se apoderava daquelas cidades e aldeias, o Marquês distribuía terras aos conquistadores em nome de sua Majestade.

Contaram-me, por exemplo, a seguinte história de uma mulher que acompanhava o exército do Marquês e, posteriormente, foi esposa de Juan Partidor. Depois de pacificar a zona de Uaxtepec, nas Terras Quentes, o Marquês chegou a Ocuituco, onde os índios entregaram as suas armas. Então, dirigindo-se à aldeia de Tetlan, de acesso dificílimo, ele viu que os habitantes estavam enfileirados para a batalha, confiantes na vantagem do terreno escarpado e do grande desfiladeiro que separava a sua aldeia da de Ueyapan. Quando o Marquês deu ordem de preparar o combate, essa mulher, aconselhada por um soldado, pegou um cavalo, uma lança e um escudo e pediu autorização para combater os índios e provar o valor da sua pessoa. Ele lhe deu a autorização e ela, colocando-se à frente das tropas, esporeou o cavalo e arremeteu contra os índios, invocando aos berros o nome de Santiago; alguns soldados espanhóis a seguiram. Ao ver aquilo, os índios começaram a fugir ou se despenhar no desfiladeiro. E o Marquês pôde tomar a aldeia, cujos chefes vieram se render de mãos cruzadas; depois, para recompensar a coragem da mulher, ele lhe deu as duas aldeias em nome de sua Majestade.

E assim foi em todas as outras aldeias, porque os espanhóis estavam disseminados em todo o território, conquistando e pacificando o país, e, quando conquistavam uma aldeia, eles a pediam ao Marquês a título de *encomienda*.[47] E assim, *juste vel injuste*, pegavam muitos homens, mulheres e crianças, marcavam-nos com ferro quente no rosto e vendiam-nos como escravos nas minas e em outras partes, e até os enfiavam no porão dos navios para levá-los para fora da Nova Espanha. Conheci esses escravos na casa de alguns parentes meus, a cara ferrada com letras que diziam o nome de quem os tinha vendido. E eles não vinham dos arredores de México-Tenochtitlan, já que a maior parte era deportada da província da Guatemala ou de costas remotas e isoladas. E, ainda que eu não tenha visto marcarem o rosto dos escravos com ferro quente, como marcam os cavalos presos nos currais, como hoje os encerram nos *repartimientos*, conheci muitos, no entanto, que assim foram marcados e, depois, vi sua libertação, graças à intercessão dos religiosos no tempo do cristianíssimo vice-rei dom Antonio de Mendoza.

Nessa época, o Marquês foi a um lugar chamado Las Higueras, levando consigo muitos príncipes mexicanos, texcocanos, tepanecas, xochimilcas e chalcas. E, entre eles, o nobre e valoroso rei de México-Tenochtitlan, Cuauhtemoctzin, para que não ficasse na cidade nem caísse na tentação de conspirar uma intriga qualquer. E parece que, a poucos dias de marcha de México-Tenochtitlan, vieram informá-lo de que o príncipe estava preparando uma traição e tramava assassinar todos os

47 *Encomienda*: "encomenda", significa uma delegação dos poderes que a Coroa exerce sobre seus os súditos indígenas e que é concedida a um particular, a um espanhol que, em troca de instrução religiosa de um certo número de índios, recebe tributos e trabalho destes últimos. O *repartimiento*: a "encomenda de repartição", fórmula que consistia em substituir por prestação de trabalho o tributo que os índios camponeses deviam ao *encomendero*, e que, na realidade, instituía verdadeiros trabalhos forçados. O sistema foi proibido em 1549, mas perdurou até o fim do século XVI.

espanhóis. Tendo ouvido outras testemunhas que confirmaram a acusação, ele mandou enforcá-lo. E assim morreu o grande Cuauhtémoc, na forca. O qual reinou três ou quatro anos em México-Tenochtitlan.[48] E para que não fosse sozinho para o outro mundo, todos os príncipes e senhores que o Marquês havia trazido da comarca mexicana encontraram a morte durante essa viagem. Uns de modo natural, outros contra a sua vontade, enforcados ou entregues aos cães. É verdade que alguns espanhóis, que quiseram se amotinar e matar o Marquês, também acabaram no patíbulo.

Quando o Marquês retornou dessa expedição, a religião cristã começou a se desenvolver. Os índios a receberam com tanto amor e vontade que lhes bastava ouvir a pregação dos religiosos para que rejeitassem, desprezassem e quebrassem os seus ídolos, para que destruíssem os templos que os abrigavam e, voltando-se para Deus, acreditassem na fé verdadeira de um Deus único e pedissem o batismo com alegria e fervor; e era um espetáculo admirável ver milhões de índios se batizarem e rejeitarem seus erros e sua antiga cegueira.

Então, doze anos após a conquista, chegaram os padres da Ordem de Santo Agostinho, tão zelosos e fervorosos quanto os seus predecessores. E, mergulhando nessa obra divina, em meio àquela massa de gentes, começaram a converter as nações miseráveis e necessitadas, pregando por meio da sua vida e do seu exemplo, disseminando-se em todo o país, exercendo o apostolado como as duas ordens precedentes e fazendo uma abundante colheita na vinha do Senhor. Toda vez que encontrava um religioso, fosse da ordem que fosse, ou com ele falasse, o cristianíssimo marquês del Valle, a fim de dar o exemplo

---

48 Confusão de Durán. Cuauhtémoc reinou seis meses e meio.

aos índios, ajoelhava-se e beijava-lhe as mãos, numa cerimônia que comprovava o seu respeito. Esse hábito se prolongou até o tempo do vice-rei dom Antonio de Mendoza, que tratava os religiosos com igual deferência e veneração.

Mas, voltando ao nosso propósito, que é tratar dos povos do país, que é o meu próprio fim e intento, cumpre dizer que, depois da conquista, eles foram acometidos de uma espécie de varíola transmitida por um negro trazido por visitantes espanhóis. Essa doença matou uma grande multidão de índios e, como na época não havia médicos e, nunca tendo visto aquela enfermidade, os índios não conheciam remédio que a curasse, um sem-número de crianças, homens e mulheres morreram dessa epidemia, cuja origem atribuíam aos espanhóis.

E, como daqui por diante sou obrigado a fazer outro tratado dos acontecimentos passados, que abrangerá a história até os desditados e funestos tempos atuais e falará das calamidades que, daqueles tempos para cá, se abateram sobre esta terra fertilíssima, riquíssima e opulentíssima e sobre a cidade do México, e na queda da sua grandeza e excelência, com a perda de tanta nobreza de que era povoada e acompanhada e na miséria e pobreza que desolam este país, vou concluir este tratado, que fiz em honra e glória de Deus Nosso Senhor e da bem-aventurada Mãe, Maria, a Virgem soberana, e o qual submeto à correção da santa madre Igreja católica, da qual sou servo e filho, e sob a proteção da qual faço profissão de viver e morrer como verdadeiro e fiel cristão.

Esta obra se concluiu no ano de mil quinhentos e oitenta e um.

LAUS DEO SUMMA

Emblema de México-Tenochtitlan.

Posfácio
Os relatos da conquista

POR TZVETAN TODOROV

Quando tomamos conhecimento dos relatos indígenas, surpreendem-nos as diferenças e semelhanças. Estas últimas não deveriam nos espantar, pois todas as versões desse relato contam a mesma história: a conquista do império mexicano por Cortés. As diferenças, pelo contrário, provêm das diversas modalidades narrativas, características de cada um dos textos. Examinaremos sucessivamente estes dois aspectos dos relatos.

A. MODALIDADES NARRATIVAS

Narradores e transmissores

Todos os relatos são de origem indígena, mas nem todos os índios ocupam a mesma posição no conflito entre os espanhóis e o império mexicano. Num dos extremos do espectro, encontram-se os dirigentes de México-Tenochtitlan, Montezuma e seus sucessores Cuitláhuac e Cuauhtémoc; no outro, os fiéis aliados de Cortés, em particular os tlaxcaltecas. Entre os dois, há uma infinidade de matizes: amigos mais ou menos seguros dos mexicanos, partidários mais ou menos ativos dos espanhóis, ou ainda os que se empenham em não tomar partido. Essa variedade de posições explica, em parte, as diferenças nos relatos precedentes.

A primeira coisa que chama atenção aqui é a ausência – não só na nossa coletânea, mas em geral – de um relato estritamente tenochca. Cortés deixou a sua versão dos fatos nas cartas de relação enviadas a Carlos V e em outros lugares; mas nunca conheceremos o ponto de vista de Montezuma e Cuauhtémoc. Essa ausência tem uma explicação material: primeiro, a população de Tenochtitlan foi mais dizimada que as outras pela guerra, pelas doenças e pelo trabalho forçado; segundo, sabemos que, inicialmente, os espanhóis foram muito zelosos na destruição dos livros e dos documentos provenientes do México Central, pois suspeitavam que o conteúdo fosse idólatra. Houve um relato propriamente tenochca, difundido oralmente, do qual faltaria apenas a transcrição? Essa pergunta fica sem resposta por ora, mas cabe indagar se a produção de um relato histórico não exige, por parte dos redatores, certo distanciamento em relação aos acontecimentos que os principais protagonistas do drama – os habitantes de Tenochtitlan – não podiam ter. Alguns indícios dos relatos existentes poderiam nos levar a crer nisso.

Os textos mais próximos do ponto de vista mexicano provêm de Tlatelolco, que atualmente é um bairro da Cidade do México e, desde antes da conquista, era a cidade gêmea de México-Tenochtitlan, inteiramente integrada ao Estado mexicano; trata-se do relato do *Códice florentino* e dos *Anais históricos de*

Tlatelolco. Mas próximo ou integrado não quer dizer idêntico: na verdade, esses relatos são dirigidos tanto, ou mais, contra os tenochcas quanto contra os espanhóis. Se acusam os primeiros, não é para tomar partido dos segundos; ao contrário, o que eles reclamam para os compatriotas dos autores é a melhor posição na resistência contra o invasor. Mas a oposição não é menos forte.

O segundo grupo é constituído por relatos provenientes de regiões onde Cortés recrutou seus aliados, mas nem por isso têm vestígios dessa colaboração: trata-se do *Códice Aubin* (Tlaxcala) e do relato transmitido por Diego Durán (Texcoco). Poderíamos dizer que se trata um ponto de vista pan-mexicano, desprovido de um patriotismo local muito marcado e que apresenta os fatos da perspectiva dos adversários de Cortés.

Os dois textos restantes constituem o terceiro grupo, parecido com o primeiro na parcialidade, mas oposto nas intenções; tais relatos procedem dos aliados de Cortés e justificam ou glorificam o seu próprio comportamento; esses aliados são os habitantes de Texcoco (*Códice Ramírez*) e Tlaxcala (o texto de Muñoz Camargo). Concordes ao proclamar a sua fidelidade aos espanhóis, esses relatos se contradizem, porém, quando se tenta saber qual aliado foi mais útil: Muñoz Camargo apresenta a ajuda tlaxcalteca como decisiva e descreve os habitantes de Texcoco como adversários de Cortés (cap. VI); o *Códice Ramírez*, por sua vez, afirma: "Isso prova, pois, que não foram os tlaxcaltecas que conquistaram México-Tenochtitlan, e sim dom Hernando Ixtlilxóchitl", quer dizer, o príncipe de Texcoco (cap. XII).

Esse lugar no conflito, ingrediente importante do ponto de vista narrativo, não deve ser confundido com o grau de assimilação dos valores espirituais (e dos procedimentos narrativos) dos espanhóis: é possível combater ao lado deles e continuar perfeitamente estranho a eles. No entanto, essa segunda diversificação dos narradores não se distingue claramente de um terceiro fator, que é o grau de intervenção do autor do manuscrito (e não mais do relato), geralmente um religioso espanhol, possível interlocutor do narrador original e intermediário ineludível entre os textos e nós. Assim, consideraremos no seu conjunto esses dois aspectos da questão no caso dos relatos cujo transmissor é conhecido (Sahagún, Tovar, Durán, Muñoz Camargo); suporemos que esse transmissor está ausente nos outros dois casos (*Anais históricos* e *Códice Aubin*).

O texto menos "espanhol" é o dos *Anais históricos de Tlatelolco*; não por acaso, é o relato mais antigo conhecido sobre a conquista do México. É tão pouco espanhol que algumas das suas passagens continuam obscuras para nós. Embora esteja redigido com a ajuda do alfabeto latino, ele se dirige visivelmente a interlocutores indígenas e não se preocupa em explicar o que poderia ser incompreensível para um estrangeiro. O único vestígio de influência espanhola são umas poucas palavras que designam realidades novas: "capitão", "cristãos", "espada", "cavalo" etc.

Uma influência ligeiramente maior é sentida no segundo texto de transmissor anônimo, o *Códice Aubin*. O relato dos acontecimentos apresenta poucos traços comparáveis, palavras espanholas misturadas com o original nauatle; não obstante, foi redigido por uma pessoa que havia passado pelo ensino cristão. A ideologia cristã enquadra o texto: suas marcas são visíveis no início e no fim do relato, mas não se misturam com o resto.

Sahagún, transmissor do relato do *Códice florentino*, teve a ideia – inestimável para nós – de colher o texto nauatle e acrescentar-lhe (e não de o substituir por) uma espécie de comentário muito livre, que é a própria versão espanhola. Isso não quer dizer que Sahagún esteja ausente do texto nauatle (talvez não tenha registrado tudo, ou não na mesma ordem, ou talvez tenha pedido explicações complementares etc.). De resto, seus informantes nem sempre são os guerreiros de Tlatelolco, mas sim seus filhos, já educados num colégio franciscano. Mas as influências espanholas continuam sendo muito discretas. O *Códice Ramírez* avança um grau a mais. Tovar, que aqui faz o papel de Sahagún, é igualmente respeitoso da identidade mexicana, mas o original não foi preservado e, portanto, nem sempre é fácil distinguir o narrador do transmissor. A intenção de Tovar é seguir "os relatos dos velhos e as ilustrações das suas histórias" (cap. X), mas esse plural já indica que ele escolhe entre várias versões – como ele próprio não deixa de sublinhar – da conversão de Montezuma, ou da sua morte, ou do massacre no templo etc. Tovar escolhe, o que não quer dizer que imponha, o ponto de vista espanhol, já que não deixa de assinalar certas divergências com relação à história oficial. Sua posição é de uma dupla exterioridade: é capaz de chamar de "bárbaros" tanto os índios quanto os espanhóis, mudando rapidamente de ponto de vista, ou de se colocar sucessivamente no íntimo de Alvarado e no de Montezuma; ele tem consciência de que "cada qual age conforme o seu costume" (cap. II).

O caso mais complexo é o de Diego Durán. Em primeiro lugar, porque suas fontes são múltiplas. No essencial, ele segue uma crônica proveniente de Texcoco que se perdeu, a *História mexicana*; mas ele a compara sistematicamente com outras fontes indígenas: códices pictográficos, relatos escritos e testemunhos orais ("as relações e os memoriais dos índios", "as relações e as pinturas de certos velhos", "ouvi dizer, embora não figure nesta história", cap. LXXIV). Além disso, ele estende a pesquisa aos conquistadores sobreviventes e, em particular, interroga Francisco de Aguilar (do qual, por outro lado, temos o testemunho escrito). Ainda que às vezes se apresente como mero tradutor, Durán procede de fato como historiador, reconstituindo um relato ideal pelo qual ele é finalmente o responsável, sobretudo porque não se contenta em transcrever suas fontes, já múltiplas: submete-as a uma crítica, na qual a sua maneira de julgar tem um papel essencial. Por exemplo, ele tem consciência do patriotismo expresso nas crônicas mexicanas ("E isso me atou as mãos e a vontade de escrever a história de cada cidade e de cada povo como eu poderia, porque o mais humilde dos lugarejos ou o mais miserável dos povoados se atribuiria todas as proezas de Montezuma", cap. LXIV), e tenta atenuar os seus efeitos. Outras vezes, completa uma história a partir do que sabe dos costumes dos índios ou mesmo dos espanhóis ("E, embora a história não o conte, duvido que a virtude dos nossos fosse tão grande que os fizesse aconselhar as moças a persistir na castidade, na honestidade e no recolhimento em que eles as encontraram", cap. LXXV).

Durán é obrigado a intervir, em particular, toda vez que as suas múltiplas fontes se contradizem. Cortés mandou executar os emissários de Montezuma (cap. LXXI)? Este foi feito prisioneiro logo na primeira entrevista com Cortés (cap. LXXIV)? Ele foi batizado antes de morrer? Tentou se salvar pagando um resgate (ibid.)? Cortés estava na cidade do México durante o massacre do templo (cap. LXXVI)? Quando não pode combinar as respostas divergentes, Durán se vê forçado a escolher entre elas e o faz apoiando-se em dois princípios, a verossimilhança e o decoro. Assim, por um lado, declara ater-se "à rigorosa verdade" (cap. LXXIV), ao que há de "mais verdadeiro" (cap. LXXI), o que, em certos casos, corresponde a uma probabilidade psicológica ou sociológica e pode contradizer os fatos (por exemplo, Durán acredita que Cortés estava presente durante a carnificina do templo). Por outro lado, mesmo convencido de que conhece a verdade, às vezes prefere omiti-la por medo de contrariar os leitores (em princípio espanhóis) e reacender velhas querelas: "eu correria o risco de ofender e contrariar a quem desejo servir e contentar com o meu livro" (cap. LXXIV), "não convém que me detenha para contar minuciosamente o que se passou durante o tempo que os espanhóis levaram para conquistar a cidade" (cap. LXXVII). O resultado global dessas múltiplas formas de intervenção é que temos não um relato em que o ponto de vista espanhol e o ponto de vista asteca não se coadunam, como nos textos anteriores, mas uma visão que funde num todo os ingredientes que a compõem, que oferece uma síntese daquilo que, em outras partes, continuava sendo segmentos díspares; mais que asteca ou espanhola, a história de Durán é um dos primeiros textos *mexicanos*, no sentido novo da palavra, isto é, mestiço.

Voltamos a uma situação mais simples com a *História de Tlaxcala* de Muñoz Camargo. Ainda que (ou porque) seja um verdadeiro mestiço – à diferença de Sahagún, Tovar e Durán, que são espanhóis –, Muñoz Camargo representa um ponto de vista exclusivamente espanhol; para ele, "os nossos" são os soldados de Cortés, e os índios são "esses povos", "os indígenas"; o México é um "império longínquo e retirado, situado nos mais remotos e misteriosos confins da terra" (cap. III): apesar da sua própria presença física naquele lugar, ele pensa a partir da Espanha, apresentada como o centro. Mas ele também recolhe testemunhos indígenas, "enigmas e cantigas" (cap. V) ou respostas de informantes como um certo "dom Antonio Calmecahua, ilustre chefe militar de Maxixcatzin, que esteve ao lado de Cortés em todos os momentos e vive até hoje: afirmam que tem 130 anos de idade e conserva toda a lucidez e a razão, respondendo com muita lógica a todas as perguntas; apesar da surdez, conta maravilhas sobre a vinda de Cortés e dos outros capitães" (cap. VI). Assim, a voz dos índios está presente, mas somente na forma de citações: está subordinada ao ponto de vista homogêneo e "espanhol" de Muñoz Camargo.

Gêneros

O estatuto de todos esses textos, quer dizer, o contrato que se estabelece entre seus produtores e seus consumidores, é o da literatura histórica: eles se pretendem uma representação fiel dos fatos; mas às vezes, sem saber, obedecem às normas da narrativa e se articulam seguindo as mesmas figuras que poderiam ser encontradas num conto popular ou num romance de cavalaria. Esse duplo pertencimento, "literário" e "histórico", evidentemente não tem nada de novo e só numa época muito recente se tornou paradoxal. Hoje sabemos por outras fontes que a expedição de Cortés em 1519 foi precedida de duas outras: a de Hernández de Córdoba, em 1517, e a de Juan de Grijalva, em 1518. Mas os *Anais históricos*, o *Códice florentino* e Diego Durán são unânimes em mencionar somente uma viagem antes da de Cortés, reduzindo assim os acontecimentos a uma gradação simples; ademais, Durán introduz nessa viagem o próprio Cortés e Malinche (Malintzin), unificando ainda mais a intriga do relato. O *Códice florentino*, assim como Durán, faz que ao primeiro encontro entre Cortés e Montezuma se suceda a prisão imediata deste último, eliminando assim o tempo morto. Durán também unifica às vezes os personagens de Cortés e Alvarado; Muñoz Camargo, por sua vez, casa Malinche com o primeiro intérprete de Cortés, Jerónimo de Aguilar: é mais verossímil que os intérpretes se casem entre si. Se há uma tarefa difícil, tal como nos contos de fadas, só o terceiro candidato conseguirá realizá-la (Durán, cap. LXXVII) etc.

Mas, embora façam parte da literatura histórica, todos esses textos pertencem a diversos subgêneros que constituem outros tantos modelos do mundo, outras tantas concepções do tempo e do espaço. Através dessas versões da conquista, o leitor atual tem a sensação de estar diante de pelo menos três gêneros distintos.

O primeiro seria o dos *anais*: uma série seca de datas e nomes próprios e uma identificação sucinta das ações principais. Os *Anais históricos* e o *Códice Aubin* ilustram essa forma (mas não só ela).

Poderíamos chamar o segundo gênero de *memoráveis*: são relatos de acontecimentos específicos, considerados dignos, dentro de uma sociedade, de serem recordados e transmitidos às gerações seguintes; são lembranças pessoais elevadas à categoria de memória social. O *Códice Ramírez* figura entre eles, assim como as histórias de dom Antonio Calmecahua, que foram transmitidas por Muñoz Camargo; mas também os encontramos no *Códice Aubin* ou dos *Anais históricos*, nos quais eles inflam subitamente a notação dos acontecimentos de um ano, reproduzindo, por exemplo, toda uma conversa.

Enfim, o terceiro gênero é o das *sagas*, das quais também temos dois exemplos: o relato do *Códice florentino* e o de Diego Durán, ou antes, o da *História mexicana*, que é transcrito por Durán e cujos primeiros sessenta capítulos são dedicados à história anterior dos astecas. As sagas podem ser consideradas a síntese dos anais (dos quais encontramos vestígios no *Códice florentino*) e de múltiplos memoráveis. Trata-se de histórias completas, centradas nas dinastias e nos soberanos (Durán diz: "são sua história e sua vida [de Montezuma] que escrevo", cap. LXXIV). Ao mesmo tempo, elas comportam uma estrutura lógica interior, que se acrescenta à cronologia; são visivelmente redigidas *a posteriori*, e não no dia a dia; pois têm começo e fim, e a sucessão dos acontecimentos é dotada de um sentido particular.

Além disso, esses gêneros históricos comportam outros: podemos reconhecer uma elegia aqui, um hino ali, um fragmento didático acolá. É impressionante observar que a terminologia nauatle já inclui todas essas distinções: *xiuhamatl* designa os anais; *itoloca*, os memoráveis; *melahuacuicatl*, as sagas; *icnocuicatl*, as elegias etc. Essas denominações correspondem a diferenças textuais perfeitamente sensíveis ao leitor atual.

Estilos

Originalmente, todos os textos foram compostos em nauatle; mas de alguns temos apenas uma tradução espanhola do século XVI. Ora, se lermos um após outro os escritos que compõem a presente coletânea, não deixará de nos surpreender a diferença de tons entre o último texto traduzido do nauatle, o *Códice Aubin*, e o primeiro em espanhol, o *Códice Ramírez*.

Essa diferença já existia entre os originais? Quanto a isso, só podemos fazer suposições, mas o fato de os textos que temos em nauatle se oporem em bloco a todos os outros nos permite supor que foram os transmissores que, de forma mais ou menos consciente, modificaram o estilo, mesmo quando queriam respeitar os textos à letra. Em certos casos, a diferença parece ser atribuível à identidade dos destinatários dos relatos, o que dá mais ou menos na mesma: a versão do *Códice florentino* colhida por Sahagún é um pouco mais próxima das transmitidas por Tovar, Durán e Muñoz Camargo que a dos outros dois relatos em nauatle, os *Anais históricos* e o *Códice Aubin*, dos quais não só os autores como também os destinatários deviam ser índios do México.

O primeiro grupo de diferenças pode estar ligado a uma maior ou menor influência do modo de transmissão *oral*. Na origem, todos os textos eram transmitidos oralmente (salvo os que concernem ao gênero "anais"), e todos foram transcritos a partir do século XVI; mas Tovar, Muñoz Camargo e Durán, talvez não intencionalmente, apagaram os vestígios dessa origem oral, adaptando os relatos para aquele que devia ser o seu novo público, os leitores espanhóis – ao passo que foram transcritos sem grandes modificações nos textos em nauatle.

Assim, desde o início nos surpreende o procedimento de paralelismo sinonímico no interior da frase, presente aqui, mas não lá. O *Códice florentino* evoca um cometa: "Bem no meio do céu, bem no centro do céu chegou, até o mais profundo do coração do céu" (cap. I). Os *Anais históricos* descrevem o início da escravidão: "Depois, então, deram gente do povo em todos os lugares, em todas as cidades. Foi quando deram gente de presente, quando entregaram gente do povo". Não se encontra nada comparável nos textos dos quais temos apenas a versão espanhola. Temos a impressão de que as palavras vêm em ondas sucessivas, recuperando a cada vez uma faceta ligeiramente diferente do acontecimento, como se para apresentá-lo melhor à nossa memória. Imaginamos muito bem a função dessas repetições na transmissão oral, da qual recriam imediatamente a atmosfera.

A predominância de conjunções e advérbios designando apenas a sucessão temporal, a pura acumulação desprovida de hierarquia interior, também nos leva a pensar nessa situação. De um fato para outro, passamos por "e", "depois", "então", "em seguida", "mais tarde", "quando" etc. A essa "parataxe" gramatical se opõe o estilo "hipotáxico" dos relatos em espanhol: aqui sobejam as subordinadas de toda sorte, os "porque" e os "para que". A transmissão oral (mas talvez não só ela) leva à uniformização e à simplicidade dos encadeamentos; o estilo escrito facilita a construção de um espaço mental pluridimensional.

Outro indício de oralidade seria a autonomia relativamente menor dos textos em nauatle em comparação com os textos em espanhol: uma autonomia menor que se transforma em fonte de obscuridade para o leitor atual. Quem escreve produz um objeto que basta a si mesmo: se o leitor tiver dificuldades, o autor não estará lá para dirimi-las. A posição do leitor é, portanto, altamente interiorizada no caso de um texto escrito. Em compensação, o texto falado se dirige a ouvintes que já se conhecem, pelo menos em linhas gerais; portanto, a parcela de subentendido é necessariamente maior, tanto mais que, se houver necessidade, o orador pode fornecer as informações que faltam. As frases contêm inúmeros "eles", "a eles" etc. (mais na versão original que na tradução francesa), cujo referente pode ser evidente para a assembleia, ou ser indicado por um simples gesto, mas que nós nem sempre conseguimos identificar. O mesmo vale para a evocação de uma pessoa ou prática conhecida pelos ouvintes, que os transmissores espanhóis "anotaram", de certo modo, preocupados com a inteligibilidade do conjunto para o leitor não iniciado.

Enfim, o relato oral está destinado a viver unicamente no instante em que é enunciado; por isso tem poucas referências a si próprio, a suas outras partes, passadas ou futuras. Num texto escrito, a anáfora narrativa é fácil: "de que falamos acima", "como já dissemos" etc.; o relato oral é, reiteramos, mais uniforme e linear, não permitindo essas idas e vindas no tempo.

Outras características estilísticas dos dois grupos de textos parecem não se relacionar com a oposição entre o escrito e o oral, mas remetem a dois tipos diferentes de estruturas mentais (como fazia, aliás, a predominância do escrito ou do oral). Os termos *subjetivo* e *objetivo* talvez sirvam para designá-los. Os relatos em nauatle evocam quase exclusivamente acontecimentos concretos, ações materializadas em gestos ou palavras; à parte alguns estados afetivos simples – alegria, medo –, tudo é visto do exterior. Os textos nunca dizem: "Montezuma pensou" ou: "Cuauhtémoc teria gostado". Podemos ver isso como outra razão para a presença exclusiva dos "e" e para a omissão dos "porque" ou dos "para que": a menos que sejam enunciadas explicitamente, as motivações existem somente na alma dos protagonistas; ora, os textos em nauatle evitam falar das motivações.

O *Códice Ramírez* ou o relato de Durán, pelo contrário, não passam de uma rede de motivações psicológicas e revelam o interior de um personagem ou, amiúde, de vários personagens ao mesmo tempo. "Os espanhóis se alegraram ao ver, do alto da serra, como a região era populosa, mas alguns opinaram que era melhor voltar a Tlaxcala, quando fossem mais numerosos" (*Códice Ramírez*, cap. II): cada uma das orações principais designa um estado interior, afetivo ou reflexivo; esse estado é sempre motivado: porque os índios são numerosos, porque os espanhóis não são suficientes. Por isso as relações entre os fatos consecutivos se explicitam, coisa que contrasta com a mera justaposição característica dos textos em nauatle. Daí o aspecto entrecortado, irregular destes e o caráter uniforme, fluido daqueles.

A própria maneira de nomear o acontecimento é diferente aqui e lá. Os textos em nauatle mantêm, de ponta a ponta no relato, um nível de abstração quase igual, que poderíamos chamar de "fenomenal": os acontecimentos são apresentados pelo que são, não como instâncias de uma categoria mais abstrata. Os textos em espanhol mudam incessantemente de nível, passam do geral para o particular e vice-versa; estabelecem a diferença entre os fenômenos e sua essência: para que um fato seja retido pelo discurso, não basta que aconteça, é preciso também que ele exemplifique uma categoria, uma lei.

Certos textos são "subjetivos", enquanto outros são "objetivos", não só no sentido de que se referem à interioridade do sujeito ou, pelo contrário, descrevem seu comportamento a partir de fora, mas também no sentido de que uns permitem captar o sujeito que os enuncia, ao passo que outros se apresentam como fatos independentes da vontade pessoal de quem quer que seja; não é por acaso que sempre conhecemos o nome dos transmissores, mas só excepcionalmente o dos autores. Nos textos em espanhol, o narrador assume seu discurso e justifica a presença de cada uma de suas partes; articula os fatos entre si e interpreta o comportamento dos personagens revelando sua interioridade; ele está presente no texto. Nos textos em nauatle, podemos ler: "Estávamos com fome", "eles nos submeteram": nenhum narrador particular aparece por trás dessas palavras; deparamo-nos com mais um fato objetivo, relacionado com a nação mexicana como um todo.

O relato parece tão impessoal – e tão inabalável – quanto um colar de jade ou uma estátua de pedra.

B. A PRÓPRIA HISTÓRIA

A história relatada é comum a todas as versões; mas nem por isso é sempre igual. Em primeiro lugar, somente dois textos, os transmitidos por Sahagún e Durán, abrangem a totalidade dos acontecimentos, desde a chegada dos primeiros espanhóis (ou mesmo antes) até a rendição e morte de Cuauhtémoc. Os outros relatos, ainda que tenham em consideração toda a história, demoram-se mais em certos episódios: Muñoz Camargo na passagem de Cortés por Tlaxcala, antes e depois de sua primeira estada na cidade do México; o *Códice Ramírez* na interação entre os espanhóis e os habitantes de Texcoco, que se situa depois da passagem por Tlaxcala; o *Códice Aubin* detalha mais o relato das primeiras batalhas em México-Tenochtitlan; os *Anais históricos*, o das últimas. Além do mais, independentemente das divergências introduzidas pelas modalidades narrativas, esses relatos não contam exatamente a mesma história. Não obstante, é possível isolar alguns momentos ou temas comuns a todos os relatos astecas da conquista, e por isso revelam a visão que os índios tinham do acontecimento.

Os presságios

A primeira característica marcante desses relatos é que eles não começam pela chegada dos espanhóis, como talvez fosse de esperar, mas muito antes, pela descrição dos presságios desse acontecimento. O *Códice florentino* relata oito prodígios que os astecas consideravam sinais anunciadores: um cometa, um incêndio, o raio, outros cometas, as águas do lago fervendo, uma estranha voz de mulher, um pássaro com um diadema, homens de duas cabeças. Muñoz Camargo, que devia conhecer o material de Sahagún, repete os mesmos prodígios e acrescenta outros, provenientes da tradição tlaxcalteca: mais cometas, um turbilhão de poeira. O *Códice Aubin* também fala da descida de uma coluna de pedras. Durán descreve extensamente três prodígios surpreendentes: o cometa; a pesada pedra que se recusa a se mover, depois fala, depois volta por si só ao seu lugar de origem; a história de um lavrador arrebatado por uma águia que o obriga a queimar a coxa de Montezuma adormecido e em seguida ir ao palácio.

O próprio fato de esses prodígios estarem no início dos relatos implica que sejam considerados anunciadores dos acontecimentos relatados posteriormente. Mas, além disso, os relatos mencionam outras cenas relacionadas ou não com as primeiras, nas quais certos personagens formulam profecias sobre o que acontecerá. No *Códice florentino*, um bêbado – mas suspeita-se que ele seja o deus Tezcatlipoca – anuncia: "México não existirá nunca mais" (cap. XIII). Os chefes tlaxcaltecas, se dermos crédito a Muñoz Camargo, conhecem uma antiga profecia segundo a qual homens brancos e barbados, que "hão de trazer celadas na cabeça, sinal de governo", virão do leste (cap. III).

O *Códice Ramírez* alude a uma predição feita pelo imperador de Texcoco, Nezahualpilli, sobre a chegada dos espanhóis (cap. II), bem como a outra, segundo a qual "Ixtlilxóchitl viria a ser o artesão de sua [dos mexicanos] ruína" (cap. XIII).

Os anúncios dos acontecimentos futuros têm um papel particularmente importante na versão transmitida por Durán, tanto que metade do relato da conquista é dedicado a eles (cap. LXI a LXX). O ponto de partida é a profecia de Nezahualpilli, narrada muito pormenorizadamente (cap. LXI); o cometa no céu só vem confirmar as suas palavras. Na prodigiosa história da pedra, é a própria pedra que se encarrega de explicar o sentido do acontecimento: "Avisai-o [Montezuma] que o seu poder e o seu reino estão chegando ao fim" (cap. LXVI). Do mesmo modo, a águia que leva o lavrador nos ares apressa-se a interpretar o prodígio: "seu poder e sua soberba [de Montezuma] estão chegando ao fim" (cap. LXVII). Outros personagens se juntam a esse coro de profecias: "Já estão a caminho aqueles que nos vingarão das injúrias e dos sofrimentos" (cap. LXVIII). No fim, o próprio Montezuma começa a prenunciar a sequência dos acontecimentos: "E de uma coisa te quero avisar: é que, sem dúvida alguma, nós todos seremos mortos e destruídos por esses deuses e os sobreviventes serão os seus escravos e vassalos" (cap. LXXI).

Primeiramente, poderíamos indagar acerca da veracidade de tais relatos. Essas profecias ocorreram realmente, esses prodígios se verificaram? No que diz respeito às primeiras, às vezes a precisão é tal que a resposta parece indubitável: elas foram elaboradas *a posteriori*, com conhecimento de causa; são "prospecções retrospectivas". O caso é ligeiramente diferente para os segundos: os cometas, ou os tornados, ou os tremores de terra podem perfeitamente ter ocorrido; mas foi o acontecimento posterior – a invasão espanhola – que permitiu constituí-los em série e transformou os prodígios em presságios. O que os relatos provam é que os índios de Texcoco ou Tlatelolco acreditavam, em 1550, que a conquista fora anunciada; contudo, não provam, embora o afirmem, que Montezuma acreditava nisso em 1519; de resto, é interessante observar que o relato mais antigo, os *Anais históricos*, não faz alusão a eles.

Sem embargo, ainda que não possamos afirmar a veracidade direta dos relatos a esse respeito, isso não significa que eles não contenham outro tipo de verdade, de natureza analógica. Os autores dos relatos da conquista eram dignitários mexicanos, às vezes descendentes diretos dos príncipes desta ou daquela cidade. Seu modo de compreender e contar é o que temos de mais próximo da mentalidade de Montezuma e de seus conselheiros. É verossímil – mesmo que não seja verdade – que estes já tivessem procurado sinais anunciadores dos acontecimentos que estavam se produzindo.

Como interpretar esse aspecto dos relatos (que, nesse ponto, os aproxima da *Odisseia* e da *Demanda do Santo Graal*)? Há nisso uma rejeição evidente do acontecimento inteiramente novo, da ação totalmente inédita: só pode suceder o que já foi anunciado. Toda a concepção do tempo dos astecas favorece o ciclo em detrimento da linearidade, a repetição em vez da diferença, o ritual em oposição à improvisação. No entanto, quando ocorre tal acontecimento – e o que seria mais inédito que o aparecimento dos espanhóis? –, haverá uma tentativa de transpô-lo para um esquema mental familiar a fim de torná-lo inteligível e, assim, ao menos parcialmente aceitável. Tal interpretação da história é um ato de resistência contra o domínio espanhol; é um derradeiro ato de guerra. E, no entanto, o gesto é ambíguo: fazer com que o acontecimento seja aceitável não é resignar-se a aceitá-lo?

Um episódio que encontramos no relato de Durán esclarece bem essa atitude. Já não se trata de um presságio ou profecia, mas de um relato inteiramente verídico que Montezuma ouviu de seus emissários, os quais haviam se encontrado com os espanhóis da primeira expedição. Como reagirá o soberano asteca? "Montezuma se perguntou como poderia saber quem era e de onde vinha aquela gente. Decidiu mandar procurar, por todos os meios à sua disposição, índios idosos que o pudessem informar, sob o maior sigilo" (cap. LXIX). Por que, diante de um acontecimento inédito e bem descrito por observadores, ele precisa consultar índios *idosos*, se não porque no presente só pode se produzir aquilo que já existiu no passado, ainda que em forma de predição?

O relato dessa busca ocupa o capítulo LXX. Em primeiro lugar, Montezuma manda desenhar um retrato dos espanhóis conforme as descrições dos que os viram; depois mostra o quadro a diversos anciãos, mas não acha resposta. Então tenta outra tática: guarda o quadro em casa e pede aos pintores mais idosos do reino seus antigos desenhos representando seres estranhos. Nova decepção: mostram-lhe homens de um olho só ou de um pé só, homens com rabo de peixe ou rabo de cobra; mas nada parecido com os espanhóis. Então ele descobre um velho de Xochimilco, pintor e sábio. À pergunta de Montezuma, esse homem responde desenrolando uma "pintura deixada pelos meus antepassados"; como por casualidade, nela se veem seres parecidíssimos com os espanhóis, a não ser pelo fato de alguns montarem não cavalos, mas águias. Montezuma fica aflito, mas ao mesmo tempo quase aliviado: sim, a coisa foi predita.

A informação concreta é submetida ao mesmo tratamento dos prodígios: ela confirma o caráter cíclico do tempo e a repetição da história.

A chegada dos espanhóis

Ora, a vinda dos espanhóis é, sem dúvida, esse acontecimento absolutamente inédito. Muñoz Camargo fala em "acontecimentos tão assombrosos e singulares, nunca vistos nem ouvidos até então" (cap. I). Uma primeira versão do relato no *Códice florentino* é particularmente reveladora; começa com estas palavras:

> Nenhum conhecimento, verdadeiramente nada,
> nenhuma palavra se dizia acerca dos espanhóis
> antes que aqui chegassem, antes que se conhecesse
> sua reputação.
> Apareceu primeiro um presságio de desgraça no céu,
> todos se assustaram, como se se tratasse de uma chama [...]

Essas frases se contradizem diretamente umas às outras, mas é porque uma é a resposta da outra: justamente porque antes não se sabia nada dos espanhóis foi necessário construir os presságios.

Mas, quando os espanhóis já estão presentes, como são percebidos? A ausência de familiarização prévia produz uma visão que se poderia dizer "distanciada". Os arcabuzes são "trombetas de fogo"; os barcos, outeiros que se deslocam sozinhos, casas que flutuam com a ajuda de grandes panos; os cavalos são "cervos" e, no início, não se sabe ao certo se eles são realmente separados dos cavaleiros e se não comem alimento humano. Trata-se de objetos que não existem no mundo indígena e, no fim das contas, são descritos de maneira bastante plausível. Outros aspectos dos espanhóis são mencionados de maneira muito precisa, revelando atenção a tudo que é diferente: a cor da pele, a cor do cabelo e da barba, as roupas, a comida, as armas.

Para nós, hoje, algumas dessas descrições têm uma força excepcional, uma força devida ao olhar que é ao mesmo tempo muito direto e exterior. O capítulo XV do *Códice florentino* é um desses fragmentos de antologia: é como se tivéssemos uma câmera instalada nas proximidades da cidade do México e apontada para as tropas dos conquistadores, que avançam lentamente. Ou certas descrições anteriores, no mesmo texto, que enfatizam a presença de metal no corpo dos espanhóis, transformando-os progressivamente em seres sobrenaturais, em extraterrestres, quase poderíamos dizer; ou as que evocam os cães dos recém-chegados, destinados ao sinistro papel que conhecemos ("que foram de grande eficácia", escreve friamente Muñoz Camargo, cap. V): "Suas lanças de metal, suas lanças de morcego, era como se lançassem raios. E suas espadas de metal ondeavam como a água. Era como se estrondeassem, suas cotas metálicas, seus capacetes de ferro. E alguns vinham inteiramente vestidos de metal, enfeitados de metal, vinham reluzindo [...] E seus cães vinham à frente, conduzindo-os, vinham adiante, os focinhos erguidos, vinham ofegando; a baba a lhes cair em pequeninas gotas" (cap. XI).

Mas essa visão "de fora" deve se transformar em interpretação. E é aqui que encontramos um novo traço característico do encontro entre índios e espanhóis: num primeiro momento, estes são tomados por deuses. O *Códice florentino* mostra isso em diversas ocasiões: "Montezuma agiu assim porque acreditava que eles eram deuses, porque os tomava por deuses e os adorava como se fossem deuses. Por isso eram chamados: os 'deuses vindos do céu'; e aos negros foram chamavam os 'deuses sujos'" (cap. VIII). Muñoz Camargo descreve as dúvidas dos mexicanos: "Porque, se fossem deuses, [...] não derrubariam os nossos oráculos nem maltratariam as nossas divindades, pois seriam as suas irmãs"; mas, por outro lado, "sim, eram deuses, pois vinham montados em animais estranhíssimos, nunca vistos no mundo" (cap. I). Durán também diz que os espanhóis eram chamados "deuses" e dá como explicação a qualidade de suas naus: "uma obra mais divina que humana" (cap. LXIX).

Essa suposição é mais precisa no *Códice florentino* e em Durán: os espanhóis não são deuses quaisquer, mas Quetzalcoatl, deus e rei lendário, destronado e expulso, que prometeu retornar um dia; Montezuma tomava Cortés por Quetzalcoatl ou, em todo caso, por um de seus descendentes (*Códice florentino*, cap. XVI, e Durán, cap. LXXIV). Não há por que duvidar da boa-fé dos autores desses relatos: está claro que eles acreditavam nessa versão. No entanto, nada garante que fosse o caso de Montezuma e de seus próximos: os espanhóis aparecem pela primeira vez em 1517, enquanto Quetzalcoatl deveria retornar num ano Um-Cana, como 1519; além disso, ele não era o deus mais importante do panteão tenochca. Em compensação, sabemos que Cortés tentou de todas as maneiras fazer os mexicanos suspeitarem que ele fosse Quetzalcoatl retornado: era a sua maneira de falar "a linguagem dos outros" e manipulá-los através dos seus próprios mitos. Ora, os relatos indígenas a esse respeito são muito parecidos com a versão que o próprio Cortés apresenta em seus relatórios a Carlos V e é comunicada diretamente ou por intermédio do seu capelão e biógrafo Gómara, para que se acredite que aqueles sejam independentes desta.

Mas, se essa identificação é manipulada pelo próprio Cortés, não se pode dizer o mesmo da crença geral na natureza divina dos espanhóis, crença da qual temos inúmeros testemunhos. De onde surgiu isso? As frases que evocam o fato dão ao mesmo tempo a explicação: a novidade, a estranheza, a diferença e, ao mesmo tempo, a superioridade técnica é que os levam a classificar os recém-chegados como deuses. Um episódio em Durán ilustra o surgimento dessa crença. Montezuma enviou feiticeiros e encantadores para combater os espanhóis com pesadelos, doenças, fazendo os coração deles congelar. A tentativa dos magos fracassa, e esta é a explicação que eles dão: "Tratava-se de uma gente muito diferente deles em composição e humor. A carne daqueles deuses era dura, nenhuma arte de magia lograva penetrá-la e causar-lhe a menor impressão, porque não lhes podiam atingir o coração. Os deuses tinham as entranhas e o peito muito escuros [...]" (cap. LXXI). O relato passa diretamente de "muito diferente" para "deuses". Os astecas viviam num mundo relativamente fechado, apesar da extensão do império; ignoravam a alteridade humana radical e, ao dar com ela, servem-se da única categoria que têm disponível, a que admite justamente a estranheza radical: a dos deuses.

O equívoco não dura muito, mas está presente no momento em que os espanhóis estão mais vulneráveis; causando uma paralisia nos índios, que veneram os recém-chegados, ao invés de combatê-los, ele tem um papel importante para o resultado do encontro. Ao mesmo tempo, ou pouco depois, uma imagem diferente dos espanhóis se imporá (mas talvez já seja tarde demais). Os "deuses" mostraram que eram meros seres humanos, impulsionados unicamente pelos instintos materiais. Todos os textos mencionam o seu "apetite por riquezas" (mas também se lançam gulosamente sobre a comida, em sentido próprio), o que provoca o desprezo dos mexicanos: "Foi qual micos de rabo comprido que agarravam o ouro de todos os lados [...]. Porque era bem verdade que eles tinham muitíssima sede, que se empanturravam, que morriam de fome, que ansiavam o ouro feito porcos famintos" (*Códice florentino*, cap. XII).

Significativamente, essa descrição é seguida de outra: "Era como se grunhissem; e o que diziam era uma algaravia" (ibid.). Aos olhos dos mexicanos, os espanhóis parecem seres simbolicamente pobres, que mal sabem falar e desconhecem as dimensões sociais e rituais da vida. Oferecem-lhes o presente mais prestigioso, o adorno pessoal dos deuses: eles o rejeitam com desprezo, vendo-o como um simples monte de penas. Dão-lhes joias requintadas; eles as destroem para tirar ouro bruto. "E, quando todo o ouro foi arrancado, eles puseram fogo, queimaram, transformaram em chamas todos os objetos preciosos. Eles queimaram tudo. E com o ouro eles fizeram lingotes" (ibid., cap. XVII). E, numa das primeiras cenas de hostilidade, o massacre no templo de México-Tenochtitlan, os conquistadores atacam primeiro os profissionais da atividade simbólica: os que personificam os deuses, os que tocam os tambores. "Em seguida, eles cercaram os que estavam dançando; em seguida, foram aonde estavam os tambores e, sem perda de tempo, bateram nas mãos do tamborileiro, cortaram a palma das suas mãos, das duas; em seguida, cortaram-lhe o pescoço, e o pescoço caiu longe" (ibid., cap. XX).

Em contrapartida, os mexicanos representam a si próprios (e aparecem para nós) como profundamente ligados ao ritual e pouco inclinados a imitar o comportamento pragmático dos espanhóis: enquanto estes se empanturravam com muito gosto com os presentes que recebem de seus anfitriões, em situação semelhante os mexicanos levam a comida em procissão, cantam os hinos adequados e enterram-na no templo (Durán, cap. LXIX). E, quando tomam um canhão, eles o jogam no lago (*Códice florentino*, cap. XXXI). Mas, ao mesmo tempo, criticam os espanhóis por entrar em guerra "sem nenhum aviso" (ibid., cap. XXI).

As reações de Montezuma

As primeiras notícias atinentes aos espanhóis chegam aos ouvidos de Montezuma; como ele vai reagir? Não pode nos surpreender vê-lo confiar aos adivinhos a interpretação dos presságios; mas recordemos que, diante da informação factual, ele muda de comportamento e se precipita sobre os manuscritos antigos em busca de respostas para as questões novas. Montezuma tem o cuidado de se informar sobre as idas e vindas dos espanhóis, mas, ao mesmo tempo, seu comportamento não encoraja os mensageiros ou os intérpretes: toda vez que a informação dos mensageiros ou a intuição dos adivinhos o contrariam, ele os joga na prisão ou os manda matar, coisa que afasta eventuais candidatos. E fica particularmente assustado ao saber que, aparentemente, os espanhóis perguntam por ele com insistência, como se o seu único objetivo fosse colher informações.

É pouco dizer que Montezuma fica incomodado com as notícias sobre os espanhóis; ele mergulha num verdadeiro estado de estupor. "E, ao ouvir tudo isso, Montezuma foi tomado de grande pavor, como se estivesse semimorto; seu coração se atormentou, seu coração se encheu de angústia" (*Códice florentino*, cap. VII). "Depois de ouvi-los, Montezuma simplesmente baixou a cabeça, simplesmente ficou ali sentado, de cabeça baixa; ele curvou os ombros, ficou sentado de ombros curvados; não falou mais; passou muito tempo ali, feito um doente, abatido como se o tivessem aniquilado" (ibid., cap. XIII). Ele se sente abalado até o mais profundo do seu ser: "Ah, antes deste dia eu existia. Meu coração foi ferido de morte [...]. Onde está, pois a verdade, oh!, nosso senhor?" (ibid., cap. VI). Durán também o apresenta em profundo silêncio, "como morto ou mudo", ao receber as notícias (cap. LXIX).

Por que essa paralisia? O próprio fato de os espanhóis terem logrado pisar na costa mexicana parece determinar, para Montezuma, a atitude que lhe cabe adotar: diante do fato radicalmente novo, não há reação possível, porque esse fato, por sua própria existência, significa a derrocada do antigo sistema de pensamento, no interior do qual ele era inconcebível. Só resta resignar-se: "Como foi acontecer isso? De onde nos vêm essas calamidades, essas angústias e esses tormentos? Quem são esses que vêm chegando? De onde vêm? Quem os conduziu a este lugar? Por que isso não aconteceu no tempo dos nossos ancestrais? Não há outro remédio, senhores, senão decidirdes o vosso coração e a vossa alma a sofrer com paciência o que há de vir, porque eles já estão às nossas portas" (Durán, cap. LXXIII). Esse é o discurso que Montezuma dirige aos outros reis mexicanos. Se ao menos isso tivesse acontecido no tempo dos antepassados!

O estupor traduz resignação e fatalismo. Montezuma decide morrer, quer se esconder no mais profundo de uma gruta, que é uma espécie de transição para o mundo do além; prefere ver os maus agouros se realizarem a viver na incerteza e pede aos seus emissários que deixem que os recém-chegados os comam, se eles o desejarem. A própria existência dos espanhóis, imprevista, é prova da sua superioridade. "Porque ninguém pode fugir do que foi determinado"; "não se pode fugir dos decretos do destino" (Durán, cap. LXVII).

Essa atitude não é exclusiva de Montezuma. O *Códice florentino* descreve uma população inteira paralisada, mergulhada na dor. Choram ao se encontrar (cap. IX) e escondem-se em casa (cap. XIV). "Os mexicanos [...] estavam muito receosos, tinham muito medo, estavam tomados de estupor. Um grande pavor se havia difundido, o pavor se espalhava; ninguém se arriscava a fazer o que quer que fosse; como se lá houvesse uma fera, como se a terra estivesse morta" (cap. XVIII). Muñoz Camargo explica que os índios "se aturdiram não pelo temor de perder seus reinos, terras e senhorios, mas por entender que o mundo havia chegado ao fim, que todas as gerações estavam fadadas a desaparecer e perecer, pois os deuses tinham descido do céu e não se podia pensar senão que eram chegados o fim e a consumação do mundo e que tudo havia de perecer e se acabar". A causa desse estado de estupor parece ser precisamente a novidade, a ininteligibilidade das coisas ocorridas: "E eles andavam assim, desesperados e tristes, sem saber o que pensar de acontecimentos tão assombrosos e singulares, nunca vistos nem ouvidos até então" (cap. I). Durán também fala dos apelos à submissão e da convicção geral de que os deuses antigos haviam morrido.

Quando Montezuma se inclina no sentido de uma oposição mais ativa contra os espanhóis, recorre mais uma vez aos adivinhos e feiticeiros. Pede que lhes soprem um ar, os amaldiçoem para que adoeçam ou percam a coragem de vir (*Códice florentino*, cap. VIII, e Durán, cap. LXXI), mas os magos se declaram impotentes e confirmam a superioridade dos novos deuses: "Declararam que eram deuses contra os quais o seu poder se quebrava". Eles não sabiam que os espanhóis conheceram, sim, o poder dos sortilégios: "umas vezes, viam cabeças humanas saltando no pátio; outras, um pé e uma coxa andando ou cadáveres rolando; ou então ouviam gritos e gemidos, de modo que no fim já não os podiam suportar. E foi um conquistador religioso que me falou nessas visões, bem antes que esta história me informasse delas, ainda se assustando com as coisas que viu" (Durán, cap. LXXV).

Montezuma, portanto, continua a reagir dentro de uma esfera cuja pertinência é questionada pela própria chegada dos espanhóis; e a falta de um resultado concreto em suas medidas aumenta a sua resignação, ou o deixa num estado de perplexidade. Ele alterna ações em sentido contrário: ora envia encantadores, ora oferece hospitalidade aos deuses. Mas a atitude benevolente parece predominar, de modo que, no fim da sua vida, uma nova fração da opinião pública mexicana o acusa de – supremo insulto para os viris astecas – ser a mulher dos espanhóis; outras versões o representam convertido ao cristianismo.

As dissensões internas

O México do começo do século XVI não é um Estado homogêneo, mas um conglomerado de populações dominadas pelos astecas de México-Tenochtitlan, domínio recente e frágil em certos casos. Ademais, as relações entre as populações vizinhas são frequentemente hostis. Por isso, a chegada dos espanhóis provoca uma série de reações contraditórias, as quais, consideradas como um todo, favorecem a causa de Cortés. Por exemplo, os tlaxcaltecas, que não fazem parte do Império asteca, são vítimas constantes de suas agressões; portanto, colocam-se de bom grado a serviço de Cortés. Os habitantes de Teocalhueyacan também tinham queixas: "Eis que Montezuma e os mexicanos nos fazem muito infelizes, muito nos atormentam" (*Códice florentino*, cap. XXVI); e outro chefe declara: "Que [os tenochcas] sejam aniquilados separadamente!" (*Anais históricos*). A passagem dos espanhóis desperta todos os velhos rancores. Uma forte rivalidade opunha as cidades vizinhas de Tlaxcala e Cholula: a chegada de Cortés dá ocasião a uma vingança dos habitantes da primeira contra os da segunda, motivada, segundo a crônica de Muñoz Camargo, por certos gestos hostis do cholultecas.

A discórdia reina em cada população, dentro de de cada cidade. Em México-Tenochtitlan, Montezuma, como Cuauhtémoc, recebem conselhos contraditórios. Ora os mexicanos executam os chefes locais que se atreveram a se opor a Cortés, ora perseguem aqueles que são suspeitos, às vezes sem razão, de colaborar com eles. Em Tlaxcala e Texcoco houve conflitos parecidos. Ixtlilxóchitl, príncipe afastado do poder por um meio-irmão, é um dos primeiros a se converter; ao saber disso, sua mãe "lhe perguntou se ele havia perdido o juízo e o repreendeu por ter-se deixado vencer em tão pouco tempo por um punhado de bárbaros. Dom Hernando [Ixtlilxóchitl] retrucou que, se ela não fosse a sua mãe, sua resposta teria sido arrancar-lhe a cabeça dos ombros, e que ele se tornaria cristão quisesse ela ou não" (*Códice Ramírez*, cap. III).

Graças ao seu sistema de informação, Cortés não tarda a saber das dissensões internas e decide tirar proveito delas: ele "havia encontrado o que desejava, ou seja, aquela discórdia" (Durán, cap. LXXIII); e cultiva-as com zelo, trazendo para a sua causa uma população após a outra: "Mas o bom Marquês também não desistiu de ganhar essas nações e enviou embaixadas e missões para lhes dizer que ele estava lá para livrá-las da tirania e do jugo mexicano" (ibid., cap. LXXVI). Na última fase da guerra, um impressionante exército de índios se porá a serviço de Cortés para combater os mexicanos. O *Códice Ramírez* se interrompe numa cena bastante significativa, na qual Hernando Ixtlilxóchitl derruba os ídolos que ele venerava até pouco tempo antes: "Cortés se apoderou da máscara, dom Hernando agarrou pelo cabelo o ídolo que ele outrora adorava e cortou-lhe a cabeça. Erguendo-a bem alto, mostrou-a aos mexicanos e disse-lhes com voz vibrante: 'Aqui vedes o vosso falso deus e o pouco que vale; reconhecei a vossa derrota e recebei a lei de Deus, que é a verdadeira'" (cap. XIV).

Os relatos indígenas descrevem essas dissensões e frequentemente as deploram; entretanto, sem querer, mostram a vivacidade daqueles ódios fratricidas, porque, como já vimos, adotam sempre o ponto de vista do patriotismo local, e mesmo dez, vinte ou trinta anos depois da conquista tentam pôr a culpa no vizinho. "Naquele momento, os tenochcas vieram se esconder aqui, em Tlatelolco. [...] Então, os tlatelolcas partiram para Tenochtitlan a fim de combater" (*Códice florentino*, cap. XXXII). "E, durante todo o tempo que eles nos combateram, nenhum homem de Tenochtitlan foi visto em parte alguma, em nenhum caminho daqui [...]. Simplesmente, em todos os canais, a luta dependeu de nós, só de nós, os tlatelolcas" (*Anais históricos*). Frases trágicas que os autores enunciam sem saber que influência elas têm no desfecho fatal do combate.

O enfrentamento

As primeiras batalhas opõem os espanhóis não aos habitantes de México-Tenochtitlan, mas aos de cidades mais próximas da costa atlântica. O *Códice florentino* narra um desses encontros como uma vitória total dos intrusos. "Mas esses otomis, essa gente de Tecoac, os espanhóis os destruíram por completo, aniquilaram, esmagaram, fizeram mingau deles" (cap. X). Durán descreve uma espécie de combate singular que parece sair diretamente dos romances de cavalaria: dois cavaleiros investem contra dois guerreiros índios que estavam a pé; mas, no último momento, cada índio salta para o lado e mata o cavalo que investia contra ele, neutralizando o adversário (cap. LXXII). Mas, também aqui, as espadas de metal, os arcabuzes e os canhões acabam dando a vitória aos espanhóis. Muñoz Camargo narra uma tática militar singular adotada pelos cholultecas: "Segundo a lenda, quando o revestimento das paredes descascava, começava a escorrer água pelas fissuras; e, para não morrerem afogados, eles sacrificavam crianças de dois ou três anos e, com seu sangue misturado com cal, faziam uma espécie de reboco para tapar as rachaduras. Confiantes nessas superstições, [os cholultecas] afirmavam que, se sofressem reveses na guerra contra os tlaxcaltecas ou os deuses brancos, removeriam todo o reboco das paredes, e as fontes que jorrariam das fendas afogariam seus inimigos" (cap. V). Mas são os cholultecas que morrem afogados no próprio sangue, porque foi em Cholula que os espanhóis cometeram o seu primeiro grande massacre.

As hostilidades abertas contra os mexicanos começam com outra carnificina, a da nobreza tenochca durante a festa de Uitzilopochtli. Cortés se ausenta para combater as tropas de outro espanhol, Pánfilo de Narváez; Alvarado, que fica no comando da guarnição de México-Tenochtitlan, "autoriza" a realização da festa, depois prende os participantes desarmados e os extermina. Os relatos indígenas guardaram uma lembrança viva desses acontecimentos. "Algumas foram feridas pelas costas, e suas entranhas se esparramaram no chão. De outras eles rebentaram a cabeça, esmigalharam, reduziram a cabeça delas a pó. E, de outras, eles atingiram os ombros, vieram furar, vieram despedaçar o corpo delas. [...] E foi em vão que as pessoas correram. Ninguém fazia senão engatinhar arrastando as suas tripas; era como se elas se enredassem nos pés de quem queria fugir. Não se podia ir a lugar nenhum" (*Códice florentino*, cap. XX). Durán imagina uma intervenção divina nesse momento, mas não do lado que se poderia esperar: o Deus dos cristãos se intromete justamente porque condena o gesto dos seus adeptos e os salva da morte para que tenham tempo de expiar os seus pecados (cap. LXXV).

O clímax seguinte é a morte de Montezuma. Nos relatos indígenas acerca da resistência, esse imperador de comportamento ambíguo não é um herói. Os espanhóis – que, no entanto, jamais admitiram a responsabilidade – apunhalaram

Montezuma às ocultas e depois entregaram o corpo aos mexicanos. Segundo o *Códice florentino*, estes últimos organizaram uma cremação sumária (que contrasta com a de outro chefe mexicano); e o corpo de Montezuma, precisa o texto, "exalou mau cheiro quando ardeu" (cap. XXIII). O *Códice Aubin* apresenta uma cena mais anedótica: carregam o cadáver nas costas de um mexicano que o leva a um primeiro lugar: as pessoas vêm vê-lo, mas recusam-se a ficar com ele. Ele vai a um segundo, a um terceiro lugar, sempre com o mesmo resultado. Cansado de carregar o corpo sem sepultura, o homem chega ao quarto lugar e exclama: "Que pobre infeliz é Montezuma! Será que vou passar a minha vida carregando-o nas costas?". Então o corpo é aceito e queimado sem cerimônia.

Os espanhóis fogem da cidade durante a *Noche Triste*; quase um ano depois, retornam com novos reforços de índios aliados e levam velozes bergantins que dominarão o combate no lago que cerca México-Tenochtitlan. A batalha final dura vários meses. Os relatos indígenas apresentam muitos episódios significativos. Ora são as façanhas de um guerreiro particularmente destemido, como Diomedes na *Ilíada*: trata-se de Tzilacatzin, no *Códice florentino* (cap. XXXII), ou então, do lado dos aliados de Cortés, de Ixtlilxóchitl (*Códice Ramírez*). Ora são os infortúnios dos sitiados, que sofrem mais com a fome e a sede que com os ataques dos espanhóis; uma elegia conservada nos *Anais históricos*, e talvez contemporânea dos próprios acontecimentos, evoca com força essa experiência:

> Os escudos puderam nos proteger,
> mas em vão quisemos povoar a solidão
> com escudos.

Comemos a madeira colorida do *tzompantli*,
mastigamos a erva ruim do natrão,
a argila dos tijolos, lagartixas,
ratos, pó de estuque
e vermes.
[...] O ouro, o jade, os mantos de algodão,
as plumas de quetzal,
tudo quanto é precioso
de nada servia.

A pressão dos espanhóis ao redor da cidade aumenta, e os mexicanos recuam casa a casa. As últimas tentativas de impressionar os espanhóis são particularmente comoventes. Cuauhtémoc pega um traje de gala deixado por seu pai, antigo imperador dos mexicanos, e com ele veste um combatente intrépido antes de soltá-lo contra os espanhóis. "E, quando os nossos inimigos o viram, foi como se uma montanha tivesse desabado. Todos os espanhóis se apavoraram" (*Códice florentino*, cap. XXXVIII). Mas era tarde para alterar o resultado da guerra. Durán narra outro estratagema de Cuauhtémoc: "querendo que acreditassem que não lhe faltavam homens nem forças para se defender, pediu às mulheres da cidade que vestissem roupa masculina e, desde o amanhecer, empunhassem armas e escudos, subissem em todas as açoteias das casas e endereçassem gestos de desprezo aos invasores" (cap. LXXVII). No primeiro momento, o subterfúgio dá resultado; mas, pouco depois, a verdade é descoberta e o avanço dos espanhóis prossegue, inexorável.

O último ato do drama é a rendição de Cuauhtémoc. Aqui os relatos abundam em pormenores. Ele veste apenas um manto rasgado. Cortés o encarou, "então [...] acariciou o cabelo de Cuauhtémoc" (*Códice florentino*, cap. XL). Coisa que não o impede, pouco depois, de submetê-lo à tortura, queimando-lhe os pés para descobrir onde estava escondido o tesouro de Montezuma. Para escapar aos olhares concupiscentes dos espanhóis, as mulheres índias cobrem o rosto de lama e vestem farrapos. Os espanhóis seviciam: os chefes são enforcados ou atirados aos cães para serem devorados. O fedor de cadáveres é tal que dá náuseas aos espanhóis, que "cobriam o nariz com um lenço branco e muito fino" (ibid.).

"Simplesmente, e para sempre, a batalha chegou ao fim" (ibid., cap. XXXVIII).

O sentido da história

A derrota e a destruição têm um sentido ou são puro absurdo? Como os transmissores e, às vezes, até mesmo os narradores desses relatos são cristãos, não nos surpreende encontrar neles uma interpretação histórica de inspiração cristã. Ela justifica não as malfeitorias dos espanhóis, mas o resultado final do encontro: "a divina vontade, que era a de salvar e libertar aquelas miseráveis nações da idolatria intolerável que as cegava" (Durán, cap. LXXVI). De certo modo, Deus se dignou a aceitar o presente que os espanhóis lhe ofereciam, mesmo que condenasse a maneira como procediam. De sua parte, Muñoz Camargo relata, no capítulo IV da *História de Tlaxcala*, os verdadeiros debates teológicos que houve entre espanhóis e mexicanos (mas, na realidade, depois da conquista e não entre Cortés e os chefes tlaxcaltecas); a imposição da fé cristã dá sentido à cruel história da conquista.

É possível chegar, por esses mesmos textos, a outra resposta a essa mesma pergunta, uma resposta que seja mais autenticamente indígena? Certas passagens do *Códice florentino* e do relato de Durán nos permitem vislumbrá-la: elas apontam a culpa de Montezuma, considerado responsável pelo desastre, fora de qualquer referência ao cânone cristão. "Porque ele agiu muito mal, abandonou o homem do povo, destruiu o senhor", declara o profeta bêbado no *Códice florentino* (cap. XIII). E a águia que arrebatou o lavrador afirma: "ele próprio desencadeou as desgraças que o vão atingir" (Durán, cap. LXVII). Mas qual é exatamente a culpa de Montezuma? O que os textos parecem reprovar nele é, antes de mais nada, o orgulho. Durante a cremação do seu corpo, seu desdém pelos que o cercavam é severamente recordado (*Códice florentino*, cap. XXIII). A águia o descreve assim: "embriagado e inchado de soberba, ele que despreza o mundo inteiro"; e o próprio narrador evoca "a sua disposição endemoninhada, um orgulho tão desmedido que não receava nem mesmo o poder dos deuses" (Durán, cap. LXX).

Em que consiste esse orgulho? Parece que a prova mais notável é dada pela atitude de Montezuma em relação aos próprios espanhóis: ele resiste em demasia, não se resigna. Assim fala o bêbado: "Que quereis ainda? O que Montezuma ainda quer fazer?" (*Códice florentino*, cap. XIII). Ou a pedra que se recusa a se mover: "Ele que não queira se opor ao destino" (Durán, cap. LXVI). Todo o episódio da pedra é prova disso: o orgulho de Montezuma consiste em querer agir por sua cabeça, não se submeter aos sinais dos deuses.

Tal resposta tem algo de paradoxal. Não há saída feliz para a situação. Se Montezuma se submete, provoca a vitória dos espanhóis por sua própria fraqueza; se resiste, também a provoca, mas atiça a ira dos deuses. Já que o aparecimento dos espanhóis na costa atlântica não poderia ocorrer sem o consentimento dos deuses, ela contém em si mesma o germe de toda a sequência: os espanhóis ficarão aqui porque já estão aqui. A pura sucessão dos ações, *à la* César, não explica os acontecimentos: os espanhóis vieram e venceram? Não: eles venceram *porque* vieram.

O leitor atual poderia pensar que a causa da derrota de Montezuma era o que o distinguia dos espanhóis: o fatalismo, a lentidão para se adaptar, a incapacidade de improvisar e tomar iniciativas pessoais. Os relatos indígenas dão a resposta inversa: é justamente aquilo que o assemelha aos espanhóis que ocasiona a sua perda: a falta de fatalismo, o desejo de agir fora dos códigos estabelecidos. Assim, ao afirmar a culpa do seu próprio imperador, os relatos rejeitam a nova ideologia trazida pelos espanhóis. A própria existência desses relatos é um ato de oposição à conquista – não mais militar, mas espiritual – sofrida pelo México. Montezuma foi punido por ter faltado ao espírito tradicional, que os relatos, ao contrário, afirmam categoricamente. Dar esse sentido à conquista-derrota é, ao mesmo tempo, superá-la.

Assustado com os presságios de desgraça, Montezuma decide assegurar a sua memória para todo o sempre; ele chama os hábeis escultores do reino e pede que eles talhem a sua imagem na penha de Chapultepec. "Foi ver a estátua quando lhe anunciaram que estava pronta e começou a chorar e se lamentar: 'Se o nosso corpo fosse tão durável nesta vida e tão perpétuo quanto será a efígie esculpida nesta penha, que há de durar para sempre, quem temeria a morte? Mas eu vejo bem que hei de morrer e de mim só restará esta memória'" (Durán, cap. LXVI).

Montezuma se engana uma vez mais, não por se saber mortal, mas por imaginar a eternidade da imagem na pedra. A primeira preocupação dos espanhóis, depois que se tornaram os senhores do México, será eliminar todos os vestígios da grandeza passada dos mexicanos, que poderia incitá-los à revolta: os templos são demolidos, as estátuas de pedra são despedaçadas. Não obstante, o nome de Montezuma e a saga dos seus compatriotas foram conservados e nunca serão esquecidos, graças não à pedra, mas às palavras que captaram o acontecimento, aos relatos que o souberam transmitir. Lição que outro povo das pirâmides conhecia muito bem, segundo diz um papiro egípcio da XIX dinastia ramséssida:

> Mais útil é um livro que uma estela gravada
> ou um muro sólido.
> Faz as vezes de templo e pirâmide,
> para que o nome seja proclamado.
> O homem perece, seu corpo torna ao pó,
> todos os seus semelhantes voltam à terra,
> mas o livro fará que sua lembrança seja transmitida de boca em boca [...]

ANEXOS

Cronologia

1486 – Ahuitzotl, "Monstro da Água", oitavo soberano asteca, sobe ao trono em México-Tenochtitlan.

1492 – Em *12 de outubro*, ao amanhecer, Cristóvão Colombo desembarca em Guanahani e "descobre a América".

1493 – No mês de *maio*, a bula pontifical *Inter caetera* estabelece a divisão dos mundos descobertos a oeste.

– Em *setembro-novembro*, a segunda viagem de Cristóvão Colombo, com 17 navios, 1.300 homens e quantidades consideráveis de gado, sementes e ferramentas, inaugura a colonização da América.

1494 – No mês de *junho*, o Tratado de Tordesilhas, negociado entre o rei João II de Portugal e os Reis Católicos, corrige a divisão da América e atribui à Coroa de Castela as terras situadas além da linha que passa a 370 léguas a oeste das ilhas do Cabo Verde.

1503 – Montezuma II Xocoyotzin, nono soberano asteca, sobe ao trono em México-Tenochtitlan.

1511 – Um bote salva-vidas desviado de sua rota após um naufrágio ao largo da Jamaica leva espanhóis à costa de Yucatán. Um deles, Jerónimo de Aguilar, depois de viver oito anos entre os maias, servirá de intérprete na expedição de Cortés.

1517 – Em *março-junho*, expedição de Hernández de Córdoba a Iucatã.

– Em *novembro*, em Valladolid, as cortes de Castela reconhecem como rei Carlos I, futuro Carlos V.

1518 – Em *maio-novembro*, expedição de Juan de Grijalva à costa do México.

– *Capitulación* (contrato jurídico) da conquista do México, assinada em *23 de outubro*.

1519 – Em *18 de fevereiro*, rompido com o governador de Cuba, Diego Velázquez, Hernán Cortés deixa Cuba com onze navios e quinhentos soldados.

– Em *3 de março*, os homens de Cortés resgatam Jerónimo de Aguilar na costa de Cozumel.

– Em *15 de março*, os chefes maias de Tabasco oferecem vinte mulheres a Cortés, entre as quais Malintzin, posteriormente batizada dona Marina, que fala nauatle e maia.

– Em *21 de abril*, Quinta-Feira Santa, Cortés desembarca na costa da atual Veracruz.

– Em *agosto*, Cortés e sua expedição enveredam para as terras altas do México Central.

– Em *setembro-outubro*, a cidade-Estado independente de Tlaxcala se alia à expedição espanhola por ódio dos astecas.

– Em 9 *de novembro*, Cortés entra em México-Tenochtitlan e se encontra com Montezuma. No dia 14, ele se apodera do soberano asteca, que passa a ser tratado como refém.

– Durante seis meses, os espanhóis tentarão administrar o império asteca por interposição de Montezuma e procurarão entender melhor as engrenagens do sistema político e administrativo do Estado asteca.

1520 – Em 22 *de maio*, segundo dia da festa de *Toxcatl*, Pedro de Alvarado massacra à traição a elite da nobreza asteca reunida no pátio do templo maior para celebrar a grande festa anual de Uitzilopochtli. Cortés partira havia algum tempo para tentar prender um concorrente, Pánfilo de Narváez, enviado de Cuba pelo governador Diego Velázquez.

– Em 24 *de junho*, depois de derrotar e prender Narváez, Cortés retorna a México-Tenochtitlan.

– Em 27 *de junho*, morre Montezuma.

– Na madrugada 30 *de junho* para 1º de julho, os espanhóis são obrigados a fugir de México-Tenochtitlan, sofrendo grandes perdas. Famoso episódio da "Noite Triste", quando por um instante Cortés chorou a conquista que parecia lhe escapar.

– Em 7 *de julho*, batalha de Otumba, na qual os espanhóis vencem em campo aberto o exército asteca que vinha em seu encalço.

– Em 7 *de setembro*, Cuitláhuac, décimo soberano asteca, sobe ao trono em México-Tenochtitlan. A epidemia de varíola trazida por um negro da expedição de Narváez começa a sua devastação.

– Em 25 *de novembro*, morre Cuitláhuac.

– Em 25-29 *de janeiro*, Cuauhtémoc, décimo primeiro soberano asteca, sobe ao trono em México-Tenochtitlan.

– Em 30-31 *de maio*, Cortés começa a sitiar México-Tenochtitlan por todos os lados, e os bergantins construídos em Texcoco entram em ação.

– Em 13 *de agosto*, Cuauhtémoc depõe armas quando o último quartel de México-Tenochtitlan, antigo reino satélite de Tlatelolco, é quase totalmente inundado.

1522 – Publicação em Sevilha da segunda *Carta de Relación* de Cortés.

1523 – Publicação da terceira *Carta de Relación* em Sevilha. Carlos V assina as instruções da Coroa referentes ao México e endereçadas a Cortés.

– Chegam ao México os três religiosos franciscanos flamengos, Johann van den Auwera, Johann Dekkers e Pierre de Gand.

1524 – Em 13 *de maio*, chegam a San Juan de Ulúa os "doze primeiros" religiosos franciscanos.

– Em 18 *de junho*, chegam os "doze primeiros" a México-Tenochtitlan.

– Em 12 *de julho*, a missão franciscana reúne seu primeiro capítulo e funda a Custódia do Santo Evangelho.

1535 – Publicação em Toledo da quarta *Carta de Relación*.

– A primeira pesquisa geográfica do México é confiada a Luis Ponce de León.

– Em 26 *de fevereiro*, morre Cuauhtémoc, enforcado por ordem de Cortés em Tuxkaha, distrito de Acallan, no caminho de Hibueras.

Sobre as ilustrações

PÁGINAS 67 a 243
Códice florentino, Livro XII (Biblioteca Laurenziana, Florença). Cada uma das ilustrações é emprestada do capítulo do qual tem o número, com exceção das ilustrações 3 e 4, emprestadas do capítulo V, e das ilustrações 10, 37, 38, 39, 40 e 41, emprestadas respectivamente dos capítulos IX, XXVII, XXXII, XXXVI, XXX e XXV do original.

PÁGINAS 246 A 285
J. Aubin, *Histoire de la nation mexicaine* (Paris, E. Leroux, 1893; fotografias BN/Seuil).

PÁGINAS 288 A 356
Diego Muñoz Camargo, *Historia de Tlaxcala* (Biblioteca Universitária de Glasgow; arquivos G. Baudot).

PÁGINAS 357 a 531

Diego Durán, *Historia de las Indias de Nueva España y de Tierra Firme* (1581) (Biblioteca Nacional, Madri).

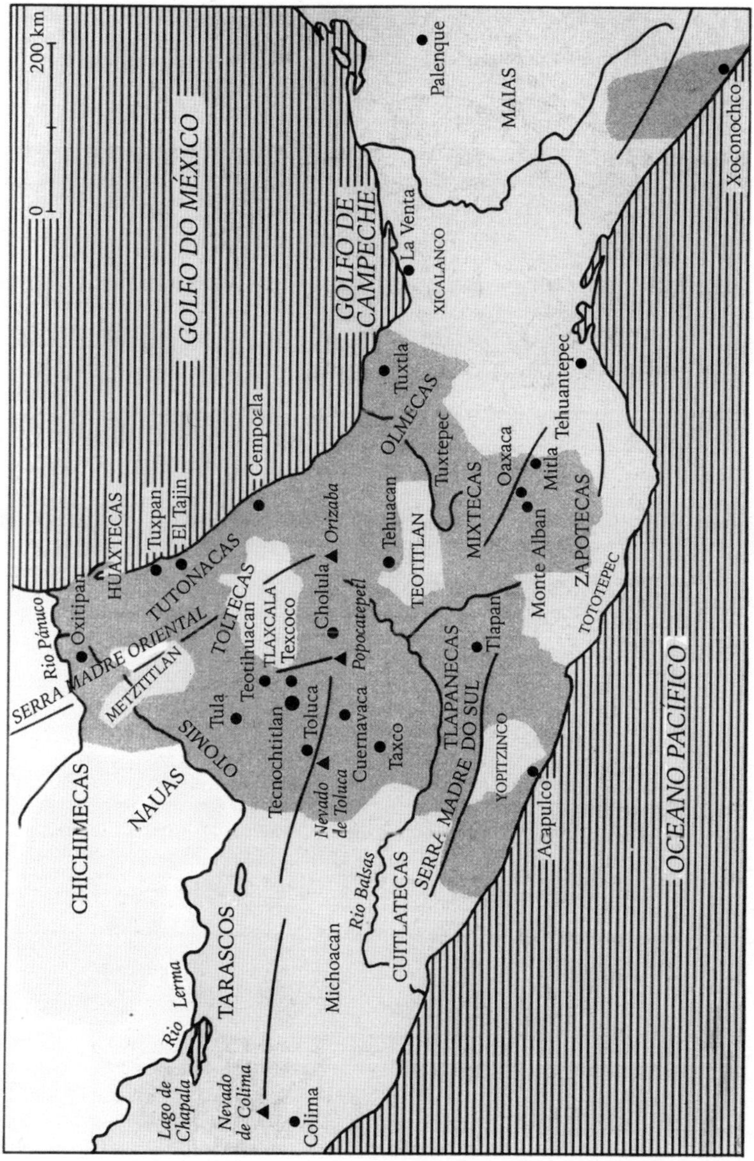

O México antigo (segundo J. Soustelle, *Les Aztèques*, Paris, PUF, 1970).

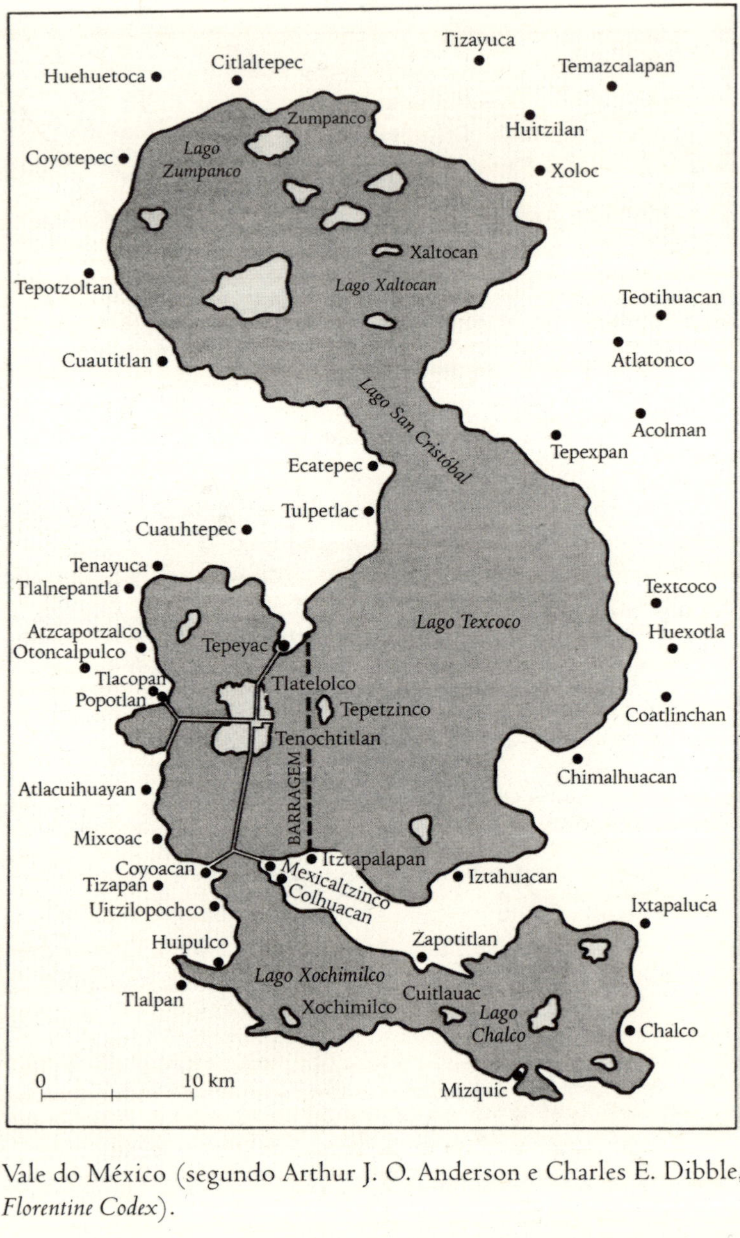

Vale do México (segundo Arthur J. O. Anderson e Charles E. Dibble, *Florentine Codex*).

SOBRE O LIVRO

Formato: 14 x 21 cm
Mancha: 23 x 44 paicas
Tipologia: Venetian 301 12,5/16
Papel: Off-white 80 g/m² (miolo)
Cartão Supremo 250 g/m² (capa)
1ª edição Editora Unesp: 2019

EQUIPE DE REALIZAÇÃO

Edição de texto
Mariana Echalar (Copidesque)
Tulio Kawata (Revisão)

Capa
Negrito Editorial

Editoração eletrônica
Eduardo Seiji Seki

Assistência editorial
Alberto Bononi

Impressão e Acabamento
PlenaPrint
Indústria Gráfica